© 1989 by Bremer Landesmuseum für Kunst- und Kulturgeschichte
(Focke-Museum) · Bremen
Redaktion: Rosemarie Pohl-Weber
Layout: Johannes Jaxy
Herstellung: H. M. Hauschild GmbH · Bremen
ISBN: 3-926 598-25-5

Mit Zuckersack und Heißgetränk
Leben und Überleben in der Nachkriegszeit
Bremen 1945–1949

Mit Zuckersack und Heißgetränk

Leben und Überleben in der Nachkriegszeit
Bremen 1945–1949

Regina Bruss

Verlag H. M. Hauschild GmbH · Bremen

Inhalt

	Vorwort	9
	Quellen der Untersuchung	11
1.	**Letzte Kriegstage**	12
2.	**Bevölkerung und Besatzung**	15
3.	**Wohnen**	24
3.1.	Zustand der Gebäude	25
3.2.	Wohnverhältnisse	27
3.3.	Provisorien	31
3.4.	Wohnungseinrichtung und -ausstattung	37
3.5.	Privater Wiederaufbau	47
4.	**Heizen**	49
4.1.	Kalte Winter	49
4.2.	Holz und Torf	51
4.3.	„Kohlenklau"	57
4.4.	Heizmethoden	65
4.5.	Kochen und Backen	68
5.	**Versorgung mit Lebensmitteln**	71
5.1.	Ernährungslage	72
5.2.	Lebensmittelmarken	73
5.3.	Selbstversorgung	76
5.4.	Aufbesserungen	79
5.5.	Vorratshaltung	84
5.6.	Rezepte	87
5.7.	„Hamstern"	92
5.8.	Care-Pakete	94
5.9.	Genußmittel	98
6.	**Rauchen**	100

7.	**Ausstattung mit Bekleidung**	102
7.1.	Kleidung verschiedener Herkunft	103
7.2.	Aus Alt mach Neu	106
7.3.	Schuhwerk	120
8.	**Aufräumen und Arbeiten**	125
8.1.	„Ehrendienst für Bremen"	125
8.2.	Arbeitsleben	127
8.3.	Im alten Beruf	128
8.4.	Bei den Amerikanern	131
8.5.	Im neuen Beruf	133
9.	**Wege des „Besorgens"**	136
9.1.	„Organisieren"	136
9.2.	Tauschen	139
9.3.	Schwarzmarkt	143
10.	**Leben in der Familie**	144
10.1.	Kriegsheimkehrer	145
10.2.	Familiensituation	147
10.3.	Weihnachten	148
10.4.	Familienfeste	155
	Hochzeit	156
	Taufe	160
	Konfirmation, Erstkommunion	161
11.	**Kindheit und Jugend**	162
11.1.	Freie Zeit	162
11.2.	Spielsachen	165
11.3.	Schule	172
11.4.	Schulspeisung	177
11.5.	Sondereinsatz junger Mädchen	178
12.	**Körperpflege und Wäschewaschen**	179
13.	**Krankheit und Tod**	184
14.	**Gestaltung der Freizeit**	188
14.1.	Geselligkeit	189
14.2.	Tanzvergnügen	190
14.3.	Vereins- und Clubleben	192
14.4.	Kinobesuch	195
14.5.	Hobbys	196
15.	**Kulturelle Veranstaltungen**	199
15.1.	Theater	199
15.2.	Konzerte	202
15.3.	Künstler	207
16.	**Währungsreform**	207
17.	**Rückblick auf die Nachkriegszeit**	211
	Quellennachweis	216
	Fotonachweis	216

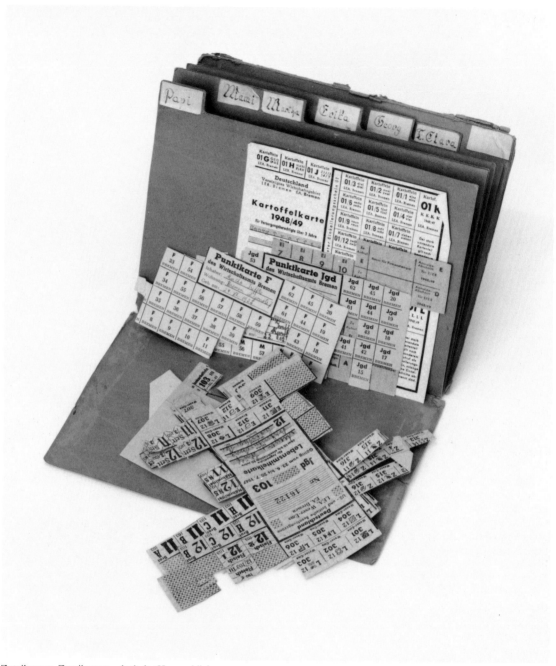

Zuteilungen, Zuteilungen – doch der Hunger blieb

Vorwort

Alltag zwischen 1945 und 1949, in den Jahren, in denen der Kampf ums Überleben den Tag bestimmte, Kampf um Nahrung und Kleidung, Wohnung und Wärme, diesen Alltag zu dokumentieren ist das Anliegen der Publikation.

Mündliche Erhebungen und eine Fragebogenaktion mit zum Teil sehr umfangreichen Antworten von etwa 400 Bremern sind die Grundlage der vorliegenden Untersuchung. Dafür sind wir ihnen von Herzen dankbar, denn nur mit ihrer Hilfe konnten wir den Versuch unternehmen, ein Bild der Zeit zu zeichnen, ein kontrastreiches, differenziertes, Licht und Schatten, Positives und Negatives zeigendes Bild des täglichen Lebens in den Trümmern der zerstörten Hansestadt Bremen.

Die Lebensverhältnisse waren unterschiedlich, einige besaßen nichts mehr, anderen hatte der Krieg kaum etwas genommen. Der weitaus größte Teil der Bevölkerung war arm an allen Gütern des täglichen Lebens und empfand eine gewisse Solidargemeinschaft, in der soziale Unterschiede keine Rolle mehr spielten. Tatsächlich war ja auch der aus dem Osten geflohene Gutsbesitzer dem total Ausgebombten in seiner Lebenssituation näher als dem Bauern oder auch den von Kriegsverlusten verschont gebliebenen Bürgern.

Die noch existierenden, liebevoll bewahrten Zeugnisse dieser Zeit, die Brennhexen und Kochkisten, selbstgefertigten Bilderbücher und Spielsachen, Kleidung und Schuhwerk, Einrichtungsgegenstände und Fotos, wurden vom Focke-Museum gesammelt. Sie veranschaulichen das Alltagsleben in einer Sonderausstellung. Viele Stücke gehen als kulturgeschichtliche Zeugnisse dieser Zeit in die Sammlungen des Museums über.

Die Erforschung der Lebensverhältnisse in der Nachkriegszeit war das Anliegen dieser Arbeit. Damit ergab sich zugleich eine einmalige Dokumentation von Alltagskultur, verstanden aus einem Urbedürfnis des Menschen, gestalterisch tätig zu sein. An vielen Beispielen läßt sich das beweisen; der letzte Faden wurde verstickt, der letzte Stoffrest zur Verzierung, Verschönerung der notdürftigsten Kleidungsstücke verwandt, so wie aus Papier- und Kordelresten, aus Granathülsen und Gasmasken Geschenke entstanden, die von den Besitzern sorgsam aufgehoben wurden.

Eine so detaillierte und umfangreiche Arbeit, wie sie sich durch das Sammeln und Dokumentieren, durch Erschließung der Fragebogen und Aufarbeitung der Themen ergab, konnte die Autorin, Frau Dr. Regina Bruss, nur mit der Hilfe mehrerer Mitarbeiter aus dem Focke-Museum bewältigen.

Finanziert wurde das Forschungsvorhaben vom Verein von Freunden des Focke-Museums.
Allen gilt unser Dank!

Rosemarie Pohl-Weber

Bremen, im November 1989

ARCHIV FÜR VOLKSKUNDE · Focke-Museum Bremen

Fragebogen: Vom Leben in den Jahren 1945 – 1948/49

1. **Wo und wie lebten Sie, als der Krieg zu Ende ging?**
   Wichtig ist z. B., ob sie in Bremen in gewohnter Umgebung lebten oder ausgebombt waren. Ob die Familie zusammen war. Wer aus der Familie war Soldat, wer kriegsdienstverpflichtet oder in der Kinderlandverschickung? Waren Sie und/oder Ihre Eltern Flüchtlinge, Kriegsheimkehrer?
   Bitte schildern Sie Ihre damalige Situation.

2. **Wie erlebten Sie das Kriegsende?**
   Waren Sie tagelang im Bunker, im Keller, vorübergehend außerhalb Bremens? Erinnern Sie besondere Erlebnisse, z. B. das erste Zusammentreffen mit Angehörigen der Besatzungsmacht?

3. **Konnten Sie nach dem Kriegsende in Ihrem Beruf sofort wieder tätig sein?**
   Suchten Sie Arbeit oder vielleicht eine Berufsausbildung?
   Die Lebensbedingungen waren allgemein schlecht. Es fehlte an allem, Wohnraum, Lebensmitteln, Kleidung, Brennmaterial. Viel persönlicher Einsatz, viel Einfallsreichtum und sehr viel Arbeit waren notwendig, um den Alltag zu bewältigen.

4. **Was können Sie über Ihre damalige Wohnsituation sagen?**
   Mit wieviel Personen auf wieviel qm Wohnfläche lebten Sie zusammen? Mußten Sie Küche und Bad oder überhaupt Waschgelegenheiten mit anderen Familien teilen? Wohnten Sie bei Verwandten, Freunden oder vielleicht noch in der alten Wohnung, im erhaltenen Haus? Waren Sie einquartiert? Bitte erzählen Sie alles, woran Sie sich erinnern können.

5. **Womit beheizten Sie Ihre Wohnung und wie wurde gekocht?**
   Wie besorgten Sie das Brennmaterial (Kohle, Holz, Torf)?
   Es passierten dabei oft abenteuerliche Geschichten. Erzählen Sie, was Sie erlebten. Kannten Sie z. B. den Begriff „Fringsen"? Was bedeutete er für Sie?

6. **Wie erging es Ihnen?**
   Jahre hindurch galt die erste Sorge der Beschaffung von Lebensmitteln, zumal die Rationen nicht ausreichten. Wer etwas zum Tauschen hatte, konnte seine Situation verbessern. Wer einen Garten hatte, konnte sich mit Gemüse und Obst besser versorgen als andere. Vieles gab es nur auf dem Schwarzmarkt oder durch Care-Pakete.
   Wie konnten Sie für Ihre Familie sorgen, wie sorgten Ihre Eltern für Sie? Welche Möglichkeiten hatten Sie, zusätzlich Lebensmittel, Obst oder Gemüse zu bekommen? Kennen Sie noch einige Rezepte aus der damaligen Zeit?

7. **Der Grundsatz war: Aus Alt mach Neu.**
   Aber auch die Güter für den täglichen Gebrauch fehlten, Kleidung, Schuhe, Taschen u. v. m.
   Können Sie sich erinnern, welche Dinge in der Familie gefertigt wurden, z. B. Haus- und Küchengerät, Werkzeug, Schuhe, Spielzeug, Geschenke? Auch letzteres ist wichtig, denn wieviel selbstgebastelte Geschenke sind in den Jahren entstanden! Und unter welchem Einsatz haben die Frauen genäht, gestopft, aufgeribbelt und neu gestrickt. Der letzte Faden wurde verbraucht, und es entstanden nicht nur zweckmäßige, sondern auch schöne Dinge.
   Woran erinnern Sie sich? Welche Gegenstände können Sie dem Focke-Museum zur Verfügung stellen oder wenigstens für die geplante Ausstellung ausleihen?

8. **Wie verbrachten Sie Ihre Freizeit, wie und wo gestaltete man Feste?**
   Haben Sie Erinnerung an Kino, Theater, Konzerte? Freizeit hatte damals eine ganz andere Bedeutung als heute. Um den Tag zu bestehen, mußte auch nach der Berufsarbeit noch geschuftet werden, im Garten, bei der Besorgung von Brennmaterial, bei aufwendigen Ausbesserungsarbeiten u. v. m. Aber es gab auch festliche Stunden, kleine Tanzvergnügen, geselliges Beisammensein. Es gab bald wieder Kino, Theater, Konzert.
   Woran erinnern Sie sich besonders gut? Schildern Sie bitte solche Ereignisse und Feste. Wissen Sie noch, welche Bücher Sie damals gelesen haben?

9. **Welches persönliche Erlebnis oder welches Ereignis hat Sie damals sehr bewegt?**
   Was ist Ihnen sehr lebendig in der Erinnerung geblieben? Es gab traurige, aber auch humorvolle Begebenheiten.
   Und wie sehen Sie heute die ersten Nachkriegsjahre?

10. **Währungsreform, Juni 1948**
    Plötzlich waren die Schaufenster der Läden wieder voll. Man sah Dinge, die man brauchte, aber das „Kopfgeld" war knapp bemessen. Können sich erinnern, was Sie mit dem ersten neuen Geld gemacht haben?

11. **Bitte listen Sie kurz auf, welche Gegenstände Sie uns zur Verfügung stellen wollen.**
    Auch Fotos aus der Zeit sind uns sehr wichtig. Wir holen die Sachen dann gern bei Ihnen ab.

Wir danken für Ihre Mitarbeit!

Quellen der Untersuchung

Der Fragebogen „Vom Leben in den Jahren 1945–1948/49", herausgegeben von Dr. Rosemarie Pohl-Weber für das Archiv für Volkskunde des Bremer Landesmuseums für Kunst- und Kulturgeschichte/Focke-Museum, wurde seit dem Sommer 1988 verschickt. Das Ziel war, mit dem Fragenkatalog einen möglichst breit gestreuten Kreis von Zeitzeugen zu erreichen, die im angegebenen Zeitraum in Bremen lebten. Ausgehend von den generell aufgeschlossenen Mitgliedern des Vereins von Freunden des Focke-Museums, hat sich dieser Kreis der Angesprochenen durch mündliche Weitergabe und Bekanntmachung in verschiedenen Artikeln der Tagespresse erweitert. Wir konnten deshalb darauf verzichten, ausgewählte Bevölkerungsgruppen gezielt anzusprechen, da sich bald zeigte, daß genügend Gewährsleute uns freiwillig Auskunft geben würden, d. h. bereit waren zum Berichten, Schildern, Erzählen. Sie kommen aus den verschiedensten Stadtteilen. Nur so glaubten wir die Chance zu haben, persönliche Erfahrungen zu erfassen und nicht allgemein gängige Pauschalbeurteilungen der Nachkriegszeit zu übernehmen. Bis zum Abschluß der Umfrage im Juli 1989 hatten fast 400 Bremer der Geburtsjahrgänge zwischen 1891 und 1948 mit ausführlichen, bis zu 25 Seiten umfassenden Antworten auf unsere Fragen reagiert; mit Niederschriften, die eigentlich gar keine Beantwortung des Fragebogens mehr sind, sondern eher persönliche Darlegungen eines Lebensabschnittes, die großen zeitlichen und gedanklichen Aufwand verlangten und in vielen Fällen auch bedenkenswerte seelische Kraft erforderten bei der Erinnerung an eine Zeit schmerzlicher Verluste und privaten Elends.

Diese Bereitschaft, sich noch einmal intensiv mit einer längst überstandenen schlimmen Zeit auseinanderzusetzen, kann nicht jeder aufbringen. Dies ist einer der Gründe, warum Menschen, deren bitteres wechselvolles Schicksal als Folge des Zweiten Weltkrieges bekannt ist, sich dennoch nicht äußern mögen. Andere versicherten uns, daß sie zur Erinnerung bereit seien und zur Aufarbeitung beitragen möchten, wenn dies nicht in schriftlicher Form geschehen müsse. Nicht jeder ist in der Lage oder fühlt sich imstande, nachvollziehbar und verständlich zu formulieren, was er am eigenen Leibe zu spüren bekam, nicht jeder gerade der oft schon betagten Zeugen hat noch die erforderliche Konzentrationsfähigkeit und die Kraft zum Schreiben. Wo es gewünscht und angeboten wurde, haben wir Gespräche geführt und deren Ergebnisse entsprechend unserem Fragenkatalog zu Papier gebracht. Diese wertvollen Informationen sind ebenso eingeflossen in die Untersuchungsergebnisse wie die der schriftlichen Zeugen, aber als Zitate sind nur solche aufgenommen, die aus der Feder der sich Erinnernden selbst stammen. Sie sind als Autoren jeweils mit den Anfangsbuchstaben ihres Familiennamens und mit ihrem Geburtsjahrgang gekennzeichnet.

Hier nun eine Auswahl der Meinungen über unsere Befragung:

„Ich habe längere Zeit gezögert, etwas aufzuschreiben. Dann fing ich an, es packte mich und hat mich sehr beschäftigt."
(Frau K., Jg. 1923)

„Nun aber bin ich so weit und ... übersende Ihnen das, was ich zu Papier gebracht habe aus dem schier unergründlichen Sack der Erinnerungen an diese Zeit ..."
(Herr W., Jg. 1915)

„Es ist interessant, wieviele längst vergessene Ereignisse wieder lebendig werden, wenn danach gezielt gefragt wird. In dieser Hinsicht ist Ihr Fragenkatalog sehr hilfreich."
(Frau M., Jg. 1914)

„Beim Schreiben kommen mir immer mehr Erinnerungen – gute und weniger gute."
(Frau D., Jg. 1921)

„Seitdem ich dies alles aufschreibe, wird alles wieder greifbar und fühlbar nahe."
(Frau L., Jg. 1926)

„Die gedankliche Beschäftigung mit der Vergangenheit hat mir gleichzeitig wieder viele Dinge bewußt gemacht, die schon halb verschüttet waren. Insofern habe auch ich von der Rückbesinnung profitiert."
(Frau St., Jg. 1929)

„Sie danken mir für meine Mitarbeit. Sie glauben gar nicht, wieviel Vergnügen und Nachdenklichkeit diese Arbeit mir selbst eingebracht hat. Ganz gewiß hätte ich niemals so

gründlich Rückschau auf mein eigenes Leben und die Ereignisse, die uns alle betrafen, gehalten, wenn Sie mich nicht darum gebeten hätten. Dafür danke ich Ihnen."
(Frau P., Jg. 1932)

„Hier nun, was mir einfiel. Es dauerte lange, bis ich schreiben mochte ... Habe ich dabei auch für mich selbst ein wenig Vergangenheit bewältigt? ... Scharten aus damaliger Zeit – vielleicht ab heute etwas weniger tief!"
(Frau O., Jg. 1931)

„Es war für uns beide gut und hat uns auch Freude gemacht, über die Jahre nach Kriegsende nachzudenken."
(Frau S., Jg. 1922, Herr S., Jg. 1914)

„Beim Schreiben kam mir so recht zum Bewußtsein, wie bescheiden, hilfsbereit, zufrieden und fröhlich, trotz Kümmerlichkeit und viel, viel Arbeit, wir in den Nachkriegsjahren waren. Ich wurde noch viel dankbarer, daß man heute als Rentnerin so ein schönes, beschauliches Leben hat."
(Frau von S., Jg. 1913)

„Ich müßte lügen, wenn ich behaupten wollte, daß mir die Erinnerungen ..., zu denen Sie mich angestiftet haben, großen Spaß gemacht hätten. Nicht richtig wäre es aber auch, wenn ich sagen würde, daß mir die Niederschrift keinen Spaß gemacht hätte. 40 Jahre lang habe ich nicht so intensiv an jene Jahre gedacht wie heute, und natürlich kann man nur einen Bruchteil davon bringen, wenn es kein Roman werden soll."
(Herr F., Jg. ohne Angabe)

„Es hat mir Spaß gemacht ... Meistenteils will es ja keiner mehr wissen, wie es damals tatsächlich war ... Wenn man einmal angeregt wird, dann kann man fast kein Ende finden."
(Frau D., Jg. 1922)

„Das Ganze war ein Stück Arbeit, aber je mehr wir darangingen, desto mehr Freude oder richtiger wohl Befriedigung brachte uns das Erinnern, denn während des Schreibens fiel uns etliches wieder ein, was inzwischen tief versunken war."
(Frau Sch., Jg. 1919, Herr Sch., Jg. 1907)

„Ich hoffe aber, daß mein kleiner Bericht etwas zu der damaligen Zeit aussagt ... Vielleicht gebe ich auch jungen Leuten ... ein paar Denkanstöße für die ... für uns so schreckliche Zeit."
(Frau H., Jg. 1919)

„Bald habe ich erkannt, daß ich einen ganzen Roman schreiben müßte, und das trifft wohl für jeden zu, der diesen Fragebogen beantwortet ... Die Summe aller Berichte wird wohl ein stattliches Buch füllen."
(Herr W., Jg. 1906)

„Ich denke, Sie werden sich das Wichtigste heraussuchen."
(Frau Sch., Jg. 1928)

1. Letzte Kriegstage

Das Leiden der Bevölkerung über die Kriegsjahre hinweg sollte nun zwar zu Ende gehen, doch boten die letzten Kriegstage gegen Ende April 1945 noch einmal im Übermaß Anlaß zu Angst und Hoffnungslosigkeit. Die ständige Bedrohung durch fast pausenlose Luftangriffe, der deprimierende Anblick der in Schutt und Asche liegenden Stadt, der Verlust von Hab und Gut und die bange Frage, „wie es um Gottes willen weitergehen solle", zermürbten die Menschen.
Zu ihrer Sicherheit mußten sie wieder und wieder in den Erd- und Hochbunkern Zuflucht suchen oder sich in Luftschutzkellern verkriechen. Oft genug erwiesen sich all diese Räumlichkeiten als tödliche Fallen. Wegen der zu erwartenden Endkämpfe wurde etwa ab 20. April angeordnet, die Bunker nicht mehr zu verlassen. Damit waren Stunden und Tage für die Schutzsuchenden vorbestimmt, die in der Erinnerung ausnahmslos bei allen das Maß des Erträglichen überschritten. Dementsprechend haben sie sich tief ins Gedächtnis eingegraben und sind so lebendig und detailliert geschildert, daß von uns keine Worte hinzuzusetzen sind.
Um so nachvollziehbarer werden für uns auch die Empfindungen, als es endlich am 25. und 26. April hieß „Raus aus den Bunkern!" und blauer Himmel mit strahlender Sonne die Lufthungrigen empfing. Fast ein Maientag – man glaubt aus den Zeilen der Berichte förmlich die Befreiung zu spüren, in den verschiedensten Sinndeutungen des Wortes: vom Joch der mör-

derischen Politik und des mörderischen Krieges, von der Angst um Leben und Gut, vom Geheul der Sirenen, von der Enge und Hitze der Schutzbauten – hin zur Offenheit für einen neuen Anfang, der Kampf ums Überleben bedeuten sollte.
Wie die Bremer ihn meisterten, ist das Thema dieser Dokumentation, die unsere Ausstellung zur Nachkriegszeit begleiten soll.
Um ihre körperliche, nervliche und seelische Verfassung besser verstehen zu können, sollen sie zuvor selbst sagen, welch schwere Zeit unmittelbar hinter ihnen lag.

„Das Kriegsende erlebten wir durch tagelangen Aufenthalt in den Bunkern Lothringer Straße bzw. Roonstraße, teilweise aber auch liegend während der Feuergefechte auf der Straße, da die Bunker wegen Überfüllung geschlossen waren bzw. die Eingänge restlos verstopft waren. Da oftmals der Fliegeralarm aber auch zu spät ausgelöst wurde, geschah es sowieso oft, daß man die Bunker nicht mehr erreichte und somit in den Eingängen von Häusern oder in Kellern von bereits kaputten Häusern einen ‚Unterschlupf' suchte, und sofern dieses nicht mehr möglich war, warf man sich aufs Straßenpflaster, und man konnte somit oft das Abbrennen von Häusern durch Brandbomben in unmittelbarer Nähe miterleben."
(Herr K., Jg. 1938)

„Das Kriegsende erlebten wir im Bunker an der Lothringer Straße. Er war überfüllt. Fast eine ganze Woche waren wir nicht hinausgelassen worden. Alle Leidensgenossen hatten dicke Füße und geschwollene Beine. Wir mußten abwechselnd alle eine Zeitlang das schwere Schwungrad der Lüftungsmaschine drehen, weil der Sauerstoff sehr knapp wurde."
(Frau Sch., Jg. 1903)

„Das Kriegsende erlebte ich im Hastedter Bunker. Wir waren tagelang eingesperrt, die sanitären Anlagen funktionierten nicht mehr, es war unerträglich heiß, dazu die Schießerei von allen Seiten, dazwischen die Bomben. Für die kleinen Kinder in unserer Ecke hatte eine Frau eine Salatschüssel als ‚Töpfchen' zur Verfügung gestellt, für die Erwachsenen gab es nichts. Einmal versuchten wir draußen frische Luft zu schöpfen, mußten aber gleich wieder zurück wegen der Granatsplitter."
(Frau D., Jg. 1921)

„Der Bunker war so voll und alle Toiletten belegt. Während der Schießpausen konnten wir aus dem Bunker, um unsere Notdurft zu verrichten. Abwechselnd wurden wir hierfür zum Verlassen des Bunkers aufgerufen – Frauen raus, Männer raus ..."
(Frau W., Jg. 1926)

„Die drei letzten Tage und zwei Nächte vor dem Einmarsch der Siegertruppen in Bremen haben wir den Bunker nicht mehr verlassen. Draußen tobten die Straßenkämpfe, im Bunker kämpften die Leute mit dem mangelnden Sauerstoff, der Erschöpfung und verzweifelter Resignation. Sollte das das Ende Deutschlands sein? Wie würden sich die Siegermächte verhalten? Man hörte soviel von Plünderungen und Vergewaltigungen. Schreckensbilder standen uns vor Augen. Unserer Großmutter und etlichen älteren Leuten verwirrte sich der Kopf – einige brachen mit Kreislaufbeschwerden zusammen, und alle litten an geschwollenen Beinen, der ungeheuren Hitze und einem Gefühl: ‚Das halte ich nicht mehr aus, hier dreh' ich durch!'"
(Frau St., Jg. 1929)

„Wir saßen so eng im Bunker, daß ich kaum Platz zum Stillen meines Jüngsten hatte. Und heiß war es! In den oberen Stockwerken sollen 54° Wärme gewesen sein. Einige Leute haben Nervenzusammenbrüche gehabt. Bis zum 26. April morgens saßen wir unentwegt im Bunker. Ich hatte nur immer einen Gedanken: hier raus, Ruhe, schlafen, schlafen!"
(Frau B., Jg. 1917)

„... Zeitweilig fiel die Belüftungsmaschine aus, und wir, meistens Frauen, bedienten ... die Pumpe mit der Hand. Die Luft im Bunker war so warm, daß die zugeteilte Fettmenge in der Ledertasche schmolz ..."
(Frau L., Jg. 1910)

„Im Bunker ist das Atmen ein Problem. Es ist zu wenig Luft da für die vielen Menschen."
(Frau M., Jg. 1933)

„Im Bunker herrschte inzwischen Backofenhitze, es sollen 60° gewesen sein. Die meisten Leute hatten sich schon bis auf das Notwendigste entkleidet. Niemand aber wagte, den Bunker zu verlassen ... Es war so großer Sauerstoffmangel, daß schon eine große Anzahl von Säuglingen gestorben wäre, hieß es ..."
(Frau B., Jg. 1920)

„Die Klimaanlage war ausgefallen, es war sehr heiß im Bunker. Durch die vielen Menschen wurde die Luft ... verbraucht. Wir Jüngeren mußten stundenweise die Notbelüftungsanlage per Hand bedienen, um für etwas Frischluft zu sorgen. Viele Menschen dösten nur noch so vor sich hin ..."
(Frau D., Jg. 1922)

„Es war furchtbar heiß; im Bunker lief das Schwitzwasser von den Wänden. Wir durften kaum sprechen, es herrschte Sauerstoffmangel. Ich bekam ... Fleck-Rheuma an den Füßen. Sie waren so dick ..., daß man mir ein Bett freimachte, wo ich liegen konnte (ganz oben), dort war es noch wärmer."
(Frau W., Jg. 1926)

„Der Bunker war entsetzlich voll. Die Leute saßen auf dem Betonboden in den Gängen ... Ich kann mich erinnern, daß ich auf dem Weg zur Toilette über Beine steigen mußte ... Die dreiteiligen Betten wurden unten als Sofa gemacht. So lagen wir mit vier Kindern, zwei und zwei gegeneinander, auf so einem schmalen Oberbett ..."
(Frau W., Jg. 1934)

„Unsere Familie ... saß im Gang mit der kostbarsten Habe, sprich Bevorratungsration von Butter, Zucker, Mehl, Wurstwaren, Brot, drei Wolldecken ..., Koffer mit den letzten Bekleidungsstücken ..."
(Frau M., Jg. 1928)

„Als Verpflegung hatten wir einen großen Zinkeimer mit Apfelreis, den wir auf unserer Brennhexe gekocht hatten, davon aßen wir morgens, mittags und abends und waren froh, daß wir überhaupt etwas zu essen hatten."
(Frau H., Jg. 1933)

„Einmal hatte mein Vater es fertiggebracht, ein paar Pellkartoffeln zu beschaffen und zu garen. Als er uns die Köstlichkeit reichen wollte, langten viele Hände zu, und für meine Mutter, meinen kleinen Bruder und mich blieb eine Kartoffel übrig."
(Frau K., Jg. 1926)

„Fast alle Menschen waren apathisch und nicht ansprechbar, bis es morgens plötzlich hieß, daß die Engländer mit Panzern bereits 200 m vor dem Bunker ständen. Da wurde man munter: Was würde nun passieren, was würden nun die nächsten Stunden bringen?"
(Frau D., Jg. 1922)

So wie uns unsere Zeitzeugen durch ihre eigenen, anschaulich vermittelten Erlebnisse zu einem stimmigen Bild der letzten Tage im Bunker verhelfen, so können wir dank ihrer differenzierten Darstellung auch die ersten entscheidenden Tage einer Zeit, die in unseren Sprachgebrauch als „Nachkriegszeit" eingegangen ist, nachvollziehen.

„Am 25. April kurz nach Mitternacht kamen die Engländer in den Bunker. Sie verließen ihn wahrscheinlich wegen der schon beschriebenen Verhältnisse sofort wieder. Die Bunkertüren durften erst am 26. mittags geöffnet werden. Da traten wir ins Freie an einem herrlichen Frühlingstag!"
(Frau K., Jg. 1926)

„Das Wetter war ungewöhnlich schön."
(Frau L., Jg. 1926)

„In den Tagen des Kriegsendes herrschte sehr schönes Frühlingswetter ..."
(Frau St., Jg. 1920)

„Als wir aus dem Bunker kamen, war herrlicher Sonnenschein, ein großer Panzer stand vor unserem Bunker, und die Mädchen schäkerten mit den Soldaten ..."
(Frau Sp., Jg. 1929)

„Wir hatten außergewöhnlich schönes Frühlingswetter. In allen Gärten standen die Bäume in voller Blüte ... Die Soldaten saßen auf den Panzerwagen mit Maigrün am Helm und winkten uns zu."
(Frau Sch., Jg. 1927)

„Am Morgen des 26. April – die Bunkertüren standen offen, es war seit einigen Stunden ruhig gewesen, sichteten wir Soldaten mit etwas merkwürdigen Stahlhelmen. Es waren Tommies. Wir mußten für kurze Zeit in den Bunker zurück. Die beiden Soldaten durchsuchten die Räume. Dann konnten Frauen und Kinder nach Hause gehen, etwas später die Männer. Die Bunkerwarte und andere Großmäuler hatten sich in Luft aufgelöst. Der Krieg war zu Ende."
(Frau B., Jg. 1928)

„Am 26. April durften wir den Bunker endgültig verlassen. Man konnte es noch gar nicht so recht glauben, daß nun diese schlimme Zeit hinter einem liegen sollte. Natürlich wußte ja auch niemand, wie es weitergehen würde, aber im Augenblick war man froh über die frische Luft und die Tatsache, daß man am Abend wieder in ein Nachthemd schlüpfen konnte und nicht in der vollständigen Garderobe im Bett liegen mußte. Trotzdem kam es einem schon eigenartig vor, als keine Sirene mehr heulte."
(Frau Sch., Jg. 1928)

„Als es 1945 hieß, der Krieg ist aus, sind wir zögernd aus dem Bunker gekommen. Ich persönlich hielt mich in den ersten zwei Tagen in der Nähe des Eingangs auf ... und spielte dort. Es war echt ungewohnt, so viel frische Luft und hell."
(Frau W., Jg. 1934)

„Unten vor der Bunkertür standen viele Leute, diskutierten, rauchten, atmeten ... Einige Leute gingen in ihre Wohnungen zurück, ich ging mit ... und da sah ich sie, die Engländer mit ihren Tommyhelmen und Kampfanzug, wie sie mit Gewehren von einer Vorgartentreppe zur anderen sprangen."
(Frau M., Jg. 1928)

„Am Nachmittag des 26.4.1945 durften wir den Bunker verlassen. Müde, schmutzige und hungrige Gestalten wankten nach Hause, begierig den Sauerstoff einatmend, einerseits froh, daß die Quälerei ein Ende hatte, andererseits in banger Erwartung dessen, was auf uns als Besiegte zukommen würde. Als wir in die Ilmenauer Straße einbogen und unser Haus zwar ramponiert, aber doch noch fast heil vorfanden, erfüllte uns alle trotz der ungewissen Zukunft ein Gefühl der Dankbarkeit. Der Krieg war zu Ende, wir hatten ein Dach über dem Kopf, und alle Familienmitglieder waren vereint. Auf irgendeine Weise mußte es weitergehen! Zunächst nur erst einmal schlafen, schlafen, schlafen!"
(Frau St., Jg. 1929)

„Wir erlebten den Einmarsch der Truppen als Befreiung und tanzten, lachten und weinten mit der ganzen Nachbarschaft vor dem Bunker. Der Krieg war für uns aus. Nichts anderes zählte als die Befreiung von Terror und Krieg. Was jetzt kommen würde, konnte nur besser werden."
(Frau M., Jg. 1914)

In ihrem verständlichen Überschwang sahen sie noch nicht, daß nun neue Mühsal begann: der Kampf um das Überleben.

2. Bevölkerung und Besatzung

Die Frage nach dem Erleben der Besatzungsmacht wurde mit großer Offenheit beantwortet. Es wurde deutlich, wie die Bevölkerung aufgrund eines mit raffinierten Propagandamitteln verbreiteten Feindbildes den Besatzungssoldaten zunächst mit Furcht und Mißtrauen begegnete, wie dann aus zögernder Zurückhaltung schließlich Zutrauen wurde. Dazwischen lag ein individuell unterschiedlich langer Prozeß der Annäherung. Durchweg wird ein differenziertes Bild gezeichnet.
Es wird unterschieden zwischen den britischen Truppen, die Bremen einnahmen und besetzten, und den Amerikanern, die sie schon bald als neue Befehlshaber der „Enklave Bremen" ablösten. Wer sich zu dieser damals zum Alltag gehörenden Existenz einer fremden Besatzungsmacht geäußert hat, hatte seine Haltung schon in früheren Jahren bewußt reflektiert und seine persönlichen Beweggründe erkannt. Es wird die Überraschung zugegeben, mit der man ganz unerwartet die ersten Kontakte mit den Siegern als menschlich angenehm empfand. Und es ist eben diese menschliche Seite, die Bevölkerung und Besatzung meist in guten, oft in kollegialen und häufiger in zu Freundschaften sich wandelnden Beziehungen leben läßt. Das berühmte Verbot „No fraternisation", d. h. „keine Verbrüderung"

zwischen Besatzungssoldaten und Zivilbevölkerung, wurde in Bremen bereits im Oktober 1945 aufgehoben. All das hat sich ins Gedächtnis eingeprägt und nicht das Regiment der Militärregierung, deren Wirken von der Mehrheit nur dann zur Kenntnis genommen wurde, wenn es sie in ihrem persönlichen Lebensbereich betraf. In erster Linie interessierte man sich angesichts der Trümmer und einer brachliegenden Versorgung für Existenzfragen. Mochte Bürgermeister Kaisen mit seinen Mitstreitern für Bremens Belange kämpfen, man selbst hatte sich um das Fortkommen der Familie zu kümmern. Und da wurden die Amerikaner schnell zu angesehenen „Freunden". Mit ihrem Auftreten konnten sie die Sympathie vieler Bremer gewinnen, zumindest alte Vorurteile abbauen, und die privaten und offiziellen Spendenhilfen des amerikanischen Volkes taten ein übriges.

Den Amerikaner, der einen bei der großen Arbeitslosigkeit in Lohn und Brot nahm, der einem Kaugummi, Schokolade, Zigaretten oder andere rare Artikel zusteckte, den mochte man und auch den, der durch unbekümmertes Auftreten und lockeren Stil eine neue ungewohnte Lebensart verkörperte.

Dennoch gab es unangenehme Zwischenfälle, die nicht verschwiegen werden, die nicht vergessen sind. Demütigende Situationen und das rüde Benehmen mancher Soldaten gerade zu Beginn der Besetzung ließen bei etlichen Einwohnern keine positive Einstellung den Siegern gegenüber aufkommen.

Die verschiedenen Aspekte in der Begegnung zwischen Besatzung und Bevölkerung sollen hier aufgezeigt werden.

Beginnen wir mit dem Einmarsch der Engländer in Bremen am 25. April 1945. Ihnen standen die Bremer gegenüber, als sie aus den Bunkern an die Luft drängten, als sie mit Bangen ihre Wohnungen und Häuser aufsuchten und sich neu zu orientieren begannen.

„Mittags konnten wir den Bunker verlassen. Fremde Soldaten standen mit ihren Kriegsfahrzeugen in den Straßen, meist junge Burschen, denen man ansah, daß auch sie froh waren, momentan nicht im Kriegseinsatz zu sein. Gelegentlich gab es gleich zu Anfang der Besetzung durch Soldaten kleine Plünderungen. Armbanduhren nahm man uns z. B. schon am Bunkerausgang ab. Später durchsuchte man Wohnungen und nahm Fotoapparate und andere Wertsachen mit. Wir wußten nicht, wie wir uns zu verhalten hatten und leisteten keinen Widerstand. Später erfuhren wir dann, daß die Soldaten keine Berechtigung hatten, unsere Wohnungen zu durchsuchen. Es gab damals einige Tage lang Sperrzeiten. Zuerst durften Männer überhaupt nicht auf die Straße und Frauen nur stundenweise. Unsere Parzelle war in der Nähe unseres Hauses. In der erlaubten Zeit gingen Mutter und ich dorthin, um zu schauen, ob viel zerstört ist. Plötzlich hörten wir Stimmen. Am Gartenzaun standen mehrere bewaffnete Soldaten und fragten etwas. Vor Aufregung konnte ich kein englisches Wort verstehen, und meine Mutter verging fast vor Angst, denn man hatte so viel von Greueltaten gehört. Die Männer hatten aber freundliche Gesichter, und ich ging zu ihnen, nahm mein ganzes Schulenglisch zusammen und versuchte, mich mit ihnen zu verständigen. Dabei erfuhr ich, daß auch sie nur ein Gespräch suchten und sich freuten, daß man sich so halbwegs verständigen konnte. Vor unserer Haustür standen nach unserer Rückkehr vom Garten Panzer. Wir staunten nicht schlecht, als die Engländer ihre Blechteller mit ihrem Essen auf dem Panzer abstellten und ganz vornehm mit Messer und Gabel aßen."
(Frau D., Jg. 1922)

„Die englischen Soldaten stürmten in die Häuser, um nach deutschen Soldaten und Waffen zu suchen. Am nächsten Tage wurden alle Häuser in unserer Straße besetzt. Wir durften die Kellerräume und zwei Zimmer im Oberstock benutzen. Als der Captain das Baby sah, erlaubte er uns auch das Badezimmer. Es war eine sehr nette Besatzung, vier Leute. Sie hatten natürlich auch etliche Wünsche. Waschen und Bügeln der Uniformen und Bereitung des Frühstücks. Die Zutaten wurden natürlich geliefert, nur gab es Schwierigkeiten mit ‚ham and eggs', da wir keinen Elektroherd hatten und unser Brennholz aufgebraucht war. Aber schließlich schafften es einige Äste aus dem Garten."
(Frau N., Jg. 1912)

„Am nächsten Morgen, 26. 4., kamen englische Soldaten und teilten uns mit, daß 24 Stunden Ausgehverbot sei. Nachmittags klopften vier englische Soldaten mit Gewehr-

kolben an unsere Haustür. Wir mußten alle in ein Zimmer, während sie das Haus von oben bis unten durchsuchten. Ähnliche Besuche folgten, verliefen aber einigermaßen glimpflich, da wir eine gebürtige Engländerin bei uns aufgenommen hatten. Am 27. 4. durften die Frauen zwei Stunden auf die Straße. Manche Leute wurden aus ihren Häusern gejagt, und die Häuser wurden besetzt. Bis zum 8. 5. (Waffenstillstand) lebten wir in ständiger Angst vor unliebsamen Besuchen."
(Frau W., Jg. 1926)

„Am Tage nach der Einnahme Hastedts wurden in die Erdgeschoßwohnungen an der Hast. Heerstraße Soldaten einer schottischen Einheit einquartiert. Bei uns erschien ein Sergeant der Royal Army und erklärte nach Besichtigung der Räume, diese würden mit acht Mann belegt. Wir sollten räumen. Meine Mutter, die sich in keiner Lebenslage so leicht verblüffen ließ, fragte durch mich – ich hatte immerhin sechs Jahre Schulenglisch hinter mir, ob wir bleiben könnten bei entsprechender Aufteilung der Zimmer. Wir konnten. So kampierten wir dann einige Tage folgendermaßen: sieben Mann im großen Wohnzimmer, der Sergeant im daran anschließenden kleinen Zimmer; Mutter, Tante und ich im Schlafzimmer meiner Eltern, mein Vater auf dem Sofa in der Küche. Unsere Haustür stand Tag und Nacht offen. Einer der Soldaten stand dort Posten. Morgens war in unserer Wohnküche high life. Die Soldaten saßen um den Küchentisch herum und tranken Tee ... Das ging etwa eine Woche so. Wir lebten zwar sehr beengt, hatten aber zu essen durch die Bevorratung der letzten Kriegstage. Es war auch Holz vorhanden. Meine Mutter hatte die Soldaten darum gebeten, um ständig heißes Wasser auf dem Herd zu haben für Tee und zum Rasieren. Die Feldküche war nur einige Häuser entfernt eingerichtet."
(Frau B., Jg. 1928)

„Als dann die Engländer bei uns einzogen, war deren erster Weg in den Keller, wo noch ein paar sorgsam gehütete Gläser mit eingekochtem Gemüse und Obst standen. Außerdem hatten wir wenige Tage vorher eine große Butter-Zuteilung bekommen. Meine Mutter hatte die Butter sorgsam eingesalzen mit dem Gedanken, wer weiß wie lange die reichen muß, wann wir mal wieder ein bißchen Fett bekommen – und alles nahmen die Engländer mit. Andere Übergriffe außer mitgenommenen Füllhaltern, Armbanduhr u. ä. sind mir nicht bekannt. Jedoch, was wollen wir sagen – auch das ist ‚Krieg‘, und wenn ich an Berichte denke über deutsche Soldaten z. B. in französischen Schlössern o. ä. ..."
(Frau Sch., Jg. 1919)

„In der ersten Woche nach Beginn der Besatzung – zunächst durch englische Truppen – gab es fast täglich Hausdurchsuchungen durch Soldaten. Offiziell wurde nach Waffen gesucht, inoffiziell alle Uhren, Fotoapparate usw. mitgenommen, soweit sie nicht sehr gut versteckt waren. Bei einem dieser ‚Besuche‘ wäre es mir fast sehr schlecht ergangen: der Soldat bekam zum Glück Angst vor meiner plötzlich auftauchenden völlig verwirrten Großmutter."
(Frau V., Jg. 1926)

„Wenn jedoch jetzt manchmal geschrieben wird ‚Wir waren glücklich und erleichtert, als die Engländer einmarschierten ...‘, so kann ich das nicht sagen, wir waren wohl froh, wenn die Kampfhandlungen aufhören würden, aber der Besatzung sahen wir mit einiger Beklemmung entgegen. Das Verhältnis zu den Engländern regulierte sich bald. In einigen Wohnhäusern – bei uns im Erdgeschoß – und in der Schule an der Wiehenstraße waren Einquartierungen. Die Soldaten mußten genau wie alle dort Wohnenden ihr Trink- und Brauchwasser eimerweise holen von einer Pumpe in einem nahegelegenen Garten. Ich kramte mein Schul-Englisch wieder hervor und mußte für etliche Nachbarn dolmetschen."
(Frau Sch., Jg. 1919)

„Als nun endlich für uns der Krieg aus war, wir mit gemischten Gefühlen den Engländern gegenüberstanden, zeigten sie sich unerwartet menschlich ..."
(Frau E., Jg. 1927)

Nach diesen ersten Erlebnissen mit Soldaten der Siegermächte wich bei den meisten wohl die beschriebene Beklommenheit. Bald erschienen die Amerikaner auf der Bildfläche. Wie das anfängliche Mißtrauen schrittweise abgebaut werden konnte, mögen folgende Beispiele zeigen, getrennt nach Gesichtspunkten der zwischenmenschlichen Begegnung und der Versorgungshilfe:

„Furchterregend die Panzer in den Straßen, die ‚schwarzen' Soldaten, die zerschossenen Bäume, herumliegende Waffen. Sowohl die Engländer als auch die Amerikaner waren sehr freundlich zu uns. Auch aus meinem Bekanntenkreis erinnere ich mich keiner Unerfreulichkeiten. Manche schimpften sehr auf ‚diesen verdammten Krieg', weil sie viel lieber daheim gewesen wären, andere waren gern bei den Truppen, weil sie in Amerika arbeitslos waren oder unter nicht besonders guten Verhältnissen lebten."
(Frau K., Jg. 1925)

„Als ich nach Hause zurückkam, erfuhr ich, daß die Häuser an der Vegesacker Straße vom Waller Ring bis zur Wangerooger Straße geräumt worden seien, da dort Neger einquartiert würden. Die Neger sind noch immer dort. Sie tun niemandem etwas und sind ordentlich und lachen gern. Mit Begeisterung spielen sie Handball auf der Straße, und Kinder und Frauen und Mädchen sehen begeistert zu und treiben Tauschhandel und sonst noch allerlei. Und das nach zwölf Jahren Erziehung zum Rassenbewußtsein! – Mir sträubt sich innerlich alles, sobald ich einen Neger sehe, obgleich mir noch keiner etwas getan hat. Überhaupt kann ich nur sagen, daß ich von englischen oder amerikanischen Soldaten keinerlei Unhöflichkeit erfahren habe."
(Frau P., Jg. ohne Angabe)

„An das erste Zusammentreffen mit der Besatzungsmacht kann ich mich sehr gut erinnern. Im heutigen ‚Friedehorst', der ehemaligen Lesumer Kaserne, waren Amerikaner – überwiegend Farbige – einquartiert. Zwei Neger ‚besuchten' uns schon sehr bald. Ich habe meine Englischkenntnisse zusammengesucht und mich mit denen unterhalten. Wir bekamen Schokolade und kamen uns sehr reich beschenkt vor. Wie lange hatten wir die nicht mehr gegessen."
(Frau F., Jg. 1925)

„In unserem Stadtteil waren verhältnismäßig viele Besatzungssoldaten stationiert. Es mutete uns recht eigenartig an, wenn man ihnen plötzlich gegenüberstand, da man sie nie kommen hörte. Sie trugen nämlich alle eine Art Fallschirmspringer-Stiefel, waren also völlig lautlos, während unsere Wehrmacht doch eisenbeschlagene Stiefel getragen hatte, die man bei jedem Schritt hörte ... Heute kann sich sicher niemand mehr vorstellen, wie mir zumute war (ich war 1933 zur Schule gekommen und entsprechend aufgewachsen und erzogen!), wenn ein Besatzungssoldat hinter mir herpfiff und rief: ‚Frollein, Du haben schöne Beine!' Ich muß schon sagen (aus meiner damaligen persönlichen Sicht), ich hätte mich am liebsten in ein Mauseloch verkrochen!"
(Frau S., Jg. 1926)

„1947 führte eine neuerbaute Holzbrücke über die Weser, dort, wo heute die Wilhelm-Kaisen-Brücke ist. Der Fußgängerweg war für zwei Personen nebeneinander fast schon zu schmal. Zu zweit kamen wir vom Schwimmen und trugen unsere schweren Badetaschen in der Hand. Es waren nicht viele Menschen auf der Brücke. Hinter uns näherten sich schnell zwei Besatzungssoldaten. Plötzlich nahm mir einer von hinten die Tasche ab. Kurzentschlossen drehte ich mich um und gab ihm im gleichen Augenblick eine kräftige Ohrfeige, er ließ die Tasche los. Nun liefen wir schnell auf die andere Brückenseite, wo ein deutscher Polizist Brückenwache hielt. Er hatte alles mit angesehen. Ich befürchtete einen Racheakt von dem Soldaten, und wir blieben bei dem Polizisten stehen. Da kamen die beiden Amerikaner lachend auf uns zu und erzählten folgendes: Einer wollte mir die schwere Tasche abnehmen und ein Stückchen tragen. Der zweite Soldat warnte daraufhin seinen Kameraden, das nicht zu tun, ohne mich angesprochen zu haben. Er meinte – die schlägt zu. Und so war es dann ja auch passiert. Wir fünf haben dann noch herzlich darüber gelacht."
(Frau D., Jg. 1922)

Gute zwischenmenschliche Kontakte sind auch aus anderen Bereichen überliefert:

„Ich erinnere mich besonders der Zusammenarbeit mit dem Besatzungsoffizier Bechtel, der den deutschen Belangen ein erhebliches Verständnis entgegenbrachte. Außerdem waren noch einige jüngere Offiziere in unserem Ressort bei den Amerikanern tätig, zu denen

ebenfalls ein gutes Verhältnis hergestellt werden konnte. Außerhalb des Dienstbereiches kamen auch persönliche Kontakte zustande, und ich erinnere mich gelegentlichen Zusammenseins in der einen oder anderen Wohnung. Auch in Sachen Korrespondenz mit im Ausland wohnenden Verwandten waren die Amerikaner sehr hilfreich. Im allgemeinen läßt sich sagen, daß sie niemals den ‚Sieger' hervorkehrten, sondern vielmehr an wirtschaftlichen und politischen Dingen interessiert waren."
(Herr Sch., Jg. ohne Angabe)

Hier nun der Versorgungsgedanke:

„Als nächstes Übel rollten die Amerikaner heran, fast alles Farbige, in die Neuenburger Straße, in der wir wohnten. Wir jungen Frauen bekamen Angst. Einige jedoch versprachen sich etwas davon und gaben sich den Amerikanern hin. Jedes Haus sollte zwei bis drei Mann von der Besatzung aufnehmen. Wir bekamen einen weißen Amerikaner. Er machte einen guten Eindruck, und wir hatten Glück, er war recht ordentlich. Ich habe für ihn gewaschen, genäht, seine Uniform gereinigt und was sonst noch so war. Zur Belohnung bekam ich etwas Kaffee, Schokolade und Kaugummi für das Kind."
(Frau H., Jg. 1919)

„Unsere Mutter wusch und plättete zu der Zeit für einen Amerikaner die Uniform. Dafür bekam sie dann Zigaretten für unseren Vater."
(Frau W., Jg. 1934)

„Mein Vater mußte täglich acht Stunden bei den Amerikanern ... auf dem Flugplatz arbeiten. Es wurde sofort eine Landebahn für die amerikanischen Flugzeuge geschaffen. Dafür gab es täglich ein ‚Breakfast-Päckchen'. Es enthielt eine winzige Dose Wurst, vier Kekse, drei Zigaretten, einen Riegel Schokolade und zwei Tütchen Nescafé für zwei Tassen Kaffee (so etwas war ganz neu für uns) und eine Papierserviette oder Klopapier. Alles war säuberlich abgepackt – so wie man es heute kennt. Für uns war das märchenhaft."
(Frau D., Jg. 1922)

„Ich erinnere mich noch ganz genau an die Besatzungszeit. Man hatte in der sogenannten damaligen Stuhlrohrfabrik an der Grönlandstraße eine große Einheit Neger einquartiert. Da dort keine Wäscherei vorhanden war, hatten einige Nachbarn von uns die Möglichkeit, für Zigaretten, Schokolade und auch Kekse und Brot Uniformen und Wäsche zu waschen und zu bügeln. Das lief auch ganz gut; konnte doch unsere karge Verpflegung ein wenig aufgebessert werden. – Leider gab es auch junge Frauen in unserer Straße, die sich direkt mit den Negern einließen, und das blieb natürlich nicht ohne Folgen. Eine furchtbare Zeit war das. Auch die Schwester eines Freundes von mir wurde hiervon betroffen. Später dann kamen die Amizüge und warfen an den Bahnübergängen, wo mitunter Hunderte von Menschen warteten, Lebensmittel oder auch Bekleidungsstücke heraus. Es spielten sich dort so allerhand Begebenheiten ab. Ich selbst kämpfte einmal mit einem Nachbarssohn um eine braune Wolldecke, denn solche Artikel waren sehr begehrt. Man konnte Hosen und Jacken daraus nähen. Systematisch wurden auch die mit Wasser gefüllten Bahngräben nach Fleisch- und Wurstdosen abgesucht."
(Herr L., Jg. 1936)

„Ein anderer Ami-Soldat wollte von meinem Mann Nachhilfestunden in Algebra haben, fuhr mehrmals mit üppigem Auto bei uns vor und holte ihn ab. Ich erhoffte natürlich heimlich, der würde uns vielleicht etwas Eßbares dafür beschaffen. Aber nach einiger Zeit blieb er weg und ward nicht mehr gesehen. Schade!"
(Frau K., Jg. 1912)

Wer direkt bei den Amerikanern angestellt oder beschäftigt war, hatte natürlich die besten Chancen, seine Versorgung zu verbessern. Darauf werden wir näher in den Ausführungen über das Arbeitsleben eingehen.
Waren die Erwachsenen überrascht vom Auftreten des englischen oder amerikanischen „Feindes", der sich im täglichen Umgang ganz einfach als Mensch erwies, so kamen die Kinder in den Genuß der im allgemeinen großen Kinderfreundlichkeit der Besatzungssoldaten. Mochten die kleinen Deutschen sie an ihre Kinder zu Hause erinnern, war es ein bewußtes oder unbewußtes Bedürfnis, diesen an den schlimmen Verhältnissen völlig Schuldlosen etwas Gutes tun zu wol-

len – auf alle Fälle haben sie in der heranwachsenden Generation in jenen Jahren viel Sympathie erzeugt. Nachhaltige Eindrücke spiegeln sich in den persönlichen Berichten:

„Dann rollten erst die Engländer in unsere kleine Straße, was wir vorsichtig hinter den Scheiben beobachteten. Genau uns gegenüber wurden verschiedene Häuser beschlagnahmt. Wir mochten nicht die kleine Straße überqueren. Unsere kleine Schwester, 4½ Jahre, ging mal rüber zu einem Wache haltenden Soldat. Sie wurde freundlich aufgenommen, bekam einen Bonbon und kam wieder. Dann kamen die Amerikaner, die an der Hauptstraße Quartier machten. Sie waren sehr umgänglich. Bis auf einen, der die Kinder verjagte. Meine Freundinnen hatten mich mitgelockt. Ich stand immer auf Abstand und bereit, wegzurennen. Das muß er beobachtet haben, denn allmählich kam er an den Zaun und heraus. Er brachte es fertig, daß ich Zutrauen zu ihm bekam. Ab und zu bekam ich ein Kaugummi, was ich dann teilte und meinem jüngeren Bruder abgab. Einmal waren sehr viele Schwarze einquartiert. Wir Kinder waren im Park und umstanden einen schwarzen Offizier, der unter einem Baum wegen eines Gewitters Schutz gesucht hatte, als ich zu frieren begann. Da nahm er mich unter seinen Mantel zum Wärmen."
(Frau W., Jg. 1934)

„Und dann rumpelte es auch schon, es rasselte und klirrte. Wir rannten die kurze Strecke bis zum Schwachhauser Ring und sehen die Ungetüme. Panzer nach Panzer kam die Straße entlang. Und oben auf diesen kettenstarren Dingern saßen lachende, feixende, fröhliche Neger. Sie winkten uns zu, warfen Schokoladenriegel und Orangen zu uns hinunter. Ach, hätt' ich doch nur etwas fangen können, aber ich stand viel zu weit entfernt. Nur eins konnte ich denken: Diese netten freundlichen Leute sollten jemals unsere Feinde gewesen sein?"
(Frau J., Jg. 1933)

„Wir Kinder zogen oft zur Kaserne Vahrer Straße, dort gaben uns die Soldaten durch den Drahtzaun Seife (Palmolive), Kaugummi und Schokolade, meistens waren es wieder die Farbigen, welche besonders nett waren."
(Frau H., Jg. 1933)

„Ich bin so eine Art Kindernazi und verkünde im Bunker, daß ich den Untergang des Dritten Reiches nicht überleben will. Da kommt der Feind. Mir ist mulmig – trotzdem sage ich: ‚Heil Hitler'. Der erste Feind erschießt mich nicht, sondern nimmt mich auf den Arm und gibt mir Schokolade. Schokolade!! Ich wußte nicht, wie so etwas schmeckt. Ein anderer Feind gibt mir Brot – leider mußte ich alles teilen. Mein Feindbild wird erschüttert. Menschen, die Schokolade und Brot verschenken, können nicht böse sein."
(Frau M., Jg. 1933)

„Wir Kinder sahen die Amerikaner in ‚unserem' Hause leben, ernteten heimlich unerlaubte Süßigkeiten und Kaugummi, auch die erste Zigarette, d. h. eine fortgeworfene lange Kippe wurde weitergeraucht, unbeschadet."
(Herr W., Jg. 1934)

„Gut erinnern kann ich mich an jene Zeit, in der insbesondere wir Kinder durch großzügige Geschenke in Form von Schokolade verwöhnt wurden."
(Herr K., Jg. 1939)

„Diese Soldaten hatten für uns ‚bettelnde Kinder' häufig kleine Süßigkeiten und Kaugummi bereit."
(Herr B., Jg. 1940)

„Die Besatzungssoldaten waren ... dagewesen, hatten das ganze Haus durchsucht, meiner kleinen Nichte ... Schokolade geschenkt ..."
(Frau Sch., Jg. 1911)

Nicht alle Kinder durften diese Schokolade auch essen. Manche Mütter verboten den Genuß im Glauben, alles Eßbare aus „Feindeshand" sei vergiftet. Sie waren so viel mißtrauischer als ihre Sprößlinge. Andere zeigten Verständnis.

„Auf dem Gras am Schwachhauser Ring hatten die Amerikaner in den ersten Nachkriegstagen Zelte aufgeschlagen und hausten darin. Wir Kinder wurden magisch davon angezogen. Horst sagte mir, daß sie Eier gegen Schokolade tauschten. Mutti gab mir zwei Stück von unserer damaligen Ration, ich verstaute sie in einem selbstgenähten Beutel und rannte los. Ein Zelt war besonders umlagert. Drinnen sangen einige Amerikaner uns Kindern

vor. ‚Komm rein, hier ist noch Platz.' Von Eiertauschaktionen war nichts zu bemerken. Wir Kinder rückten immer dichter zusammen, bis ich auf einmal in etwas Nasses, Klebriges faßte. Eines der Eier war zerbrochen! Vorsichtig trat ich den Rückzug an."
(Frau J., Jg. 1933)

„Einmal schob ich den Kinderwagen mit beiden Kindern in der Hartwigstraße. Kurz vor der Ecke Wachmannstraße bremste plötzlich ein Jeep ganz scharf, fuhr dicht heran, und ein amerikanischer Soldat warf etwas in meinen Wagen und sauste um die Ecke. Entsetzt schaute ich nach: Es war eine Tafel Schokolade!!!"
(Frau K., Jg. 1912)

„Die Besatzung war sehr freundlich, und da ich gut Englisch sprach, geschah uns nichts, im Gegenteil, die Kinder wurden mit Keksen, Schokolade, guter Seife etc. beschenkt."
(Frau L., Jg. 1915)

„An den Weserterrassen lagerten Engländer mit ihren Lkw. Als wir vorbeikamen, steckte uns ein Soldat ein Paar neue Kinderschuhe zu – ‚für Baby' – und verschwand. Wir waren sprachlos ... Sicher hatte er ... gesehen, daß die Kleine – wie damals üblich – Schühchen anhatte, die vorne aufgeschnitten waren, damit die Zehen Platz hatten."
(Frau C., Jg. 1911)

„Da die Schule weiterhin ausfiel ... hatte ich Zeit und den nötigen Mut, den amerikanischen Wachtposten ... zu besuchen! Er schob Wache in einer ca. 6 qm großen Holzhütte. Da ich über einige Englischkenntnisse (Schule) verfügte, kamen wir bald ins sogenannte Pidgin-Englisch und Gebärdensprache. So erfuhr ich ..., daß die sich abwechselnden Wachtposten z. B. aus Kansas, Alabama und Texas usw. kamen. Vielleicht hatten sie Spaß an der Unterhaltung bzw. ihr eintöniger Dienst wurde etwas überbrückt, jedenfalls bekam ich Schokolade, Kaugummi und auch einige Zigaretten (für meinen Vater) als Belohnung."
(Herr R., Jg. 1933)

„Die Amerikaner starteten die Schulspeisung. Der Frauenbund bekam sogar 100 m weiße Seide für Kleider für Kommunionkinder und 50 Paar wunderbare Schuhe! Vor Nikolaus 1947 konnte durch eine Spende von Fett, Schokolade, Zahnpasta usw. ein Nikolausabend für 100 Kinder gestaltet werden."
(Herr G., Jg. 1930)

Offiziell unterstützte Maßnahmen für die Schulkinder wie Schulspeisung, Kleiderspenden, großangelegte Weihnachtsfeiern, aber auch die Gründung von Jugendclubs sind allgemein bekannt und begegnen uns in anderen Zusammenhängen, doch daß amerikanische Soldaten über die Verteilung begehrter Genußmittel hinaus persönlich Initiativen zugunsten deutscher Kinder ergriffen oder unterstützten, bliebe unbekannt, wenn nicht ein authentischer Bericht wie der folgende zur Verfügung stehen würde:

„Nach den Engländern bezogen farbige Soldaten die Knabenschule an der Kornstraße. Unterrichtet wurde nur in der Mädchenschule. Da gab es einen Sergeanten, der sammelte bei seinen Soldaten in einem Lederbeutel Geld. War der Beutel voll, dann lud er die Kinder der Schule samt Lehrern zu einem Kinobesuch ein. Dann sah man morgens die Kinder geordnet von der Schule bis zum Kino gehen, um die von Mr. Rix und seinen Soldaten finanzierte Vorstellung zu besuchen. Die Kinder liebten ihren schwarzen Mr. Rix. Er beschäftigte sich viel mit Kindern, man sagte später, er sei Kinderpsychologe gewesen. Eines Tages war die ganze Schule wieder frei von den Soldaten. Da ging das Vereinsleben im Turnverein wieder richtig los, weil wir ja nun wieder unsere Turnhalle hatten. Vor dem Kriege gehörten zum Vereinsleben Ausflüge und Wanderungen. Unsere kleinen Turnkinder von fünf bis zehn Jahren kannten das ja noch nicht. So schrieb ich einen Brief an den amerikanischen Kommandeur in der Kaserne Huckelriede und bat darum, unsere Vereinskinder doch einmal in einen Wald zu fahren, den sie zum Teil noch nie gesehen hatten. – Bald darauf mußte ich zu einem Capt. Steinberg kommen, um ihm meine Bitte persönlich vorzutragen. Mit meinem Schulenglisch quälte ich mich durch mein Anliegen, und der, den man als recht streng bezeichnete, hörte mir zu, um mir dann später in perfektem Deutsch zu antworten. Da war ich doch einigermaßen überrascht! Er soll ein aus Berlin ausgewanderter Jude gewesen sein, erzählte man später. Jedenfalls wurde meiner

Bitte stattgegeben. Er bewilligte einige 10-t-Trucks, die ca. 100 Kinder transportieren sollten. Er stellte uns auch für unsere Übernachtung am Pastorensee einige größere Zelte zur Verfügung, da wir nur kleine Zelte besaßen. Und etwas Proviant gab es auch noch. So fuhren wir an einem Samstagmittag los – ein Erlebnis für die Kinder – und wurden am Sonntagnachmittag wieder abgeholt. Als Dank für den Ausflug haben die Kinder den farbigen Lastwagenfahrern hohe Spitzhüte aus Binsenkraut gefertigt, die sie auch zur Freude unserer Kleinen sofort auf ihre Krausköpfe setzten."
(Frau D., Jg. 1922)

Ganz abgesehen von den Ängsten, die die nationalsozialistische Propaganda aus naheliegenden Gründen vor den Kriegsgegnern aufgebaut hatte, gab es verständliche Furcht vor den heranziehenden Soldaten bei Frauen und Mädchen. Allzu wahrscheinlich war es, daß auch diese siegreichen und siegesstolzen Männer sich herausnahmen, was alle Besatzungsmächte vor ihnen taten.

„Zum ersten Mal hatten wir uns getraut, Nachtzeug anzuziehen. Wir hörten, daß in der Nachbarschaft gefeiert wurde. Auf einmal bumste es an der Haustür, ein Ami stand ... in unserer Küche, mit einer Maschinenpistole. Er zeigte auf mich, mein Vater sollte zu Mutter gehen, und ich sollte mit dem ins Bett."
(Frau F., Jg. 1929)

In solchen Situationen wichen die Eltern nicht, die Väter waren zu jeder Art von Verteidigung bereit:

„Wir drei Mädchen schliefen im Keller in den dort aufgebauten Luftschutzbetten so tief und fest, daß wir in der darauffolgenden Nacht das Klopfen und Toben der betrunkenen Soldaten vor unserer mit Holzbalken verbarrikadierten Haustür nicht vernahmen. Die Soldaten begehrten lautstarken Einlaß. Unsere Mutter zitterte und bebte um ihre drei Töchter. Unser Vater stand mit der Axt in der Hand hinter der Haustür: ‚Hier kommen sie nicht rein, wir öffnen nicht und wenn die uns wer weiß was androhen!' Vater behielt recht – die betrunkenen Soldaten zogen nach Stunden grölend und schimpfend unverrichteter Dinge ab. Eine schreckliche Nervenanspannung für unsere Eltern nahm ein glückliches Ende."
(Frau St., Jg. 1929)

Auch bei resoluten Großmüttern waren junge Mädchen gut aufgehoben:

„Einmal jedoch, es war schon Sperrstunde und wir waren gerade alle schlafen gegangen, klopfte es laut an der Tür. Als jemand von uns die Tür öffnete, traten zwei bis zu den Zähnen bewaffnete Engländer uns forsch entgegen, durchsuchten alle Räume, ... nahmen sich, was sie für gut und wertvoll hielten und verschwanden wieder. Meine Güte, haben wir gezittert! Meine Großmutter hatte uns – meiner Cousine, meiner Schwester und mir – die Decke bis zu den Ohren hochgezogen, weil man ja auch von Vergewaltigungen hörte. Aber wir sind mit heiler Haut davongekommen!"
(Frau E., Jg. 1927)

Offenbar waren Angst und Vorsorge nicht unbegründet:

„Das Postamt 5 wurde besetzt, und wir Mädchen mußten uns beim Verlassen und beim Zurückkommen ins Buch am Eingang eintragen. Wir Mädchen fühlten uns immer mehr von den Soldaten bedroht. Und so suchten wir uns immer wieder andere Räume aus in dem riesigen Gebäude. Unten in den Kellerräumen wohnten noch ein paar Familien von den Postangehörigen. Wir sind dann aus Furcht eines Tages zu ihnen gezogen. Wir mußten uns oft verstecken. Eines Abends, als wieder einmal betrunkene Soldaten durch die Kellerräume liefen, sah ich selbst, wie eine Frau vergewaltigt wurde. Nach diesem Vorfall, den wir am nächsten Tag sofort dem Kommandanten meldeten, wurden wir alle von abends 18 Uhr bis morgens 8 Uhr eingeschlossen. Dort saßen wir zusammen beim Kerzenschein. Ein schweres Möbelstück wurde immer gegen die Tür gerückt."
(Frau B., Jg. 1925)

Das tatsächliche Ausmaß solcher Übergriffe ist für uns nicht genau zu ermitteln; die Angst der Frauen jedoch war groß, und manche sollen sich schon versteckt haben, wenn sich ein Jeep ihrem

Hause näherte. Wie immer in solchen Situationen wurden Gerüchte weitergegeben, Vorkommnisse aufgebauscht, aber auch klar festgestellt:

„Es kamen in der Stadt Belästigungen und Vergewaltigungen vor."
(Frau T., Jg. 1928)

Auf einen kleinen, im Umgang mit den englischen und amerikanischen Besatzungssoldaten nicht zu unterschätzenden Faktor soll an dieser Stelle verwiesen werden, nämlich auf die Sprache. In vielen Erinnerungen an die Besatzungszeit klingt an, daß die englischen Sprachkenntnisse eine wesentliche Rolle vor allem in den ersten wenig erfreulichen Begegnungen spielten.

„Die Besatzungsmacht kreuzte zweimal bei uns auf. Die erste Gruppe durchsuchte unsere Schränke ... Ein paar Tage später klingelte es erneut. Ich sagte den Soldaten auf Englisch, daß bereits eine Gruppe alles durchsucht habe, und – sie verschwanden wieder."
(Herr E., Jg. 1926)

„Ich glaube, daß wir es nur der Tatsache, daß ich Englisch sprechen konnte, zu verdanken haben, daß wir nicht ausgeplündert wurden wie die Nachbarn."
(Frau F., Jg. 1925)

„Die Engländer fragen nur nach Wein und Eiern. Als Onkel Heinz das Tor zumachte, kommt ein Engländer: ‚What time is it?' Onkel Heinz schaut auf seine Uhr. Da blitzschnell der Engländer: ‚Give me your watch!' Onkel Heinz: ‚Oh no, Sir!' – ‚Give me your watch!' – ‚Then you are a thief. Let's go to your commander and find out.' Daraufhin zog er ab. Onkel Heinz wendet sich um. Im Garten patrouillieren vor dem Hühnerstall zwei Engländer. Einer sitzt tatsächlich im Hühnerstallfenster, natürlich um so Eier zu klauen, da die Tür abgeschlossen ist. Onkel Heinz: ‚What are you doing here?' ‚We are looking for soldiers.' ‚What, soldiers? Well, you're seeking eggs! Funny situation for an English gentleman to be found in a chickenstable.' Die zogen aber beschämt ab!"
(Frau A., Jg. 1927)

Ob perfekt oder mit einigen „Brocken" Schulenglisch, später wurde der Wunsch zur Verständigung auf sprachlicher Ebene deutlich, das Bemühen um die fremde Sprache baute erste zwischenmenschliche Brücken und konnte gewiß hier und da zum gern erinnerten Kontakt beitragen.

Unangenehme Erinnerungen an die Besatzungszeit, damit nicht unbedingt an die Besatzungssoldaten, haben diejenigen, deren Häuser kurzfristig beschlagnahmt wurden. Schließlich hatten sie das Glück gehabt, ihr Eigentum über den Krieg zu retten. Und nun kam die Bedrohung von anderer Seite.
Nicht genug, daß die Militärregierung sofort verlangt hatte, an den Haustüren Zettel mit den Namen und Geburtsdaten der Bewohner anzubringen – nächtliche Kontrollen sollen stattgefunden haben –, nein, als sich die Amerikaner etablierten, brauchten sie Dienstwohnungen und Räumlichkeiten für ihren Verwaltungsapparat und beschlagnahmten Wohngebäude. Mit „off limits" gekennzeichnete Häuser durften von der Zivilbevölkerung nicht mehr betreten werden. Bevorzugt lagen diese im Stadtteil Schwachhausen, der ruhige Wohnstraßen, geräumige Häuser im Grünen und vor allem ein weniger zerstörtes Umfeld bot.
Im allgemeinen wählten die Beauftragten nach kurzer Prüfung die in Frage kommenden Häuser aus. Dann mußten die Bewohner von heute auf morgen, oft binnen zwei Stunden, ihr Domizil verlassen und dabei wesentliche Teile der Einrichtung zurücklassen. Vielen gelang es durch persönliche Verhandlung, Möbel und Hausrat Stück für Stück herauszuholen, zumindest das, „was die Soldaten nicht unbedingt brauchten", und es in der Übergangswohnung, dem Unterschlupf, den Verwandte und Freunde gewährten, unterzustellen.

„Sie guckten dann ungefähr jeden Tag nach ihren Häusern, ob die Amerikaner noch drin seien, und freuten sich, wenn sie feststellen konnten, daß die ‚Amis' wieder gegangen waren."
(Frau Sch., Jg. 1910)

Andere handelten kurz entschlossen statt zu verhandeln:

„Altenwohnung im Landhaus Horn, bewohnt mit vier Personen ... Zum 1.3.46 mußte es für die Amerikaner geräumt werden, Möbel durften nicht mitgenommen werden. Mit

Familienhilfe wuchteten wir sie nachts bei Schneegestöber und Eis aus dem Fenster, wenn die Posten um die Ecke waren, und schleppten sie zu Bekannten in der Nähe; Kohlen im Kinderwagen unter dem Kind, das verschneit auf den Kohlen saß."
(Frau G., Jg. 1911)

Am erstrebenswertesten war es natürlich, das eigene Reich erst gar nicht zu verlassen. Dafür mußte man sich etwas einfallen lassen:

„Wir hatten große Angst vor der Beschlagnahme unseres Hauses durch die Amerikaner. Mehrfach wurde unser Haus von Offizieren besichtigt. Wir schützten uns erfolgreich dadurch, daß wir unser Haus möglichst unwohnlich machten: Die Möbel wurden z. T. ausgelagert und durch alte Büromöbel ersetzt, die Armaturen im Badezimmer abgeschraubt, ‚Stützbalken' eingezogen usw."
(Frau V., Jg. 1926)

Offensichtlich schreckte das die begutachtenden Offiziere ebenso ab wie das Fehlen einer Badewanne oder ein nicht funktionierender Gasbadeofen. Den Bewohnern konnte es nur recht sein.
Schnell aber hatten die Bremer auch herausgefunden, daß das Militär nichts mit Kranken und schon gar nichts mit ansteckenden Krankheiten zu tun haben wollte. Die Offiziere verschonten z. B. ein Haus, da dort eine Frau mit Lungenentzündung lag –

„... weil sie Angst vor den Bazillen hatten".
(Frau T., Jg. 1933)

Hier mußte man ansetzen:

„Da die Amerikaner sich für unser Haus interessierten, hatte mein Vater ein Schild an der Haustür angebracht, daß in unserem Haus ein Fall von Scharlach sei. Immer wenn Interessenten das Haus besichtigen wollten, wurde ich ins Bett gelegt mit einem Halswickel und Aspirin-Tabletten mit einem Glas Wasser auf dem Nachttisch. So haben wir verhindern können, daß unser Haus beschlagnahmt wurde."
(Frau L., Jg. 1934)

Manchmal hatte die große Angst vor einer gründlichen Besichtigung und möglichen Beschlagnahme triftige Gründe ganz anderer Art:

„Unser größter Kummer war, daß sich im Kleiderschrank eine vollständige SA-Uniform befand. Wir konnten sie jedoch vernichten."
(Frau W., Jg. 1926)

Wer schließlich sein Haus doch verlassen mußte, tat das für eine unterschiedliche Dauer. Manche mußten anderthalb bis zwei Jahre auf den Wiedereinzug warten und fanden die Türen ausgehängt, ihre Stühle verheizt, Bücher und Bilder verschleppt, manche aber fanden den Haushalt gepflegt vor, das Klavier sogar aufpoliert.
Vielleicht paßt folgende Charakterisierung am besten zu dem Eindruck, den die Soldaten und ihre zum Teil hier lebenden Familien in Bremen hinterließen:

„Soweit ich mich erinnern kann, waren die Amis gutmütig ... Manchmal benahmen sie sich für unsere Verhältnisse sehr locker ..."
(Herr E., Jg. 1932)

3. Wohnen

Fast 65 % des Wohnraumes in Bremen waren zerstört, die Wohnverhältnisse waren entsprechend beengt, die Ausgebombten schlüpften irgendwo unter, die zusätzlich in die Stadt strömenden Flüchtlinge wurden einquartiert. Das sind, lapidar festgestellt, die Tatsachen, doch welche Wohnsituation sich im einzelnen dahinter verbarg, bleibt im dunklen. Wir haben nun mit Hunderten von Aussagen und Bemerkungen zum Wohnen eine Gelegenheit, ein genaueres Bild davon zu entwickeln und wollen das nutzen.
Es ist ein facettenreiches Thema. Zum einen sind es die rein äußerlichen Bedingungen – mit Fragen wie: In welchem Zustand befanden sich die als bewohnbar angesehenen Gebäude und Räume? Wie gestaltete man sich Provisorien? Zum anderen sind es die Umstände des Wohnens selbst – mit Fragen wie: Wer lebte bei wem? Wie gestaltete sich das Miteinander der Bremer mit einheimischen Ausgebombten und Flüchtlingen aus dem Osten, bei reduziertem Wohnraum? Innerhalb des erhaltenen Wohnraumes ergaben sich so für die Betroffenen Erfahrungen, die prä-

gend wurden für ihr Leben, aus denen sie Wünsche und Ziele für ihre Zukunft ableiteten. Der Wunsch nach einem Eigenheim, der im Rahmen des späteren "Wirtschaftswunders" für viele erfüllbar wurde, gehört mit Sicherheit dazu. Es braucht etwas Vorstellungsvermögen, um sich aus den vorliegenden, eher nüchternen Angaben ein Bild zu machen von den herrschenden Verhältnissen, und wir sind daher besonders aufmerksam bei den hier und da sich bietenden Einblicken.

Als die Bombenhagel und Geschützfeuer endlich zu Ende waren und ungewohnte Ruhe herrschte, bot sich den Augen der ganze jammervolle Anblick der zerstörten Stadt. Das mochte den Bürgern das Herz schwermachen, doch ging der Blick des einzelnen nach jedem Bunkeraufenthalt immer erst zum eigenen Wohnviertel, zur eigenen Straße, zum eigenen Haus. So auch, als in der letzten Aprilwoche 1945 die Bunkertüren aufgingen und die Menschen ins Freie strömten. Wie fanden sie ihre Häuser und Wohnungen vor?

3.1. Zustand der Gebäude

Zusammengefaßt wird zum Zustand der stehengebliebenen und damals als bewohnbar geltenden Häuser und Wohnungen folgendes gesagt:
Die Beschädigungen bewegten sich zwischen "ausgebombt", "fürchterlich zerschossen", "schwer ausgebrannt", "über 60% beschädigt", "stark beschädigt", "teilzerstört" und "brandbombengeschädigt", "beschädigt", "mitgenommen", "lädiert".

Mit diesen zitierten Umschreibungen ist der Grad der Zerstörung nicht eindeutig zu bestimmen. Einzelhinweise geben uns mehr Aufschlüsse. Da stehen in den Häusern keine Wände mehr, da sind Seitenwände und Wandstücke herausgerissen. Bei schwer angeschlagenen Gebäuden fehlten vor allem Dächer, waren Dachstühle zerstört. Und dennoch wurde in einzelnen Etagen, Räumen und in den Kellern gewohnt.

Etwas, was nahezu allen Häusern fehlte, auch den wie ein Wunder inmitten ganzer vernichteter Reihen stehengebliebenen, waren die Fensterscheiben. Unter anderem hatten Luftminen mit ihren enormen Druckwellen noch am Ende des Krieges überall das Glas bersten lassen. "Keine heile Fensterscheibe im Haus" – das ist die übereinstimmende Feststellung vergleichbarer Äußerungen.

Was das bedeutete, war klar: Die Räume waren Wind und Wetter ausgesetzt, und jeder suchte schleunigst nach Abdichtungsmöglichkeiten. Diese Arbeit wurde als erste in Angriff genommen und soll daher auch uns als erstes beschäftigen. Danach wollen wir fragen, wie die Bewohner die häufig eher ruinenhaften Häuser instand setzten.

Glas war Mangelware, war praktisch nicht zu bekommen, ein Ersatz mußte gefunden werden.
Das Naheliegendste war es, die Fenster mit Brettern, Sperrholzplatten oder Pappe zu vernageln, doch mußte dann durch ein Lichtloch etwas Tageslicht einfallen können. Dafür besorgte man sich irgendwo ein kleines Stück Glas – und wenn es aus einem Bilderrahmen war –, oder man schuf sich „anspruchsvollere" Einsätze: z. B. ein Stückchen rotes Glas. „Das gab eine Atmosphäre!"

Die Nachteile der notdürftigen Abdichtung wurden erst im kommenden Herbst und Winter so recht spürbar: Regen- und Schneewasser drangen ein, die Kälte kroch durch die undichten Stellen.

Zweckentsprechender waren Materialien, die von einigen „Drahtglas", von anderen „Papierglas" genannt werden. Ersteres wird beschrieben als „dünner, zellophanartiger Kunststoff mit Drahteinlage" oder als „eine Art Fliegendraht mit Zellophan", recht gut geeignet für eine helle Öffnung im vernagelten Fenster, das zweite soll mehr „fest und papierartig" gewesen sein. Es ließ Licht durch, knisterte aber bei Wind und hieß daher volkstümlich „Knatterglas". Die folgende Aussage scheint die Merkmale beider Ersatzscheiben zu verbinden:

„Nach Kriegsende waren alle ehemaligen Glasflächen mit Brettern oder mit Pappe vernagelt. Sobald wie möglich beschaffte man sich sogenanntes Papierglas. Das war besseres Pauspapier, das mit dünnem Drahtgeflecht verstärkt war. Das wurde so gut wie möglich für die Scheibengröße zugeschnitten und mit irgendwelchen Stücken von Leisten in die Fensterfalze genagelt. Das Papierglas hielt nicht ewig. Sobald irgendein Luftstrom im Zimmer war – schon durch Öffnen und Schließen einer Tür –, mehr noch durch Wind, bewegten sich die Scheiben mit einem gedämpften Ton. Plomb-Plomb! Allmählich brachen einzelne Felder des Papiers zwischen den Drahtquadraten. Anfangs war das Papierglas

Schutz gegen Regen, aber nie gegen Kälte. Je weiter die Beschädigungen fortschritten, desto weniger war auch der Regenschutz gegeben. Erst im Laufe von Jahren konnte das Papierglas gegen Fensterscheiben ausgewechselt werden."
(Herr B., Jg. 1920)

Doch neben den zerborstenen Fensterscheiben gab es noch viele andere Schäden, die es zu beheben galt, wenn man mehr als nur „ein Dach über dem Kopf" haben wollte. Handwerker aus dem Baugewerbe waren gefragte Leute, aber was nützten alle Fähigkeiten, wenn Baumaterialien zu Reparatur, Ausbau und Aufbau fehlten!
Wie in anderen Bereichen auch waren daher Geschick und Erfindungsreichtum erforderlich; Beziehungen und ein Talent zum „Organisieren" konnten wieder einmal nicht schaden.
Und wo es möglich war, mußten alle Hausbewohner mit anpacken:

„Wir haben alle zusammengearbeitet, um das Haus wieder einigermaßen bewohnbar zu machen."
(Herr B., Jg. 1920)

Meist ging es zunächst um die Wiederherstellung von Dach und Dachstuhl, da von dort Wasser eindrang. Etliche berichten uns vom Regenschirm, der bei schlechtem Wetter in den oberen Etagen aufgespannt werden mußte.
Nicht immer gelangen die Reparaturen, wenn man als Laie daranging, ja, als Frau ohne fachmännische Hilfe davorstand. So konnte ein mit herausgerissenem Linoleum notdürftig gedecktes Dach seine Tücken haben:

„Da das Linoleum durch Sonneneinstrahlung sich aufwölbte, zeigten sich zahlreiche undichte Stellen im Dach. In Badewannen, Eimern, Waschschüsseln und Töpfen versuchte man das Wasser bei Regen im Dachgeschoß aufzufangen, mußte aber bei Regen diese Gefäße ständig leeren, auch nachts."
(Frau K., Jg. 1926)

„Unser Dach wurde nach jedem Durchregnen mit dem ‚neuesten' Material geflickt, bis die Dachdecker eine ‚Sammlung sämtlicher Materialien der Nachkriegszeit' auf unserem Dach vorfanden!"
(Frau G., Jg. 1911)

Andere hatten Probleme mit dem Transport schwerer Baustoffe.

„Unser Dach war halb abgedeckt. Wir hatten zwei große Stapel Ziegel vorm Haus lagern. Wie sollten wir sie nach oben schaffen? Da kam meine Freundin mit ihren Schülerinnen (angehende Kindergärtnerinnen), sie stellten sich im Treppenhaus auf, so daß durch der Hände lange Kette in kurzer Zeit die Ziegel auf dem Boden gestapelt wurden."
(Frau B., Jg. 1913)

Einmal mehr kam es auf gute Tauschgeschäfte an.

„Gleich nach Kriegsende mußten die durch Flakgranatensplitter zerstörten Dachpfannen ausgewechselt werden! Nur durch Tauschgeschäfte konnte mein Vater die erforderlichen Materialien (Dachpfannen, Zement, Kalk) besorgen. Der Dachdecker wurde mit Schinken und Mettwürsten entlohnt."
(Herr R., Jg. 1933)

„Die übrigen Zimmer waren noch Baustelle; es war schwer, Handwerker zu bekommen, ohne ‚kompensieren' und sie so beköstigen zu können, wie sie es anderswo bekamen."
(Frau G., Jg. 1911)

Wer sich Baustoffe besorgen konnte, hatte das größte Hindernis bei den Reparaturen schon bewältigt, er konnte sogar anderen helfen und daraus wieder seinen Nutzen ziehen.

„Mein Vater war selbständiger Klempnermeister gewesen, aber an sein Geschäft konnte er jetzt nicht denken, nur ans Überleben seiner Familie. Da seine Werkstatt während des Krieges unversehrt blieb, hatte er noch einiges an Material. Vom Wohnungsamt wurde ihm eine sehr stark beschädigte Wohnung zugewiesen. Um diese herzurichten für seine Familie, mußte er über viele Monate hinweg anderen Kollegen, Handwerkern aus anderen Berufen, helfen beim Aufbau ihrer Häuser bzw. Wohnungen. Nach dem Motto: Hilfst du mir, so helf ich dir!"
(Frau M., Jg. 1929)

„Unser Nachbarhaus war bis auf die Grundmauern ausgebrannt. Eine Luftmine hatte

auch in unserer Wohnung Schäden hinterlassen. So habe ich mit dem Vater alles wieder gerichtet. Grundmaterial hierzu war Karbidkalk, den ganz Bremen aus dem überschwemmten Sumpf der Firma Francke-Werke holte. Dieser Kalkschlamm waren die Rückstände vom Schweißen mit Acetylengas. Überall hinterließen die gefüllten Hand- und Bollerwagen Kleckerspuren auf den Straßen. Den Kalk gesiebt und mit Sand vermischt, konnte man damit Mauerwerk herstellen und verputzen; mit Wasser verdünnt ergab er einen guten Wandanstrich."
(Herr H., Jg. 1926)

Die umliegenden Trümmerfelder boten zwar scheinbar genug brauchbares Material, doch durfte man dort nicht einfach wegnehmen, was eigentlich anderen gehörte:

„Im Volkshaus bekamen wir Berechtigungsscheine, aus den Ruinen im Westen Steine zu bergen. Dort klopften wir Steine und schleppten sie und ein Gitter im Handkarren zu uns, um den Balkon wieder zu bauen."
(Frau G., Jg. 1911)

3.2. Wohnverhältnisse

Unterdessen versuchte die Bevölkerung mit den neuen beengten Wohnverhältnissen zurechtzukommen.
Schon während der letzten Kriegsjahre, als die Bomben mehr und mehr Wohnraum auch in Bremen zerstörten, waren die Ausgebombten gezwungen gewesen, von heute auf morgen eine neue Bleibe zu suchen. Was hatte nähergelegen, als bei Familienangehörigen unterzukriechen, wenn es irgendwie möglich war? Auf engem Raum zusammenzuwohnen und doch die Privatsphäre nicht durch völlig fremde Personen gestört zu sehen, hatte die Bewältigung der fortschreitenden Wohnungsnot erleichtert.
Die letzten Kriegszerstörungen, das Kriegsende mit der schlagartig einsetzenden Rückkehr der Bremer aus ihren ländlichen Zuflucht- oder kriegsbedingten Einsatzorten und der anschwellende Zustrom von Flüchtlingen verursachten ein solches Defizit an Wohnraum, daß noch einmal die Bereitschaft der Verwandten zur gegenseitigen Aufnahme zur entscheidenden Hilfe wurde. Jetzt kamen Hausbeschlagnahmen für Belegung mit Fremdarbeitern, vor allem aber auch für die Besatzungssoldaten und ihre Familien, hinzu, ließ viele bisher mit Wohnraum gut versorgte Verwandte auf der Straße stehen. Ob Haus, Wohnung oder Zimmer – irgendwo mußte sich immer noch ein Plätzchen finden lassen – und was nur für vorübergehend gedacht war, wurde häufig zum Dauerzustand.
Wir haben herausfiltern können, wie diese gegenseitige Hilfe aussah, und teilen sie in drei Kategorien: Aufnahme bei nahen Angehörigen (Großmutter, Mutter, Eltern, Geschwister, Kinder), bei angeheirateten (Schwiegereltern), bei Verwandten allgemein (nicht näher bezeichnet).

„Meine Eltern, meine kleine Tochter und ich lebten bzw. hausten in dem sehr stark beschädigten Souterrain und Parterre unseres Hauses in der Donandtstraße ... Im August 1945 kam mein Bruder aus der Kriegsgefangenschaft zurück, außerdem wohnten zeitweise Verwandte bei uns, die aus Pommern geflüchtet waren ..."
(Frau I., Jg. 1920)

„Rückkehr aus der Gefangenschaft September 48. Ich lebte dann mit meinen Eltern in zwei Räumen."
(Herr Pf., Jg. 1923)

Die nach den genannten Kategorien aufgeführten Äußerungen wurden zwar den Berichten entnommen, aber so aus dem Zusammenhang herausgelöst, daß sie nicht als Zitat zu betrachten sind; ihr Stil wurde möglichst beibehalten.
Beginnen wir mit dem Zusammenleben in einem Haus:

– Unterkunft im Hause der Eltern gefunden ...
– im Elternhaus mit der Familie untergekommen ...
– als Familie mit drei Kindern mit Mutter im elterlichen Haus gewohnt ...
– mit Mutter, Großeltern und Tante im elterlichen Haus gewohnt, dazu dann der heimgekehrte Vater ...
– mit fünf Familienangehörigen in einer Wohnung des elterlichen Hauses gelebt ...
– wir wohnten im Haus der Schwester ...
– im Hause wohnten noch Schwester und Schwager mit Familie ...
– wir nahmen Großmutter in unser Haus auf ...

Aber nicht immer stand ein Haus zur Verfügung:
- ich lebte mit Mutter und Schwester zusammen in einer Wohnung ...
- als dreiköpfige Familie mit Eltern auf 50 qm Wohnfläche gemeinsamen Haushalt gehabt ...
- mit Großeltern, Mutter und zwei Kindern auf 35 qm Wohnfläche gelebt ... Küche, Bad und Toilette mit weiteren Verwandten geteilt ...
- als Ehepaar in Wohnung zusammengewohnt mit ausgebombten Eltern und einer Schwägerin ...
- bei Eltern in Mietwohnung gelebt ...
- als junge Frau mit zwei Kindern bei Mutter in einem Zimmer gelebt ...
- Zimmer von 12 qm mit Mutter bewohnt, Waschgelegenheit mit Verwandten geteilt ...

Neben den Eltern werden vor allem die Schwiegereltern genannt, die sich bereitfanden zu einer Aufnahme. Oft genug waren es die Eltern des Mannes, der im Kriege gefallen war oder sich noch in Kriegsgefangenschaft befand, die sich um die Schwiegertochter und die junge Familie kümmerten. Im allgemeinen war es damals noch gang und gäbe, daß junge Paare erst einmal bei Eltern oder Schwiegereltern wohnten.
- im Haus der Schwiegereltern gelebt mit dreiköpfiger Familie, dazu fünfköpfige Familie des Schwagers ...
- als Flüchtlinge mit acht Personen im kleinen Haus der Schwiegereltern gewohnt ...
- im Haus der Schwiegereltern sehr beengt gewohnt mit ihnen und anderen Verwandten ...
- zwei Zimmer im Haus der Schwiegereltern bewohnt, Bad mit ihnen geteilt ...
- mit Kleinkind in kleinem Haus der Schwiegereltern gewohnt ...
- als junges Paar in einem Zimmer bei den Schwiegereltern gewohnt ...

Die Situation verlangte es, daß auch über den vertrauteren Kreis hinaus Verwandte aufgenommen werden mußten:
- ich wohnte im bombenbeschädigten Haus mit Verwandten aus dem Osten ...
- freiwillig Tante und Cousine aus Angst vor Fremdzuweisung aufgenommen ...
- im beschädigten Haus wohnungslose Verwandte aufgenommen, acht bis zehn Personen in vier Räumen, Küche und Bad gemeinsam ...
- im recht verschont gebliebenen Haus ab Juni 1945 Verwandte aufgenommen ...
- Verwandte bewohnten gleichzeitig in vier bis fünf Parteien das Haus ...
- in vier Zimmern, Küche, Bad, Toilette erst zu dritt gewohnt, dann Cousin aus Ostpreußen dazu und Vetter aus Berlin ...
- in Zweizimmerwohnung bis 1949 zeitweise mit bis zu zehn ausgebombten Verwandten gewohnt ...

Wenn wir hier auch nach näheren und ferneren Verwandtschaftsgraden unterschieden haben, so sagen diese – wie jeder aus eigener Erfahrung weiß – nicht unbedingt etwas aus über die tatsächlichen menschlichen Beziehungen. Sie folgen nicht immer den Stammbaumlinien, im Gegenteil kann das Verhältnis zu weniger nahen Verwandten herzlicher und offener sein. Das enge Zusammenleben über längere Zeit hinweg belastete gewiß selbst das beste Verhältnis. Wie wir noch in anderem Zusammenhang sehen werden, gab gemeinsame Küchen-, Bad- und Toilettenbenutzung immer wieder Anlaß zu Ärgernissen und Reibereien, erforderte Rücksichtnahme und Anpassung an die Gewohnheiten der Mitbewohner – von Menschen, die einen Existenzkampf ohnegleichen führen mußten und nervenzermürbende Jahre hinter sich hatten. Zu menschlichen Unzulänglichkeiten kamen charakterliche Unverträglichkeiten und unterschiedliche Lebenseinstellungen – generationenabhängig und herkunftsbedingt. All dies verwob sich zu einer brisanten Mischung, die dann nur des kleinsten Anlasses bedurfte, um zum handfesten Familienkrach zu eskalieren.

Wem Haus oder Wohnung erhalten geblieben war, hatte gleich, als es nötig wurde, Verwandte, Freunde oder Nachbarn aufgenommen. Meistens sollte es nur vorübergehend sein. Jetzt, nach dem Kriegsende, kamen viele Bremer vom Land in die Stadt zurück, fanden ihre Wohnungen unbewohnbar und waren dankbar, Unterkunft zu finden, ohne den nahezu aussichtslosen bürokratischen Weg einschlagen zu müssen. Gerade für alleinstehende Frauen bedeutete es auch seelischen Beistand, wenn sich Freundinnen ihrer annahmen, ihrer vaterlosen Familie eine Bleibe boten. Damals bewährten sich viele Freundschaften, viele wurden für ein ganzes Leben geschlossen. Dort nämlich auch, wo Wohngemeinschaften zunächst gar nicht freiwillig entstanden. Ausgebombte und Flüchtlinge wurden vom Wohnungsamt zugewiesen, in nach vorgegebenen Richtlinien überzähligen Wohnraum einquartiert. Wie sich das aufgezwungene Zusammenleben entwickelte, hing von vielen Faktoren ab, von jeder einzelnen Person und vom guten Willen. Und immer wieder klingt es an: Ausgebombte aus Bremen nahm man zunächst lieber auf als Flüchtlinge aus deutschen Landschaften, die einem fremd waren. Doch in den Monaten oder Jahren des gemeinsamen Wohnens erwiesen sich die zwischenmenschlichen Beziehungen, die man aufbauen oder nicht aufbauen konnte, als ausschlaggebend für das Verhältnis der zusammengewürfelten Bewohner.

Es gab die verschiedensten Erfahrungen mit „den Einquartierten", und in diesem Zusammenhang spielt das „eigene Haus" eine besondere Rolle.

Unangenehm überrascht wie andere in ähnlicher Situation war jener Hausbesitzer, der bei seiner Rückkehr nach Bremen das eigene Haus mit Ausgebombten belegt sah und mit Mühe und Not noch 2½ Zimmer für seine fünfköpfige Familie erhielt. Eine andere Eigentümerin erinnert sich, daß eine ins Haus eingewiesene Familie immer dann den Nachttopf durch ihre Küche trug, wenn sie beim Essen saß:

„Dies führte zu Streitigkeiten."
(Frau R., Jg. 1911)

Die Einquartierung älterer Ehepaare scheint, zumal bei eigener Koch- und Waschgelegenheit, noch am wenigsten das Familienleben im eigenen Haus gestört zu haben.

Mußte die bis dahin zur Verfügung stehende Wohnfläche mit anderen geteilt werden, waren eine neue Aufteilung der Räume, eine Änderung ihrer Nutzung erforderlich. Das konnte beispielsweise bei Wohn- und Schlafzimmern oder Dachkammern verhältnismäßig leicht geschehen, Küchen, Badezimmer, Toiletten waren an die Installationen gebunden und mußten mehreren Parteien gleichzeitig dienen. Hier trafen diese aufeinander. Es ist daher verständlich, wenn in den Berichten als positiv hervorgehoben wird, daß die Küche nicht zugleich auch gemeinsames Badezimmer sein mußte, da bei anderen „besonders dieser Umstand immer wieder Anlaß gab zu Ärgernissen". So wird bei gemeinsamer Toilette betont: „Aber es waren nette Leute" oder „Wir hatten trotzdem ein harmonisches Verhältnis". Das war ganz anders dort, wo ein Zweifamilienhaus mit vier Familien belegt war, d. h. elf Personen sich zwei Toiletten teilen mußten, und einer den Weg in den Keller scheute:

„Ein Mieter pflegte seinen Nachttopf aus dem Dachfenster zu entleeren."
(Frau L., Jg. 1910)

Für zehn und mehr Personen waren die Sanitäranlagen der meist im Stil des „Bremer Hauses" gebauten Häuser nicht eingerichtet, noch weniger die der Reihen- und Siedlerhäuser.

„Zu der damaligen Zeit wohnten in dem Zweifamilienhaus, das unbeschädigt den Krieg überstanden hatte, 23 Personen. Es war also voll belegt. Wir wohnten in der Parterrewohnung (zu dritt in einem kleinen Zimmer), Küche, Badezimmer und Toilette wurden bei uns von acht Personen benutzt."
(Frau K., Jg. 1924)

Es spricht für sich, daß die meisten Probleme in den die persönliche Sphäre berührenden Bereichen auftraten, doch haben wir auch einige wenige Hinweise auf andere Folgen der Überlegung des zur Verfügung stehenden Wohnraums:

„Schließlich waren wir im Einfamilienhaus vier Haushaltungen mit insgesamt 15 Personen. Jeder wollte Kartoffeln, Rüben, Torf einlagern in den für einen Haushalt berechneten Keller..."
(Frau H., Jg. 1914)

Neben Feststellungen wie „Das Zusammenleben erforderte sehr viel Geschick und Toleranz" lesen wir häufiger so etwas wie „Das Zusammenleben mit den Fremden war reibungslos" oder „Es ging alles sehr gut und in bestem Einvernehmen." Hilfsbereitschaft, Güte und Freundlichkeit bescheinigt heute noch ein ehemals vom Wohnungsamt Einquartierter den Besitzern eines kleinen Häuschens in Bremen-Nord. Ein anderer spricht von seiner Zimmerwirtin als einer „Seele von Mensch". Andere hingegen wurden das Gefühl der Zwangseinweisung nicht los, wenn ihnen die anderen Bewohner voller Vorbehalt und Reserviertheit begegneten.

„Man wagte nicht mehr, sich laut zu unterhalten."
(Herr H., Jg. 1934)

Da wurden Mutter und Tochter nach Verlust ihrer Wohnung in eine „Not-Dachwohnung" eingewiesen, was zwei Abstellräume mit Dachschräge als ein Zimmer mit Küche bedeutete, erhielten keinen eigenen Haustürschlüssel, durften keinen anfertigen lassen, fühlten sich ständig unter Kontrolle und erinnern sich:

„Die Mieter des Hauses ... waren sehr häßlich zu uns."
(Frau Sp., Jg. 1929)

Die Belastungen müssen auf beiden Seiten hoch gewesen sein. So nennen uns einige Hauseigentümer den „Auszug der Einquartierten" als „schönstes Nachkriegserlebnis!"

Wir können das wohl nachvollziehen, wenn wir von folgenden Vorkommnissen hören:

„Eine gräßliche Geschichte – Unsere Mietwohnung in einem typisch bremischen Haus hatte im 1. Stock drei Zimmer und Küche, im 2. Stock zwei Zimmer und Bad und noch ein paar Stufen höher das Clo ... Im kleinen Zimmer im 2. Stock hatte mein Mann sein Arbeitszimmer. Dieses kleine Zimmer wurde vom Wohnungsamt beschlagnahmt, und man setzte uns brutal eine junge Frau hinein ‚nur für 14 Tage'!
Also Bretter über die Badewanne und darauf meines Mannes Bücher und Hefte.
Leider stellte sich bald heraus, daß diese junge Frau das älteste Gewerbe der Welt ausübte und dauernd Männerbesuch bekam. Natürlich benutzten sie und ihre Besucher auch unser Clo. Deshalb durften unsere kleinen Kinder nie dorthin.
Und aus den ‚14 Tagen' wurden zwei Jahre, obwohl mein Mann immer wieder bei der Schulbehörde und beim Wohnungsamt vorstellig wurde! Es war ganz entsetzlich!"
(Frau K., Jg. 1912)

Während die Empörung dieser Dame sich speiste aus persönlicher Sichtweise und Betroffenheit, schildert der folgende Bericht unnachahmlich Stimmung und Verhalten in einer Mietergemeinschaft, der das Wohnungsamt im Herbst 1945 einen weiteren Mieter zuwies:

„Ich mußte mein kleines Zimmer räumen und auf die Couch im Wohnzimmer ziehen. Ein ältliches Fräulein zog ein, das wegen des geheimnisvollen Huschens und der grauen Unscheinbarkeit bald die Maus hieß. Mit ihr und ihren Heimlichkeiten gab es bald Ärger. Es fing damit an, daß ab und zu eine Sicherung durchgebrannt war. Das war sehr ärgerlich, denn Sicherungen waren genau wie Glühbirnen ‚Mangelware'. Dann gab es Unstimmigkeiten mit dem Zählerstand. Das war noch ernster, denn jedem Haus war nur eine begrenzte Energiemenge bewilligt, wurde sie ständig überschritten, unterbrachen die Stadtwerke die Versorgung. Nun war aber nur ein Zähler für das ganze Haus installiert, nicht für jeden eingewiesenen Mieter. Es ging also nicht ohne faire Einigung unter den Mietern. Mit den H's hat es hierüber kaum Ärger gegeben. Doch nun wurde zu viel Strom verbraucht. Wir waren als Hauptmieter verantwortlich und sprachen die anderen an. Alle beteuerten, nicht zu viel zu verbrauchen, die Maus behauptete sogar, überhaupt kein Licht zu brennen. Wir begannen spät abends als letztes und früh morgens als erstes den Zählerstand zu notieren. Die beunruhigende Differenz entstand nachts. Als ich einmal zwischen vier und fünf morgens auf unser im Keller gelegenes WC ging, hörte ich den Zähler laut klicken und sah ihn rasen. Ich probierte verschiedene Sicherungen, bis das Klicken aufhörte, dann wartete ich. Bald ging oben leise eine Tür, und jemand schlich die Treppe herunter, es war die Maus. Sie pflegte in der zweiten Hälfte der Nacht für die Familie ihrer in der Donandtstraße wohnenden Schwester das Essen zu kochen ... Das enge Zusammenleben in den Wohnverhältnissen damals war sowieso eine starke Belastung für alle. In der Familie war man sich ständig im Wege, ob am Ofen, beim Klavierüben oder bei den Schularbeiten. Die primitiven Bedingungen für die häuslichen Arbeiten, etwa das Wäschekochen in der Küche auf der Brennhexe, erschwerten alles zusätzlich. Mit den eingewiesenen Fremden gab es ständig Reibereien, denn sie lebten ja nicht in abgeschlossenen Wohnungen, sondern liefen – im Einfamilienhaus – immer in unserem Wohnbereich herum. Mit den H's gab es genug Irritationen, doch im Ganzen kamen wir miteinander zurecht, jeder konnte sich, auch bei Streitigkeiten, auf den anderen verlassen, seine Worte ernstnehmen und ihr Gewicht abschätzen. Nicht so bei der Maus. Ihre heimliche Aktivität, ihre naiv-leise Art zu sprechen, die unlogisch bis verwirrte Argumentation und die undurchschaubare Verlogenheit, die sie selbst Dinge, die wir gerade eben beobachtet hatten, leugnen ließ, machten sie zu einem unberechenbaren Unsicherheitsfaktor im erzwungen engen Miteinander." (Herr S., Jg. 1926)

3.3. Provisorien

Die Frage nach dem Wie des Wohnens ist zunächst abhängig von der Antwort auf die Frage „Wo wohnte man?" Angesichts der zerstörten Stadt und des nahezu völlig verschwundenen Wohnraums im ursprünglich am stärksten besiedelten Bremer Westen waren Tausende von Bremern auf der Suche nach einer neuen Bleibe. An anderer Stelle haben wir dargestellt, wie sich Verwandte, Freunde und Nachbarn gegenseitig Unterschlupf gewährten. Angesichts der zur Verfügung stehenden Aussagen Bremer Bürger ergibt sich die Möglichkeit, nähere Angaben zur Wohnungsnot zu machen. Wenn diese sich auch auf unterschiedliche Verhältnisse beziehen, wird doch ein repräsentatives Bild gezeichnet. Es macht sich bemerkbar, ob man zu den ungeliebten Einquartierten – ob als Ausgebombte oder Flüchtlinge – gehörte oder zu den Ortsansässigen, die noch einmal davongekommen waren, bei Rückkehr aus der Evakuierung nur kleine Hausschäden zu beklagen hatten oder nun durch amerikanische Besatzung oder zugewiesene Untermieter zur Abgabe angestammter Wohnrechte gebracht wurden. Letztlich waren alle so in Mitleidenschaft gezogen, daß die Wohnungssorgen eine lebenslang bewahrte Erinnerung blieben.

So detailliert wir etwas über die Art der Nachkriegsunterkunft erfahren, so ungeklärt muß bleiben, wie lange eine Familie dort gewohnt hat, wie schnell und aufgrund welcher Bemühungen sie umzog in ein besseres Quartier und ähnliche Fragen. Wir können annehmen, daß sich einpräge, was ein Minimum im Lebensstandard darstellte. Dazu in leicht erkennbarer Abstufung die folgenden Kurzbeschreibungen aus der Sicht der Betroffenen.

Sie wohnten zwischen 1945 und 1949
– im ausgebombten Haus
– im alten provisorisch hergestellten Haus
– im kleinen Siedlungshaus
– im Reihenhäuschen
– im winzigen Haus
– im Einzimmerhaus
– im steinernen Parzellenhäuschen
– im selbstgebauten Parzellenhaus
– im selbstgebauten Behelfsheim
– im Gartenhaus von 20 qm Fläche
– in einer Parzellenbude
– im stehengebliebenen Stallgebäude
– in einer zurechtgebauten Fliegerbaracke

– in Kellerräumen
– im Souterrain
– in Dachkammern
– im ausgebauten Dachzimmer
– in der Mansarde

– in alter, leichtbeschädigter Wohnung
– in defekter Wohnung
– in zugewiesener Wohnung
– in kleiner Wohnung
– in möblierter Wohnung
– in einer Notwohnung

– in einer Zweizimmerunterkunft
– in kleinem Zimmer von 12 qm
– in möbliertem Zimmer
– in bombenbeschädigtem Zimmer

Eine bessere Vorstellung von den Verhältnissen können wir uns aufgrund folgender Angaben von Betroffenen machen. Sie wohnten
– als Einquartierte in einer Bodenkammer
– einquartiert beim Bauern in Oberneuland
– als Mieter in einer alten Wehrmachtsbaracke
– als Flüchtlingsehepaar mit zwei Kindern in zwei Räumen zu 15 qm und 8 qm
– als Ausgebombte mit vier Personen in zwei Zimmern
– als Kinderreiche mit sieben Personen in einer Mietwohnung von 60 qm
– als Flüchtlinge mit vier Personen auf 16 qm
– als Ehepaar mit Kind in einem Zimmer
– als Mutter mit zwei Kindern in kleinem Zimmer
– als Mutter mit zwei Kindern in zwei Dachkammern
– als Mutter mit drei Kindern in einem Zimmer von 18 qm
– zu dritt im Luftschutzkeller des eigenen Hauses
– zu dritt im Souterrain
– mit acht Personen in Küche und Keller
– mit acht Personen auf 60 qm

Die Zusammenstellung dieser Angaben bleibt farblos, wenn wir nicht unser Vorstellungsvermögen bemühen, um zu erahnen, wie sich das

Leben auf engstem Raum abspielte. Selbst wenn es sich um nächste Familienangehörige handelte, war das Miteinander oft nervenaufreibend, die täglichen Verrichtungen aller Art stellten an Geduld und Toleranz hohe Anforderungen.

Die knappe Grundfläche der Unterkünfte mußte sinnvoll aufgeteilt werden. Zum Unterteilen und Abteilen dienten Wolldecken, alte Vorhänge, dünne Bretterwände, um männlichen und weiblichen, jungen und alten Familienmitgliedern wenigstens getrenntes Schlafen zu ermöglichen. Auch bei größeren Wohnungen und Häusern waren die Schlafstellen über alle Räumlichkeiten verteilt. Wer konnte sich bei vielen Mitbewohnern schon die herkömmliche Wohnungsaufteilung leisten! Ein Sofa im Eßzimmer, eine Chaiselongue in einer Nische, ein Feldbett in der Küche oder vor der Zimmertür („Raus und rein konnte keiner mehr") waren keine Seltenheit, ebensowenig, daß man zum Schlafen in eine Bodenkammer hinauf- oder in einen Kellerraum hinunterstieg. Der Souterrain des Bremer Hauses, die sonst hauswirtschaftlich genutzten Räume, war eine gute Ausweichmöglichkeit, wenn das Oberhaus zerstört oder nicht ganz bewohnbar war.

In den meisten Fällen trug zur räumlichen Enge noch die Unterbringung des geretteten Mobiliars bei. Besaßen viele Flüchtlinge und ausgebombte Bremer gar nichts mehr, so waren andere zwar bis zu „dreimal ausgebombt", hatten aber unter abenteuerlichen Umständen ihre Habe wenigstens teilweise gerettet. Daran hing ihr Herz, und so transportierten sie innerhalb der Stadt die Stücke von Unterkunft zu Unterkunft. Große Büffets, massige Schlafzimmermöbel und Eßzimmereinrichtungen wurden zum „Steh im Wege", wenn sie in die vom Wohnungsamt zugewiesenen Quartiere zogen. Das Sammelsurium verschiedenster Einrichtungsgegenstände war vor allem den Vermietern ein Dorn im Auge, wenn es auf Fluren und Gängen abgestellt wurde und ihre einstmals schönen Treppenhäuser verschandelte.

Über die problematischen Wohnverhältnisse im Winter werden wir an anderer Stelle hören. Die aus Mangel an Brennstoffen nicht beheizbaren großen Öfen und Zentralheizungen zwangen zum Zusammenrücken an ein bis zwei Feuerstellen in Haus und Wohnung. Die Küche, die dann zugleich als Badezimmer fungierte, wurde der zentrale Ort des Familienlebens über den ganzen Tag hin. Transportable kleine Öfen – Brennhexe, Kanonenöfen – dienten zum Heizen und Kochen. Von wie vielen hörten wir: „Wir haben eigentlich nur in der Küche gelebt."

Durch die Einquartierung mußten sich meist mehrere Wohnparteien die Küche teilen. Dies fand immer wieder Erwähnung, vor allem, „wenn alles gut ging". Aber auch an „Reibereien" erinnern sich etliche. Wir müssen uns dabei vor Augen halten, daß gerade alles, was in der Küche erledigt oder zubereitet wurde, mit besonderen Anstrengungen bei der Beschaffung verbunden war. Stundenlanges Schlangestehen beim Einkauf, der Kampf um möglichst große Portionen, der Organisationsaufwand, um Wasser warm und Essen gar zu bekommen – und dann fremde Personen im Haushalt, die womöglich das zustehende Gaskontingent für sich nutzten, das heiße Wasser verbrauchten, schmutziges Geschirr zurückließen – der Möglichkeiten zu Zusammenstößen, Ärger und Verdruß gab es viele.

Daß sich das enge Zusammenleben besonders kraß im Sanitärbereich auswirkte, haben wir an anderer Stelle bereits erfahren. Ein bis zwei Toiletten für zwölf Personen waren keine Seltenheit. Der Weg dorthin führte oft quer durch das vollbewohnte Haus. Schon wer den ausnahmsweise einmal zu häufig machte, konnte Anstoß erregen. Eine Klage über die Situation:

„Das Schlimmste daran war, daß ein Holzverschlag in der Küche stand und sich darin das Closett befand."
(Frau B., Jg. 1908)

Akute Probleme mit der gemeinsamen Toilettenbenutzung gab es in den kalten Wintern, als Wasserspülungen und Gruben zufroren und Eimer im Keller die Toiletten ersetzen mußten.

„Das war mir wohl das Allerschlimmste, das ich zu durchleben hatte – weiteres darüber bitte nicht."
(Frau O., Jg. 1931)

Auch wir wollen darüber schweigen und uns statt dessen mit einer Auswahl authentischer Berichte ein anschauliches Gesamtbild von der damaligen Wohnsituation verschaffen.

Der Krieg war endlich vorüber, und die Menschen strömten aus den Bunkern in ihre Wohnungen, zogen aus der Umgebung wieder herbei und versuchten, sich unter den gegebenen Umständen heimisch zu machen.

„Die Bunkerzeit war nun vorbei. Wir hatten nun unsere Matratzen im Wohnzimmer ausgelegt und konnten uns richtig ausschlafen. Es war gut, daß die warmen Tage anhielten. Wir brauchten daher nicht sofort Pappe für die Fenster. Das Schlafzimmer und die Küche waren völlig zerstört. Die Möbel und unsere letzte Kochmöglichkeit, der Küchenherd, waren nicht mehr zu gebrauchen. Einige Zwischenwände waren umgekippt, und der Fußboden neigte sich zur Hofseite hin, weil die tragende Wand zerstört war. Wie ein Wunder waren aber sämtliche Spiegel, egal wo sie hingen, heil geblieben."
(Herr W., Jg. 1932)

„Zweimal waren wir ausgebombt. Im August 1944 ging aber der ganze Westen unter, alles Hab und Gut verloren. In der Wohnung eines meiner verstorbenen Chefs stellte uns seine Frau, die sicherheitshalber nach Lesum gezogen war, das Gästezimmer und das Mädchenzimmer zur Verfügung. Küche und WC durften wir benutzen. So hatten wir das Glück, bei Kriegsende in dem weniger zerstörten Schwachhausen zu wohnen. Das Haus, in dem wir wohnten, war auch etwas beschädigt, das Dach war kaputt, auf dem Boden standen alle verfügbaren Gefäße, um das durchgeregnete Wasser aufzufangen. Die Gossen waren nicht in Ordnung, so daß das Wasser durch die geschlossenen Fenster ins Zimmer lief. Aber wir konnten von Glück sagen, konnten auf dem kleinen Balkon aus Backsteinen eine primitive Kochgelegenheit schaffen und uns etwas Einfaches kochen oder wärmen. Gas und Strom gab es noch lange nicht, Wasser zeitweise auch nicht. In der Wohnung wurde es nach und nach enger. Die rechtmäßigen Eigentümer kamen zurück, so daß wir schließlich dort mit elf Personen zusammen wohnten. Immerhin haben wir dort acht Jahre gewohnt ... Es ist der Dame des Hauses hoch anzurechnen, daß sie uns so lange geduldet hat. Wir kamen, abgesehen von unvermeidbaren Dingen, alle gut miteinander aus."
(Frau Sch., Jg. 1903)

„So machte ich mich denn auf den Rest des Weges und freute mich schon, bald in meiner Wohnung in der Inselstraße zu sein. Aber denkste! Meine Wohnung war von einer ausgebombten Familie besetzt, die auch meine Betten benutzte. So ging ich weiter ... Meine Wohnung konnte ich nicht wiederbekommen. Ich erhielt meine beschädigten Möbel und zwei kleine Zimmer im Dachgeschoß eines Hauses in der Kirchbachstraße. Leider war dort keine Toilette. Wir mußten in den 1. Stock zur Toilette gehen. Das war unhaltbar mit einem kleinen Kind. Deshalb ließ ich nach ein paar Wochen meine Tochter bei meinen Eltern, besonders auch, weil es in meiner Wohnung sehr kalt war; denn ich hatte kein Heizmaterial. Im Herbst 1948 habe ich wieder geheiratet. Eine andere Wohnung hatten wir auch gefunden. Wir hatten ein Zimmer im Parterre, sogar mit Heizung, die Küche war in der Veranda, aber die Brennhexe stand im Wohnzimmer, Rohr durch die Wand nach draußen. Das Schlafzimmer war auf dem Dachboden, sehr schön groß, für drei Betten. Nur manchmal kamen die Mäuse, um an uns zu schnuppern."
(Frau St., Jg. 1920)

Trümmer beseitigen, Aufräumen, Abdichten waren angesagt.

„Nach Bremen zurückgekehrt, mußten erst einmal alle zur Schaufel greifen, um die ringsherum liegenden Trümmer zu beseitigen. Das Haus in der heutigen Carl-Schurz-Straße hatte erheblichen Bombenschaden erlitten, aber es stand noch. Drei Generationen und ein Flüchtlingspaar rückten eng in diesem Haus zusammen. Als erstes wurde das beschädigte Dach in Ordnung gebracht. Hierzu hatte man einen Tip erhalten, im Hafen gäbe es große Aluminiumplatten, bestens dafür geeignet, Abhilfe zu schaffen, damit die Familie nicht mehr bei Regen unter einem Regenschirm ins Bett zu gehen brauchte. Das Bad im Haus war intakt, die Küche wurde von allen benutzt. Eine Wand, die ursprünglich die Küche von der Toilette trennte, war zusammengebrochen und nur mit einem Sack verhängt. Alle Düfte und Geräusche von beiden Räumen waren unmittelbar zu erleben! Auch am Küchentisch spielten sich oft chaotische Szenen ab. Einer frühstückte z. B., während der andere seine Nägel manikürte und der Sohn seine Schulaufgaben erledigte."
(Herr O., Jg. ohne Angabe)

„Wir hatten Glück gehabt und unser Haus behalten! Mühsam versuchten wir das Dach und die Fenster abzudichten. Eines Morgens kam ein Lastwagen vorgefahren, beladen mit Sperrholzplatten; ein Nachbar hatte sie organisiert. Ich drängelte mich durch die Menschentraube, die sich im Nu bildete. Ein Königreich für eine Sperrholzplatte! Ich bekam eine! Ungeschickt und mühsam zersägten wir sie, um die unteren Fenster zu vernageln."
(Frau K., Jg. 1923)

„Unser Haus war so ziemlich hin. Der Schornstein war auf die Schlafzimmer gefallen, die Treppen waren nicht begehbar, nur die Küche im Souterrain war erreichbar. Meine Mutter und ich hatten dort den Schutt entfernt und zwei Liegestühle gefunden und aufgestellt. Doch dann kam der Regen. Unaufhaltsam tröpfelte er durch die Decke. Wir stellten Wannen und Eimer auf, zogen mehrmals in der Nacht mit unseren Stühlen von einer Ecke in die andere. Nichts half. Im Nebenhaus, das noch schlimmer getroffen war, hauste ein Mann mit seinem Sohn. Und er bekam Ölpapier! Ein rotes, knisterndes Zeug, das nicht gut roch, aber den Regen abhielt. Als er unsere Misere bemerkte, nagelte er dieses Zeugs auch unter unsere Küchendecke, genug davon hatte er, und wir verpflichteten uns, die Beiden dafür zu bekochen. Ein beinahe unmögliches Versprechen – ohne regelmäßige Wasser- und Gaszufuhr, von Vorräten ganz zu schweigen. Aber sie und wir sind nicht verhungert!"
(Frau J., Jg. 1933)

„Ende Juli 1945 kamen wir nach Bremen zurück, weil ab August eine Zuzugssperre sein sollte. Die Häuser meines Großvaters waren zerbombt. So wurde er mit einer Tochter in eine kleine Wohnung einquartiert. Dort zogen meine Mutter und ich zu. Es waren zwei kleine Zimmer und Küche, wo man sich am ‚Gossenstein' auch wusch. Ein Klo war auf dem Boden eingerichtet. Meine Mutter ließ unser beschädigtes – eigentlich abbruchreifes – Haus wieder flicken. Als wir 1946 mit vier Personen dort wieder einzogen, waren die meisten Fenster noch vernagelt, einige hatten Drahtglas. Es gab nur eine Glühbirne, die bei Bedarf ‚mitwanderte'. Der einzige Ofen stand in einem Zimmer von 9 qm. Dort wurde im Winter gegessen, gekocht, gewaschen, gespielt usw., und es war das Schlafzimmer meines Opas. Möbel hatten wir kaum. Während des Krieges wurden die Möbel nach Hagen (Richtung Bremerhaven) ausgelagert. Die Läger wurden geplündert. So mußte meine Mutter dort von Haus zu Haus gehen und ihre Sachen zusammensuchen, was natürlich nur teilweise gelang."
(Frau L., Jg. 1942, Frau S., Jg. 1902)

„Im Laufe des Jahres 1946 wurden wir in das Haus Waller Ring 134 eingewiesen. Dort hatten wir im 2. Stock zwei Schlafzimmer, im 1. Stock wohnten die Hauseigentümer, und das Erdgeschoß wurde als Praxis benutzt. Im Keller befand sich ein großer Raum, der als Wohnküche genutzt wurde. Ein danebenliegendes Badezimmer war nicht zu benutzen, weil es ständig unter Wasser stand. Licht fiel nur durch einen Lichtschacht ein. Es mußte ständig Licht gebrannt werden. Bei den vielen Stromsperren saßen wir oft im Dunkeln. Die beiden Schlafzimmer waren tagsüber nicht zu benutzen, weil im Treppenhaus von den Eigentümern ein scharfer Jagdhund gehalten wurde, der niemanden vorbeiließ. Es handelte sich um eine Schikane der Hauseigentümer, die uns auf diese Weise von der Benutzung der Zimmer im 2. Stock abhalten sollte. In der Wohnküche nächtigte noch ein Onkel meines Vaters, der 1946 aus der Gefangenschaft entlassen wurde."
(Herr O., Jg. 1935)

„Anfang März (1946) zogen meine Mutter und ich mit dem Kind, wieder im Schneegestöber, in die Ruine unseres Hauses, in der behelfsmäßig vorher andere uns Unbekannte gehaust hatten. Unsere früheren Mieter zogen gleichzeitig unten ein, wir hatten im 1. Stock ein Zimmer für alles: Schlafen (ein Bett, ein Kinderbett, für mich eine Matratze nachts auf dem Fußboden), Kochen auf der Brennhexe, einzige Sitzgelegenheit (auch für Geburtstagsgäste) außer auf dem Bettrand auf dem geliehenen Laufheck um das Kind herum; Clo-Eimer; ein Schrank vor der Balkontür ohne Glas, als Wetterschutz. Aus der Zimmertür mußten wir kriechen, unter einem Baugerüst hindurch. Da alle weiteren Türen und die Balkonbrüstung fehlten, das Kind also ohne weiteres in die leere Luft hätte laufen können,

konnte es fast nur beim Schlangestehen laufen lernen."
(Frau G., Jg. 1911)

„In der Straßburger Straße wohnte in der Dachetage ein Witwer mit drei Kindern und einer Haushälterin. Im Erdgeschoß mein Onkel mit Frau, Sohn und Einquartierung in einem Zimmer. Im Souterrain zwei Flüchtlingsfamilien. Wir hatten die 1. Etage mit vier Zimmern, in dem winzigen Bad (WC extra) stand unsere Brennhexe und eine Kochkiste. Auf der zugedeckten Badewanne konnte man sitzen und etwas abstellen. Warmes Wasser zum Baden gab es ja nicht, ich ging später zum Zentralbad. Das Haus war durch benachbarte Bomben ganz schön mitgenommen, aber es stand. Und da es hübsch mit Erker und Türmchen war, regnete es auch tüchtig durch, wir hatten Waschschüsseln zwischen unseren Betten stehen und die Betten von den Wänden gerückt, denn sie waren feucht, im Winter vereist. Regenschirme waren nötig. Im Wohnzimmer stand in der Mitte ein Kanonenofen. An der Leine trocknete nicht nur Wäsche – auch selbstgezogene Tabakblätter für selbstgedrehte Zigarren."
(Frau T., Jg. 1927)

Wohl dem, der auf seine Parzelle ausweichen konnte.
„Viele, die im glücklichen Besitz einer Parzelle waren, lebten ganz in ihren Parzellenbuden."
(Herr B., Jg. 1908)

„Etliche Bremer Familien lebten nach Zerstörung ihrer Häuser und Wohnungen in Wochenendhäusern in Ottersberg, Quelkhorn oder Fischerhude ... Viele ausgebombte Familien wohnten auch in ihren Parzellenhäusern und Landbuden ..."
(Frau E., Jg. 1930)

„Die Parzellenbude wurde durch Baubretter aus Trümmern notdürftig erweitert. Dachpappe wurde auf dem Schwarzmarkt besorgt, Brennholz aus Trümmern. Eine Pumpanlage brachte das Wasser nach oben, dieses wurde in eine Tonne zum täglichen Gebrauch gefiltert. Kleine Küche. Baden und Waschen fand am Spülstein statt."
(Herr Z., Jg. 1935)

„Nach dem Totalschaden am 18. August 1944 zogen wir zu entfernten Verwandten in ein Einfamilienhaus, wo schon vier verschiedene Parteien wohnten. Unser ‚Heim' wurde der Heizungskeller des Hauses. Unser Tisch eine Tischlerhobelbank, eine Holzbank zum Sitzen, auf dem Boden die Schlafmatratzen. Gekocht wurde auf einem Bunsenbrenner, Waschgelegenheit hatten wir in der Waschküche des Hauses sowie eine Toilette im Keller. Da die Wohnsituation nicht die beste war, zogen wir gleich nach Kriegsende, also Mai 1945, in das Blockland auf unsere Parzelle, die wir dort besitzen, und bauten diese nach und nach aus. Wir erhielten eine Genehmigung, daß wir auf unserem eigenen Trümmergrundstück in Findorff Steine sowie Träger suchen und mitnehmen durften. Als Ausgebombte bekamen wir hin und wieder Bezugsscheine für Zement, und somit schufen wir uns ein neues Heim. Da es auf der Parzelle keinen Strom und kein Trinkwasser gab, galt es als nächstes dieses zu bewältigen. Wir stellten einen Antrag auf Strom beim E-Werk Bremen. Dieses teilte uns mit, wenn wir fünf Masten für die Freileitung hätten, könnten sie uns Strom legen. Da der Stadtwald nicht weit war und viele Fichten durch Bomben umgefallen waren, holten wir uns unsere Masten zwischen den patrouillierenden Amerikanern aus dem Stadtwald."
(Herr G., Jg. 1930)

Von drangvoller Enge und wie man damit zurechtkam, ist unter anderem in folgenden Berichten die Rede:

„In einem typischen Bremer Haus (etwa 160 qm Wohnraum auf drei Etagen) lebten: meine Eltern, meine älteste Schwester mit Mann und zunächst einem, ab 1948 zwei Kindern, mein jüngerer Bruder, meine jüngste Schwester, ich, eine Freundin von mir, die in Bremen studierte, und eine Hausangestellte (Flüchtling) – diese zehn Personen teilten sich das einzige Badezimmer mit WC, außerdem zwei Ehepaare, zwei Schwestern, 1945 auch noch ein Vater mit erwachsenem Sohn sowie eine junge ‚Dame' (mit laufendem ‚Amibesuch'), die sich das WC im Keller teilen mußten. Wir waren also 17 Personen im Haus, das für eine Familie eingerichtet war. Es gab natürlich Reibereien, weil jeder einen Kellerraum ha-

ben wollte, es gab aber nur zwei außer Heizung und Küche. Meinem Vater gelang es schließlich 1946, die Prostituierte aus dem Haus zu bekommen, Vater und Sohn zogen aufs Land, aber mit 14 Personen lebten wir bis weit über die Währungsreform zusammen (mit einem Elektrozähler, einer Wasseruhr – stete Diskussionen über die Kostenverteilung waren vorprogrammiert)."
(Frau Z., Jg. 1923)

„Meine Mutter und ich wohnten damals in einem winzigen schlecht isolierten Haus. Der Winter 1945/46 war sehr kalt, so daß wir nachts die Wasserleitung abstellen mußten. Abends stellten wir uns einen Eimer Wasser bereit, um morgens Waschwasser zu haben. Als wir eines Morgens aufwachten, war auf dem Eimer eine mindestens 5 cm dicke Eisschicht. Deshalb zogen wir zu meiner Tante, wo aber schon ein weiterer Onkel mit Tochter, Schwiegersohn, Enkelin und einem entfernten Verwandten Unterschlupf gefunden hatten, die ihr Haus der Besatzungsmacht räumen mußten! So saßen wir dort mit sieben Erwachsenen, einem Kind und einem Hund in einem 10–12 qm großen Raum um einen alten eisernen Ofen!"
(Frau S., Jg. 1926)

„Im Januar 1947 bekamen wir unseren zweiten Sohn und im Oktober 1948 den dritten. Wir lebten in drangvoller Enge! Unser Zimmer war 9–10 qm groß ... Mein Mann hatte ein altes Holzbett so umgebaut, daß es tagsüber eine Sitzgelegenheit bot und abends durch Herunterklappen einer Rückenlehne eine Doppelliege wurde. Unser kleiner Gartentisch mußte zuvor zusammengeklappt unters Bett geschoben werden. Ein Stuhl, ein Kinderbett und ein kleiner Schreibschrank waren noch mit in dem Zimmer untergebracht. Der Kleiderschrank war im Schlafzimmer meiner Schwiegereltern untergebracht. Einige Drähte, etwas über Kopfhöhe angebracht, dienten zum Nachtrocknen der Babywäsche und Windeln. Es war ein „Milljöh" nach Zille. Manchmal wurde noch eine Nähmaschine in das Zimmer gezwängt, und mein Mann mußte seine Hausaufgaben für vier Semester Technikum auch dort machen. Es mußte gehen, und es ging."
(Frau St., Jg. 1920)

„Wir wohnten in einem Reihenhaus, für kinderreiche Familien gebaut, mit zwei Schlafzimmern für acht Personen, also Eltern- und Kinderschlafzimmer von (so aus der Erinnerung) ca. 10–12 qm. Im Kinderzimmer standen drei, später vier Betten für sechs Geschwister. Ein Bad hatten wir nicht. Wir hatten eine größere Wohnküche, in der Morgentoilette gemacht wurde – einer nach dem anderen, in der gekocht wurde, gegessen und gelebt wurde. Das Wohnzimmer maß ca. 8 qm und wurde nur selten benutzt. Es war außerdem viel zu voll mit einem Büfett, Tisch und Stühlen und einem ererbten Sofa. Alles meist ausgebessert und geflickt, weil wir mehrfach ‚bombengeschädigt' waren."
(Herr Sch., Jg. 1927)

„Da wir hier unser großelterliches Wohnhaus – Kurfürstenallee 12 – wie unser großelterliches Geschäftshaus – Langenstraße 10 – in Trümmern vorfanden, mußte meine Mutter mit ihren drei Kindern bei einer Freundin in einem ca. 18 qm großen Zimmer von 1945 bis 1949 Unterkunft suchen bzw. finden. Mein Vater hatte in Polen eine schwere Herzvergiftung erhalten und lebte teilweise auch noch in diesem Zimmer bzw. aufgrund seiner Krankheit im St.-Joseph-Stift. In diesem einen kleinen Zimmer schliefen wir vier bzw. fünf Personen nur in einem Doppelbett, wobei sich in dem Zimmer eine kleine Kochstelle – nur eine Flamme – und eine winzige Waschgelegenheit befanden."
(Herr K., Jg. 1938)

„Im Januar 1946 kehrte ich in unser Elternhaus zurück. Meine Mutter bewohnte einen Wohnraum im Parterre. Hinter der großen Schiebetür im ehemaligen Eßzimmer mit Wintergarten hauste eine ausgebombte Familie. Mutter hatte die Schiebetür auf ihrer Seite mit einem Kelim verhängt. Trotzdem drangen Geräusche und Gerüche der Nachbarn hindurch. Das frühere Damenzimmer war von einer Flüchtlingsfrau mit Kleinkind belegt. Drei Parteien teilten sich im Erdgeschoß die Toilette. Die Fahrräder wurden auf dem Parkettfußboden des Flurs abgestellt. Die Einquartierung hing außerdem ihre Wäsche dort auf. In der ersten Etage war meine Schwester mit dem Jungen untergekommen, daneben ein kleiner Büroraum für Mutters Geschäftsbe-

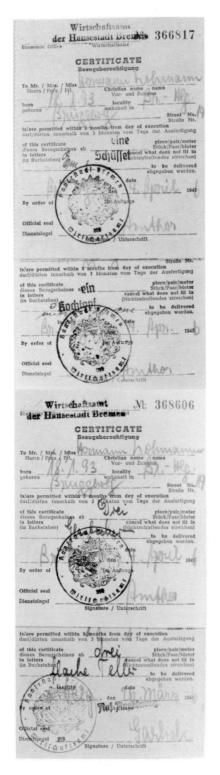

trieb. In der 2. Etage wohnte ich nun wieder in unserem ehemaligen Kinderzimmer. Im hinteren Zimmer ein bombengeschädigtes Ehepaar, das in dem Waschraum der 2. Etage Lebensmittel – Kartoffeln z. B. – lagerte. Die Mieter der 2. Etage mußten oft aus der Küche Wasser holen, gerade dann, wenn wir dort aßen. Im ehemaligen Plättzimmer ein Lagerraum des ausgebombten Geschäftsbetriebes. Ich kann mich nicht daran erinnern, daß unsere Einquartierung sich jemals an der Reinigung der Hausflure und Treppen beteiligt hätte."
(Frau W., Jg. 1917)

3.4. Wohnungseinrichtung und -ausstattung

„Doch nun ... zu unserer Ausstattung: Nach dem Aufgebot bekamen wir einen Bezugsschein für zwei tiefe Teller. Den Bezugsschein löste ich ein beim Haushaltsgeschäft von Monsees in Oslebshausen, wo meine Eltern und ich gut bekannt waren. Ich bekam dafür zwei echte Porzellanteller und zusätzlich noch aus einem unbewirtschafteten Bestand zwei Steingutteller. Töpfe und Gläser bekamen wir zur Hochzeit von unserem Chef – er hatte die Verwaltung über ein größeres Kontingent von Geschirr und Hausrat für Binnenschiffer. Ebenfalls den Herd bekamen wir durch ihn und später auch noch einen Bezugsschein für einen Ofen. Und wir waren überall am Gucken und Horchen, wo es etwas frei Verkäufliches gab, z. B. mal eine Garderobe, d. h. gestrichenes Holzbrett mit etwas besseren Haken. Kleiderbügel sägte mein Mann aus Holz, sie waren zwar etwas klobig aber sehr haltbar, die Haken dafür aus gefundenem Draht. Einige Monate vor der Hochzeit waren im Industriehafen amerikanische Kartoffeln angekommen (Riesenkartoffeln), und die leeren Säcke lagen danach überall am Hafen herum, wir haben uns davon eine Portion geholt, mühsam die Keime aus dem Gewebe gepult und die Säcke gewaschen und getrocknet. Wir wollten uns daraus einen Teppich flechten. Dazu ist es jedoch nicht gekommen, da eine Tante uns zur Hochzeit einen Teppich schenkte, der zwar ein paar Löcher hatte ..., aber für uns war der Teppich damals ein Prachtstück. Ebenfalls von dieser Tante erhielten wir eine Bettspreite aus Tüll, und diese teilte ich in zwei Gardinen/

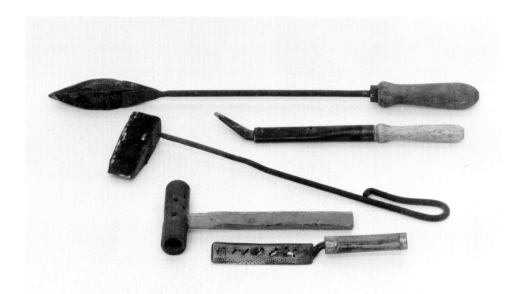

Werkzeug einfacher Machart
Lötkolben, Hammer, Gewindeschneider aus Messing- und
Eisenhülsen, aus Eisenstangen und Metallraspeln,
mit Holzgriffen

Topf
aus Aluminium mit angenieteten Bandhenkeln

Kochtöpfe aus Aluminium

Petroleumlampen
Ölbehälter aus amerikanischer Konservendose,
aus Gasmaskenfilter und Honigglas

Stores für Schlafzimmer und Stube – die Fenster waren ja nur klein, und da paßte das Maß genau."
(Frau Sch., Jg. 1919)

„Am Ende des Krieges brauchte jeder alles, selbst in Haushalten, die nur wenig Bombenschaden hatten, fehlte es an Haus- und Küchengeräten, denn seit den Kriegsjahren wurde nichts ersetzt. Jedermann mit handwerklichem Geschick hat nun fleißig die nötigsten Dinge selbst angefertigt. Das Problem war dabei, das Material zu beschaffen. Aus den zerstörten Fabriken und Werkstätten konnten noch Reste von neuem Material geborgen werden. Gute Quellen für Material waren die Trümmerstätten und die Abfalltonnen der Amerikaner. Wassereimer waren leicht herzustellen aus den runden und viereckigen Blechbehältern der amerikanischen Armee. Die leeren Behälter enthielten ehemals Petroleum, Fett u. a. ... Material für Feuerhaken und Kohlenschaufel war leicht in den Trümmern zu finden. Eine ehemalige blechbeschlagene Luftschutztür auf Ziegelsteinen bildete einen zuverlässigen Küchen-

Tischlampen
Fuß aus Messingkartuschen und dem Teil einer Fliegerbombe

Vasen
aus Granatenkartuschen und Patronenhülsen

Deckeldosen
aus gedrechseltem Holz

tisch. Für ein Regal und einen Schlitten für die Kinder verwendete ich das Winkeleisen vom Schneefang des Hotels Schaper-Siedenburg. Eine durch Bombeneinschlag hochgebogene Straßenbahnschiene diente als Amboß. Das war der Anfang, später bei meiner Arbeit an den Kühlmaschinen hatte ich bessere Werkzeuge zur Verfügung und habe dann alle benötigten Geräte angefertigt."
(Herr W., Jg. 1906)

Diese Berichte einer damals jungen Ehefrau und eines geschickten Handwerkers sind so typisch für die Verhältnisse der Zeit, daß wir von ihnen ausgehen können. Wie Jungverheiratete standen große Teile der Bremer Bevölkerung vor einem Neuanfang: alle, die bei den Bombenangriffen nichts hatten retten können, alle, deren Habe teilweise zerstört war, aber vor allem jene, die als Flüchtlinge ohne jeglichen Besitz nach Bremen gekommen waren. Ihnen fehlte es am Notwendigsten. Sie brauchten für ihre Einrichtung eine Lichtquelle, einen Ofen zum Heizen und Kochen, Gerät und Geschirr zum Zubereiten, Kochen und Essen der Speisen, Sitz- und Schlafgelegenheiten, Haushaltswäsche und Aufbewahrungsmöglichkeiten für Hausrat und Kleidung, d. h. Regale und Schränke.

Alles andere, nicht täglich Notwendige, war schon „über her", aber doch in großer Zahl vorhanden, wenn wir die Tischdecken und Deckchen, die Dosen und Döschen, Schalen und Schälchen, die Untersetzer und Aschenbecher betrachten, die allein heute noch vorhanden sind. Es ist offensichtlich der nicht unterzukriegende Sinn des Menschen für Wohnlichkeit, Behaglichkeit, für individuelle Gestaltung und Verschönerung seines näheren Lebensraumes, der hier zum Ausdruck kommt, für uns ein beredtes Zeugnis der „Alltagskultur".
Sehen wir uns zunächst die Küchenausstattung an:
Ein leichter, „primitiver" Herd, die Brennhexe (nähere Erläuterungen im Kapitel über das Heizen und Kochen), war mit dünnem Ofenrohr an Schornstein- oder Fensterabzug angeschlossen, als zusätzliche Heiz- und Kochgelegenheit zu den womöglich noch vorhandenen, aber aus Energiemangel nicht funktionsfähigen Gas- und Elektroherden. Elektrische Heizplatten gab es schon mal auf Bezugsschein, Findige und Mutige bastelten sie selbst. Kochtöpfe in verschiedenen Formen und Größen bestanden meist aus Aluminium, das ehemals für die Rüstung produzierende Firmen nun für diese Zwecke nutzten. Inzwischen fast zu einem Symbol geworden sind

Kartoffelstampfer und
Schaumschläger aus Aluminium
und verzinktem Eisendraht
mit Holzgriffen,
Heber für Pfannengerichte
aus Metall,
Material aus Rüstungsbetrieben
Holzlöffel und Quirl
aus Fichtenholz

Suppen- und Schaumkellen,
Schöpflöffel aus Aluminium,
z. T. aus Materialbeständen der
Focke-Wulf-Werke

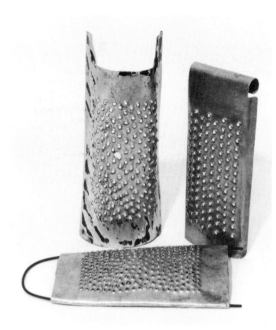

jene Töpfe, Durchschläge und Siebe, die aus Stahlhelmbeständen gefertigt wurden. Auch Bremer Haushalte waren damit bestückt, ebenso wie mit Milchkannen und Wärmflaschen aus metallenen und emaillierten Granathülsen.

Es ist hier zu unterscheiden zwischen den professionell hergestellten Produkten und denen der „Marke Eigenbau". Viele Männer hatten schon im Krieg oder in der Gefangenschaft gelernt, aus scheinbar wertlosen Abfallprodukten etwas Nützliches zu machen und bewiesen jetzt Erfindungsgeist und handwerkliches Geschick. Daß dies weit über ein gewisses Basteln hinausging, zeigt die Fülle funktionierender Geräte und Werkzeuge und die noch heute spürbare Hochachtung, mit der sich die Kinder von damals an die Leistungen ihrer Väter erinnern.

Da entstanden Suppenkellen, Soßenlöffel, Kartoffelstampfer und -wender, die unterschiedlichsten Reiben aus Metall, da wurde Holz zu allerhand Nützlichem für Küche und Haushalt gefräst, gedrechselt, geschnitzt, gesägt, gefeilt, poliert.

„Noch 1945 kam ich an Focke-Wulf-Material heran, z. B. Alu-Blechabschnitte, Alu-Profilleisten, diverse Schrauben, Alu-Nieten, kleine Kugellager und einige Räder bis ca. 15 cm Durchmesser. Folgendes für den Haushalt und die Familie wurde daraus in der Freizeit gefertigt: zweiflammige elektrische Kochplatte aus zusammengenieteten Alublechen, Schamotte-Mehl konnte ich kaufen, Nikilindraht durch meine Firma besorgen. Später konnte man sogar fertig gebrannte runde Schamotte-Platten kaufen, in die man dann ‚nur' die Heizwendel einzulegen hatte. Einarmige Küchenwaage mit Laufgewicht. Bilderrahmen aus Winkel-Alu-Stangen. So konnten wir dann ein Worpsweder Ölgemälde, das uns zur Hochzeit geschenkt war, endlich hängen. Kindertablett ... entstand aus Alublech und Leiste, Materialschränkchen für Kleinteile wie Schrauben, Nieten, Stahlnägel, Muttern und vieles mehr, auch dieses Schränkchen ist noch in Benutzung."
(Herr S., Jg. 1914)

oben:
Kartoffelreiben,
Eisenblech oder Aluminium,
aus Rüstungsmaterial
und einem Dachrinnenstück

Kochtöpfe verschiedener
Machart aus Aluminium
mit Griffen aus Eisenblech,
Aluminiumguß,
Holz aus Materialbeständen
von Rüstungsbetrieben

Durchschläge
aus Stahlhelmrohformen,
emailliert oder lackiert,
und aus Aluminium- und
Stahlbeständen verschiedener
Rüstungsbetriebe

Kannen
Kaffeekannen aus Aluminium
und aus einer Gasmaskenbüchse

„Da mein Vater ein sehr geschickter Handwerker war, wurde fast alles selber gemacht. Er mauerte und zimmerte, tischlerte und schlosserte nach dem Motto: Aus Alt mach Neu, aus Schrott mach Brauchbares. Haus- und Küchengeräte wie Töpfe, Durchschläge, Kellen und Löffel wurden aus besagtem Aluminium gefertigt."
(Herr G., Jg. 1930)

Wer das Glück hatte, an seinem Arbeitsplatz an Verwertbares heranzukommen, ging nicht selten zu einer Fertigung größerer Stückzahlen über, natürlich in der Absicht, damit ins Tauschgeschäft einzusteigen – wie jener, der aus Eisenblechabfällen von Autokarosserien etwa 50 Kuchenformen schnitt und formte. Drei Stunden Arbeit steckte er in eine Form mit Wellenschliff und erhielt im Tausch pro Stück ein Dutzend Eier.

Oder jener, der sich eines anderen noch nicht erwähnten Utensils der Haushaltsausstattung annahm: der Tasche. Wie sollte man ohne sie das mühsam „Erstandene" oder Gesammelte nach Hause tragen? Das Geschäft blühte:

„Im Lazarett hatte er gelernt, Taschen anzufertigen, aus Papierbindfaden. Damit beschäftigte er sich nun. In drei Größen: klein und rund für Kinder, eckig für Erwachsene, in zwei Größen. Sie fanden reißenden Absatz! Preis: 200 Reichsmark, das war mehr als ein halbes Pfund Butter! Schwierig war die Beschaffung des Bindfadens. Ich mußte mich sehr überwinden, bis zum Direktor der Bremer Tauwerk-Fabrik vorzudringen, dessen verstorbene Frau die beste Freundin meiner Mutter gewesen war."
(Frau K., Jg. 1923)

Wer keinen Küchenschrank mehr sein eigen nannte und die kargen, aber daher um so wertvolleren Lebensmittel einigermaßen geschützt aufbewahren wollte, erstand – bisweilen in Möbelgeschäften möglich – eine Munitionskiste. Sie tat ihren Dienst als Vorratsbehälter ebenso wie als Geschirrschrank.

Spätestens an dieser Stelle wollen wir aber auch zur Kenntnis bringen, daß durchaus nicht alle Bremer die Jahre nach dem Krieg mit einem so dürftigen Hausstand beginnen mußten. Selbstverständlich gab es unterschiedlichste Verhältnisse. Auch wenn sie alle die Schrecken des Krieges erleiden mußten, so hatten doch einige Glück im Unglück: Sie konnten vieles vor Feuer und endgültiger Zerstörung retten, von Schutt Begrabenes bergen und wiederherrichten. Andere hatten schon vorher Vorsorge getroffen, indem sie wertvolleres Hab und Gut ausgelagert hatten. Zwar waren zwischenzeitlich aus verschiedenen Gründen viele Dinge abhanden gekommen und die Heranbringung des z. T. in der inzwischen sowjetisch besetzten Zone ausgelagerten Eigentums war nur unter schwierigsten Umständen möglich, aber in den uns bekannt gewordenen Fällen waren doch nach geraumer Zeit Kristall, Silber, edles Geschirr, Gemälde, ja ganze Wohnungseinrichtungen wieder komplett beieinander. Die Freude über die so gerettete Aussteuer klingt bei vielen Frauen verständlicherweise noch heute durch, andererseits auch über die Raffinesse, die man entwickelte, wenn man sie anschließend vor den wenig behutsamen und vereinnahmenden Griffen der Soldaten in den besetzten Häusern in Sicherheit bringen wollte. Gläser waren naturgemäß besonders gefährdet.
Sehen wir uns nun noch in den anderen Räumen um:

Mehr als behelfsmäßig begann für viele Familien nach dem Verlust ihres alten Domizils das Leben in den „neuen" vier Wänden. Von nicht ausgebombten Freunden oder den offiziell durchgeführten Spendenaktionen unterstützt, suchten sie sich die Einrichtungsstücke zusammen. Stühle aus zerstörten Kinos, Tische und Bänke aus Schulbeständen, alte Gartenmöbel, ausrangiertes Mobiliar, Holzpritschen, Feldbetten und Luftschutzbetten aus den Bunkern, Strohsäcke oder Matratzen aus Seegras oder Papiergewebe – nichts paßte zusammen, doch das störte die wenigsten. Und natürlich: Kisten, Kisten, Kisten. Alle möglichen waren zu allem Möglichen zu gebrauchen. Wie bereits erwähnt, fand die Munitionskiste sinnvolle Verwendung in der Küche, aber auch als Werkzeug- und Spielzeugschrank, günstig auch als Sitzbank. Leute mit entsprechenden Fähigkeiten zimmerten sich aus Kisten und Brettern ansehnliche Kleinmöbel, die, verziert, bemalt, beklebt oder mit einem Stückchen Stoff davor, platzsparend und funktionell in die beengten Wohnverhältnisse paßten. Gardinen, beispielsweise genäht aus Verbandmull oder Windelstoff, auch gehäkelt aus dem aufgeribbelten Garn von Zuckersäcken und Fallschirmschnüren, Kissenbezüge, genäht aus Nessel und mit Handarbeiten verziert, und ebensolche

Milchbehälter
Milchkannen und -eimerchen
aus Aluminium von Schiff- und
Flugzeugbau und aus
emaillierten Granatenkartuschen

Taschen
aus Papierbindfaden geflochten,
mit Bändern oder Fäden verziert

Tischdecken
aus einem Stück Sack und
aus Seidenresten genäht und
mit Hohlsaum verziert sowie
aus Sackgarn gestrickt

Wolldecken aus der Militärzeit
Plüschdecke aus der
Kriegsgefangenschaft,
Streifen von Eisenbahnpolstern
auf Lager-Wolldecke genäht

Tischdecken gaben den Räumen Wärme und persönlichen Rahmen. Und nicht nur die oben erwähnten alten Säcke gaben einen Fußbodenbelag her:

„Strümpfe aus Kunstseide oder Wäschestücke aus ‚Charmeuse' wurden, wenn sie nicht mehr tragbar waren, nicht weggeworfen. Man schnitt sie mit der Schere ‚spiralförmig' in ca. 2–3 cm breite Streifen, wickelte diese Streifen zu Knäulen auf und häkelte hieraus Vorleger bzw. Teppiche. Sehr haltbare sogar!"
(Frau E., Jg. 1927)

Immerhin war dies in gewisser Weise ein Wiederaufbau auf kleinster, aber emotional bedeutender Ebene.
Wenn auch manche namentlich genannten Kunstgewerbegeschäfte mit dem Verkauf von Serienproduktionen zur Verschönerung des Heims beitragen wollten, so wird angesichts der individuellen Ausstrahlung der selbstgefertigten Gegenstände als einer liebenswürdigen Mischung aus Gestaltungsfreude und Mühe doch verständlich, warum so manche Familie jahrelang, noch bis über die Währungsreform hinaus, die liebgewordenen Provisorien beibehielt oder gar Einzelstücke seit Jahrzehnten wie kostbare Familienerbstücke behandelt.

3.5. Privater Wiederaufbau

Wer sein ehemaliges Haus zerstört sah und nach dem Krieg behelfsmäßig untergebracht war, trug sich spätestens dann mit dem Gedanken, sich wieder an etwas Eigenes zu wagen, als die Räumlichkeiten immer enger, das Miteinander immer komplizierter zu werden schienen. Viele wollten aber auch sobald wie möglich aus der Behelfsunterkunft in der Umgebung Bremens zurück in die Stadt. Von einem staatlich unterstützten Wiederaufbau war noch keine Rede, erst einmal hieß es jetzt, die Trümmerfelder der Stadt abzuräumen und Konzepte für ein Bauprogramm zu entwickeln.

In dieser Zeit gehörten Unternehmungsgeist, Organisationstalent und ein „langer Atem" zu einem Bau- bzw. Wiederaufbauvorhaben. Doch nicht wenige entschlossen sich zu diesem Schritt, auch wenn am Ende oft nicht viel mehr als Wohnraum im Gartenhausformat dabei herauskam – er aber war Eigentum.

„Im Oktober 1945 zogen wir aus dem Wochenendhaus in Niederblockland auf unser Grundstück nach Bremen. Es war ein Gartenhaus von 20 qm. Zur Erweiterung des Gartenhauses zu so einem Kaisenhaus habe ich im August 1945 einen Bauantrag gestellt. Dieser ist auf einem DIN-A 4-Bogen, da es kaum Papier gab, mit der Lizenznummer 431 ausgestellt. Material wurde aus den Trümmern besorgt. Zum Mauern holten wir Karbidkalk von den Francke-Werken aus der Neustadt."
(Herr B., Jg. ohne Angabe)

„Kaisenhäuser" wurden in späteren Jahren solche Häuser genannt, die auf Anordnung des Bürgermeisters Wilhelm Kaisen seit August 1945 aus der Wohnungsnot heraus in Parzellengebieten auf- und ausgebaut werden durften. Sie waren als Übergangslösung gedacht, doch sind die alten Bewohner und ihre Nachfolger der vertrauten Wohnform meist bis in unsere Tage treu geblieben.

„Im Herbst 1946 begannen wir auf dem Trümmergrundstück an der Elsasser Straße im Garten mit dem Bau eines Häuschens (Behelfsheim). Ein älterer Maurer stellte die ‚Lüning-Platten' auf und fertigte das Dach. Das Behelfsheim hat die Größe 4 x 10 m, und es steht heute noch und ist bewohnt!"
(Frau St., Jg. 1912)

Fallschirmkordeln
auseinandergedreht und vorbereitet zur Weiterverarbeitung für eine Kinderwagendecke

Tischdecke aus vier amerikanischen Mehlsäcken, Nähte bestickt

Wäschebehälter. Geflecht aus Sisalschnüren und Rohr, Deckel mit Plüsch bezogen

„Das Schönste, was es in der Nachkriegszeit gab, war die Hilfsbereitschaft unter Freunden. So ist es uns drei Frauen gelungen, mit Hilfe von Freunden und Bekannten aus den Trümmern ein Behelfsheim entstehen zu lassen ... Langsam wurde es ständig verbessert, so daß es eine schöne Wohnung für mich wurde, wenn auch mit einigen Kriegsnarben. Als ich es aus Altersgründen 1983 verkaufen wollte, fand sich kein Käufer. Das Grundstück verkaufte ich, es kam ein Kran ..."
(Frau von S., Jg. 1913)

Ein Behelfsheim nur, aber ein Heim – man spürt die Trauer der alten Dame beim Abriß ihres liebgewordenen Domizils.
Andere gingen daran, die Häuser wiederaufzubauen, die als Ruinen vor ihnen standen. Unterstützt von Freunden, konnten die Bauherren nach jahrelangen körperlichen und finanziellen Anstrengungen und Mühen der Beschaffung von Baumaterial ihr Haus beziehen. Ein typisches Beispiel gibt folgende Schilderung:

„Schon im Januar 1946 kümmerte sich mein Großvater intensiv um den Wiederaufbau unseres am Geestkamp halbzerbombten Hauses, denn wir lebten in unserem Notquartier an der Grambker Heerstraße sehr beengt. Vielleicht waren es ca. 20 qm, ohne richtige Waschgelegenheit. Das war in dieser Zeit nicht einfach. Materialien waren kaum mehr vorhanden. Wir fanden als Übergangslösung direkt gegenüber unseres zerstörten Hauses am Geestkamp eine größere Unterkunft. Von hieraus konnte mein Großvater während des Wiederaufbaues alles besser übersehen. Wie ging das nun vonstatten: Zuerst einmal klopften wir monatelang Steine, welche wir teilweise aus den Bombentrichtern holten. Wohin mit dem Schutt – der Grambker See bot sich hier an. Hunderte von Schubkarren mußten über 200 m weit dorthin gebracht werden. Jedes Familienmitglied mußte mit zupacken. Da die AG ‚Weser' teilweise auch in Schutt und Asche lag und nichts mehr lief, brachte es mein Großvater fertig – er war dort Obermeister im Schiffbau –, Fachleute von dort anzuheuern. Der Wiederaufbau konnte beginnen. Von nun an liefen unvorstellbare Tauschgeschäfte, die ich heute nicht mehr übersehen kann. D. h. Silberbestecke gegen Holz für die Türen und Fensterrahmen, Zigarren und Zigaretten gegen Farben, Zement und Kalk. Es würde zu weit führen, alles aufzuzählen, was da so gelaufen ist. – Meine Großmutter versuchte, aus Wurzeln, Kartoffeln und Steckrüben über Monate wenigstens für die Handwerker ein Mittagessen zuzubereiten. Oft genug gelang es nicht, denn wir hatten ja selbst kaum etwas für uns. Aber irgendwie ging es voran. Unter heute unvorstellbaren Mühen und Plagen wurde das Haus wieder hergestellt. Eine kleine Einweihung mit Maisbrot, Bratkartoffeln in Fischöl gebacken, eine Flasche Branntwein aus Heeresbeständen, standen Pate beim Wiedereinzug."
(Herr L., Jg. 1936)

Nach und nach entschlossen sich auch andere zum Wiederaufbau der Gebäudereste:

„Die Freizeit haben wir damit verbracht, mein zerbombtes Elternhaus zu entrümpeln und wieder aufzubauen. Die Mühen dazu sind schwer zu beschreiben. Die Baugenehmigung mit Zahlungsaufforderung erhielten wir jedenfalls in der Woche nach der Währungsreform. Im April 1949 sind wir in das einzige bis dahin fertiggestellte Zimmer in ‚unserem Haus' eingezogen, um DM 25,– Miete zu sparen."
(Herr Sch., Jg. 1922)

„Inzwischen waren auch meine Brüder zurückgekehrt ... Sie konnten beide auf der Parzelle wohnen. – 1947 kam ein alter Kunde in die Werkstatt, ein Architekt, und machte uns Mut: ‚Jungs, warum baut ihr euer Haus nicht wieder auf? Steine gibt's haufenweise. Ich mache euch die Zeichnung und besorge alle Unterlagen.' So begann für uns ein ganz neuer Abschnitt. Wir klopften Steine, suchten Eisenträger, Blei und Kupfer. Der Schutt an der Weser war eine Fundgrube. Eine Baugenehmigung ließ nicht lange auf sich warten. Ein Beamter der Baubehörde half uns, nachdem wir ihm auch einen Gefallen getan hatten. Wir räumten das Grundstück frei. Den reinen Wesersand konnten wir gut beim Mauern gebrauchen. Zwei tüchtige Maurer halfen uns bei der Arbeit, die wir nur Sonnabend und Sonntag machten. Wir drei Brüder kratzten am Wochenende unser Bargeld zusammen, um die Maurer zu bezahlen. Ursprünglich war nur bis zum ersten Stock geplant. Da kam der zweite Glücksfall. Ein Vetter, als Buchhalter

in einer großen Firma beschäftigt, bot uns ein Darlehen für den Weiterbau an ... in zehn Jahren rückzuzahlen. So wurde das Haus 1950 fertig."
(Herr H., Jg. 1907)

„Weil einsturzgefährdete Gebäude 1948 eingerissen werden sollten, mußten dann auch wir uns Gedanken über den Wiederaufbau und die Finanzierung machen. Es hat sehr lange gedauert, bis alle behördlichen und Bankangelegenheiten geregelt waren. DM 20.000 hat der Wiederaufbau gekostet ... Eigenleistungen, Helfer aus der Nachbarschaft, Kollegen halfen uns, das Haus zu behalten. 1950/51 konnten wir in den ... Wiederaufbau einziehen."
(Herr C., Jg. 1910)

Der vom Staat nach der Währungsreform 1948 angekurbelte Wiederaufbau mit Finanzierungshilfen und Steuervergünstigungen bewog in der Folge mehr und mehr Bewohner Bremens, die unbefriedigenden Unterkünfte aufzugeben und sich in das Abenteuer des Eigenheimbaues zu stürzen. Die sich etablierenden Wohnungsbaugesellschaften kamen der Notwendigkeit einer Wohnraumbeschaffung auf breiter Ebene nach.

4. Heizen

Geradeso, als müßte der sarkastische Spruch jener Zeit „Keiner soll hungern, ohne zu frieren" bewiesen werden, trafen zwei eiskalte Winter die erschöpften und der Entbehrungen müden Menschen. Die Kälte dieser Winter 1945/46 und 1946/47 nahm dramatische Formen an, nicht zuletzt für die Stadt Bremen selbst, als es im März 1947 infolge des Tauwetters zur „Eiskatastrophe", d. h. zur Zerstörung sämtlicher Weserbrücken kam. Da damit die Verbindungen zwischen Altstadt und Neustadt unterbrochen waren, berührte dieses Ereignis viele Bremer diesseits und jenseits der Weser. Doch vorrangig galt ihre Sorge dem eigenen Schutz gegen die Kälte.

4.1. Kalte Winter

Bei einem in meteorologischen Statistiken überlieferten Dauerfrost und wochenlangen Tiefsttemperaturen bis zu $-20°$ ist vorstellbar, wie sich eine solche Kälte unter den herrschenden Umständen auswirken mußte.
In vielen unserer Berichte findet dies Erwähnung, einer großen Zahl von Bremern ist die Kälte als das Unangenehmste jener Zeit in Erinnerung geblieben.

„Es wurde immer kälter. Die Wäsche ... fror im Eimer. Die Hauptwasserleitung war eingefroren."
(Frau K., Jg. 1923)

So waren als Folge die Toiletten nicht zu benutzen, Töpfe und Eimer mußten in Aktion treten, und wohl dem, der für mehrere Mietparteien im Hause noch ein parkähnliches Anwesen zur Erledigung der „Geschäfte" zur Verfügung stellen konnte.

„Jede Partei im Hause hatte in dem großen Park einen verschwiegenen Platz für diese Zeremonie, und die Komik dieser Situation war allen durchaus bewußt."
(Frau von E., Jg. 1899)

Natürlich war bei eingefrorenen Wasserleitungen auch die Körperpflege ein Problem, das aber eher unangenehm als existenzbedrohend war. Von Ärzten konstatierte gesundheitliche Schäden gab es wohl nur dort, wo dauernde Unsauberkeit herrschte. Immerhin froren vorsorglich

Nachttopf
aus einem Stahlhelm

eingelassenes oder zum Waschen bereitgestelltes Wasser in Badewanne oder Waschschüssel in kürzester Zeit zu. Wurde, auch zum Kochen, Wasser erhitzt, schlug sich der Wasserdampf auf den eiskalten Wänden und Fußböden nieder – als glitzerndes und gefährliches Eis:

„Unser Steinfußboden wurde zu einer Glitschbahn ..."
(Frau S., Jg. 1927)

Am unerträglichsten aber war die Kälte in den Wohn- und Schlafräumen. Da die Wohnzimmer gerade im typischen Bremer Haus wegen ihrer Größe und Höhe mangels Brennmaterial nicht ausreichend erwärmt werden konnten, zogen sich die Bewohner in den kleinsten, verhältnismäßig warmen Raum zurück: in die Küche. In voller Bekleidung, dazu in Mäntel und Decken gehüllt, hockte man mit bis zu sechs Personen eng beieinander. Kanonenofen oder Brennhexe wurden im Winter zum Mittelpunkt des häuslichen Lebens. Wie kalt war es erst in Keller- und anderen Notwohnungen, in denen dicke Eisschichten die Wände bedeckten!

„Als Arzt bin ich in Kellerwohnungen, über denen sich eine ausgebrannte Ruine befand, gekommen, in denen das Wasser von den Wänden tropfte, bzw. dicke Eisschichten gebildet hatte; in diesem Raum, der als Küche, Wohn- und Schlafzimmer diente, versuchten die Menschen sich an einer Brennhexe wenigstens etwas zu erwärmen ..."
(Herr B., Jg. 1908)

„Die Winter 1945/46 und 1946/47 waren am schlimmsten auszuhalten. Es wurde nur die 9 qm große Küche notdürftig geheizt. Hier spielte sich alles ab. Alte Decken und Bettücher wurden Mäntel und Kleider! Wir waren abgestumpft und erschöpft. Die Schlafzimmer hatten eine Temperatur, die nur wenig wärmer war als die Außentemperatur, man mußte sich anziehen wie zu einer Nordpolreise."
(Frau A., Jg. 1926)

Die Aussicht, sich im Bett aufzuwärmen, gab es bei den meisten nicht. Das Schlafen in den eiskalten Schlafzimmern blieb offensichtlich als besonders schlimm in Erinnerung. Gerade im ersten Nachkriegswinter waren die Räume oft noch beschädigt, durch fehlende Hausteile Wind und Wetter ausgesetzt, die Fenster notdürftig mit Pappe vernagelt, oder sie fehlten ganz. Von entspannendem, wohligem Schlaf konnte dann keine Rede sein. Doch darum ging es nicht allein. Es bestand durchaus die Gefahr des Erfrierens. Wenn die Temperatur im Schlafzimmer nur wenig über den Außentemperaturen lag, mußte man sich behelfen.

„Wir schlafen wegen der Kälte und der wenigen Bettdecken mit viel Kleidung, Strümpfen, Hosen und Jacken, ... das Kind im Kinderbett unterm Pelzmantel."
(Frau St., Jg. 1912)

Man wärmte die Decken vorher am Ofen und die Betten mit heißen Ziegelsteinen, die man in alte Handtücher, Lappen oder Papier einwickelte. Wärmflaschen waren sehr gefragt und wurden in verschiedenen Formen aus altem Kriegsmaterial hergestellt. Dennoch blieb es äußerst ungemütlich: Selbst wer verbotenerweise mit einer Heizplatte die ganze Nacht hindurch das Schlafzimmer „heizte", erreichte in kältester Zeit nicht mehr als $-8°$. Die Wände waren morgens von der Atemluft vereist, die Bettdecken am Munde gefroren.
Gefährdet waren in allen eiskalten Räumen aber auch die Vorräte, die man dort deponiert hatte.

„Als das Thermometer im Keller unter $0°$ sank, entfachten wir dort zwischen Steinen ein offenes Feuer, damit unsere Kartoffeln nicht erfroren."
(Frau S., Jg. 1927)

„Im Winter 1946/47 sanken die Temperaturen im Schlafzimmer auf $8°$ unter Null. Die Weckgläser, die dort auf dem Schrank untergebracht waren, wurden im Wohnzimmer unter dem Sofa versteckt, damit sie nicht platzten ... Aber der Ofen dort ... konnte das Zimmer nur auf $7°$ heizen. Da beschlossen wir, in die Küche zu ziehen, wo der gestohlene Kohlenherd meiner Tante eine gemütliche Wärme von $12°$ verbreitete. Die Weckgläser wurden in die Badewanne umquartiert."
(Frau D., Jg. 1939)

Hart traf der Winter auch alle, die zu Hause im Sitzen arbeiten mußten. Wenn möglich, erledigten sie vor allem schriftliche Arbeiten im Bett,

Wärmflaschen
aus Messingkartuschen

andere steckten die Füße in den lauwarmen Küchenofen, wieder andere wärmten zwischendurch ihre Hände an Gasflamme oder warmem Kessel. Eine weitere, etliche Male genannte Möglichkeit, die Hände zu wärmen, mag in diesem Zusammenhang Erwähnung finden. Es handelte sich um kleine Wärme- oder Heizkissen, Beutel eigentlich, die mit ungelöschtem Kalk gefüllt waren und bei der Befeuchtung mit Wasser aus einer chemischen Reaktion heraus Wärme entwickelten. Man konnte sie auch in die Mantel- oder Hosentaschen stecken.

Für die vielen Näh-, Strick- und Stopfarbeiten setzten sich die Frauen weit weg vom kalten Fußboden, durchaus auf den Küchentisch, die Füße auf einem Stuhl mit angewärmten Ziegelsteinen. Fort vom Fußboden mußten auch die Laufställchen der Kleinkinder, die dem wärmenden Kinderwagen entwachsen waren. So wurde der Krabbelplatz fürs Kind bisweilen auf dem Küchentisch eingerichtet.

4.2. Holz und Torf

Neben der Ernährung wurde das Heizen zum zentralen Problem. Zum einen fehlte es an Brennstoffen und entsprechender Energie, um Häuser und Wohnungen ausreichend zu beheizen, zum anderen waren – wie eben dargelegt – die beiden ersten Nachkriegswinter von extremer und langandauernder Kälte. So galt der Versorgung mit Brennstoff die Hauptsorge, als der warme Sommer 1945 zu Ende ging. Dementsprechend nimmt sie auch in den Aussagen unserer Berichterstatter einen breiten Raum ein.

Wir wollen in die Hunderte von Einzelinformationen eine Ordnung bringen, indem wir uns zuerst fragen: Womit wurde geheizt? Im Anschluß daran ist aufzuschlüsseln, auf welche Weise man mit diesem Heizmaterial die Räume wärmte.

Bei Durchsicht unserer Quellen steht schnell fest: Es wurde geheizt mit Holz, Torf, Kohle. Was ist daran so erinnernswert, daß etwa 400

Menschen sich z. T. seitenlang darüber ausließen? Es sind die Umstände, unter denen man diesen Hausbrand ergatterte, mühsam besorgte; denn an sich gab es kaum etwas Brennbares zu kaufen, die offiziellen Zuteilungen waren gering und sporadisch, meist von schlechter Qualität. Eigenhilfe war lebensnotwendig.

„Alles Holz aus den Ruinen und jeder Baum wurde zu Feuerholz gemacht, der Bürgerpark entging nur mit Mühe dem Abholzen ..."
(Herr B., Jg. 1908)

Das Naheliegendste war es, das Holz aufzusammeln, was herum- und umherlag, was nicht niet- und nagelfest war und was offensichtlich keine vernünftige Funktion mehr zu erfüllen hatte. Und das war zu finden in den Trümmern und Ruinen der von Bomben zerstörten Häuser und Grundstücke.

„Der dem Kriegsende folgende Winter war ein extrem strenger Winter. Zum Heizen gab's nichts außer dem Holz, das man sich auf den Trümmern suchte ..."
(Frau Sch., Jg. 1910)

„Der Ofen wurde mit Holz geheizt, das wir uns jeden Tag aus den Trümmerhaufen zusammensuchten. (Eine primitive Säge haben wir uns selbst gebastelt.)"
(Frau Sch., Jg. 1903)

„Brennholz konnte man sich notfalls noch aus den Trümmern und Ruinen ... beschaffen."
(Herr E., Jg. 1932)

„Anfangs besorgten wir das Brennmaterial aus den Trümmern, später aus den Wäldern der Umgebung Bremens."
(Frau von S., Jg. 1913)

„Holz suchte ich immer aus den Trümmern heraus ..."
(Frau W., Jg. 1926)

„Meine Mutter sammelte jedes Stückchen Holz, was ja durch die vielen Trümmer reichlich vorhanden war, in einem alten Lederbeutel, den sie ständig mit sich führte ..."
(Frau V., Jg. 1915)

Ledertasche
benutzt zum Holzsammeln

Diese Aussagen werden in gleicher Weise in sehr vielen Berichten gemacht. Immer wieder wurde geheizt mit Holz
– „aus den Ruinen des eigenen Geschäftshauses"
– „aus den Trümmern des eigenen Hauses"
– „aus den Trümmern fremder Häuser"
– „aus den Ruinen zerstörter Häuser"
– „von Trümmergrundstücken"
– „von Obstbäumen von Trümmergrundstücken"
– „von zerbombten Bäumen auf Trümmergrundstücken"
– „aus ausgebombten Kellern"

So mancher schreibt, er sei ein Experte geworden „für Beschaffung von Feuerholz aus Anlagen und zerbombten Häusern".
Daß man hierbei zum Fachmann werden konnte und Erfahrungen mitbringen mußte, wird klar, wenn wir näher betrachten, was aus den Trümmern geborgen wurde. Die Arbeit in den einsturzgefährdeten Überresten konnte gefährlich werden.

„Ja, Brennmaterial war das A und O zu der Zeit. Alle Keller waren zu Beginn des Krieges mit Baumstämmen abgestützt worden. Sie wa-

ren mit der Zeit sehr gut abgetrocknet. Wir entfernten diese. Mit Säge und Beil gingen wir ihnen zu Leibe und hatten erst einmal gutes Feuerholz..."
(Frau P., Jg. 1926)

„Wir heizten mit allem, was brannte, u. a. dem ‚Eigentum des Reichs', wie die Stützbalken im Luftschutzkeller Riensberger Straße bezeichnet waren. Ich durfte sie zersägen..."
(Herr von F., Jg. 1934)

„Zusätzliches Heizmaterial ließ sich aus Stützbalken des Luftschutzkellers gewinnen. Da waren einmal die kantigen Balken und Bohlen in der Waschküche, die unsere Vormieter schon bald nach Kriegsbeginn hatten einziehen lassen, und dann gab es dicke Balken und runde Stempel in dem großen Kellerraum unterm Wohnzimmer. Diese waren in allen Häusern von Pionieren eingebaut worden. Außerdem mußte der lange Fahnenmast vor dem Haus, der von unseren Vormietern stammte, schnell beseitigt werden."
(Herr S., Jg. 1926)

„Heizmaterial war vor allem Holz von kaputten Decken, Möbeln, entwurzelten Bäumen usw...."
(Frau J., Jg. 1933)

Daneben fanden auch andere hölzerne Teile der Ausstattung ihre Abnehmer.

„Holz war sehr schwer zu beschaffen, nachdem auch die letzten Stückchen aus den Trümmern der Häuser herausgesucht waren. Aus verlassenen Häusern wurden die Treppen und die Parkettböden herausgestohlen."
(Frau I., Jg. 1920)

Ebenfalls wurden Fensterrahmen und Türen zum Verheizen herausgenommen.
Die Mühe, die all dies machte, schlug sich in einem Spruch nieder, der für das Zerkleinern dicker Balken und riesiger Baumstümpfe, von denen wir unten hören, gleichermaßen galt: „An diesem Holz kannst du dich dreimal wärmen; das erste Mal beim Transport, das zweite Mal beim Zerkleinern und das dritte Mal, wenn es brennt."
Weniger Transportmühen hatte man, wenn man sich im eigenen Haushalt umsah:

„Zuerst kamen nur die Rückwände der Möbel dran, später nach und nach sie selbst. Man überlegte sich kurz, ob man dies oder das wirklich nötig brauchte und kam meistens zu dem Ergebnis, daß Wärme wichtiger war. Hungern *und* frieren war zuviel. Zum guten Schluß ging es sogar an die hölzernen Spielsachen der Kinder, und damit die Kleinen es nicht mitbekamen, lenkten wir sie ab, wenn wieder ein Stück in den Ofen wanderte, und das Schaukelpferd zerhackte mein Vater eines Tages ‚in aller Stille'. Dabei gaben diese Dinge nur einen geringen, kurzen Wärmeschub ab."
(Frau Sch., Jg. 1928)

Holz lieferten aber auch die unversehrten Bäume der Straßen, Anlagen, Parks und Wälder, und zwar in vielfältiger Weise. Brennbar waren Stämme, Äste, Zweige und das Wurzelwerk, aber auch Tannenzapfen und Kiefernäpfel, letztlich die Sägespäne als Abfallprodukt.

„Da Brennmaterial immer knapp war, fuhr ich mit meiner Mutter regelmäßig in den Okeler Wald zwischen Kirchweyhe und Barrien. Dort sammelten wir Kiefernzapfen, die massenweise unter den Bäumen lagen. Die sogenannten Kiefernäpfel waren nicht zu verachten, sie brannten hervorragend und eigneten sich sehr gut zum Anzünden der Kohle."
(Herr E., Jg. 1932)

„Als Brennmaterial konnten wir von der Firma Borgward Sägespäne bekommen. Ein Sack 10 Pfennig täglich."
(Herr L., Jg. 1905)

Alles, was der Baum hergab, wurde also gesammelt und nach Hause transportiert. Dazu wurden Handwagen gebaut mit schmalen gummibereiften Rädern und einem Zuggeschirr aus Seilen. Ein geschickter Vater schmiedete sogar schwere Haken zum Heranholen und Anheben der Äste.
Angesichts des ungeheuren Holzbedarfs gingen die Behörden schließlich dazu über, Baumabschnitte zuzuteilen.

„Es waren etwa ein Meter lange Baumabschnitte, die wir uns am Schwachhauser Ring abholen mußten. Einen Handwagen hatten wir nicht, aber in der Garage stand ein flaches Holzgestell mit kleinen Gelenkrollen

darunter ... An dieses Gefährt knüpften wir eine Leine, ... hoch mit Holzstücken beladen rollten wir vorsichtig zurück ... in den Straßenbahnschienen brach eine Rolle ab ..."
(Herr S., Jg. 1926)

Schließlich wurden der frierenden Bevölkerung auch die Baumstümpfe der abgesägten oder zerstörten Bäume zum Verheizen überlassen. Man mußte sie „nur" selbst abholen und zersägen. Das Wurzelholz brannte sehr gut und lange.

„Zwei- bis dreimal gab es auch eine Zuteilung für ‚1 Stubben'. Schon das Abholen mit dem Handwagen war ein Problem. Von unserem Nachbarn lernte ich, wie man dem Ungetüm mit zwei Äxten und zwei Keilen zu Leibe rückte. Es war harte Arbeit, aber man wurde warm dabei."
(Frau K., Jg. 1917)

„Ich besorgte mir bei der Kohlenhandlung Beermann und Paulmann sogenannte Stubben, die mich nicht nur beim Verbrennen, sondern schon beim Transport und noch mehr beim Zerkleinern wärmten."
(Herr H., Jg. 1921)

„Wir waren froh, als die ersten Bäume, die den Bomben zum Opfer gefallen waren, für die Bevölkerung zum Verheizen freigegeben wurden. Wir bekamen einen Stubben, so riesengroß, daß wir gut den halben Winter damit überstehen konnten. Wir freuten uns aber nicht sehr lange, denn unser Handwerkszeug wie auch unsere Kräfte ließen sehr zu wünschen übrig."
(Frau Sch., Jg. 1928)

„In einem Waldstück bei Kirchseelte konnten wir 30 Stubben zum Roden kaufen. Wir verstauten ein Zelt, Decken, einen alten Kochtopf, Lebensmittel und Werkzeug in einem Fahrradanhänger mit Vollgummireifen ..., zogen das schwerfällige Vehikel per Fahrrad ... und bauten im Wald, inmitten unserer Stubben, das Zelt auf ... Der Stubben mußte ausgegraben und die freigelegten Wurzeln abgehackt werden; man grub und hackte, bis sich der Klotz bewegte und aus der Erde geholt werden konnte ... Nach zwei Wochen waren die 30 Stubben aus der Erde geholt und in transportgerechte Stücke gespalten. Es gelang uns, einen Lkw zu mieten, der das Holz nach Hause brachte. Dort mußte es Stück für Stück durchs Haus in den Garten getragen und nach und nach zersägt werden ... Im nun folgenden harten Winter merkten wir, daß sich die Mühe gelohnt hatte."
(Frau K., Jg. 1923)

„Als Brennstoff erhielten wir nur einmal im Winter 1946/47 einen Stubben von einem Eichenbaum. Zum Zerlegen ... mußte ich mir eine Axt von einem Nachbarn leihen. Es war ein kalter Tag, ein eisiger Wind wehte, es lag hoher Schnee. Mit meiner schwachen Kraft war ich nicht fähig, den Stubben zu spalten, nur die seitlichen Wurzeln konnte ich abschlagen. Dabei bemerkte ich, daß sich der Schnee vor meinen Füßen rot färbte. Mit der Axt hatte ich mir den Daumen der linken Hand auf halber Breite durchgeschlagen, ... die Wunde blutete sehr."
(Herr W., Jg. 1906)

„Mein Vater entwickelte sich zum Spezialisten im Baumwurzel-Ausroden und hat sich dabei tüchtig geplagt."
(Frau N., Jg. 1929)

„Wegen des großen Mangels an Heizmaterial wurde der jenseits der Autobahn gelegene Teil des Rickmersparks abgeholzt (heute Riemstraße). Mein Vater und ich fuhren mit einer alten Kindersportkarre los; es gab aber nur noch Wurzelstubben, die man selber ausgraben mußte. Den ganzen Tag waren wir mit so einem Stubben beschäftigt, an dem wir immer neue Wurzelfasern entdeckten. Aber weil wir schon so viel Arbeit investiert hatten, wollten wir auch nicht aufgeben. Mit viel Mühe karrten wir ihn dann nach Hause, und da lag er Jahre im Garten. Das Holz war so zäh, daß wir es nicht schafften, ihn zu zerkleinern. Wir haben ihn schließlich einem Nachbarn geschenkt, der eine Motorsäge hatte."
(Herr H., Jg. 1929)

Weniger anstrengend, wenn auch in der Heizkraft nicht ganz so ergiebig, waren die anderen Methoden, an das Holz der Bäume heranzukommen. Es wurde zunächst einmal in den Anlagen und Parks in Bremen und Bremen-Nord gesammelt. Bürgerpark und Stadtwald wurden das Ziel vieler „Spaziergänger", die so ganz nebenbei mitgeführte Wägelchen, Taschen und Beutel mit aufgeklaubtem Kleinholz füllten. Da blieb kein noch so kleiner Zweig liegen. Das Fällen der Bäume war verboten, konnte die Frierenden aber nicht davon abhalten, bei Nacht oder mit aufgestellter Wache die in ihren Augen so nutzlos herumstehenden Bäume zu schlagen.

„Die Menschen fällten in ihrer Not nachts Bäume, auch im Bürgerpark, um damit zu heizen."
(Herr K., Jg. 1923)

„Der wunderschöne Smidts-Park an der Grönlandstraße stand ja noch in seiner vollen Pracht. Also nichts wie hin und abgeholzt. Es dauerte 14 Tage, und der schöne Tannen- und Birkenwald war einmal gewesen. Hunderte von Menschen, einschließlich der Flüchtlinge aus dem früheren Polen- und Russenlager an der Grönlandstraße, ackerten Tag und Nacht, um zu Hause ein warmes Zimmer zu haben ..."
(Herr L., Jg. 1936)

„In Knoops Park wurden Bäume gefällt, das war verboten, ich mußte Wache stehen, wenn mein Bruder mit Axt und Säge tätig war ..."
(Herr W., Jg. 1934)

„Ansonsten sammelten wir mit unserem ‚Bunkerwagen', den ich mal gezimmert hatte, auf Erlaubnisschein im Bürgerpark Holz und Reisig. Dabei trafen wir einen Bekannten, der im Park arbeitete. Er steckte uns dann auch mal einen kleinen Baumstamm zu. Wieder ein bißchen Glück gehabt! Aber nun ging's ans Kleinmachen ... Wir konnten uns einen primitiven Sägebock beschaffen. Den stellten wir im Wohnzimmer auf, das ja nicht zu heizen war, und sägten unseren Baumstamm durch ..."
(Frau B., Jg. 1911)

Wer hilfreiche und kräftige Hände in der Familie hatte, konnte auf die Wälder der niedersächsischen Umgebung ausweichen. Doch war das ein mühsames Geschäft. Das Holz mußte auf- und abgeladen werden und schleunigst von der Straße verschwinden, wenn man von seinen Mühen selbst etwas haben wollte. Das war nicht so einfach, wenn die Häuser, vor allem beim Typ des „Bremer Hauses", dicht an dicht standen.

Dann mußten längere Stämme von der Straße aus durch den Souterrain in den Hof geschoben und je nach Länge entweder schon während dieser Prozedur im Haus oder später auf dem Hof zersägt werden.

Bäume gab es aber nicht nur in Parks und Wäldern, sondern auch vor den Häusern, an Straßen, in Gärten, auf Trümmergrundstücken und Sportplätzen. Es klingt aus den Berichten deutlich heraus, welch kurzen Prozeß die Anwohner oder Besitzer mit den Bäumen machten, wenn erst einmal die Entscheidung zugunsten einer warmen Stube gefallen war. In der Nacht gefällt, zersägt, ins Haus gebracht, und am Morgen war nichts mehr zu sehen. Auf diese Weise lichteten sich die Baumreihen beispielsweise der Straße Am Dobben und der Humboldtstraße im ersten Nachkriegswinter, um im zweiten ganz zu verschwinden. Anderen Straßen erging es ebenso, nachdem die Stadt sich entschlossen hatte, Bäume zum Verwerten zu verkaufen oder Berechtigungsscheine auszustellen.

„In der Donandtstraße standen damals schöne alte Linden, doch eines Morgens erschienen Menschen, die einen Berechtigungsschein vorzuweisen hatten, mit dessen Hilfe sie jeweils einen Baum mit Stumpf und Stiel abholzen durften. Binnen weniger Stunden war die Donandtstraße kahl, und von dem Baum, der direkt vor unserem Haus stand, bekamen wir nicht das kleinste Stückchen ..."
(Frau I., Jg. 1920)

„Ich erinnere mich an eine Fällaktion am Schwachhauser Ring. Dort hatten mehrere Nachbarn das Recht, einen ganzen Alleebaum zu fällen und dessen Wurzeln auszugraben. Das war schwerste Arbeit und erforderte die konzentrierte Einschaltung sämtlicher Arbeitskräfte (Männer, Frauen und Kinder)."
(Herr B., Jg. 1940)

„Wir konnten von der Stadt einen Baum kaufen, der am Osterdeich beim Weserwehr stand. Wir mußten ihn selber fällen und nach Hause schaffen ..."
(Frau Z., Jg. ohne Angabe)

„Wir haben im Winter ... mit Genehmigung ... in Burg eine Eiche gefällt, den frostharten Stamm mit ungeeigneter Säge zerklei-

nert und stückweise mit dem Handwagen von Burg bis in die Georg-Gröning-Straße gefahren."
(Herr L., Jg. 1911)

Holz als Brennmaterial fand sich aber auch an Stellen, wo tatkräftige Männer schnell entschlossen zulangen konnten. Da wurden die Holzbalken alter Panzersperren in stundenlanger Arbeit zersägt und Bahnschwellen „organisiert", z. B. vom Bahndamm an der Graf-Moltke-Straße, der uns noch beim „Kohlenklau" begegnen wird. Diese teerdurchtränkten Balken, mühsam zerhackt, ließen beim Brennen fast die kleinen Öfen platzen. Da wurden Telegrafenmasten umgelegt, hölzerne Kabeltrommeln nach Hause entführt, Bauholz zweckentfremdet, zerbrochene Kisten aufgespürt und sogar sinnlos gewordene Pfähle nicht übersehen.

„Einmal ist mein Mann mit seinem Freund einfach zu einem Baugerüst gegangen und hat eine schöne große Gerüststange organisiert. Ich weiß noch, daß diese Stange so lang war, daß sie in einem Stück nicht ins Haus ging ... So schoben mein Mann und sein Freund die Stange durchs Fenster an der Straße, und im Haus wurde dann Stück für Stück abgesägt."
(Frau St., Jg. 1909)

„Während des Krieges war z. B. der Hollersee vor dem damaligen Parkhaus (jetzt Parkhotel) gegen Fliegereinsicht – ebenso wie der Hauptbahnhof – getarnt worden. Holzpfähle wurden ziemlich dicht aneinander stehend in den See gerammt, darauf die Tarnung angebracht. Der See wurde ‚zugemacht'. Nach Kriegsende blieben die Pfähle zunächst noch im See stehen. Im Winter 1945/46, als der See zufror, wurden die Holzpfähle dann auf dem Eis von der Bevölkerung abgesägt und als Brennholz verwertet."
(Herr E., Jg. 1932)

Wie üblich waren natürlich auch hier Beziehungen hilfreich, wie z. B. zum Materiallager der Amerikaner, wo die für den Überseetransport ausgerüsteten Kisten mit Nachschub ankamen. Ganze Schlitten voll zerkleinerten Kistenholzes konnte der dort Beschäftigte im Winter abfahren.
Auch die Weser und der Hafen galten als gute „Holzlieferanten". Aus dem Wasser wurde das Treibholz gefischt, und wer im Hafen arbeitete, packte sich einen „Hasen" zusammen, das war ein Bündel aus kleingespaltenem Holz.

Der zweite Brennstoff, der in für uns unvorstellbaren Mengen verwendet wurde und sehr oft in einem Atemzug mit Holz genannt wird, war der Torf, ein in Bremen und der moorig-ländlichen Umgebung von alters her vertrautes Heizmaterial. Allmählich durch neue Feuerungsmethoden verdrängt, kam er in diesen schlechten Zeiten zu neuen Ehren. Und wie selbstverständlich geben die Zeitzeugen an:

„Da keine Kohle da war, wurde mit Torf geheizt."
„Da anderes Heizmaterial knapp war, wurde mit Torf geheizt."

An den Torf kam man auf verschiedene Weise: durch Zuteilung auf Bezugsschein beim Kohlenhändler, durch Tausch mit der Landbevölkerung – auch bei Hamsterfahrten –, durch eigenes Abstechen entweder beim Bauern oder auf offiziell zum Abstich freigegebenen Flächen. Manche kauften oder pachteten auch zu diesem Zwecke ein Stück Land. Glücklich konnten sich einmal mehr jene schätzen, die Verwandte, Freunde oder Bekannte auf dem Lande hatten.

„Als mein Vater 1946 aus der Kriegsgefangenschaft heimkam, erwarben meine Eltern ein Stück Moor in Tüschendorf, wo sie unter unsäglichen Qualen Torf stachen, um für den nächsten Winter Brennmaterial zu haben."
(Frau N., Jg. 1929)

An einem Beispiel wird deutlich, wie dies vor sich ging:
Die Familie pachtete ein Stück Moor von einem Bauern bei Posthausen. Ein Teil davon mußte für den Bauern mit gegraben werden, der andere Teil für sie selbst. Das Stück war 5 m breit, 6 m lang, 3 m tief. Der Vater machte sich am Wochenende bei erster Helligkeit mit dem Fahrrad auf den Weg, der Sohn mit geliehenem Rad hinterher. Die Soden wurden zunächst gestochen, abgefahren und aufgestellt. Nach vier bis sechs Wochen Trockenzeit konnte der Torf abtransportiert werden. Er war von guter Qualität und schwarz wie Brikett.

Man konnte sich auch zu einem Torfstechen melden, das bis hinauf ins Oldenburger Land organisiert wurde.

> „Das Torfstechen dauerte meistens eine Woche und hatte den wesentlichen Vorzug, daß man für diese Zeit Schwerarbeitermarken für Bergarbeiter bekam. Das Ergebnis einer solchen Woche waren ca. 10 Zentner Torf, die von einem Bremer Händler geliefert wurden."
> (Herr R., Jg. 1917)

Die ungewohnte Arbeit des Torfstechens bei nicht ausreichender Ernährung machte vielen Männern zu schaffen. Von Zusammenbrüchen und Lungenentzündungen ist die Rede.
Aber auch das Einholen der gelieferten voluminösen Torfmengen bedeutete noch einmal Arbeit. Eine vor die Tür gekippte Ladung mußte mit Körben durch den Souterrain zum Hof transportiert werden. Dort konnte er im Sommer gut zum Trocknen liegen, im Winter aber wurde er zum Vortrocknen ins Haus neben das Feuer geholt, füllte auch schon einmal eine damals ohnehin unbenutzbare Badewanne.
Holz und Torf waren für die privaten Haushalte die Retter in der Not, als die geringen Kohlenanlieferungen aus dem Ruhrgebiet vorrangig für die Wiederaufnahme und Aufrechterhaltung der öffentlichen Energieversorgung gebraucht wurden. Welche Erinnerungen verbinden sich mit dem Kohlenmangel?

4.3. „Kohlenklau"

Der Kohlenmangel wurde zu einem beherrschenden Thema in der kalten Jahreszeit. Das schlug sich in den uns vorliegenden Berichten nieder, die sich nahezu alle mehr oder weniger ausführlich damit befassen, wie die Folgen der unbarmherzigen Kälte abgewendet werden konnten. Natürlich rückt schnell der berühmt-berüchtigte „Kohlenklau" in den Vordergrund, doch wollen wir zunächst sehen, wie die Bevölkerung auf verschiedene Weise versuchte, mit der Kohlenknappheit fertigzuwerden.
Am leichtesten war es für diejenigen, die auf Vorräte aus der Vorkriegs- und Kriegszeit zurückgreifen konnten. Das waren vorwiegend Geschäftsleute, denen größere Kontingente zugestanden hatten, aber auch Personen, die Kohlen in ihren Kellern retten oder sie aus ihren zerstörten Häusern bergen konnten.

> „Im zerstörten Haus meiner Schwiegereltern Ansgaritorstraße wußte ich im Keller noch Steinkohlen. Der Zugang zum Keller und zu diesen Schätzen war verschüttet. So habe ich mehrere Tage daran gearbeitet, mit Meißel und Beil in die Betondecke nach unten hin ein Loch freizulegen, durch welches ich mich hindurchzwängen konnte. Drei Familien wurden danach mit Heizmaterial versorgt."
> (Herr Sch., Jg. 1902)

Zuteilungen, Zuteilungen –
und doch nicht richtig warm

Andere machten fremde Keller unter Ruinen ausfindig und bedienten sich dort. So etwas dürfte unter „nächtliches Besorgen" ebenso fallen wie unter die immer wieder genannte „abenteuerliche Art, Kohle zu organisieren".
Vorhandene oder besorgte Vorräte konnten die offiziellen Zuteilungen aufbessern. Diese waren aber für alle, die sich sonst keine Quellen erschließen konnten, kaum ausreichend. Monatlich sollten es 32 Pfund Brikett pro Kopf sein, die – wenn überhaupt vorrätig – beim Kohlenhändler abzuholen waren.

> „Gelegentlich gab es 1 Ztr. Brikett (der höchstens 80 Pfd. wog) ..."
> (Frau K., Jg. 1917)

Und eine ganz genaue Angabe überliefert uns: Ein Zentner Brikett waren abgezählt 67 Stück. Zugeteilt wurde auch Kohlenstaub. Ein halber Zentner war möglich, wenn ein Säugling im Haushalt lebte.

> „Man füllte den Kohlenstaub in ... Briefumschläge und steckte ihn so in den Ofen."
> (Frau K., Jg. 1912)

Einmal mehr erwiesen sich Beziehungen als hilfreich; in erster Linie natürlich die verwandtschaftlichen. Ein Schwiegervater im Hafen, ein Onkel als Schiffsführer auf einem Frachtkahn, ein Schwager als Kohlenhändler – das war viel wert. Überhaupt wurden alte Bekanntschaften mit Kohlenhändlern bevorzugt gepflegt bzw. sich ihrer gern erinnert.

> „Nach einiger Zeit konnten wir uns von unserem früheren Kohlenhändler (mein Vater war vor 1933 Hausmeister ... gewesen und hatte von ihm immer bezogen) zwei Zentner Brikett holen ..."
> (Frau O., Jg. 1909)

Alte berufliche Verbindungen konnten von Nutzen sein:

> „Durch meine frühere Tätigkeit in der Hafenverwaltung kannten mich die Männer der Massengutumschlagsanlage im Industriehafen. Sie durften mit Genehmigung der Militärregierung mit einem Greifer die Kohle, die beim Umschlag zwischen Schiff und Kaje ins Wasser gefallen war, herausholen und selbst und für Freunde damit heizen. Diese Kohle und Koks waren naß und mit Kies und Gestein vermischt ..."
> (Herr L., Jg. 1911)

Wie alles, was rar und begehrt war, wurde auch Kohle zum Objekt von Tauschgeschäften, wurde dann von weit her in Rucksäcken, ja Koffern herangeschleppt. Und manch einem blieb keine andere Wahl, als sich auf die Schwarzmarktgeschäfte einzulassen, wenn er seine Familie nicht frieren lassen wollte.
Auf glücklichere Umstände trafen jene Männer und Frauen, die von Berufs wegen oder aus einer vorübergehenden Beschäftigung heraus an Kohlen herankamen. Wer „die Bahn" als Arbeitgeber hatte, wurde zwar nicht gerade verwöhnt, durfte und konnte aber aus der Schlacke nicht verbrannten Koks heraussuchen. Das war dem Lokomotivführer ebenso möglich wie anderen auf dem Bahnbetriebsgelände Beschäftigten. Eine arge Quälerei wurde es, wenn im Winter die angefrorene Schlacke von den 3–4 m hohen Schlackebergen gekratzt werden mußte. Der Transport erfolgte meist in einer Tasche. Das Durchsuchen von Schlacke auf brennbare Überreste wurde im übrigen für alle zur Gewohnheit, die in der Nähe irgendwelcher Bahnanlagen wohnten.
Weniger gern gesehen war eine gewisse Selbstbedienung mit Kohle:

> „Da mein Vater Lokomotivführer war und hin und wieder Züge nach Hamburg fahren mußte, verabredeten wir uns eine bestimmte Stelle am Stadtwald, wo er dann während der Fahrt ein paar große Brocken Kohle abwarf. Er kündigte sich durch ein Signal mit der Dampfpfeife seiner Lokomotive an, damit ich in Deckung gehen konnte. Die dicken Kohlebrocken borsten wie Granaten, ich sammelte diese ein und trug sie nach Haus. Diese Aktionen konnten allerdings nur in der Nacht bei Mondschein durchgeführt werden."
> (Herr G., Jg. 1930)

Wo sonst und wie sonst konnte berufliche Tätigkeit bei der Kohlenbeschaffung helfen? Einige Beispiele seien hier genannt, weitere ergeben sich aus den Darlegungen zum Arbeitsleben.
Eine Tätigkeit bei den amerikanischen Behörden oder bei Versorgungsbetrieben wie den Stadtwerken war günstig. Hier und da fiel etwas ab,

konnte in kleinen Mengen unauffällig in der Aktentasche nach draußen gebracht werden.
Taschen waren aber nicht nur zum heimlichen Fortschaffen da:

„Im Winter war ich tagsüber im geheizten Büro, meine Eltern hatten aber nicht genug zum Heizen. Das hatte ich meinem Chef gegenüber mal erwähnt. Eines Tages sagte er: ‚Geben Sie mir doch mal Ihre Tasche.' Dann kam er mit meiner Tasche, vollgepackt mit Briketts, zurück ... Da ich die nun geschenkt kriegte, wollte ich die ja auch nach Hause haben, aber ich konnte die Tasche gar nicht tragen. So packte ich die Hälfte in meinen Schreibtisch hinein ..."
(Frau P., Jg. 1912)

Trotz aller zugeteilter, „organisierter" oder geschenkter Kohlen reichten die geringen Mengen meist nicht aus. Die extrem kalten Nachkriegswinter ließen keine Entspannung der Versorgungslage mit Hausbrand zu. So war großen Teilen der Bevölkerung beinahe jedes Mittel recht, sich einmal erspähter Kohlen zu bemächtigen. Das begann harmlos mit dem Einsammeln.

„Wir hatten wenige Kohlen, die vielleicht bei den Kohlelieferungen für Amerikaner und wichtige Betriebe beim Einschaufeln danebengefallen waren und man schnell in irgendeine Tasche einsammelte."
(Frau Sch., Jg. 1910)

„Wenn die Amerikaner Kohlen geliefert bekamen, fiel beim Einschütten manchmal etwas auf die Straße. Das wurde schnell aufgesucht und in einer Tasche mitgenommen ..."
(Frau Sch., Jg. 1903)

„Kohlen geklaut haben meine Kinder, wenn das Josephstift in unserer Nähe beliefert wurde. Sie saßen dann unter dem Kohlewagen und sammelten auf, was danebenfiel. Manchmal warfen mitleidige Arbeiter auch mal was runter."
(Frau M., Jg. 1908)

Daß sich die Kohlensammler nicht ganz wohl in ihrer Haut fühlten, geht daraus hervor, daß sie sich als „Finder" mehrfach in ihren Berichten von den „Kohlenklauern" abhoben, auch wenn es beispielsweise um das letzte Abräumen einer verlassenen „Kohlenklaustelle" handelte.

„Kohlenklau" – dieses Phänomen, ein Diebstahl fremden Eigentums und doch als Sport, allerdings als „Überlebenssport" betrieben und rechtlich nicht konsequent verfolgt, verband fast die gesamte Bevölkerung in einmütiger Solidarität und Zielsetzung. „Wenn Ihr uns die Kohlen nicht gebt, die wir brauchen, holen wir sie uns."
Diese aus der Not geborene Einstellung beflügelte die Diebe, ihr konnten sich nur wenige entziehen. Sie ließ eine jener Verhaltensweisen entstehen, die als typisch für die Nachkriegszeit gelten und die das Überleben sichern sollten. „Organisieren", Besorgen bedeutete, an jedem Ort und zu jeder Zeit bereit und nicht zimperlich sein, die üblichen Moralvorstellungen dem Gebot der Stunde anpassen. Und das hieß im konkreten Fall: ein warmes Zimmer um jeden Preis. Daß bei diesem „Eigennutz" oft genug wichtiger Nachschub für die Belange der Allgemeinheit verlorenging, berührte kaum jemanden, da man wütend annahm, die schließlich von deutschen Bergleuten geförderte Kohle sei doch für die Falschen bestimmt, für die Sieger, die Besatzung, für Großfirmen, für andere Länder.

„Offiziell standen jedem Haushalt drei Zentner Kohlen zu, aber die aus dem Ruhrgebiet kommenden Züge wurden bereits unterwegs überall geplündert, so daß sie höchstens mit ihrer halben Fracht hier ankamen; in den Straßen der Stadt wurde dann weiter von den Kohlewagen möglichst viel ‚abgestaubt' und ‚organisiert'."
(Herr B., Jg. 1908)

„Einige machten sich ein Gewissen, andere nicht. ‚Es sind schließlich unsere Kohlen und nicht die der Amerikaner.'"
(Frau Sch., Jg. 1903)

„Wir hatten nichts zu brennen, und alles wurde abtransportiert ins Ausland. Da haben wir im Kohl gelegen und gewartet, daß wir zwischen den Streifen der Polizei an die Güterzüge konnten, um Kohle zu holen ..."
(Frau B., Jg. 1931)

„Ein Erlebnis aus dieser Zeit werde ich wohl nie vergessen: Am Silvesterabend dieses Jahres 1946/47 hörten wir gegen 23.00 Uhr ein langanhaltendes Geräusch! Voller Neugierde traten wir auf die Straße und sahen lange Schlangen mit Leuten, die Handwagen scho-

ben! Beim Nähertreten bemerkten wir: Die Handwagen waren mit Nußkohle gefüllt, sie kamen alle aus der Richtung des Hauptbahnhofs! Es gab kein großes Überlegen mehr, alte Klamotten wurden angezogen, die Handwagen wurden aus dem Schuppen geholt, Säcke und Schaufeln hineingetan und ab ging es! Unsere Vermutung war richtig: Ein ganzer Zug stand vor dem Farger Kraftwerkszaun, beladen mit herrlichen, energiereichen Nußkohlen! Gleich Ameisen schwirrten Hunderte von Menschen zwischen den Waggons und ihren Transportmitteln hin und her! Es wurde geschaufelt, gebuckelt und gefahren; Schimpfworte waren zu hören, Rufe nach Familienmitgliedern zwecks Hilfe gellten durch die Nacht! Es war unbeschreiblich: Auch wir fuhren unsere Beute nach Hause, ca. 15 Zentner schöner Nußkohlen war das Ergebnis. Gern haben wir zugunsten dieser Ausbeute auf den weiteren Verlauf der Silvesterfeier verzichtet! Diese Aktion war noch lange ein Gesprächsstoff in Farge und Umgebung. Jedoch für das Farger Kraftwerk gab es ein böses Erwachen: denn der Zug konnte nicht mehr entladen werden, weil es sich wirtschaftlich nicht lohnte. So fuhr er am nächsten Tag im fast leeren Zustand zurück ins Ruhrgebiet."
(Herr R., Jg. 1933)

Ähnliche Probleme bekam der Bremer Schlachthof, als die für die Schlachtung und die unmittelbar damit zusammenhängenden Arbeitsvorgänge dringend benötigte Kohle nicht am Bestimmungsort eintraf. Es mußten Extralieferungen aus dem Ruhrgebiet angefordert werden.
Die Fülle ausführlicher Berichte von Bremer Bürgern ermöglicht sowohl ein detailliertes Bild der Vorgänge und Vorfälle beim „Kohlenklau" als auch eine genaue Lokalisierung der günstigen und daher bevorzugten „Tatorte" im Bremer Stadtgebiet. Wir wollen uns zunächst der Frage zuwenden, welche Motive die einen zur Tat schreiten ließen, welche Bedenken die anderen davon abhielten.

„Im übrigen – ich war der älteste von uns drei Jungen – mußte ich sehen, daß ich am Waller Bahnhof (beim Lokschuppen) Kohle oder irgend etwas Brennbares organisieren konnte. Meine Großmutter war alt und gebrechlich, mein Bruder war krank, es mußte also warm sein ..."
(Herr P., Jg. 1928)

„Meine Schwester und ich gingen regelmäßig zum ‚Kohlenklau', d. h. Güterbahnhof Schlachthofstraße, wo die Güterwagen mit den Kohlen abgestellt waren. Das ging aber nur bei Dunkelheit, und man mußte flink und patent sein, weil man nie wußte, ob und wann die Waggons verschoben und umrangiert wurden. Wir waren mit einem Fahrrad, was glücklicherweise noch in Ordnung war, und meistens mit zwei Säcken. Die mußten auch vor jeder derartigen Aktion zu Haus überprüft und irgendwie ausgebessert werden. Wir trafen dort fast immer die gleichen Frauen in unserem Alter, die Männer waren entweder noch fort in Gefangenschaft oder nicht gesund genug für diese Unternehmungen. Es konnte auch passieren, daß das beladene Rad umfiel, weil die Säcke unterschiedlich schwer waren. Aber dann sammelten wir eben wieder zusammen, schlimmer war es, wenn keine Kohlenwagen kamen und wir vergeblich in der Dunkelheit und dem Winterwetter gewartet hatten."
(Frau Sch., Jg. 1911)

„Der nächste Winter (1946/47) war sehr lang und kalt. Zum Eintauschen für Kohle hatte ich nichts mehr. Von Freundinnen hörte ich von der Aktion ‚Kohlenklau'. Ich war gezwungen mitzumachen; meine Kinder und meine Eltern hätten die Kälte in den hohen großen Räumen ohne gesundheitliche Schäden nicht überstanden. Bei Dunkelheit machten wir uns per Fahrrad auf den Weg. Die Lokomotivschuppen an der Kastanien- und Schlachthofstraße waren unser Ziel. Oft mußten wir uns lange versteckt halten, bis niemand vom Personal da war. Dann wurden schnell unsere Taschen gefüllt und ab ging es nach Haus. Bei Schnee und Eis mußten wir den Schlitten als Transportmittel nehmen und den langen Weg nach Haus zu Fuß zurücklegen. Man durfte damals nur bis zu einer bestimmten Uhrzeit auf den Straßen sein. Die Angst saß uns im Nacken, sie zu überschreiten. Einige Male wurden wir von Polizisten mit unserer Fracht überrascht. Ich denke noch mit Dankbarkeit an sie, sie haben uns immer ungeschoren weiterziehen lassen. Eine Ausnahme gab es bei der Kastanienstraße. Ein Polizeiauto/Überfallkommando stand plötzlich da und sammelte alle Kohlen mit Säcken (kleine) und Taschen ein. Als ich kleinlaut und

ganz traurig sagte, ich könnte nie wieder auf Kohlenklau gehen ohne den Sack, gaben sie ihn wortlos, aber leer zurück. Ich hätte den Polizisten vor Dankbarkeit umarmen können."
(Frau B., Jg. 1917)

Unterschiedliche Gründe hielten von der Teilnahme am „Kohlenklau" ab:

„Obwohl Bahndamm und Verschiebebahnhof in der Nähe lagen, kam Kohlenklau für mich nicht in Frage, da ich wegen der Verwundung schlecht laufen konnte."
(Herr V., Jg. 1921)

„Kohlenklau nur einmal und mit sehr schlechtem Gewissen."
(Frau Sch., Jg. ohne Angabe)

„Kohlenklau war uns damals nichts Unbekanntes oder Ehrenrühriges. Mein Vater hat allerdings geweint, als mein Bruder das erste Mal mit einem Sack voller Briketts ... angeschleppt kam ..."
(Frau P., Jg. 1932)

„Einmal habe ich auch versucht, mich beim Concordia-Tunnel am Kohlenklau zu beteiligen, aber meine Moralerziehung oder Angst war unüberwindlich."
(Frau B., Jg. ohne Angabe)

„Meine Mutter ging Kohlen klauen. Ich hatte immer sehr viel Angst um sie. Aber mein Vater sagte, er als Beamter könne das nicht machen. Das verstand ich überhaupt nicht."
(Frau P., Jg. 1935)

„Ich habe Kohlen geklaut, was mein Vater nicht gerne sah."
(Herr W., Jg. 1934)

Moralische Bedenken also hielten viele Erwachsene davon ab, junge Menschen konnten eher wohl auch den Nervenkitzel ertragen. Manch einer und manch eine fühlte sich einfach unfähig zu allem, was mit dem unrechten Tun verbunden war.

„Manchmal wird man erwischt, manchmal verletzt man sich. Ich habe dazu kein Talent. Ich komme nicht einmal auf die Waggons hinauf."
(Frau M., Jg. 1933)

„Meine Kohlen- und Brikett-Nacht- und Nebelaktionen im Alleingang waren von keinem Erfolg gekrönt: Als ich einmal nächtlich in der Eisenbahnstraße (ab Graf-Moltke-Str.) am Bahndamm auf der Lauer nach Kohlenzügen lag, die dort vor einem Signal oftmals halten mußten, kam in dieser Nacht kein einziger Zug. Ein zweites Mal versuchte ich mein Glück im Bahngelände von der Seite der Schlachthofstraße, wurde aber sofort geschnappt, als ich erst ein halbes Brikett gefunden hatte, während all die anderen ‚Klauer' um mich herum verschwunden waren wie Schmidts Katze. Ich wurde aber nur vom Gelände gejagt. Im ‚Organisieren' war ich wie mein Vater ‚große Klasse'; nur zum Klauen eignete ich mich nicht."
(Herr M., Jg. 1924)

„Unsere Versuche, wie so viele Leute Kohlen vom Zug zu klauen, hatten keinen Erfolg. Das erste Mal hatten wir beim Tunnel Steubenstraße gewartet. Dieser galt als günstige Stelle, weil hier oft Züge vor dem Signal halten mußten. Aber nicht in dieser Nacht, und so kamen wir durchgefroren nach Hause und konnten uns nur im Bett aufwärmen. Der zweite Versuch war dramatischer. Diesmal versuchten wir es beim Tunnel Graf-Moltke-Straße. Da sah ich, daß eine Schwelle durch Glut aus einer Lokomotive Feuer gefangen hatte und wollte sie löschen. Damit hatte ich mich aber aus der Menschenmenge gelöst, an die sich die Polizei nicht herangetraut hatte, und wurde festgenommen. Es bedurfte der ganzen Überredungskunst meiner Mutter, mich wieder freizubekommen."
(Herr H., Jg. 1929)

Daß die Aktionen des „Kohlenklauens" körperliche Kraft, Mut und Geschick erforderten, in gewissen Situationen auch starke Nerven und ruhiges Blut, sollen die folgenden Berichte verdeutlichen.

„Als einzige Quelle für Brennstoff blieben für die guten Bremer Bürger, zu denen ich nun auch gehörte, die Kohlenzüge nach Hamburg. Es begann an der Dreyer Brücke, diese war beschädigt, die Züge mußten langsam darüberfahren. Wir liefen über die Brücke, erwarteten drüben den Kohlenzug, sind dann während der Fahrt mit einem Sack in der

Hand auf einen Wagen aufgesprungen, füllten schnellstens den Sack, bauten noch schnell eine Kohlenwand am Rande des Wagens auf. Inzwischen war der Zug über die Brücke gefahren, die Kohlenwand wurde über Bord gekippt, der gefüllte Sack ebenso abgeworfen und dann im kühnen Sprung der Zug verlassen. Die weniger aktiven Mitglieder der Familie standen mit Handwagen und Schubkarren bereit, um die Kohlen fortzuschaffen. Sehr bald wurde die Polizei dorthin beordert, um die Kohlendiebe einzufangen. Damit wurde der ‚Kohlenklau' auf die Nachtzeit verlegt. Das Überschreiten der Brücke war nachts gefährlich, da an vielen Stellen der Holzbohlenbelag fehlte. Der zweite Akt des ‚Kohlenklau' stieg an der Eisenbahnstrecke, parallel zur Hemelinger Heerstraße. Vor dem Signal an der Schranke mußte manchesmal der Zug halten. Dann war das Besteigen des Wagens auch nachts nicht so gefährlich. Selbstverständlich hat sich auch hier das Wettrennen zwischen Polizei und Kohlendieben in derselben Weise ereignet. Es zeigte sich daran, daß der Kohlenzug nicht an der Schranke an der Hemelinger Heerstraße, sondern am Bahnhof Hemelingen hielt. Das war dann ein Zustand, wie im Glücksspiel sich für den richtigen Platz zu entscheiden. Oftmals hielt der Zug überhaupt nicht, und wir warteten nachts stundenlang vergeblich, sangen dabei den bekannten Schlager: ‚Und von Mund zu Mund die bange Frage fällt; ob er hält, ob er hält.'"
(Herr W., Jg. 1906)

„Es war durchaus üblich, nachts nach Dreye zu fahren per Rad oder mit einem Parzellenwagen zu Fuß zu gehen, wo die Kohlenzüge aus Westdeutschland über die Weserbrücke mußten. Da die Brücke beschädigt war, mußten die Züge bei der Auffahrt sehr langsam fahren. In diesem Augenblick sprangen dann die Menschen auf die letzten offenen Kohlenwagen auf und schaufelten Kohlen auf den Bahndamm, soviel es ihnen möglich war. Von Angehörigen wurden die Kohlen dann mit den Händen aufgesammelt und abtransportiert. Das ging auch nicht immer alles gut ab!"
(Frau D., Jg. 1922)

„Da wir zu zweit an der Bahn beschäftigt waren, gelang es uns immer, irgendwo am Bahndamm Säcke mit Kohlen zu deponieren.

Die mußten wir dann in langen Fußmärschen mit einem Fahrrad (es gab nur eines in der Familie) nach Hause schieben. Die jüngeren Geschwister durften nicht helfen, weil es zu gefährlich war. Die Bahnstationen und teilweise auch Bahndämme waren bewacht von Alliierten oder der Bahnpolizei."
(Herr Sch., Jg. 1927)

„Einmal schaffte eine Frau, die auf einem Wagen war, nicht den rechtzeitigen Absprung und fuhr mit dem Zug weg, zog ein Taschentuch und winkte den Leuten auf dem Damm zu. Es war tragikomisch. Bessere Möglichkeit war auf dem Verschiebebahnhof. Man fuhr mit der Straßenbahn, die Aussteigestelle wurde vom Schaffner mit ‚Kohlenklauer hier aussteigen' ausgerufen. Der Bahnhof wurde bewacht, außerdem Schotter, Gleise und vor allem Signaldrähte. Die Erfahrungen aus dem Kriege (Stoß- und Spähtrupps) waren hier sehr hilfreich. Beliebt waren bei uns insbesondere Briketts, sie waren am sparsamsten zu verbrauchen und besser einzusacken."
(Herr B., Jg. 1925)

„Jedermann stieg mit Taschen und Säcken auf den Bahndamm, häufig durch unser Gärtchen. Eines Tages klingelte eine Dame im Pelzmantel an der Haustür und bat, ihren Mantel zu verwahren, da der Pelzmantel beim Kohlenklau hinderlich sei."
(Frau St., Jg. 1912)

Hierher gehört auch, daß die Frau eines Richters mit Hut und Schleier zum „Kohlenklau" am Bahndamm an der Graf-Moltke-Straße gegangen sein soll.

„Einmal, ich glaube, es war der Winter von 46 auf 47, da bin ich mit zum Kohlenklau gegangen. Mit der Straßenbahnlinie 10 bis zum Bahnhof. Von der Schlachthofstraße hinten auf den Güterbahnhof. Meine Schwester war auch mitgekommen. Sie ging aber woanders hin, an einen Bahndamm. Mit einer kleinen Kolonne ging ich mit. Auf dem Gleis stand ein Waggon mit Kohlen. Er war offen. Wir haben die mitgebrachten Säcke gefüllt. Schaufeln lagen im Waggon bereit. Ich hatte ca. einen halben Zentner eingeschaufelt. Wir alle schleppten unsere Last aus dem Bahnhof an der Seite heraus und stiegen wieder in die Linie 10 bis

zum Sielwall. Die meisten Mitfahrer waren Kohlenklauer. Als ich zu Hause ankam war ich k. o. Es war Winter und hatte geschneit. Meine Mutter freute sich riesig. Meine Schwester hatte wenig Erfolg. Sie brachte nur etwas mit."
(Frau P., Jg. 1926)

„Wer nicht alt und gebrechlich war, ging nachts auf ‚Kohlenklau'. Man zog mit Schlitten, Taschen und Säcken zu Eisenbahnanlagen nach Walle und Oslebshausen, wo die Kohlenzüge hielten. Das war nicht ungefährlich, weil Besatzungssoldaten und deutsche Bahnpolizei kontrollierten. Wir haben den damals noch bedeutenden Rangierbahnhof in Kirchweyhe vorgezogen. Dort kannten wir uns besser aus, und wir meinten, daß es da etwas leichter war, an die Kohlen heranzukommen. Es kamen auch viele Bremer, um hier ihre Kohlensäcke zu füllen. Meine Tante wohnte damals in einer Eisenbahnerwohnung direkt am Bahndamm. Von ihrem Wohnzimmer im zweiten Stock konnte man die gesamte Bahnanlage übersehen und kurzfristig ‚einschreiten', wenn die Luft rein war. Die Eisenbahn war wichtig zum Kohlenklau. Zu Tag- und Nachtzeiten war auch der Kirchweyher Rangierbahnhof ständig von lauernden Gestalten mit Handwagen oder Fahrrädern und leeren Säcken umgeben. Sie hielten Ausschau nach unbewachten Kohlenwaggons. Wenn keine Bahnpolizei mit Hunden in Sicht war, wurden die Waggons gestürmt und die Säcke gefüllt. Man kam aber auch an die Kohlen heran, ohne die hohen Waggons erklettern oder unter stehende Züge hindurchklettern zu müssen. Durch die Rangierstöße fielen nämlich immer Kohlen von den Waggons, so daß man zwischen den Gleisen immer etwas fand."
(Herr E., Jg. 1932)

Schon weiter oben sprachen wir von der Solidarität der Bevölkerung bei der in die eigenen Hände genommenen Kohlenversorgung. Dankbar wird vor allem der Lokomotivführer und der in gewisser Weise am Transport Beteiligten gedacht. Beim frühmorgendlichen „Kohlenklau" am Verschiebebahnhof kam es vor, daß der Lokführer rief:

„Gehen Sie nach vorn, ich schmeiß Kohlen runter."
(Frau S., Jg. 1917)

„Die Bahnbeamten halfen mit, indem sie uns mahnten, wenn die Züge weiterfahren wollten. Einmal ist meine Mutter ... bis Oslebshausen mitgefahren!"
(Frau F., Jg. 1911)

Es gab Zugschaffner, die andere Reisende zurückhielten durch den Ruf:

„Halt, erst kommen die Kohlenklauers!"
(Herr J., Jg. 1906)

Es gab Straßenbahnschaffner, die, wie wir oben schon hörten, die „Kohlenklauer" aufs Aussteigen aufmerksam machten.
Und es gab die Post, die Lkws eingesetzt und Leute mit Säcken dort abgesetzt haben soll, wo es Kohle gab. Die Fahrer sollen sogar bis zum Abschluß der Aktion gewartet haben.
Nicht immer lief das, was da in großer Hetze und mit großem Eifer „über den Bahndamm" ging, glatt und glimpflich ab. Man konnte Pech haben – mit den verschiedensten Folgen. Man konnte erwischt werden, und man konnte dabei verunglücken.

„Einmal wurde ich mit einem Freund und unserer Mitbewohnerin beim Kohleklauen am Waller Bahnhof erwischt. Einige Zeit später mußte ich im Gerichtshaus zur Verurteilung erscheinen. Mein Freund gleich mit. Vor dem Fenster an einem riesigen Schreibtisch saß ein amerikanischer Major. Hinter uns in der Ecke war ein Tisch aufgestellt mit allerhand Köstlichkeiten der damaligen Zeit: Zigaretten, Kaffee, Schokolade etc. Ich mußte als erster an den Schreibtisch treten, mein Freund lümmelte sich in der Nähe des besagten Tisches herum. Der Richter verurteilte mich zu RM 59,– Geldstrafe, weiter sagte er, sollte ich noch einmal beim Kohlediebstahl erwischt werden, müßte ich ins Gefängnis. Mein Freund bekam das gleiche zu hören. Als wir wieder erleichtert draußen auf dem Flur des Gerichtsgebäudes waren, bot mir mein Freund einige ‚aktive' Zigaretten an. Auf meine Frage, woher er diese hätte, antwortete er mir mit einem Grinsen, na ja, ich stand mit dem Rücken zum Tisch."
(Herr P., Jg. 1928)

„Dann machte es die Runde, daß die Kohlenzüge in Höhe der Kastanienstraße zwischen

Hemmstraße und Münchener Straße immer anhielten. Dort warteten Hunderte von Menschen auf so einen Zug. Es war meist nur ein kurzer Halt, aber die Menschenmenge fiel regelrecht über den Zug her. Jeder versuchte, ein paar Briketts oder Kohlen zu ergattern. Mit der Zeit wurden aber die Wachen verstärkt und auch die deutsche Polizei griff nicht nur ein, sondern mich eines Tages auch. Ich bekam einen Gerichtstermin. Was war das für eine Massenabfertigung! Der Saal war voll. Eine Frau rief die Namen auf und erklärte uns den Ablauf der Verhandlung. Sie sagte, wir sollten uns alle für schuldig erklären. Es läge an der Laune des amerikanischen Richters, wie hoch das Strafmaß würde. Im Normalfall so 60,– RM, und wenn er sich über uns ärgern müßte, könnten es auch 200,– RM werden. Dann kam der Richter. Es war ein großer, fetter und fieser Mensch in Uniform. Er flegelte sich auf seinem Stuhl rum, als wenn wir der Abschaum wären. Er quakte Anschuldigungen durch sein Kaugummi, und die Frau übersetzte es. Wir sagten ganz brav im Chor unser ‚ja' und bezahlten an der Kasse unsere 60,– RM. Das war geschenkt. Für Geld konnte man sonst keine Kohlen bekommen. Nach uns strömten dann wieder neue Mittäter in den Saal."
(Herr W., Jg. 1932)

„Natürlich habe ich auch Kohlen geklaut und wurde auch geschnappt. Nach 24 Stunden im Domshofbunker wurde ich zu dem damals üblichen ‚30 Tage mit Bewährung' vom einfachen amerikanischen Militärgericht verurteilt. Kohlen brauchte man trotzdem."
(Herr W., Jg. 1930)

Doch es lauerten auch andere Gefahren:

„Dieses Kohlenklauen war jedoch gefährlich, besonders in Grambke bei der Reiherstraße wurden einige dabei erschossen."
(Herr G., Jg. 1901)

„Als ein Nachbarskind vom fahrenden Zug fiel und dabei zwei Finger seiner rechten Hand unter die rollenden Räder gerieten, verzichteten wir auf diese Kohlenbeschaffungsmethode."
(Frau Sch., Jg. 1928)

„Dabei gab es häufig Unfälle, ich hatte später drei oder vier Patienten, die dabei unter die Räder gekommen waren und ein Bein verloren hatten."
(Herr B., Jg. 1908)

„Nur" eine Gehirnerschütterung und eine Platzwunde waren die Folgen dieses Zwischenfalls:

„Vor uns stand ein offener Kohlenzug. Jetzt ging alles sehr schnell. Man versuchte, die Wagen zu erklimmen. Das war sehr schwierig, denn der kalte Stahl war mit Eis überzogen. Manche rutschten aus und mußten es ein zweites Mal versuchen. Ich hatte es nun auch geschafft. Kohlebrocken über Kohlebrocken purzelten den Bahndamm herunter. Mein Großvater stand unten und sammelte die großen Brocken in unsere Kartoffelsäcke ein. Ein Ruck – und der Zug setzte sich langsam wieder in Bewegung. Alle sprangen herunter, auch ich. Und dann rutschte ich den Bahndamm hinab. Ein furchtbarer Schlag traf mich am Kopf. Sterne flimmerten vor meinen Augen; ich verlor die Besinnung. Als ich Stunden später aufwachte, lag ich mit verbundenem Kopf auf einem Sofa. Was war passiert? Ein dicker Kohlebrocken hatte mich am Kopf getroffen, geworfen von jemandem, der noch später als ich vom fahrenden Zug heruntergesprungen war. Ich hatte noch Glück gehabt, daß ich nicht zwischen die Räder gefallen war."
(Herr L., Jg. 1936)

Wir sind dank der detaillierten und übereinstimmenden Angaben unserer vielen Zeitzeugen imstande, genau anzugeben, wo in Bremen der „Kohlenklau" blühte. Es sind zunächst die zentralen Punkte:
Hauptbahnhof, Güterbahnhof Schlachthofstraße, Güterbahnhof Neustadt, Waller Bahnhof, Sebaldsbrücker Bahnhof.
Ferner die Einfahrbereiche dieser Bahnhöfe, wenn die Einfahrsignale auf Rot standen oder es sonstige Gründe für einen Halt oder eine verlangsamte Fahrt gab. Das waren vor allem die Bahndämme:
Roonstraße – Graf-Moltke-Straße – Manteuffelstraße
Elsasser Straße
Straßburger Straße
Friedrich-Karl-Straße

Am Barkhof
Außer der Schleifmühle
Concordiatunnel
Kastanienstraße
Hemmstraße – Münchener Straße
Hemelinger Heerstraße
Reiherstraße

Hinzu kamen Gleisanlagen und Bahndämme in der Nähe des Farger Kraftwerkes, der Norddeutschen Hütte und das Gebiet um die Weserbrücke bei Dreye/Kirchweyhe.
Die hier aufgeführten Stellen werden in der großen Zahl der Berichte häufig genannt, andere Bürger mögen weitere Möglichkeiten ausgekundschaftet haben, die nicht so vielen Mitmenschen zugänglich waren.

Elektrischer Heizofen
aus Aluminium, mit gelochter Platte

4.4. Heizmethoden

„Im warmen Sommer 1945 ließ sich alles leidlich bewältigen, aber dem Winter sah man mit Bangen entgegen. In einem Brief vom 17. 12. 45 heißt es: ‚Seit Samstag haben wir eine empfindliche Kälte, und da sie von Osten kommt, wissen wir Euch dort ebenso gesegnet ... Unser Eßzimmer ist z. Z. *der* Raum, in dem sich alles abspielt. Wenn der Ofen brennt, kochen wir hier, waschen auch da auf. Denn in der Küche gefriert jeder Wassertropfen sofort.' Im Brief unserer Mutter vom 4. 2. 1947 heißt es: ‚Wir heizen schon nicht mehr, da wir selbst bei großem Holzverbrauch absolut keine Wärme erzielen. So sind wir im Eßzimmer weit unter dem Gefrierpunkt, wir kochen zur Not in der Küche, sonst suchen wir die wärmende Stube bei S.s auf, die uns freundlichst Gastrecht gewähren ...' Mit S.s wärmender Stube hatte es folgendes auf sich: Der Vater S. brachte von Borgward mit einer gewissen Regelmäßigkeit Brennbares in irgendeiner Form nach Hause, und wenn es mit Schmieröl getränkter Kohlenstaub war. Daß der alte Kachelofen nicht aus den Fugen ging, war ein Wunder. Zur Ergänzung des Vorrats gingen Vater und Tochter bei Nacht und Nebel den Weg vieler anderer auf Kohlenklau."
(Frau von R., Jg. 1911)

Um eine warme Stube zu haben, gab es in bitterer Kälte zwei Probleme zu lösen: zum einen das des Heizmaterials und zum anderen das der Öfen und Heizgeräte, mit denen wir uns an dieser Stelle beschäftigen wollen.
Wenn wir uns klarmachen, daß die meisten Wohn- und Schlafzimmer, aber auch Arbeits- und Kinderzimmer normalerweise mit Öfen oder Zentralheizung erwärmt wurden, so wird schnell deutlich, daß angesichts des akuten Brennstoffmangels diese nicht ausreichend beschickt werden konnten. Besonders die in vielen „Bremer Häusern" installierte Zentralheizung mit ihrem großen Feuerungsbedarf konnte nicht in Betrieb gehalten werden. Der Rückzug in die Küche wurde für den kalten Alltag gang und gäbe. Hier stand, wenn noch unversehrt, der Herd zum Heizen, Kochen und Backen, häufig noch als Kohleherd, wobei aber für Kochzwecke schon Gas- oder Elektroherd ihren Siegeszug angetreten hatten. Doch beide Formen von Energie gab es kurz nach Kriegsende gar nicht, dann zum Herbst 1945 hin stundenweise in beschränktem Umfang, später allmählich mehr und regelmäßiger. So mußte man frühzeitig für mobile Einzelöfen sorgen, die nur dem einen Zweck dienten, nämlich mit möglichst wenig und anspruchslosem Brennmaterial schnell eine möglichst langanhaltende Wärme zu erzeugen. Zwei Heizquellen waren es, die diese Bedingung in jener Zeit am besten erfüllten: der Kanonenofen und die sogenannte Brennhexe.

„In den fürchterlichen Wintermonaten rückten wir jedesmal alle eng zusammen, ... denn auf einer Fläche von zehn Quadratmetern lebten vier Erwachsene und zwei Kleinkinder. Der Kanonenofen wurde mit allem gefüttert, was etwas Wärme versprach."
(Frau Sch., Jg. 1928)

Während es den eisernen Kanonenofen mit seinem schlichten zylindrischen Rumpf schon seit Mitte des 19. Jahrhunderts gab, war die Brennhexe eine aus der Not geborene Erfindung der Nachkriegszeit. Und wenn eines Gegenstandes dieser Zeit in nahezu allen Berichten mit fast liebevollen Worten gedacht wurde, dann war es die Brennhexe. Dieser kleine, von der Konstruktion her primitive Herd in verschiedenen Variationen, hergestellt aus den metallenen Überresten der Rüstungsindustrie, diente zum Heizen und Kochen gleichermaßen und scheint die Erwartungen seiner Benutzer voll erfüllt zu haben. Die Brennhexe war offensichtlich in aller Kälte und allem Energiemangel vielfach der einzige Lichtblick, oft die einzige Rettung vor hoffnungslos unterkühlten Räumen. Nach der Lektüre all unserer Berichte ist man heute fast geneigt, der Brennhexe ein Denkmal zu setzen! In dem in stiller Übereinkunft auch „Hexe" genannten Herd konnte man verbrennen, was gerade zu bekommen war, Holz, Torf, Kohle. Er verkraftete auch mit Schmieröl getränkten Kohlenstaub, Sägespäne, Dachpappe und Stücke teerdurchtränkter Eisenbahnschwellen. Die „Hexe" tat ihren Dienst in der Küche, im Wohn- und Eßzimmer, in Wartezimmern für Patienten und Klienten. Von etlichen hören wir, sie sei überhaupt die einzige Wärmequelle gewesen, um die sich alle scharten und auf der außerdem noch umschichtig drei Mietparteien ihr Essen hätten kochen können.

So wurde sie zu einem begehrten Handelsobjekt. Die Firmen Borgward und Focke-Wulf beispielsweise nutzten die vorhandenen Bleche zu ihrer Produktion, Schlossereien machten es ebenso. Handwerklich Geschickte besorgten sich Blechtafeln und fertigten daraus einfache Gebilde als Küchenherd und Wärmequelle.

„Fast jeder Haushalt versah sich mit einer sogenannten Brennhexe, einem winzigen Aluminium- oder Eisenblechherd, dessen Abzugsrohr meistens direkt durch die Fensterpappe ins Freie geleitet wurde."
(Herr E., Jg. 1932)

„Der Raum enthielt keinen Ofen, auch keinen Schornstein. Das universelle Baumaterial für jeden Bedarf waren damals in Hemelingen die Blechtafeln von Focke-Wulf. So habe ich davon einen Blechkasten gefertigt (mit einem Rost versehen), der als Küchenherd diente ..."
(Herr W., Jg. 1906)

Die Brennhexe wurde im Winter zum Mittelpunkt des familiären Lebens. So heißt es immer wieder:

„In der Küche stand eine Brennhexe, andere Räume wurden nicht beheizt."

„Eine Brennhexe in der Küche, und dort saßen alle, wenn zu wenig zum Heizen da war."

„Es gab eine Brennhexe für die ganze Familie."

„Bis zu sechs Personen saßen im Winter 46/47 um die Hexe herum."

Welche Probleme es mit sich brachte, unter den gegebenen Umständen wenigstens die Aufenthaltsräume warmzubekommen, geht aus folgenden Aussagen hervor:

„Der Winter 1946 war eisig. Wir hatten so wenig Feuerung, daß nur in der Küche das Abendessen auf dem Herd gekocht werden konnte und die Küche dadurch ein wenig überschlagen war. Alle übrigen Räume blieben kalt."
(Frau M., Jg. 1914)

„Da fällt mir die gute kleine Brennhexe ein. Ziemlich bald nach dem Kriegsende konnten wir solch ein Wunderding kaufen. Man konnte darauf kochen und auch in dem kleinen Backofen backen, und die Küche wurde auch ein wenig warm."
(Frau P., Jg. 1912)

„Der Kohlenstaub gab wenig Wärme im primitiven Blechofen ... Ich sehe uns in Mänteln um den Ofen stehen und die erstarrten Finger über das bißchen Wärme halten ..."
(Frau J., Jg. 1928)

„Man besaß eine Brennhexe ... Sie hatte nur ein winziges Fassungsvermögen. Einmal bekam ich einen Beutel Holzkohle, die ich darin verbrannte. Eine wohlige Wärme verbreitete sich, und ich lud meine Nachbarn ein, an diesem Genuß teilzuhaben. An den meisten Tagen aber war die Wohnung bitterkalt, dicke Eisblumen an den Fenstern ... Man ging mit den Hühnern zu Bett und wärmte sich aneinander ..."
(Frau M., Jg. 1918)

Das nachträgliche Setzen eines Herdes ging nicht problemlos vonstatten, zumal wenn Laien ans Werk gingen. Die wenigsten Räumlichkeiten boten Möglichkeiten wie diese:

„Das große geräumige Haus wurde Ende des 19. Jahrhunderts gebaut, daher waren noch Schächte vorhanden, die man nutzen und an die man in fast jedem Zimmer Öfen anschließen konnte."
(Frau von E., Jg. 1899)

„Durch Beziehungen meines Chefs erhielten wir einen kleinen runden niedrigen Ofen. Den stellten wir in unserem Zimmer auf und leiteten das Ofenrohr aus dem Fenster (Schornstein nicht vorhanden, weil das Haus Zentralheizung hatte, für die es aber nichts zu feuern gab). Der Ofen brannte nur, wenn das Fenster einen Spalt offen war. Bei Westwind rauchte er viel."
(Frau Sch., Jg. 1903)

„Ehe wir einen kleinen Blechofen bekamen, war ich nach dem Aufstehen am Morgen so kalt, daß ich hinausliefen auf die Straße, nur um durch Bewegung etwas wärmer zu werden. Da in unserem Zimmer kein Schornstein war (nur kalte Heizkörper), mußte das Ofenrohr aus dem Fenster geleitet werden. Wir hatten gerade die Süd-West-Seite, deshalb mußte immer das Fenster einen Spalt geöffnet sein, sonst drückte der Wind das Feuer aus."
(Frau Sch., Jg. 1910)

Brennhexe
zum Wärmen von Speisen, 17,5 cm hoch

Brennhexe
mit einer Kochstelle, 66 cm hoch, aus gewelltem Eisenblech

„Wir hatten einen Kanonenofen und eine Brennhexe, die über ein langes Rohr, quer durch das eine Zimmer, durch die Wand in den zweiten Raum und von dort durch die Außenwand geleitet wurde ... Je nach Windrichtung zog der Rauch ab oder schlug zurück in die Räume."
(Frau V., Jg. 1915)

„Nur das Heizen unseres Zimmers brachte uns zur Verzweiflung. Nachdem wir uns einen eisernen Ofen beschaffen konnten, heizten wir mit kaputten ... Kisten, gesammeltem Holz und einer sehr spärlichen Zuteilung von Kohlen ... Dieser Ofen, der leider an den falschen Schornstein angeschlossen wurde, qualmte fürchterlich. Wie oft saßen meine Tochter und ich auf der Treppe, weil wir es im Zimmer nicht aushielten."
(Frau B., Jg. 1908)

„Es ist kaum zu beschreiben, mit wie wenig Holz die ganze Küche in wenigen Minuten voll Rauch war. Eine andere Erinnerung an dieses Stück habe ich leider nicht!"
(Frau K., Jg. 1912)

Mit dem Stück ist die Brennhexe gemeint, und es ist die einzige unzufriedene Bemerkung über sie unter fast 400 Stellungnahmen. Dabei sei dahingestellt, wen hier die Schuld traf.

4.5. Kochen und Backen

Wie das Heizen war auch das Kochen von Energie abhängig, mit dem Unterschied, daß es für Essenszubereitung und Wasserkochen keine Saison gab. Gekocht werden mußte auch in der warmen Jahreszeit. Damit gab es vorwiegend für die Frauen nicht nur die Sorge um Nahrungsbeschaffung, sondern auch um Nahrungszubereitung.
Wie gelang es den Bremerinnen, die Mahlzeiten gekocht und gar auf den Tisch zu bringen?
Ins Gedächtnis scheinen sich vor allem die Behelfslösungen für das Kochen in den Monaten nach Kriegsende eingeprägt zu haben. Das waren Sommer und Herbst 1945, als man es noch wagen konnte, auf eine Heizquelle zu verzichten und mit einer kleinen Feuerstelle im Freien vorliebzunehmen. Uns wird von abenteuerlichen Konstruktionen erzählt, die in und außerhalb des Hauses das Garen in einem Topf oder das Braten in einer Pfanne ermöglichten.
Der überwiegenden Zahl der Berichte nach errichteten die einen eine Kochgelegenheit aus den reichlich vorhandenen Steinen zerstörter Häuser oder Mauern und befeuerten sie mit Holz aus den Trümmern, die anderen setzten sie unter der Terrasse aus Klinkersteinen zusammen, während dritte den Balkon zur Küche umfunktionierten.

„Zum Essenkochen hatten wir auf dem Balkon eines der Zimmer einen Herd aus aufeinander geschichteten Backsteinen gebaut. Wir fanden sogar ein altes Rohr, das wir ansetzen konnten. Wir konnten es jeweils nach der vom Wind abgekehrten Seite drehen. Von vorn schob man durch die Öffnung im Herd das Holz nach, bis der Topf kochte und das Essen gar wurde. Wenn es gerade zu regnen anfing, hielt man den Regenschirm über das Ganze. Viel später erst gab es wieder etwas Gas, das stundenweise am Tage durchgelassen wurde und dann für alle Personen und ihre Kochtöpfe auf dem Küchenherd reichen mußte."
(Frau Sch., Jg. 1910)

Auch das Zubehör für die Feuerstelle war recht problemlos zu finden:

„Im Vorgarten räumte ich mir ein Plätzchen frei, fand zwei Abtretrosten, putzte einige Ziegelsteine sauber und baute mir einen Herd. Eine Bratpfanne fand sich auch noch in den Trümmern. Holz zum Heizen lag genug herum."
(Frau J., Jg. 1933)

Wer das Kochen ins Haus verlegen wollte, mußte sich etwas einfallen lassen, solange die alten Herde wegen Gas- und Strommangel nicht zu benutzen waren:

„Mein Vater war sehr geschickt und baute – da der ‚Stein-Ofen' im Garten der Bremer Witterung nicht trotzte – den Waschkessel in der Waschküche aus, und über die Feuerstelle des Waschkessels legte bzw. hämmerte er ein Blech, schnitt unmittelbar über der Feuerstelle ein Loch, auf das wir unsere Kochtöpfe stellten. So hatten wir eine ‚prima' Kochstelle."
(Frau H., Jg. 1916)

Doch mit diesen Provisorien war nur ein kurzes Auskommen, und noch vor dem Winter konnte man wenigstens stundenweise Gas oder Strom beziehen. Sehr verbreitet waren Elektrokochplatten, die es zeitweise auf Bezugsschein gab, ansonsten aber in äußerst einfacher Ausführung selbst hergestellt wurden. Sie boten Einzelpersonen und kleineren Familien einen platzsparenden und mobilen Behelf zum Kochen. Doch wie kompliziert dies war, geht aus folgendem hervor:

„Das Zubereiten der Mahlzeiten erforderte Zeit und Geduld, der Strom war rationiert. Einen Topf auf der Feuerstelle in der Waschküche, einen auf der Kochplatte in der Küche, so pendelte ich zwischen zwei Feuern hin und her! Die Kochplatte bestand aus einem runden Schamottstein, in dem spiralförmig, offen die Heizspirale lag. Bei häufigem Gebrauch brannte die Spirale leicht durch, sie wurde dann einfach wieder ineinander gehakt!"
(Frau K., Jg. 1923)

Und nicht allein standen jene da, die sich erinnern, ein Bügeleisen als elektrische „Kochplatte" genutzt zu haben, indem sie es umgedreht mit dem Griff auf die Topfhalterung eines Gasherdes stellten und auf der Bügelfläche Speisen auf- oder Babyfläschchen anwärmten.

Wer einen Gasherd hatte, konnte ein bestimmtes Gaskontingent nutzen, doch gerade in der zugeteilten Menge lag das Problem. Wer genau rechnete, konnte sogar einen Kuchen backen, wer aber versuchte, grobes Gemüse zu garen, in größeren Mengen und in größeren Töpfen, der hatte eine stundenlange Last damit.

„Fast schwieriger als an Nahrungsmittel zu kommen war es, sie eßbar zu machen. An Gaseinschränkungen waren die Bremer seit Jahren gewöhnt; gewöhnlich gab es von 6–7, von 12–13 und von 18–19 Uhr Gas. Das Kochen vollzog sich in drei Arbeitsgängen. Abends um 18 Uhr brachte man Kraut oder Erbsensuppe in der einen Stunde zum Ankochen; dann wurde der Topf in Zeitungspapier und eine alte Decke verpackt, auf Weckerruf wurde morgens von 6–7 die Prozedur wiederholt, und noch einmal um 12; zum Kochen kam das Ganze selten, geschweige denn, daß es gar wurde."
(Frau von R., Jg. 1911)

Hier sollte ein Wort zu dem in Zeitungspapier und eine alte Decke verpackten Topf gesagt werden, denn dabei ist von nichts anderem die Rede als vom Prinzip der guten alten Kochkiste. Sie ist keine Erfindung der Nachkriegszeit, sondern ge-

Kochkiste aus Kiefernholz

Elektrokocher
aus Eisenblech mit Schamotteinsatz und Heizspirale

hörte zum Haushalt in Zeiten, in denen es noch nicht die beliebig schnelle und lange Energiezufuhr gab, die Familienmitglieder von ihren unterschiedlichen Arbeitsplätzen und Arbeitszeiten nach Hause zurückkehrten und ein warmes Essen vorfinden mußten. Sie kam jetzt zu neuen Ehren. Über den Warmhalteeffekt hinaus soll stundenlanger Verbleib in der Kiste bei kurzzeitig erhitzten und vorgegarten Speisen ein Nachgaren bewirkt haben. Eine solche Kochkiste wurde meistens selbst fabriziert: aus einer Munitionskiste, einer alten Transportkiste oder einfach einem Pappkarton, mit Papier und Stoffresten ausgelegt oder mit alten Sofakissen und Decken ausgepolstert. Auch anderes diente zum Isolieren:

> „Zum Warmhalten des Essens, für die sehr unterschiedlich heimkehrenden Familienmitglieder, leistete unsere Kochkiste – mit Heu ausgepolstert und einem alten Bettuch ausgeschlagen, unschätzbare Dienste!"
> (Frau K., Jg. 1923)

Brennhexe mit Backofen, 70 cm hoch,
aus Aluminium von Rüstungsbetrieben,
Kochtopf und Flötenkessel ebenfalls aus Rüstungsmaterial

Da auf eine gleichmäßige Energiezufuhr lange kein Verlaß war, mußten weitere Heiz- und Wärmequellen zur Speisezubereitung herangezogen werden. Alle Formen und Größen von Herden und Öfen waren im Gebrauch, sie wurden je nach gerade vorhandenem Brennmaterial miteinander kombiniert.

In vielen Haushalten mußten solche zusätzlichen Geräte zum Befeuern mit Holz, Torf oder Kohle erst angeschafft werden, denn wer war vorher nicht froh gewesen, mit diesen schmutzigen Arbeiten nichts mehr zu tun zu haben. Bei den Neuanschaffungen handelte es sich in erster Linie um kleine eiserne „Kanonenöfen" und die „Brennhexen", die gleichermaßen zum Heizen und Kochen dienten. Vor allem die „Brennhexe" erwies sich als robustes Allzweckgerät, das klein und leicht, unkompliziert und mit allen Funktionen eines Herdes ausgestattet, als „echtes Produkt seiner Zeit" in Gebrauch und Wortschatz auftauchte. Da die „Hexen" von verschiedenen Firmen, so auch von solchen der ehemaligen Rüstungsindustrie in Bremen, gebaut wurden, konnte man sie käuflich erwerben, aber auch von geschickten Handwerkern die „Marke Eigenbau" durch Tausch gegen Zigaretten und ähnlich Begehrtes eintauschen.

Hunderte unserer Zeugen erinnern sich voll Dankbarkeit und Lob auch ihrer Leistungen beim Kochen.

> „Der kleine Herd, auf dem in der Küche für viele Leute gekocht wurde, hieß Hexe, und die alten Bremer kennen ihn wohl alle ... Das war so ein kleiner Blechkasten auf vier Beinen."
> (Frau St., Jg. 1909)

Eine Frau schwärmt von ihrer Brennhexe, es sei ein schöner Herd, sogar mit Kuchenblech, gewesen, dessen Platten sie mit Schuhcreme geschwärzt und dessen Blech sie geputzt habe bis zum silbrigen Schimmern. Ihr Mann habe immer gesagt: „Meine beiden Hexen ..."

Ein anderer berichtet, er habe gekocht auf einem kleinen Eisenherd, der „Hexe", die „schon ein stolzer Besitz war".

Wie Kanonenofen und Brennhexe sich ergänzten, geht noch einmal deutlich aus folgendem hervor:

> „In unserer Küche stand eine ‚Brennhexe', ein leichter, primitiver Herd, der mit einem lan-

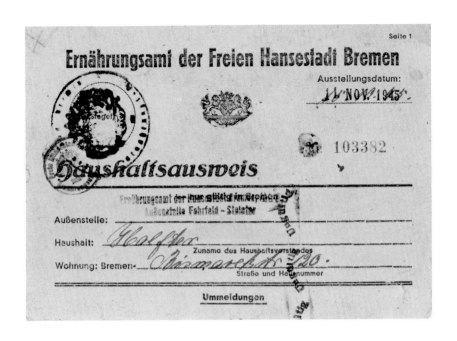

gen Ofenrohr an den Schornsteinzug des stillgelegten Gasbadeofens angeschlossen war. Die Brennhexe stand auf einem passenden Gestell aus Duraluminium mit einem Fach, in dem das Brennholz lag. Gestell und Ofen waren ein Erzeugnis von ‚Weser-Flug', wo mein Vater noch immer angestellt war ... Auf der Brennhexe wurde gekocht, und sie heizte gleichzeitig im Winter, vor allem durch das lange Ofenrohr. Im Wohnzimmer, dem dunklen Mittelzimmer zwischen dem Vorderzimmer und dem jetzt mit Brettern vernagelten Wintergarten des typischen Bremer Hauses, stand – an den Zug der stillgelegten Zentralheizung angeschlossen – ein kleiner konischer Kanonenofen. Oben hatte er eine Platte mit Ringen, die man zum Kochen herausnehmen konnte. Das war auch sehr praktisch, wenn es ausnahmsweise mal keinen Eintopf gab und die zwei Feuerstellen auf der Brennhexe nicht ausreichten."
(Herr S., Jg. 1926)

5. Versorgung mit Lebensmitteln

Wir haben nun soviel über das Kochen gehört, daß es angezeigt ist, sich jetzt den unmittelbar damit zusammenhängenden lebenswichtigen Fragen der Ernährung zuzuwenden – zunächst der Lebensmittelversorgung, -beschaffung und -zubereitung, später den Eigeninitiativen und Fremdhilfen zur Verbesserung der Ernährungslage.

„Alle Entbehrungen wären noch tragbar gewesen, wenn nicht dazu der Hunger gekommen wäre! Im Rückblick erscheint es heute fast wie ein Wunder, daß die Bevölkerung diese Hungerjahre überhaupt überstanden hat. Nach den Erkenntnissen der Ernährungswissenschaftler wurden damals für einen Menschen, der leichte Arbeit verrichtete, mindestens 2500 Kalorien gefordert, davon 75 gr. Eiweiß und 40–60 gr. Fett; zugeteilt aber wurden auf Lebensmittelkarten nur etwas über 1000 Kalorien!"
(Herr B., Jg. 1908)

„Das Wort ‚Kalorien', die Maßeinheit für den Heizwert eines Nahrungsmittels, hatte in der damaligen Zeit eine ganz wichtige Bedeutung, allerdings genau umgekehrt wie heute. Jeder sprach davon, kaum ein Witz oder ein Conferencier im Radio kam ohne dieses Wort aus. Jeder wollte so viel Kalorien wie möglich haben, um nicht zu verhungern. Vor dem zerstörten Schauspielhaus (jetzt Theater am Goetheplatz) stand eine große Tafel, auf der den Bürgern der Begriff Kalorie erklärt wurde. Vor Kriegsende hatte sicher kaum jemand das Wort gehört."
(Herr E., Jg. 1932)

Wir haben die Bremer befragt, wie sie mit diesem Mangel fertig wurden, wie sie es schafften sattzuwerden oder sich über den Hunger hinwegretteten, wie sie dem Körper das Notwendigste zuführten. Und jeder unserer vielen Zeugen hat sich der zentralen Bedeutung der Ernährung entsprechend dazu geäußert. Fülle und Vielfalt der lesenswerten Informationen sollen erhalten bleiben, um diese selten zu findenden persönlichen Zeugnisse auch einer breiteren Leserschaft zugänglich zu machen.

5.1. Ernährungslage

„Die Beschaffung von Lebensmitteln war schwierig."
(Frau D., Jg. 1925)

In den ersten Wochen hatte man noch zurückgreifen können auf die „Schätze" aus der sogenannten „Bevorratung der Bevölkerung mit Lebensmitteln", die zum absehbaren Ende des Krieges hin eingeleitet worden war; die großen Lebensmittellager waren bis April 1945 geräumt worden.

„Eines Tages sprach es sich herum, man könne sich am Güterbahnhof Getreide und Butter abholen. Wir bekamen je einen Zentner Roggen und Weizen und einige Kilo Butter. Es sollte nicht dem Feind in die Hände fallen. Uns konnte das gut über die schlechten Zeiten, die ja wohl noch kommen sollten, hinweghelfen."
(Herr W., Jg. 1932)

„Punkt 12.30 standen wir drei Frauen vor dem Volksempfänger, durch den die Nummern bekannt gegeben wurden, auf die man die wunderbaren Schätze bekam: Fett, Reis, aus den Kühlhäusern Fleisch, geeiste Eier. Wir verteilten die Wege und liefen los. Auch Roggen wurde aufgerufen, je Person 25 Pfund ..., den man mit einem geliehenen Bollerwagen vom Güterbahnhof abholen mußte. Dort gab es Schlangen, die zwischendurch durch Alarm aufgelöst wurden."
(Frau von R., Jg. 1911)

Aber auch diese Vorräte gingen einmal zu Ende, und wer sowieso nur ein paar Säcke mit getrockneten Saubohnen oder Graupen ergattert hatte, mußte sich bald nach Zusatzkost umsehen. Wenn keine andere Quelle als die knapp zugeteilten Markenrationen, kein Garten, kein Geld für den Schwarzmarkt, keine Beziehungen zum Land vorhanden waren, dann sah es schnell schlecht aus. Der Hunger hielt Einzug.

„Die Sorge der Beschaffung von Lebensmitteln war groß. Ich hatte weder Beziehungen noch etwas zu tauschen und auch keinen Garten. Meine Eltern, in Ost-Berlin lebend, konnten mir auch nicht helfen ..."
(Frau M., Jg. 1918)

„Wir hungerten viel, da wir nichts zum Tauschen besaßen ... Um das wenige Brot wurde bis zu vier Stunden angestanden, kilometerweit gegangen ..."
(Frau J., Jg. 1933)

„Hungrig waren wir immer. Alles war zu wenig: einzelne dünne Scheiben Brot – trocken natürlich – oder eine rohe Scheibe Steckrübe mit ‚Zimtersatz' bestreut. Die getrockneten Saubohnen waren so hart, daß sie auch nach stundenlangem Kochen noch ledrig waren. Aber da hatte man wenigstens was zu kauen. Noch mehr hatte ich davon, wenn ich roh auf ihnen herumkaute. Ich hatte immer zwei oder drei in der Tasche. Während der etwa zwei Stunden, die es dauerte, bis so eine trockene Bohne aufgeknabbert und -gelutscht war, spürte man den Hunger nicht so."
(Herr S., Jg. 1926)

„Für die Verpflegung hatten wir nur die Kartenrationen zur Verfügung ... Wir fingen möglichst spät am Tag an zu essen, um den Magen nicht zu aktivieren. Zum Tauschen hatten wir nichts. Für Schwarzmarktgeschäfte waren wir nicht clever genug. Von unserem Bauern kam nichts rüber, auch nicht von Care. So hatten wir manchmal ganz schön Hunger ..."
(Frau G., Jg. 1920)

Wer – wenn nicht die Mütter – konnte etwas dagegen tun?

„Viel zum Tauschen hatten wir auch nicht, aber irgendwie kamen wir durch dank meiner tatkräftigen Mutter, die doch ab und zu etwas auf dem Schwarzmarkt erstand ... Ein Problem war das Auskommen mit den Lebensmittelmarken."
(Frau K., Jg. 1924)

„Meine Frau hat es verstanden, trotz aller Schwierigkeiten, die große Familie zu ernähren."
(Herr W., Jg. 1897)

„Das tägliche Kochen war immer improvisiert. Sparrezepte machten die Runde ..."
(Frau St., Jg. 1929)

„Meine Mutter war sehr einfallsreich, was das Kochen anbelangt. Sie bereitete mit winzigen Fettrationen immer noch leidlich schmackhafte Gerichte zu ..."
(Frau L., Jg. 1926)

„Meine Mutter bemühte sich unaufhörlich um unsere Versorgung. Sie kochte Gerichte, die sie noch aus dem Ersten Weltkrieg in Erinnerung hatte. Unsere Hauptnahrung waren Kartoffeln."
(Frau N., Jg. 1929)

Da Fleisch, Fett und Nährmittel äußerst knapp waren, wurden große Mengen an Kartoffeln und Brot verzehrt, um überhaupt sattzuwerden. Wie die überlieferten Rezepte an anderer Stelle zeigen, machten die Hausfrauen gerade bei der Verwendung der Kartoffel aus der Not eine Tugend. Allerdings stimmte auch schon ein Topf mit Pellkartoffeln und ein paar Zwiebeln dazu „glücklich und zufrieden".

Das gern gegessene Brot fiel vor allem im Winter 1946/47 unter die zeitweiligen Zuteilungskürzungen. Da mußten in den Haushalten schon einmal die Brotschränke abgeschlossen werden, um niemanden in die Versuchung zu führen, mehr als die drei täglich zustehenden Scheiben abzuschneiden. An das damals ersatzweise aus Mais gebackene Brot erinnern sich übrigens die meisten mit Schaudern, andere:

„Das Brot aus Maismehl war unsere ganze Wonne, die Farbe ersetzte schon die Butter."
(Frau T., Jg. 1927)

Der Appetit auf Brot muß ungeheuer groß gewesen sein:

„Aus der Hungerzeit ... erinnere ich mich ..., daß ich ein Stück angebissenes, grünschimmliges Brot ... vor unserem Haus liegen sah und ... nur die Angst, davon vergiftet zu werden, mich davon abhielt, den Schimmel abzukratzen, um es zu verspeisen. Ich war schon daran vorbeigegangen, als ich nochmals umkehrte, so groß war die Versuchung ..."
(Frau J., Jg. 1928)

5.2. Lebensmittelmarken

Die Grundversorgung der Bevölkerung sollte durch die Lebensmittelmarken gewährleistet sein.

73

„Der erste Weg war zum Einwohnermeldeamt, dann zum Arbeitsamt. Nur wer eine Beschäftigungsbescheinigung vorweisen konnte, erhielt Lebensmittelmarken, ohne die ein Überleben sehr schwer war."
(Herr B., Jg. 1920)

Angesichts der im folgenden genannten Mengen war es das allerdings auch mit Marken:

„Sehen wir uns also eine Lebensmittelkarte aus dem Jahre 1946 an. – Zuteilungsperiode: vier Wochen: 5000 gr. Brot, 1000 gr. Nährmittel, 450 gr. Fleisch, 400 gr. Fett, zwei Liter Magermilch, 62,5 gr. Käse, 625 gr. Zucker, 2850 gr. Gemüse, 525 gr. Fisch, 250 gr. Kaffee-Ersatz. Auf den Tag umgerechnet ergibt das: Brot: 165 gr., Nährmittel: 35 gr., Fleisch: 16,5 gr., Fett: 14,5 gr., Magermilch: 70 ccm, Käse: 2,2 gr., Zucker: 22 gr., Gemüse (einschl. Kartoffeln): 100 gr., Fisch: 20 gr., Kaffee-Ersatz: 8,5 gr. Damit war aber noch nicht gesagt, daß man diese Waren auch wirklich erhielt, denn z. B. Fleisch, Fisch und Fett waren monatelang überhaupt nicht zu bekommen!"
(Herr B., Jg. 1908)

Wie bereits oben belegt, mußten viele Familien ausschließlich von den vorgegebenen Rationen leben.

„Ernährung nur gemäß Lebensmittelkarten. Kein Garten. Keine Care-Pakete."
(Herr V., Jg. 1921)

Flüchtlinge und aus anderen Gründen Zugereiste, aber auch Kinderreiche und vom Schicksal noch nie Verwöhnte befanden sich besonders häufig in dieser Situation.

„Wir lebten hauptsächlich von den Marken. Die Marken waren meistens einen Monat im voraus verbraucht ... Meine Mutter bekam ab und zu Brotmarken von älteren Leuten, die der Meinung waren, daß unsere Mutter mit den vielen Kindern es nötiger brauchte. Wir aßen viel Brotsuppe ..."
(Frau W., Jg. 1934)

Gar nicht lustig war es, wenn Marken verloren gingen – auf welche Art auch immer:

„Einmal ließ meine Mutter ihr Portemonnaie mit unseren Lebensmittelmarken ins Plumpsklo ... fallen. Die Grube wurde deshalb eimerweise geleert, und im letzten Löffel lagen die wertvollen Marken, die dann gewaschen und mehrere Tage gelüftet wurden."
(Frau L., Jg. 1942)

Ein anderer Fall wird uns berichtet von einem Kind, das zum Schrecken der Familie im Spiel alle Marken zerschnippelte und aufklebte. Der Nachweis dieses „Rollenspiels" bewog das Wirtschaftsamt wenigstens, Ersatz zu leisten. Einige Personengruppen kamen in den Genuß von Sonderzuteilungen, Kranke auf Anordnung des Arztes, wie z. B. die vielen Tuberkulosekranken, Teilnehmer an den Enttrümmerungsaktionen in der Stadt die Schwerarbeiterzulage und vor allem die jungen Mütter und ihre Kleinstkinder:

„Als werdende und stillende Mutter bekam ich zusätzliche Lebensmittelkarten, und die Babys verbrauchten ihre Rationen auch nicht. Wir kamen durch ..."
(Frau St., Jg. 1920)

„Nun ergab sich aber aus der Überraschung mit der Zwillingsgeburt ein besonderer Effekt. Ich bekam zwei Mütterkarten und zwei Säuglingskarten, so daß durch diese Zuteilungen für die ganze Familie eine bessere Versorgung gegeben war. Ich pflegte zu sagen: ‚Die Zwillinge haben die ganze Familie ernährt!'"
(Frau G., Jg. ohne Angabe)

Zu glauben, mit dem Besitz von Lebensmittelmarken habe man ein Recht auf die aufgerufene Ware gehabt, wäre ein Trugschluß. Das Angebot war so gering, die Nachfrage so groß, daß das Schlangestehen – in für uns heute kaum vorstellbarer Dauer – zum Einkaufen dazugehörte.

„12. 6. 46: Für eine Gurke und drei Kohlrabi eine Stunde angestanden. 22. 6. 46: Sehr lange um ein paar Wurzeln und Zwiebeln angestanden ... Im August 46 gab es nach Anstehen um eine Zusatzkarte 140 g Fett, 400 g Fleisch und 1600 g Brot extra! ... Manchmal gab es auch Fisch nach einem besonderen Aufruf, das war immer Salzhering, verbunden mit einer zeitraubenden Anstieherei."
(Frau W., Jg. 1917)

Die lange Wartezeit für Gemüse und auch Obst wird uns übrigens mehrfach bestätigt, im schlimmsten Falle angeblich fünf Stunden. Da viele Geschäfte nur stundenweise geöffnet hatten, setzte jedesmal ein regelrechter „Run" ein, und das Anstehen war oft die einzige Möglichkeit, sich ein Anrecht zu sichern. Kinder und Jugendliche konnten gut die Aufgabe eines „Platzhalters" wahrnehmen, während die Hausfrau dringendere Arbeiten erledigte. So heißt es über ein zehnjähriges Mädchen:

„Sie stand bei Milch und Fisch schon allein die Schlange ab, das half meiner Mutter."
(Frau St., Jg. 1909)

„Es kamen z. T. abenteuerliche Geschichten zustande, wenn durch das Radio Lebensmit-

Zuteilungen, Zuteilungen – und doch nie richtig satt

telrationen bzw. Extraangebote aufgerufen und angeboten wurden! Schon morgens um 6 Uhr stellten sich die Leute bei den Geschäften in einer Schlange an, um die aufgerufenen Lebensmittel, Tabakwaren, Fisch, Kartoffeln usw. zu ergattern! Nach einigen Stunden wurden die ersten sogenannten Schlangesteher von Familienmitgliedern abgelöst!"
(Herr R., Jg. 1933)

Für eine doppelte Ration Pferdefleisch, die es auf Fleischmarken gab und mit der man hungrige Mäuler schon eher einmal satt bekam, mußte man um 5.00 Uhr aufstehen, um sich in die lange Schlange einzureihen, die sich bis zur Ladenöffnung um 8.00 Uhr gebildet hatte.
Oft war trotz des Anstehens das Ergebnis mager oder gar alles umsonst.

„Winter 1945. Durch die Gemeinde bekam ich die Aufforderung, am Güterbahnhof in Walle für den Säugling Karotten abzuholen ... Wir standen lange im Regen in der Warteschlange. Als ich endlich an der Reihe war, bekam ich zwei große dicke gelbe Rüben, die beide schon ... angefault waren. Aber das ließ sich zu Hause ja abschneiden, und so gab es eine Mahlzeit für das Kind."
(Frau K., Jg. 1912)

„Leute standen stundenlang vergebens an, denn die aufgerufenen Artikel wurden nur begrenzt geliefert! Nach dem Prinzip: Wer zuerst kommt, mahlt zuerst! Ich erinnere mich noch genau an einen Vorfall: In den Farger Hafen lief ein Fischkutter mit Stinten ein, ein Leckerbissen; die Pier war schwarz von Menschen. Die Beute betrug ca. 3 kg Stint gleich zwei Mahlzeiten pro Familie! Man mußte aber schon Mut oder Hunger haben, denn ‚Würmer' belebten den Stint!"
(Herr R., Jg. 1933)

„Wenn es auf Karten mal eine Zuteilung gab, ging es oft nach dem Alphabet, dann hatte ich eine Stunde Schlange gestanden, und wenn ich dran war, ich war die letzte mit dem Namen Z..., war nichts mehr da."
(Frau Z., Jg. 1906)

Schlangestehen nach allem, was auch andere gern haben wollten – das wurde auf Jahre hinaus das Los der Menschen in der Nachkriegszeit, ob bei eisiger Kälte im Winter oder bei brütender Hitze im Sommer. Etwas Positives soll das gemeinsame Anstehen gehabt haben: Die Frauen tauschten untereinander Sparrezepte, Tips für die erschwerte Haushaltsführung aus und natürlich auch ein bißchen Klatsch und Tratsch.

5.3. Selbstversorgung

„Die Verpflegung war ein Problem ... Da war unser ‚Land', unser großer gepachteter Garten gegenüber von unserem Haus, unsere Rettung ..."
(Frau D., Jg. 1921)

Diese Möglichkeit der Selbstversorgung gewann für die Bremer Bevölkerung eine solche Bedeutung, daß wir hier etwas länger verweilen müssen.
Schon während der Kriegszeit war man in Großstädten dazu übergegangen, freie Grünflächen mit Kartoffeln und Gemüse zu bepflanzen.
In Bremen, das sich seit dem 19. Jahrhundert in auffälliger Weise durch seine großzügige Bebauung mit Ein- und Zweifamilienhäusern von anderen Städten abgehoben hatte, brachte erst die Nachkriegszeit diese Notwendigkeit mit sich. Die Umwandlung reiner Grünflächen oder ungenutzter Grundstücke in Nutzflächen vollzog sich im öffentlichen und privaten Bereich.

„Das öffentliche Grün, die Anlagen, auch vor dem Hauptbahnhof, waren mit Kartoffeln u. ä. bepflanzt."
(Herr K., Jg. 1923)

Spielplätze wurden in Parzellen aufgeteilt; die schmalen Bodenstreifen zwischen Häusern und Straßen z. B. am Utbremer Ring wurden für die Hausbewohner zum Anbau von Kohlrabi, Salat und Kohl freigegeben.
Die Teilhabe an den Streifen auch zwischen den Fahrbahnen war begehrt:

„Im Garten hatten wir inzwischen ein Kohlbeet angelegt und uns um ein Stück Grabeland auf dem Grünstreifen an der Kurfürstenallee beworben. Doch kaum hatten wir einige Reihen Grassoden abgestochen, erschien ein Mann mit zwei Ziegen und meldete mit einem Berechtigungsschein ältere Ansprüche an ..."
(Frau K., Jg. 1923)

„Sämtliche Zier- und Rasenflächen wurden zusätzlich für Gemüse- und Kartoffelanbau verwandt. Außerdem wurde Grasland im angrenzenden Parkgelände urbar gemacht."
(Herr D., Jg. 1929)

Diese Aussage verknüpft bereits die öffentlichen mit den privaten Initiativen, denn keiner mochte auf nur einen Quadratmeter Anbaufläche verzichten.

„Wo früher im Garten Rasen war, gruben wir um. Ich pflanzte Kartoffeln und Wurzeln und Bohnen. Man war froh um jedes bißchen."
(Frau F., Jg. 1912)

„Die Rasenfläche in dem kleinen Garten hinterm Haus war umgebrochen und brachte ein wenig Gemüse."
(Herr S., Jg. 1926)

„Die große Rasenfläche vor dem Haus war zum Kartoffelacker umgewandelt worden."
(Herr K., Jg. 1906)

Das für Bremen Spezifische war der schon immer bestehende hohe Anteil an Hausgärten – bedingt durch die erwähnte großzügige Wohnbebauung –, an nah und fern gelegenen Kleingärten und Parzellen. Diese Verhältnisse haben den Bremern eindeutige Vorteile in der Lebensmittelversorgung gebracht, gesehen im Vergleich zu anderen Städten, aber auch im Vergleich zu den Nichtbremern, die vielleicht gerade ein Dach über dem Kopf, aber deswegen noch kein Stückchen Land besaßen. Allerdings gab es natürlich auch Bremer, die nie ein solches ihr eigen genannt hatten. Eine Parzelle war und ist schließlich nicht jedermanns Sache.
Bei fast 400 Aussagen zur Ernährung gibt uns aber doch fast jeder Zweite an, sich mit dem Ertrag des bebauten Landes über Wasser gehalten zu haben. Daß diese Kost gesund war und Abwechslung in das Einerlei des Marktangebotes bringen konnte, war ein weiterer Effekt.
Uns bleibt bei unserer Auswahl aus der Fülle zu unterscheiden zwischen Gärten am Haus, die wie eh und je für den Haushalt genutzt wurden oder vom Zier- zum Nutzgarten umgestaltet wurden, und den Parzellen, die in unterschiedlicher Größe in der Stadt oder um die Stadt herum lagen. Nicht immer gab es ein Entweder – Oder, etliche Glückliche konnten ein Stück von beidem ihr Eigentum nennen oder sich innerhalb der Familie aufs nützlichste ergänzen.

„Wir hatten einen Garten am Haus ..."
(Frau B., Jg. 1903)

„Da wir einen Garten hatten, konnten wir unsere knappen Lebensmittelzuteilungen durch Obst und Gemüse bereichern ..."
(Frau D., Jg. 1922)

„Wir hatten einen Garten mit Obst und Gemüse. Es ging uns also besser als vielen anderen Zeitgenossen."
(Frau St., Jg. 1920)

„Wir hatten in unserem Garten außer diversen Obstbäumen Kartoffeln, Tomaten, Wurzeln und anderes Gemüse angebaut."
(Frau H., Jg. 1933)

„Da wir einen eigenen Garten hatten, waren wir damals sogenannte Selbstversorger ... Uns ging es also nicht so schlecht wie den anderen ..."
(Herr R., Jg. 1933)

„Eigener Garten lieferte etwas Obst und Gemüse. Damit getauscht soweit möglich."
(Herr U., Jg. 1909)

„Wir waren in der guten Lage, einen großen Garten zu haben. Alles, was möglich war, pflanzten und säten wir. Jedes Stückchen Erde wurde umgegraben und bebaut, das aber nicht erst seit dem Ende des Krieges. Schwierigkeiten gab es allerdings bei der Beschaffung des Saatgutes: Sollte man die Kartoffeln gleich essen, oder sie lieber pflanzen? Das hieß aber, daß man erst einmal hungern mußte, bis die neue Ernte soweit war. Wir entschlossen uns, sie zu hälfteln. Im Herbst konnten wir es nicht mehr erwarten, die neuen Früchte zu ernten. Wir waren zu ausgehungert, und also holte Mutter sie viel zu früh aus der Erde. Kleine mickrige Knollen waren das. Und so erging es uns auch mit anderem Gemüse."
(Frau Sch., Jg. 1928)

Wie wir hören, waren Gartenbesitz, Feldbestellung und Ernteerfolge nicht dasselbe. Wer noch nie zuvor Gemüse angebaut hatte, konnte Pech haben:

„Im Garten versuchten wir Gemüse zu ziehen mit wenig Erfolg. Ich erinnere schreckliche Kohl-Wasser-Suppen von Rotkohl, der keine Köpfe gebildet hatte ..."
(Frau K., Jg. 1917)

„Als wir ein Stückchen Gartenland bekommen hatten, fingen wir an, Gemüse selbst zu ziehen. Zuerst gab es immer nur grünen Salat, weil der am schnellsten gewachsen war. Damals hatten wir uns vorgenommen, später nie wieder grünen Salat zu essen."
(Frau M., Jg. 1921)

Die Gründe für mangelndes Wachstum mochten verschiedener Art sein. Wer im Sommer und Herbst ernten wollte, hatte schon im Frühjahr mit der Gartenarbeit beginnen müssen. Da aber mußten viele Gartengrundstücke noch von Scherben und anderen Überresten der Zerstörung befreit werden.

„Unser Garten war so mit Schutt übersät, daß er kaum etwas brachte ..."
(Frau D., Jg. 1939)

Andererseits brauchten die strapazierten Anbauflächen Dünger. Der wurde vorwiegend auf der Straße eingesammelt:

„Wenn Pferde vorbeikamen, liefen alle Gartenbesitzer um die Wette wegen des guten Düngers."
(Frau K., Jg. 1917)

„Wenn ein Pferdewagen vorbeikam, rannte ich mit Eimer und Schaufel hinterher, um für Dünger zu sorgen."
(Frau J., Jg. 1933)

„Wir beschafften uns Kuhdünger aus einem Stall in einer Nachbarstraße."
(Frau B., Jg. 1913)

Von der Grundstücksgröße hingen Arbeit und Aufwand ab, und hinzu kamen bei den Parzellenbesitzern die oft zeitaufwendigen Anmarschwege. Doch das mag sie nicht weiter gestört haben, wenn nur der heimgeschleppte Ertrag lohnend genug war.

„Wir hatten einen Kleingarten an der Weser mit Obst und Gemüse."
(Frau V., Jg. 1925)

„Wir hatten eine Parzelle an der Gete und konnten uns mit Obst und Gemüse zusätzlich versorgen."
(Frau W., Jg. 1922)

„Eine große Hilfe stellte eine Parzelle dar, die wir von ausgebombten Verwandten erbten. Wie stolz kamen wir mit den ersten neuen Kartoffeln nach Haus! Auch unser Garten hinter unserem Haus hat uns viele Bohnen geliefert."
(Frau B., Jg. 1913)

„Außerdem hatte ich eine Parzelle, die ich mit Zuckerrüben bepflanzte ..."
(Frau B., Jg. 1907)

„Ferner bearbeitete mein Vater eine Parzelle, auf der ausschließlich Eßbares erzeugt wurde. Man mußte gewärtig sein, daß ungebetene Nachtgäste in der Erntezeit dort ‚abstaubten', was irgendwie eßbar war."
(Herr B., Jg. 1920)

Wer es sich irgendwie erlauben konnte, betätigte sich in Gärten und Parzellen auch als Viehhalter. Damit konnte man nun in der Tat die schmale Kost beträchtlich aufbessern. „Schwarzhalten" und „Schwarzschlachten" von Großvieh waren zwar verboten, und Schweine fielen unter die Bestimmung. Doch wenn die Ohren- und Augenzeugen eines solchen Vorgangs ein schönes Stück Fleisch abbekamen, drang davon nichts nach außen.
Im wesentlichen beschränkten sich die Städter auf das Halten von Klein- und Federvieh, das gehegt und gepflegt wurde, um dann zu Weihnachten oder anderen Festtagen einen seltenen Schmaus abzugeben.

„Wir fütterten ein Schwein und Hühner."
(Frau P., Jg. 1935)

„Wir hatten noch unseren Kleingarten mit Gemüse, Kaninchen und Hühnern ..."
(Frau H., Jg. 1930)

„Meine Eltern hatten einen Garten mit Obstbäumen, in dem sie auch Hühner und Kaninchen hielten ... 1945 und 1947 wurden die Hühner gestohlen ..."
(Frau P., Jg. 1912)

„An Grundnahrungsmitteln mangelte es uns nicht. Wir hatten eine Parzelle für Obst, Gemüse, Kartoffeln, im Garten waren Hühner, Enten und viele Karnickelställe ..."
(Frau M., Jg. 1935)

„Richtig hungern mußten wir also nie!"
(Frau S., Jg. 1926)

Ein ganz besonderer, aber auch typischer Fall von Tierhaltung soll hier ausführlicher wiedergegeben werden:

„Wir verließen uns auf das, was der Garten bescherte, und als der Sack Nudeln sowie die bevorrateten Lebensmittel zu Ende gingen, sann unsere lebenstüchtige und nimmermüde Mutter auf Abhilfe: Unser ca. 100 qm großer Garten hinter unserem Einfamilienhaus wurde umfunktioniert in einen ‚Tiergarten'. Der leere Kohlenkeller bildete das Nachtlager für eine Ziege, etliche Hühner, Enten und Kaninchen; Höchstzahl insgesamt 52! Unser Vater hatte vom Keller aus durch die Hauswand ein Loch geschlagen, daraus quoll die ganze Tierschar, sobald am Morgen die Klappe geöffnet wurde, mit munterem Gegacker und Geschnatter in den Garten. Für die Kaninchen baute unser Vater ein dreistöckiges Kaninchenhaus, das im Sommer im Garten stand. Bei einem heftigen Sturm kippte es eines schönen Tages um, und alle Kaninchen setzten sich in die umliegenden Gärten ab. Die ganze Familie schwirrte auf Kaninchensuche aus, doch einige konnten wir nicht entdecken. Aber wer denkt, daß vielleicht manch einer der Nachbarn ein Kaninchen behalten hätte, das sich in seinem Garten einfand, der irrt! Alle Kaninchen wurden uns wohlbehalten zurückgebracht. In den späteren Jahren haben wir oft dankbar anerkannt, mit welcher Toleranz alle Nachbarn unsere umfangreiche Viehhaltung geduldet und ertragen haben. Unser Hahn fing im allgemeinen recht früh morgens an zu krähen, und das Geschnatter der Enten hörte man häuserweit. Doch nie hat auch nur ein Nachbar ein böses oder ärgerliches Wort fallen lassen! Unserem großen Garten in der Kirchbachstraße verdankten wir in erster Linie, daß wir unser Viehzeug überhaupt satt bekamen. Den Garten versorgte in der Hauptsache unsere Mutter, zwar unterstützt von Mann und Töchtern, doch die meiste Arbeit und die größte Last ruhte auf ihren Schultern."
(Frau St., Jg. 1929)

Wenn wir von dieser ausgeweiteten Form der Selbstversorgung hören, an die im allgemeinen reichen Ernten der warmen Nachkriegssommer denken, die Einkochen, Einlegen, Herstellen von Marmeladen, Gelees und Säften und den Tausch mit diesen begehrten Produkten ermöglichten, wird uns zweifellos deutlich, wie differenziert die Lebensmittelversorgung innerhalb der Einwohnerschaft einer Stadt gesehen werden muß.

5.4. Aufbesserungen

Bei aller Zufriedenheit über die Erträge aus Gärten und Parzellen und die damit verbesserte Ernährungssituation klingt eine Klage immer wieder durch: „Nur an Fett fehlte es sehr."
So ist auch der im Zusammenhang mit der Speisezubereitung geschilderte Rückgriff auf Motorenöl, Rizinus- und Fischöl, ja Lebertran zu verstehen, bei dem man den penetranten Geruch in Kauf nahm, um wenigstens das Empfinden von in Fett Gebratenem zu haben.
Doch angenehmer war es schon, in der Küche schmackhaftere Öle und Fette zu verwenden. Man mußte nur an sie herankommen.

„Einmal besorgten wir uns aus einem Tankwagen Rüböl. Damit wurde gebraten. Wo es etwas gab, sagte einer dem anderen."
(Frau P., Jg. 1935)

„Ich schnappte auf, wie jemand sagte: ‚Hol schnell einen Eimer, an der Bahn gibt es Rübenöl.' Ich schnappte einen Eimer, rannte zur Bahn, stellte mich in der Schlange an, bekam Öl. Die hatten einfach den Tank geknackt. So gab es erstmal Puffer."
(Frau F., Jg. 1929)

„Mal hatte ein Schiff eine Ladung Kopra – Kokosnuß-Stücke –, und das war ein guter Fettlieferant. Zunächst mußte das Nußfleisch aus der Schale und kleingeschnitten werden, dann wurde es durch den Fleischwolf gedreht, eine harte Arbeit, für die der Hebel verlängert werden mußte, um überhaupt drehen zu kön-

nen – der Fleischwolf war ein ganz stabiles eisernes Ding, war mal ein tolles Angebot gewesen ohne Bezugsschein –, und dann mußte die Masse bei mäßiger Hitze ausgelassen werden, wie bei Grieben, und der ‚Duft' durchzog die ganze Wohnung. ‚Affenfett' wurde das Ergebnis damals benannt, aber es war Fett."
(Frau Sch., Jg. 1919)

Der Geschmack nach Wurst und Fett ließ auch die Wurstbrühe zu ihrer Berühmtheit gelangen:

„Beim Schlachter an der Kirchbachstraße gab es manchmal ‚Wurstbrühe' ohne Marken. Diese Brühe schien zwar sehr gestreckt, doch hatte sie einige Fettaugen, und der Geschmack erinnerte ganz von Ferne an die darin gekochten Würste. Als Basis für eine Suppe mit Steckrüben oder Graupen schätzten wir sie sehr. Schließlich kochte der Schlachter selbst Graupen darin und verkaufte das Produkt als ‚Wurstsuppe' gegen Nährmittelmarken. Diese Suppe war besser als fast alles, was meine Mutter kochen konnte."
(Herr S., Jg. 1926)

Mit der Zeit entwickelte jeder andere Strategien, um aufsteigende Bedürfnisse zu stillen:

„Um den ständigen Hungergefühlen und der Vorstellung von gebratener Gans und ähnlichem zu entgehen, beschlossen wir, Samstag und Sonntag ‚fürstlich' zu speisen, d. h. Fleisch- und Wurstrationen gingen fast ganz drauf. Für den Rest der Woche gab es einen gekauften undefinierbaren Brotaufstrich oder Senf aufs Brot."
(Frau G., Jg. 1920)

Als Inbegriff von nahr- und schmackhaftem Fett galten Speck und Schinken, eine Kostbarkeit in dieser mageren Zeit. Um so verständlicher die Enttäuschung anläßlich folgenden Mißgeschicks:

„Mein Mann hatte einmal ein paar Scheiben Schinken für Herrensocken tauschen können. Mit Andacht würfelte er den Schinken. Als wir uns im Zimmer zum Essen niedersetzten, schellte es. Der Schinken wurde unter die Couch geschoben. Es waren zwei bekannte Damen mit einem kleinen Dackel, der sofort den Schinken roch, unter die Couch krabbelte und ihn genüßlich verspeiste. Wir haben alle vier herzlich geweint nachher ..."
(Frau F., Jg. 1912)

Eine nicht zu unterschätzende Aufbesserung des kargen Nahrungsmittelangebots stellte die Natur bereit. „Sammeln" hieß die Devise und bezog sich auf die den bedrohlichen Fettmangel ausgleichenden Samen und Früchte verschiedener Pflanzen und Bäume ebenso wie auf die leckeren und gesunden Pilze und Beeren.
Zunächst zum bewährten Fettersatz:

„Im Herbst 1946 haben wir ... Bucheckern gesammelt mit gutem Erfolg. Die Bucheckern konnte man in einer Ölmühle auspressen lassen und bekam sehr gutes Öl."
(Frau Sch., Jg. 1919)

„Es wurden Bucheckern gesammelt und mit dem Öl eine köstliche Mahlzeit für sieben Personen zubereitet ..."
(Frau M., Jg. 1924)

Die in Henkeltöpfen und Kannen von Frauen und Kindern in der Umgebung Bremens gesuchten Bucheckern konnten in Lebensmittelgeschäften oder besonderen Sammelstellen gegen Margarine oder Öl eingetauscht werden. Wie wir aus den Backrezepten wissen, wurden sie gern als Fett- und Mandelersatz im Teig verarbeitet.
Ein gewisses Maß an Fett enthielten auch die Eicheln; die gesammelten Mengen wurden auf ganz verschiedene Art verwertet:

„Die Eicheln wurden auf der Ofenplatte gegart. Die Familie saß im Dämmern des Winters nachmittags dicht darum herum, wärmte sich, und jeder wartete, bis er an der Reihe war, die nächste durch ein lautes Puffen angezeigte gare Eichel zu knabbern."
(Herr S., Jg. 1926)

„Jeden Herbst sammelten wir ... Eicheln (reichlich), die wir dem Schlachter als Schweinefutter verkauften und Margarine dafür bekamen. Als er nichts mehr nahm, fuhr ich mit der Kleinbahn aufs Land und war froh, wenn ich für einen Rucksack voll Eicheln ein belegtes Brot bekam ..."
(Frau G., Jg. 1911)

Zum Beeren- und Pilzesammeln zog man in die Wald- und Moorlandschaft im Bremer Umland. Hier bot sich genug für den eigenen Verzehr, aber auch für Verkauf und Tausch.

„Wir hatten einen Sammelschein für Beeren und Pilze und verbrachten viele Stunden in der Tarmstedter Gegend."
(Frau M., Jg. 1924)

Wer Glück hatte, fand schmackhafte Pilze fast vor der Haustür:

„Am Deich wuchsen Champignons. Meine Mutter ging ganz früh morgens hinaus und holte sie herein, damit es kein anderer sah ..."
(Frau Sp., Jg. 1929)

„Im Bürgerpark sammelten wir auch Pilze. Eines Tages hatten wir eine große Menge Halimasch mitgebracht. Diese Pilze waren nur wenigen als eßbar bekannt, sie wuchsen in großen Büscheln ... fast überall zur gleichen Zeit. Meine Mutter kochte eine Pilzsuppe mit einigen spärlichen Gartenkräutern und Zwiebeln veredelt ..."
(Herr S., Jg. 1926)

Die unterschiedlichen Lebensverhältnisse der Einwohnerschaft Bremens schlugen sich in einer unterschiedlichen Ernährungslage nieder. Wie man den Mangel überstand, was man dazu tat, ihn zu überwinden, hing von zahlreichen Faktoren ab: von der persönlichen Lebensgeschichte, dem im Krieg erlittenen Schicksal, von der beruflichen Ausbildung und neuer Orientierung, von der Fähigkeit, mit Wenigem auszukommen oder das Mehr zu organisieren, von der unterschiedlich ausgeprägten Veranlagung, kritische Situationen durchzustehen, der Bereitschaft, sie mit Zähigkeit und Ausdauer anzugehen, den Kampf aufzunehmen.

All dies scheint eine Rolle gespielt zu haben bei Menschen, die uns heute sagen können, daß sie durch eigene Anstrengung und Initiative die Versorgung wesentlich verbessern konnten. Nicht nur die Garten- und Parzellenbesitzer rackerten sich ab.

„Unser Vater fuhr sonntags früh mit dem Fahrrad los, ca. 20 km vor die Stadt zu den Bauern, und arbeitete den ganzen Tag. Er reparierte Scheunen, besserte Türen und Tore aus, brachte Wagen und alte Traktoren wieder in Schwung und machte einfach alles, was die Bauern von ihm gemacht haben wollten. Ich kann das nicht, gab es nicht. Für einen Tag Arbeit bekam mein Vater dann Kost den ganzen Tag und einen Liter Milch und ein 2 kg schweres Bauernbrot, manchmal noch etwas Knipp oder ein Stückchen Wurst. Vater hat immer so gut es ging für uns alle gesorgt."
(Frau D., Jg. 1922)

„Mein Vater fuhr zu Bauern und reparierte Landmaschinen und bekam dafür Brot oder Speck."
(Frau Sch., Jg. 1927)

„Vater war gelernter Dreher, ein Bekannter Böttcher. Beide stellten Pressen für Zuckerrübensirup her. Der Böttcher fertigte Bottiche an, Vater machte aus Eisenteilen, die er bei Borgward bei Aufräumungsarbeiten fand (nicht mehr verwertbare Teile aus Kriegsproduktion), Spindeln für das Preßwerk. Die Pressen wurden für ein bestimmtes Quantum Sirup oder etwas anderes verliehen. Der Sirup wurde manchmal noch für etwas anderes eingetauscht."
(Herr M., Jg. 1935)

„Es war schwer, allein mit Marken auszukommen. Mein Mann reparierte Radios gegen Ware, mal ein Paket Maizena, Eier o. a."
(Frau F., Jg. 1929)

„Mutter konnte durch ihr Nähtalent zur Verbesserung unserer Ernährungslage beitragen ... U. a. nähte sie Gardinen in einem amerikanischen Haushalt. Von dort brachte sie als Lohn herrliche Naturalien mit!"
(Frau B., Jg. 1911)

„Meine Mutter, die noch ein Spinnrad besaß und noch spinnen gelernt hatte, ging von einem Bauern zum anderen und spann dort die Wolle der Schafe. Als Lohn bekam sie Lebensmittel und hat uns somit vor dem ärgsten Hunger bewahrt."
(Frau N., Jg. 1929)

Da häufig die in bestimmten Zuteilungsperioden zum Aufruf kommenden Waren aus verschiedenen Gründen gar nicht vorhanden waren, standen die Kunden immer wieder vor leeren Tresen und Regalen.

Um nicht zu verhungern, mußten sie sich also etwas einfallen lassen. Da wurde auch das Ausschöpfen von Beziehungen zur lebenserleichternden Notwendigkeit. Alte Freundschaften kamen den Familien ebenso zugute wie neue, die sich im Krieg unter den Männern angebahnt hatten. Arbeits- und Berufsleben schufen Kontakte und Verbindungen, die sich in den Branchen der Güterversorgung und bei der Beschäftigung in amerikanischen Dienststellen unmittelbar in einer Verbesserung der Ernährung niederschlugen. Doch half es auch schon, durch die Arbeitsstelle an irgendwelche Waren heranzukommen. Es gab immer jemanden, der sie gebrauchen konnte, der bereit war, dafür Lebensmittel zu bieten. Auf diese Bedeutung beruflicher Tätigkeit von Männern und Frauen werden wir in anderem Zusammenhang zurückkommen.
Neben der Arbeit bei den Amerikanern galt die Verwandtschaft auf dem Lande als sicherste Überlebensgarantie.

„Wer keine verwandtschaftlichen Beziehungen aufs Land hatte, war wirklich arm dran. Wir hatten sie, so daß mein Vater seine monatliche Tabakration gegen Milch, weißen Käse und Fett umtauschen konnte. Die Bauern mußten ihre Erträge an die Ernährungsbehörden abgeben. Natürlich behielten sie genügend Nahrungsmittel zurück."
(Herr E., Jg. 1932)

Doch auch ohne Verwandtschaft: Beziehungen dorthin standen hoch im Kurs.

„Aber schon seit vielen Jahren hatten wir gute Bekannte und Freunde auf dem Lande, so daß wir fast täglich einen Liter Milch (natürlich entrahmt..., aber weit besser als die freikäufliche Magermilch ...) und auch meistens Kartoffeln, Steckrüben und Weißkohl hatten ..."
(Frau S., Jg. 1926)

„Freunde von uns, Flüchtlinge, lebten in der Umgebung von Nienburg auf einem Bauernhof. Der zehnjährige Junge hatte eine Ohrenerkrankung, die in Bremen behandelt werden mußte. Er kam allwöchentlich herüber und übernachtete bei uns, da Hin- und Rückfahrt nicht an einem Tage möglich war. Sein Rucksack war stets nicht nur mit Eigenproviant gefüllt, sondern zusätzlich mit Gemüse, Kartoffeln, ab und an ein paar Eiern. Wichtiger als dies aber waren die Vollmilchmarken, die er mitbrachte, sie standen der kleinen Schwester zu, aber die wurde vom Hof ausreichend versorgt. Merkwürdigerweise wurden diese niedersächsischen Marken über ein Jahr lang unbeanstandet in Bremen angenommen. Mit dieser Milch haben wir wohl das Leben unseres Vaters noch um zwei Jahre verlängern können."
(Frau von R., Jg. 1911)

„Ich selbst war jedes Jahr für einige Wochen bei ‚meinem Bauern' in guter Verpflegung. Bei jeder Rückkehr nach Bremen wie auch bei jedem Besuch bekam ich von dort Eßbares mit in Gestalt von Brot (selbst gebacken in einem großen Steinofen), Mehl, Butter, Eier, Speck u. a. Auch Kartoffeln und Steckrüben fielen gelegentlich dabei ab."
(Herr K., Jg. 1922)

„Zu essen hatten wir einigermaßen, weil wir Beziehungen zum Land hatten, und einmal wurde im Keller eine Sau geschlachtet."
(Herr H., Jg. 1934)

Die besseren Chancen bei den Bauern hatte natürlich der, der etwas Interessantes anzubieten hatte.

„Unsere Familie hatte zwar die Verbindung aufs Land, aber mit leeren Händen durfte man dort auch nicht erscheinen. Mein Vater war Nichtraucher, so daß er die spärlichen Tabakwaren, die ihm per Lebensmittelkarte zustanden, regelmäßig eintauschen konnte. Dazu mußte er bei der Feldarbeit mithelfen. Ich selbst half als 13- und 14jähriger mit meinen Eltern bei der Heuernte. Es war für uns ein Glück, daß wir dabei verpflegt wurden und auch noch Lebensmittel mit nach Hause nehmen konnten. Fahrräder standen damals hoch im Wert. An neue Schläuche und Mäntel war nicht zu denken. Mein Vater hatte hier in Bremen einen Vulkanisierbetrieb ausfindig gemacht, wo er defekte Fahrradmäntel reparieren lassen konnte. Natürlich mußte auch hier mit Naturalien nachgeholfen werden. Hier war also eine weitere gute Kompensationsmöglichkeit gegeben. Mein Vater nahm von den Bauern defekte Fahrraddecken in Empfang und ließ sie hier in Bremen vulkanisieren. Dafür gab's dann auf dem Lande wieder Milch und Speck."
(Herr E., Jg. 1932)

Einkaufstaschen aus Segeltuch, Säcken, Sesselgurten und Matratzenstoff, Standflächen mit Pappe, Kanten mit Leder verstärkt

„Lebensmittel hatten wir immer genug. Mein Vater war groß im Organisieren und verfügte wegen seiner geschäftlichen Beziehungen über Gegenstände, die auch auf die Bauern ... Eindruck machten ..."
(Herr von F., Jg. 1934)

Alte Kameradschaft und gemeinsame verbindende Erinnerung an die Strapazen des Krieges und der Gefangenschaft, oft auch Dankbarkeit für die Rettung aus unmittelbarer Lebensgefahr fanden ihren Ausdruck in Ernährungshilfe, wenn der ehemalige Mitstreiter in der ländlichen Umgebung Bremens zu Hause war.

„Durch einen Kriegsgefangenschaftskameraden erhielten wir für den Winter 1946/47 zwölf Zentner Kartoffeln ..."
(Herr W., Jg. 1915)

Mit einem „Koffer voll Wurst und Speck" kam man schon einmal von einem Kameradenbesuch zurück. Eine gewisse Solidarität rechnete man sich zur Ehre an, übrigens durchaus in der Form, daß der vom Lande stammende ehemalige „Bursche" seinen früheren Vorgesetzten höheren Ranges nun mit Lebensmitteln unterstützte. So konnte ein gutes menschliches Verhältnis ungeahnte Früchte tragen.

Gerade hierher gehört der Hinweis, daß viele auf dem Lande lebende Patienten sich nun gegenüber den Familien ihrer Ärzte, die noch in Gefangenschaft oder gar gefallen waren, erkenntlich und hilfsbereit zeigten. Den praktizierenden Ärzten bewiesen sie ihre Dankbarkeit durch das Zustecken von Naturalien. Auch von treuen Schülern lasen wir, die ihre ehemaligen Lehrer oder deren Familien mit Lebensnotwendigem versorgten. Überrascht und gerührt nahmen diese gern die Hilfe an.
Es sind noch andere Formen erleichternder Beziehungen erwähnenswert:

„Wir hatten nette Nachbarn mit ‚Beziehungen', die uns manche Brotmarke usw. zusteckten. Sonst hätte es für uns noch schlechter ausgesehen."
(Frau Z., Jg. ohne Angabe)

„In die leerstehende erste Etage unseres Hauses war ... ein Borgwardarbeiter mit Frau und drei Kindern eingewiesen worden. Die älteste Tochter ... war Wehrmachtshelferin gewesen und wurde nun von den Amerikanern bei der Auflösung von Nahrungsmittellagern des Heeres eingesetzt. Da fiel immer etwas ab, und an manchem Abend erschien Frau S. mit ein paar Scheiben belegten Brotes bei uns."
(Frau von R., Jg. 1911)

„Da ich in einer Getreide-, Futtermittel- und Saaten-Firma war, hatten wir auch mal die Gelegenheit, an etwas heranzukommen, woran andere Leute nicht kamen."
(Frau Sp., Jg. 1929)

„Unser Untermieter arbeitete als Heizer bei den Amerikanern. Morgens ging er schlank weg, abends kam er aufgequollen zurück, unter der Jacke waren herrliche Essensreste versteckt, von denen wir etwas abbekamen."
(Frau A., Jg. 1926)

„Das Haus meiner Tante in der Marcusallee war beschlagnahmt worden. Sie konnte später als house-keeper darin arbeiten. Dadurch bekam ich persönlichen Kontakt mit Amerikanern. Ich bekam Aufträge zum Stricken von Pullovern und Jacken, hauptsächlich mit Norwegermustern. Dafür bekam ich Lebensmittel und Tee. Eine Zeitlang konnte ich als Haushaltshilfe bei einer amerikanischen Familie arbeiten, bis diese wieder nach drüben ging. Dafür bekam ich auch Lebensmittel."
(Frau D., Jg. 1921)

Wer über keine der bisher genannten zusätzlichen Ernährungshilfen verfügte, auch nicht von der Bremer Schulspeisung – von ihr hören wir später – profitieren konnte, fand eine warme Mahlzeit in den sogenannten „Volksküchen". Tausende von Bremern nahmen dieses Angebot der Stadt an:

„Ein Segen waren die Volksküchen, von denen wir lange die Hauptmahlzeit holen konnten."
(Frau G., Jg. 1911)

„Längere Zeit holte meine Mutter Essen von der ‚Volksküche', das meistens in einem Schlachterladen ausgegeben wurde. Man gab einen bestimmten Teil der Lebensmittelmarken ab und bekam dafür an jedem Wochentag ein Essen, das fast immer besser und mehr war, als man selber mit den Marken machen konnte. Meistens gab es dünne Suppen oder Eintopfgerichte."
(Herr S., Jg. 1926)

„Unter der Woche lebte ich als Schüler der Oberstufe in Bremen mittags von dem Essen aus der Volksküche, die für meinen Fall in einer Schlachterei Ecke Thedinghauser/Schopenhauerstraße betrieben wurde. Hier gab es abwechselnd drei verschiedene ‚Gerichte', nämlich (jeweils ein Liter) Milchsuppe aus Magermilch und Maisgrieß, der normalerweise ‚nur' bitter schmeckt. Gräßlich war der Geschmack, wenn die Schlachtersfrau mit der Kelle über den Grund des Kochkessels gegangen war und sich (mir!) einen Fladen Angebranntes eingefangen hatte. Das war montags oder mittwochs. Weißkohlsuppe, die außer Kohl allenfalls eine Kartoffel, dafür um so mehr Kümmel enthielt; als „Fleischeinlage" gab es ein paar Hautfetzen, Schwartenstücke oder Sehnen. Von alledem bekam man schon nach einer Stunde neuen Hunger, weshalb mir die Weißkohlsuppentage Dienstag und Freitag in besonders schlechter Erinnerung geblieben sind. ‚Hühnerfutter', hergestellt aus einer Kreuzung zwischen Mais und Weizen, das nach nichts schmeckte, aber sehr gut satt machte. Leider gab es dieses ‚gute' Essen nur donnerstags und sonnabends..."
(Herr F., Jg. ohne Angabe)

„1946 und 1947 aßen wir im Ottilie-Hoffmann-Haus. Man bekam dort für 5 g Fettmarken ein Mittagessen. Mal Kohlsuppe, mal Grüne-Bohnen-Suppe, Steckrüben oder ähnliches. Zwei Teller konnte man haben. Es hielt nicht lange vor, aber es half mit, irgendwie satt zu werden."
(Frau St., Jg. 1920)

Letzteres kam vor allem den Berufstätigen entgegen, die ja für die Arbeitspausen keine dick belegten Brotscheiben oder appetitlich verpackte Gerichte von zu Hause mitnehmen konnten.
Wer die Lebensmittelversorgung aufbessern wollte, mußte sich aktiv um die Nahrungsbeschaffung kümmern. Der Selbsterhaltungstrieb war noch immer ein guter Motor. Aber der Hunger blieb.

5.5. Vorratshaltung

Als jede Scheibe Brot und jedes Zipfelchen Wurst zu einer Kostbarkeit wurden, hatten die Hausfrauen, die sich um die Besorgung kümmerten, eine sichere Aufbewahrung gleich mit im Auge zu haben. Aufbewahrungsart und -ort mußten die unterschiedliche Haltbarkeit der

Nahrungsmittel und den Qualitäts- und Geschmacksverlust berücksichtigen, vor allem aber die gesundheitlichen Gefährdungen, die von verdorbenen Zutaten, von Fäulnis, Schimmelbildung und ähnlichem ausgingen. Demgegenüber stand die Notwendigkeit, eine regelrechte Vorratswirtschaft zu betreiben, sollte zeitweiser Überfluß den Bedarf über einen längeren Zeitraum abdecken, sollte Knappes und Delikates in kleinen Portionen genossen werden.

Paradoxerweise begann die Nachkriegszeit mit solch einem Überfluß gewisser Waren: Wie wir bereits hörten, wurden kurz vor dem sich abzeichnenden Zusammenbruch im April 1945 die Lebensmittelbestände aufgelöst und zwecks sogenannter Bevorratung an die Bevölkerung verteilt. Zwar konnten die Mengen an Getreide später beim Bäcker gegen Brot eingetauscht werden, Nährmittel wie Zucker leicht aufgehoben werden, aber bei Butter und Fleisch war Vorsicht geboten.

Wer Tontöpfe, „Steinkruken" oder Gläser besaß, preßte die Butter dort hinein, verschloß sie mit den verschiedensten Methoden luftdicht, so z. B. indem er einen Wattebausch mit Spiritus tränkte und anzündete. Größere Portionen Fleisch wurden in Einmachgläsern eingekocht. Im übrigen bot das stundenlange Schlangestehen nach dem Aufruf der Lebensmittelmarken die beste Gelegenheit zum mündlichen Austausch von Konservierungsmethoden. Wer keine geeigneten Behälter fand, vergrub die Vorräte in Hof und Garten und hatte oftmals Pech. Tierische Fette waren verdorben, die Butter schmeckte nur noch ranzig. Diese Masse reichte dann gerade noch zum Seife- und Schuhcremekochen, wie einige bedauernd feststellen mußten. Wer – wie dies in Bremen glücklicherweise so häufig der Fall war – ein Stück Gartenland am Haus oder auf der Parzelle sein eigen nannte, konnte sich mit frischem Obst und Gemüse recht gut versorgen. Ja, die guten Ernten nach den ausgesprochen warmen Sommern dieser Jahre brachten vor allem an Obst so viel, daß es den Hausfrauen nur noch an zwei Dingen mangelte: an Einmachgläsern mit den dazugehörigen Gummiringen und an Zucker zum Konservieren und Gelieren. Der wurde dann im Tausch gegen frisches Obst wie z. B. Sauerkirschen, Johannisbeeren oder Birnen eingehandelt. Für die fehlenden Gläser gab es eine andere Lösung:

„Das Obst wurde in Flaschen gefüllt, ohne Zucker, Wasser eingefüllt und mit Cellophan zugebunden, das mit einer Nadel mehrmals eingestochen wurde. Die Flaschen wurden dann im Wasserbad gekocht und dann mit einem zweiten Cellophan zugebunden."
(Frau G., Jg. 1920)

Die eingekochten Lebensmittel, durchaus auch Fleisch und Wurst aus Schwarzschlachtungen, halfen zu überleben, ließen als Zutat oder Beigabe die dürftigen, muffigen Grundnahrungsmittel zu besserschmeckenden und nahrhaften Gerichten werden. Dementsprechend wurden die Batterien von Einweckgläsern, -flaschen und -dosen gehütet wie Schätze, an Orten, die nicht jedem zugänglich waren – die Verlockung, aus fremden Kellerräumen etwas zu entwenden, war zu groß –, bei aller Beengtheit auf Schränken und unter Betten. Welche Probleme dies bei der nachweislich großen Winterkälte jener Jahre mit sich bringen konnte, ist geschildert im Kapitel über das Heizen. Rettung des Eingemachten vor Frost war oberstes Gebot – notfalls durch Verlagerung aus dem – 8° kalten Schlafzimmer ins Wohnzimmer oder in die Küche, in Ofennähe.

Es galt auch jene landwirtschaftlichen Produkte über den Winter zu bringen, die man direkt dem Bauern „abgeschnackt" hatte: Eier hielten sich in „Wasserglas"-Lösung in der Steinkruke, Möhren in einer Kiste mit Sand, Weißkohl durch die Verarbeitung zu Sauerkraut, Bohnen und Gurken durch Einlegen.

„Auf dem guten Marschboden in Mittelsbüren, in der Nähe der Stadt, wurden herrliche Kohlköpfe und auch Zuckerrüben angebaut. Es war keine Schwierigkeit, Kohlköpfe und auch Zuckerrüben beim Bauern zu kaufen. Nach längerer Vorbestellung konnte man einen Kohlhobel ausleihen, um mit einigem Kraftaufwand die Herstellung von Sauerkraut vorzunehmen: Die äußeren Blätter wurden entfernt, dann die großen Kohlköpfe geteilt, geviertelt und geachtelt, so daß man diese Teile mit dem Hobel zerkleinern konnte. Die erzielten Schnitzel wurden mit Salz tüchtig gemischt und eingestampft und in großen Holz- oder Tonbehältern abgestellt und der Gärungsprozeß beobachtet. Die Masse wurde mit einem sauberen Leintuch abgedeckt, ein Holzbrett und ein Feldstein gaben den erforderlichen Druck. Während der Entwicklung

des Sauerkrautes mußten diese Teile öfter gründlich gesäubert werden, bis das Kraut dann verwendet werden konnte."
(Frau G., Jg. ohne Angabe)

Die Liste ließe sich fortsetzen; sie zeigt den Rückgriff auch der städtischen Bevölkerung auf alte ländliche Konservierungs- und Lagerungsmethoden. So mußte auch die kälteempfindliche Kartoffel als Hauptnahrungsmittel mit Bedacht gelagert werden: in Holzschütten, auf Holzrosten, dunkel, luftig, aber geschützt, weg von Außenwänden und Kellerböden.

Ein Nahrungsmittel, in großen Mengen auf Vorrat gekocht und fast unbegrenzt haltbar, verdient besondere Erwähnung: der Sirup. Wohl kein Bericht, der ihn nicht in diesem oder jenem Zusammenhang nennt, durchaus vergleichbar mit anderen zeittypischen Erscheinungsformen, wie z. B. der Brennhexe. Der Sirup also, der uns noch öfter begegnen wird, wurde aus großen Mengen selbstangebauter oder eingetauschter Zuckerrüben hergestellt. In mühevoller Arbeit gebürstet, kleingeschnitten oder geraspelt, wurden die Rüben „in endlosen Stunden" auf allen verfügbaren Kochstellen, häufig in alten Waschkesseln, gekocht. Und wir können uns gut vorstellen: Noch ehe der Rübensaft eingedickt war, lief das Wasser an den Wänden herunter. Auch wenn anschließend alles, was mit dem Extrakt in Berührung gekommen war, aufs hartnäckigste verklebt war – der Rübensirup war vom Küchenzettel der Familien nicht wegzudenken, er „versüßte" ihnen das Leben in vielfältiger Verwendung.

Das aufwendige Herstellungsverfahren wird uns detailliert überliefert:

„Nach der Rübenernte in der kalten, herbstlichen Jahreszeit war die Gewinnung des begehrten Sirups sehr anstrengend: Die voller Erde sitzenden Zuckerrüben mußten in großen Wannen mit viel kaltem Wasser eingeweicht und später mit der Wurzelbürste abgeschrubbt werden. Dabei schmerzten uns die Hände, die dabei fast erstarrten! Schwer war nach dieser Prozedur auch das Zerkleinern mit möglichst großem Messer – alles mit der Hand! In einem großen Waschkessel – er verbrauchte kostbares Heizmaterial – wurden die Rübenschnitzel, mit Wasser bedeckt, weichgekocht und abgesiebt. Der so gewonnene trübe Saft wurde im Kessel, unter ständigem Rühren, eingedickt. Bei diesem Vorgang veränderte sich die Farbe von hell über karamel, braun bis dunkelbraun. Der so gewonnene kostbare Sirup wurde in Gläser gefüllt, war lange haltbar und ein unentbehrliches Mittel zum Süßen und als Brotaufstrich."
(Frau G., Jg. ohne Angabe)

Mit dem Hausaufsatz einer damaligen Schülerin der 9. Klasse erhielten wir eine Quelle von besonderer Aussagekraft:

„Wir kochen Rübensaft (Sirup). Die erste Arbeit nach dem Ernten der Zuckerrüben ist das Befreien der Rübe von ihrem Laub. Wir schneiden den oberen Teil der Rübe ab und müssen besonders darauf achten, daß keine grünen Stellen an der Rübe bleiben, da diese nachher oft den bitteren Beigeschmack des Rübensaftes hervorrufen. Die vielen dünnen Wurzeln der Rübe dürfen nicht entfernt werden, da diese am meisten Zuckergehalt enthalten. Nun lassen wir die Rüben ungefähr 24 Stunden in einer Wanne oder einem Bottich einweichen, damit sich die Erdteilchen besser lösen. Dann werden die Rüben mit einer harten Bürste gut gereinigt und in kleine Teilchen geschnitten. Wir füllen sie in einen Kessel oder Topf mit etwas Wasser; auf einen Zentner Rüben kommen acht Liter Wasser. Wir lassen die zerkleinerten Rüben wie gewöhnliches Gemüse ungefähr zwei Stunden kochen, bis sie weich sind. Inzwischen ist die Presse hergerichtet worden. Solch eine Presse nach altem Muster, wie wir sie haben, besteht aus einem faßähnlichen, dickwandigen Gefäß, aus dem der Deckel entfernt worden ist und welches am Boden ein Abflußrohr mit Hahn besitzt. In der Mitte des Fasses befindet sich eine Stange, deren oberes Ende ein Gewinde hat und mit einer Flügelmutter versehen ist. Außerdem gehören noch zu der Presse ein Deckel und einige Holzklötze. Wir legen das Faß mit Stroh aus zur besseren Ableitung des Rübensaftes und füllen es mit den gekochten Rüben auf. Nachdem wir Deckel und Holzklötze oben hinaufgelegt haben, fügen wir eine Eisenplatte hinzu und drehen die Flügelmutter an. Nun läuft der Rübensaft unten aus dem Hahn in ein Gefäß. Von Zeit zu Zeit wird die Schraube fester angedreht, um die gesamte Feuchtigkeit aus den Rüben herauszupressen. Bei vollständiger Pressung erhalten wir bei einem Zentner Rüben 35–40 Liter

Anleitungen für die neue Küche

verdünnten Rübensaft. Wir setzen den Saft in einem Gefäß aufs Feuer. Während des Kochens ist es ratsam, dauernd zu rühren, um das Überschäumen der Flüssigkeit zu vermeiden. Der Rübensaft muß etwa vier bis fünf Stunden kochen, bis er seine gewünschte Dicke erreicht und der Schaum eine bräunliche Farbe bekommen hat. Nun füllen wir die Töpfe, Gläser und Gefäße mit dem fertigen sogenannten Sirup."
(Frau J., Jg. 1931)

5.6. Rezepte

Wir wollen es hier nicht anderen nachtun und eine umfassende Rezeptsammlung der Nachkriegszeit anbieten, sondern uns beschränken auf solche Rezepte, die uns aus der Bremer Bevölkerung zugeschickt wurden – und dies wieder nur in einer Auswahl. Auch wenn manche sehr an die Forderungen moderner Ernährungswissenschaft erinnern, werden sie nicht zum Nachkochen vorgestellt, sondern um die Improvisationskunst der Hausfrauen zu zeigen und die Erinnerung an die Speisen und Backwaren wachzuhalten, die im damaligen Alltag üblich waren. Oft verbinden sich mit ihnen Abscheu und Ekel, doch häufiger auch Wohlgeschmack und Wohlgeruch, auf jeden Fall die Assoziation dieser vergangenen Jahre.

Typischerweise sprechen die zahlreichen Äußerungen, die dieser Auswertung zugrunde liegen, vorwiegend von drei Dingen: von Brot, Kartoffeln und süßen Backwaren; sättigende Grundnahrungsmittel die einen, appetitstillende Leckereien die anderen.

Wenn es auf Brotmarken Brot gab, mußte die Hausfrau, argwöhnisch beobachtet, die einzelnen Scheiben unter den Familienmitgliedern aufteilen. Die Qualität des Brotes war unterschiedlich, oft genug bestand es aus Maismehl, war feucht und glitschig und lag schwer im Magen. Sonderzuteilungen vergrößerten den Brotvorrat keineswegs, wurden vielmehr nach dem Motto „Einmal Brot satt" aufgegessen.

„Ich verdrückte hintereinander zehn trockene, auf unserem Kanonenofen geröstete Scheiben, die mir besser als Kuchen schmeckten ..."
(Frau K., Jg. 1910)

War aus unerklärlichen Gründen doch einmal Brot alt geworden, hatte man eine Verwendung dafür:

87

„Von übriggebliebenem Brot, das man in Wasser einweichte, ausdrückte und in Eipulver und Maismehl wendete, wurden sogenannte ‚Arme Ritter' geformt und in Lebertran goldgelb gebraten."
(Frau K., Jg. 1910)

Bei den nicht ausreichenden Mengen Brot lag es nahe, nach Ausweichmöglichkeiten zu suchen. Dazu zwei Rezepte in der uns überlieferten Form:

„Einen Teil Korn, durch die Mühle gemahlen, einen Teil zerquetschte Kartoffeln, Sauerteig. Wurde feucht und klebrig."
(Herr E., Jg. 1926)

„Kürbisbrot: 650 gr. Mehl, 375 gr. geriebener roher Kürbis, 40 gr. Fett, 3 Eßl. Zucker, Zitronenaroma. Hefe in das Mehl krümeln, das Fett zergehen lassen und es mit dem Kürbis unter das Mehl rühren. Gut verarbeiten. In einer Kastenform gehenlassen ..."
(Frau Sch., Jg. 1928)

Wie auch immer das Brot beschaffen, wie gering auch immer die Tagesration war, ein Brotaufstrich konnte es schmackhaft und nahrhaft machen. Und bei seiner Herstellung waren der Phantasie keine Grenzen gesetzt.

„Wer kennt noch falsches Gänseschmalz? Man nehme 1 Teel. Margarine, 1 Zwiebel, 2–3 Eßl. Grieß, anschwitzen und mit Kartoffel- oder Gemüsewasser ablöschen. Das gab Brotaufstrich für eine Woche."
(Frau Sch., Jg. 1927)

„Schmalz – ein winziges Stück mußte man schon haben, 1/2 Zwiebel darin dünsten. Grieß ..., mit Wasser angerührt, zur Zwiebel geben und alles aufkochen lassen. Wenn wir diesen Brotaufstrich hatten, waren wir glücklich."
(Frau G., Jg. 1921)

„An ein Rezept dieser Zeit erinnere ich mich gut, ‚Schmalz' als Brotaufstrich: feingeschnittene Zwiebel ... oder Porree wurde mit sehr wenig Fett in kleinem Kochtopf leicht gebräunt, dann tat man etwa 1/4 Liter Wasser hinzu, ließ aufkochen und dickte mit Grieß an ... Erkaltet war dies ein sehr leckerer Brotaufstrich."
(Frau S., Jg. 1922)

Dieser Schmalzersatz erfuhr verschiedenste Abwandlungen. Bei der Fettzugabe konnte es sich außer um das Genannte auch um Speck handeln, bei der Flüssigkeit auch um Ziegenmilch („Eine Delikatesse in damaliger Zeit"), gewisse Gewürze wie Majoran veränderten den Geschmack. Eine andere Variante war folgende:

„Hatten wir kein Fleisch und keine Auflage, bereiteten wir uns einen leckeren Brotaufstrich – 1/4 Pfund Hefe mit 20 Eßl. Wasser aufgekocht, dazu tut man gestoßenen Zwieback, bis die Masse breiig wird. Zur Verfeinerung kommt eine in 50 g Fett gebratene Zwiebel dazu und etwas Gewürz."
(Frau W., Jg. 1926)

Neben den pikanten Abwandlungen gab es auf der Grundlage von Grieß und Wasser auch eine süße:

„Wenn keine Auflage mehr vorhanden war, kochten wir uns ... einen Brei, den wir, mit Rhabarber oder Apfelmus verlängert, als Brotbelag aßen."
(Frau D., Jg. 1922)

Eintönigkeit nimmt den besten Appetit, und daher wollen wir andere Möglichkeiten zum Broteschmieren nicht vorenthalten. Bleiben wir zunächst beim Süßen:

„1/3 Pflaumen, 1/3 Wurzeln zum Süßen, 1/3 überreife Gurken zum Verlängern gab prima Pflaumenmus, das aber nicht haltbar war."
(Frau S., Jg. 1926)

„Marmelade aus Kürbis und Wurzeln:
1 kg geschälter und entkernter Kürbis, 750 gr. geschabte Wurzeln, 1 Tasse Wasser, 650 gr. Zucker. Kürbis- und Wurzelstücke durch den Fleischwolf drehen und mit dem Zucker und dem Wasser weichkochen. Solange, bis nach einer Gelierprobe die Marmelade steif ist."
(Frau Sch., Jg. 1928)

Gern kochte man auch Maismehl auf und vermischte es erkaltet mit Marmelade, um sie zu „strecken".
Eine Empfehlung lautete, braunen Zucker mit Buttermilch langsam zu Aufstrich dick einkochen zu lassen. Schon leckerer klingt folgendes:

„125 g Quark mit 1 kl. Tasse Milch, 1 Eßl. Kakao, etwas Vanillezucker und Zucker nach Belieben, 2 Eßl. gehackte Bucheckern vermischen und zu einer Creme schlagen."
(Frau W., Jg. 1908)

Wer es lieber kräftiger mochte, probierte vielleicht eher einen Leberwurstersatz aus Grieß, Majoran, Salz, Öl und einem Brühwürfel, einen aus Grütze, Margarine und Gewürz oder einen aus Hefeflocken und Majoran.
Gehaltvoller war die sogenannte Schüsselwurst:

„1–2 Zwiebeln, 2 Eßl. Fett, 1/2 Liter Würfelbrühe, 250 gr. Mett, Pfeffer, Majoran, 1/2 Teel. Zucker, einige Löffel Semmelmehl. Die feingehackte Zwiebel wird in Fett leicht angedünstet und die Würfelbrühe dazugegeben, das Fleisch darin glattgerührt. Mit den Gewürzen versehen, soll man es etwa eine halbe Stunde auf kleiner Flamme kochen lassen. Dann soviel Semmelmehl dazugeben, bis die Brühe aufgesogen ist. Mit Salz abschmecken und die Masse dick und kalt werden lassen. Dann auf Brot streichen."
(Frau Sch., Jg. 1928)

Neben dem Brot galten Kartoffeln als das Grundnahrungsmittel, das wirklich sattmachte und daher von den Familien zentnerweise verbraucht wurde. Um so schlimmer, wenn es wieder und wieder auch an Kartoffeln mangelte. Selbstverständlich sannen die Hausfrauen auf Abwechslung, und heraus kamen viele Möglichkeiten der Zubereitung von Kartoffeln als Hauptgericht, als Beilage und sogar als Kuchen. Die am häufigsten genannten sollen hier vorgestellt werden.
– Kartoffelsuppe:
Geriebene Kartoffeln mit Schale, Wasser und Ostermanns Suppenwürze kochen oder mit „etwas Grünzeug" und gerösteten Zwiebeln verfeinern oder in einer Wurstbrühe vom Schlachter ansetzen.
– Pellkartoffeln mit einfacher Senfsoße.
– Kartoffeln mit Stippe: d. h. mit Mehlsoße aus Fett, Mehl, Milch, Wasser und Zwiebeln.
– Salzkartoffeln mit

„Milch-Mehl-Soße, pikant abgeschmeckt, Spiegeleier in Streifen geschnitten und in die Soße gegeben ... Das mag und koche ich auch heute noch gern!"
(Frau E., Jg. 1927)

– Bratkartoffeln, in irgendeinem bißchen Fett, z. B. Rapsöl, gebraten oder:
„Meine Mutter hat immer einmal Bratkartoffeln in Flugmotorenöl gebraten, nur um das Gefühl der fetten Bratkartoffeln zu haben..."
(Herr G., Jg. 1930)

– Kartoffelpuffer:
Aus geriebenen Kartoffeln, in Lebertran, Fischöl oder Rizinusöl gebacken, was scheußlich roch, aber wohl schmeckte, solange die Puffer heiß gegessen wurden. Durch das Miterhitzen einer Brotkruste oder Zwiebel war dem Fett vorher der strenge Beigeschmack genommen worden.
– Kartoffelgericht im Backofen:

„Kartoffeltorte mit Tomaten:
Unter den Kartoffelbrei mischt man kleingeschnittene Fleischreste, Petersilie und ungeröstete Zwiebeln und füllt die Masse zur Hälfte in eine ausgefettete Form. Darauf legt man eine Schicht Tomatenscheiben, dann Kartoffelbrei und zuletzt wieder Tomaten. Salz darüber streuen und so man hat, ein paar Flöckchen Fett. Bei guter Hitze fertig backen und mit frischer Petersilie bestreuen."
(Frau Sch., Jg. 1928)

Für die Verwendung der Kartoffel beim Backen werden wir weiter unten einige Beispiele geben.
An dieser Stelle sollen noch einige andere Gerichte erwähnt werden, die damals auf dem Speisezettel der Haushalte erschienen. Die Vielfalt war verhältnismäßig groß, da jeder versuchte, aus dem gerade zur Verfügung Stehenden das nach seinem Geschmack Beste zu machen. Bei Geschmacksfragen – wie sollte es auch anders sein – scheiden sich die Geister. Beim gleichen oder ähnlichen Gericht schwelgt der eine in Erinnerung: „Lecker!", der andere schüttelt sich: „Abscheulich!" So erlebten wir es vielfach beim bereits genannten Fischöl, das durch die Nähe zum Fischhandel Bremerhavens auch in den Küchen Bremens Verbreitung fand.

„Keiner der heutigen jugendlichen Generation kann sich den ‚Duft' und auch das ‚Hochgefühl' der vollen Fischölflasche vorstellen! Was man nicht alles damit machen konnte!?! – Die Palette reichte sehr weit – vom Fladen bis zum Kuchen."
(Frau K., Jg. 1925)

Diese kleinen Fladen galten einigen als besonderes Sonntagsessen unter dem Namen „Drei Inne Pann" und bestanden aus Mehl und Wasser, evtl. mit Eigelb verrührt, und wurden nach übereinstimmender Aussage gern in Fischöl ausgebacken.

Suppen wurden viel gegessen. Ihr Grundbestandteil war meist eine Gemüsebrühe, die man selbst herstellte, oder eine gekaufte Brühe, von der wir weiter oben schon hörten:

> „Es gab mal Wurstbrühe beim Schlachter, wenn Wurst gemacht wurde, vielleicht einmal in der Woche. Nicht allzu oft. Man war glücklich, wenn man eine Milchkanne voll bekam. Obendrauf schwammen ein paar Fettaugen. Es wurden Kartoffeln oder Gemüse darin gekocht."
> (Frau M., Jg. 1926)

Oft wurde daraus auch die einigen noch sehr gegenwärtige Steckrübensuppe hergestellt. Zu diesem Gemüse, das in Notzeiten immer wieder zum Stillen des ärgsten Hungers diente, seien hier gleich die uns bekannt gewordenen Zubereitungsarten angefügt:

Gedünstete Steckrüben wurden in Scheiben geschnitten und in Malzkaffee in der Pfanne gebraten – als Beefsteakersatz.

Gekocht, gebraten und in kleine Stücke geschnitten, wurden die Steckrüben z. T. als Pausenbrotersatz geknabbert.

> „Steckrübenscheiben auf dem eisernen Herd geröstet, waren eine Delikatesse! (Statt Brot)."
> (Frau S., Jg. 1926)

> „Nicht Apfel im Schlafrock, sondern Steckrübe im Nachthemd: Vorgegarte Steckrüben wurden in einen Brei aus Mehl, Wasser und Salz getaucht und gebraten."
> (Frau Sch., Jg. 1927)

Neben den erwähnten Suppen wurden Mehl- und Brotsuppen gegessen.

> „Gebräunte Mehlsuppe: 4 Eßl. Mehl, 1¼ Liter Wasser, 20 gr. Fett, Salz, Pfeffer und Muskat. Das Mehl in einem Topf braun werden lassen und das Fett dazugeben. Mit Wasser ablöschen und aufkochen. Mit Salz, Pfeffer und Muskat abschmecken."
> (Frau Sch., Jg. 1928)

Die Brotsuppen wurden oft mit Süßstoff gesüßt und beispielsweise mit Apfelstückchen angereichert und schmackhafter gemacht. Altbackenes Brot fand so noch seine Verwendung.

Nähere Rezeptangaben fehlen zu den meisten Suppen, existierten wohl auch gar nicht, da den erfahrenen Hausfrauen die Grundzutaten bekannt und außergewöhnliche Verfeinerungen meist nicht möglich waren. Zudem bildeten sich individuelle Vorlieben heraus.

> „Mein Leibgericht waren Nudeln (Hörnchen, grau wie die Nacht), in Wasser gekocht, mit Zimt und Zucker (Rohrzucker, braun) bestreut."
> (Frau W., Jg. 1926)

> „Roggenpuffer: Roggen in der Kaffeemühle mahlen, mit Wasser, Salz und Eipulver anrühren und wie Kartoffelpuffer braten. Schmeckte besonders gut mit Hagebuttenmus bestrichen."
> (Frau Sch., Jg. 1927)

> „Quarkbratlinge:
> 500 gr. Quark, etwa 10 Eßl. Haferflocken, 1 Ei, 1 Eßl. Salz, 2 Scheiben Speck, 1 Zwiebel, getrocknete Pilze, Öl zum Braten und 2 Eßl. Semmelbrösel.
> Den durchgestrichenen Quark verrührt man mit dem Salz, Ei und Haferflocken. 10 Minuten stehen lassen. Speck, Zwiebeln und eingeweichte Pilze zerkleinern und alles leicht anrösten. Dann zu der Quarkmasse geben. Jetzt werden flache Bratlinge geformt, die man in heißem Öl langsam und knusprig backt. Jeder Salat schmeckt dazu."
> (Frau Sch., Jg. 1928)

Auch für Nachtisch wurde selbstverständlich gesorgt. Da gab es z. B. Grieß, in Wasser gekocht, mit Süßstoff gesüßt und mit dem Schneebesen geschlagen („schmeckte köstlich") oder das berühmte limonadenrote „Heißgetränk", aufgekocht und mit Mehl zu einem Pudding abgerührt.

> „Fantastisch war das ‚Errötende Mädchen': Grießschaum mit Preiselbeeren geschlagen, später mit einem Ei darin schon Luxus."
> (Frau T., Jg. 1927)

„Quarksahne:
250 gr. Quark, 1/4 Liter Milch, 15 gr. Stärkemehl, Zucker nach Geschmack. Milch und Stärkemehl rührt man kalt an und läßt es unter Rühren aufkochen. Den Quark streicht man durch ein Sieb, rührt den abgekühlten Stärkemehlbrei löffelweise darunter und süßt nach Geschmack. Auf diese Weise bekommen Sie eine wunderbare sahnige Creme."
(Frau Sch., Jg. 1928)

Wenden wir uns nun den Rezepten zu, die uns aus der Bevölkerung zum Kuchen- und Plätzchenbacken übermittelt wurden. Soeben haben wir von der vielseitigen Verwendbarkeit der Kartoffel gesprochen. Hier sei zunächst dafür ein weiterer Beweis geliefert.

„Hefeteig: 200 g Kartoffeln, 100 g Natron, 50 g Weinsteinsäure."
(Frau S., Jg. 1902)

„Kartoffelkuchen: 1 Pfund Grieß, 1 Pfund Kartoffeln, 1 Ei, Zitronenaroma, 300 g Zucker, 1½ Päck. Backpulver, Prise Salz, Fett (wenn vorhanden)."
(Frau S., Jg. 1902)

„Krümelkuchen: 300 g Mehl, 125 g geriebene gekochte Kartoffeln, 50 g Haferflocken, 1 Ei, 150 g Zucker, 75 g Butter, 500 g Äpfel, 1 Backpulver. Mehl, Kartoffeln, Backpulver, Haferflocken vermengen, in eine Vertiefung Ei und zerlassene Butter geben und mit den Händen die Masse zerkrümeln. Die Hälfte in die Springform füllen, geschälte geraspelte Äpfel darauf und den Rest der Krümel darübergeben."
(Frau M., Jg. 1924)

Weitere Kuchenrezepte:
„Topfkuchen ohne Fett und Ei: 2 Tassen Mehl, 2 Tassen Grieß, 1 Tasse Kartoffelmehl, 2 Tassen Zucker, 1 Päck. Backpulver mit Milch anrühren."
(Frau W., Jg. 1908)

Gehackte Bucheckern dienten als Fett- und Mandelersatz zum Verfeinern von Topfkuchen.

„Aus Malzkaffeesatz wurde ‚Mohnkuchen' gebacken."
(Frau V., Jg. 1928)

„Marzipan-Plattenkuchen: Grundteig: 400 g Mehl, 100 g Zucker, 250 g Magerquark, 6 EL Magermilch, 1 P. Backpulver oder Zitronenaroma, 6 EL Milch, 1 Prise Salz, 6 EL Öl. Füllung: 2 Pf. Pellkartoffeln gut weich kochen, abziehen, zerstampfen, mit Bittermandelöl würzen und mit etwas Magermilch glätten. Die Masse auf den Teig streichen und gründlich ausbacken."
(Frau M., Jg. 1924)

„Honigkuchen: 260 g Rübensirup, 125 g Zucker, etwas Salz, 1 Päckchen Vanillezucker, 1 Ei (etwas Zimt, gemahl. Nelken, Kardamom), 500 g Mehl, 1 Backpulver, 1/8 l Milch. Alle Zutaten nacheinander sehr gut verrühren und den etwas zähen Teig auf einem gefetteten Blech ausstreichen. Getrocknete Kürbiskerne öffnen und den inneren Kern wie eine Mandel benutzen und verzierend auf den Teig legen. Bei Mittelhitze backen und später in kleine Vierecke schneiden."
(Frau Sch., Jg. 1928)

„Eine Springform mit ‚Brandts Zwieback' auslegen, eine Schicht heißen Pudding darüber, wieder eine Schicht Zwieback und dann eine Schicht heißes Obst. Nach dem schwierigen Schneiden gut zu essen!"
(Frau S., Jg. 1926)

„Und sonntags gab es einen Kuchen, in dem der größte Anteil nicht Mehl, sondern Kaffee-Ersatz-Pulver war. Die Buttercreme bestand aus Magermilchpudding und enthielt nie Butter. Das Ganze wurde mit gerösteten Haferflocken bestreut."
(Frau Sch., Jg. 1927)

Beim Gebäck wurden uns mehrfach „Haferflockenplätzchen" und „Nußplätzchen" genannt, letztere auf der Grundlage selbstgesammelter Bucheckern, aber auch Makronen aus je einer Tasse Grieß, Mehl, Zucker und Haferflocken, einem Ei und etwas Backpulver und Fett.
Wer weiß, wie oft die Mutter dies zur Freude ihrer Familie gebacken hat:

„Essigplätzchen: 30–40 g Fett, 100 g Zucker, 2 EL Essig, 1 l Wasser, 250 g Mehl, 1/2 Backpulver. Mürbeteig backen, ausstechen – goldgelb backen."
(Frau M., Jg. 1909)

„Einfache Kekse ohne Ei: 75 g Fett, 75 g Zucker schaumig rühren, 1 Vanillezucker, Rumaroma, 250 g Mehl, 2 gestr. TL Backpulver, 5 EL Milch oder Wasser. Mehl und Backpulver unterkneten – ausstechen – mit Milch bestreichen – backen."
(Frau M., Jg. 1909)

Zum richtigen Genuß besonders von Obstkuchen gehört Schlagsahne. Die aber kam nicht zum Verkauf und wurde arg vermißt. So gelangten schnell Rezepte zur Herstellung einer „Ersatzsahne" oder „Falschen Sahne" in Umlauf und in den verschiedensten Variationen zur Verbreitung.

„1/2 l Milch, 1 mittlere, rohe Kartoffel, Zucker, Aroma oder Obst. Rohe, geriebene Kartoffel in der Milch garkochen. Nach dem Erkalten mit Zucker, Aroma, geriebenen Äpfeln oder anderem Obst tüchtig schlagen."
(Frau E., Jg. 1930)

„1/2 l Milch, 2 gestr. Eßlöffel weißes Mehl oder Weizengrieß in der Milch garkochen. Nach dem Erkalten mit Zucker schlagen. Nach und nach Obst hinzutun oder Aroma. 1 gestr. Teelöffel Backpulver mitkochen lassen."
(Frau E., Jg. 1930)

„1/2 l Magermilch, 1 gehäufter Eßl. Grieß am Tage vorher kochen, dann 1 Eßl. Zucker, Vanillezucker und Zitronenessenz zusammen 40 Minuten schlagen."
(Frau W., Jg. 1908)

Nach anderer Angabe wurde „in Wasser gekochter Grieß mit Süßstoff und Aromastoffen stundenlang zur Sahne aufgeschlagen" oder sie aus einem Eiweiß, einer Tasse Zucker und einer Tasse Rhabarbersaft in ähnlich zeitraubendem Verfahren hergestellt.

5.7. „Hamstern"

Innerhalb aller Nachkriegsgeschäfte des Tauschens und „Organisierens" nahm das „Hamstern" einen besonderen Platz ein. Die geradezu legendären Hamsterfahrten dienten den Städtern ausschließlich zum Besorgen von Lebensmittel und gingen daher immer aufs Land. Das Verhalten der Bauern, die meist genug zu essen hatten und oftmals die Notlage der vor ihrer Tür Stehenden schamlos ausnutzten, hat für Jahrzehnte das Verhältnis der ehemals Betroffenen zur Landbevölkerung getrübt.

„Die Bauern hatten jetzt ihre große Zeit. Massenhaft kamen die Städter per Fahrrad oder per Zug mit ihren letzten Habseligkeiten auf die Dörfer, um Lebensmittel einzutauschen und zu überleben. Die Bauern waren satt und hatten jetzt alles: Teppiche, Schmuck, Klaviere usw. Vielen zeigten sie die kalte Schulter."
(Herr E., Jg. 1932)

„Getauscht ... weiße Oberhemden gegen Zucker, bis die Bauern genügend weiße Oberhemden hatten und nun farbige verlangten, die unser Vater leider nicht trug."
(Frau B., Jg. 1903)

Gewiß konnte man nicht erwarten, daß sie die vielen leeren Mägen umsonst stopfen sollten, zumal auch von staatlicher Seite Lieferungen von ihnen verlangt wurden, doch sprach es sich herum, daß sie sich im Tausch um die Grundnahrungsmittel an den letzten Wertgegenständen der Ausgebombten oder sonstwie Verarmten bereicherten.

Über Hamsterfahrten im allgemeinen ist schon viel bekannt geworden, doch über die Fahrten der Bremer Bevölkerung ins ländliche Umland können wir hier zum ersten Mal eine Fülle authentischer Berichte bringen. Bei der Auswahl wollen wir nicht so sehr auf die beim Hamstern eingesetzten Gegenstände achten als vielmehr auf die persönlichen Erfahrungen der Städter. Im übrigen geht das, was die Bremer an Silber, Porzellan usw. aufs Land trugen, aus den noch folgenden Ausführungen über das Tauschen hervor.

Wie man sich auf den Weg machte, hing u. a. von Ziel, Ausrüstung, körperlicher Verfassung ab. Uns sind vornehmlich Fahrten mit dem Fahrrad oder mit der Eisenbahn übermittelt.

„Meistens fuhren meine Mutter und mein Bruder per Rad über Land, und wir waren glücklich, wenn sie ein paar Kartoffeln oder Futterrüben mitbrachten."
(Frau Z., Jg. 1923)

Rucksäcke und Beutel
aus Drell, Segeltuch und Leinen
zum Hamstern und Einkaufen

„Mit dem Rad fuhr ich an Wochenenden häufig zu Bauern ... in die Umgebung Bremens, um Brot, Kartoffeln, Eier oder Gemüse zu ergattern."
(Herr St., Jg. 1916)

„Für meine Hamsterfahrten überließ meine Mutter mir ihr sehr altes Fahrrad. Sehr weit durfte ich mit diesem Rad nicht fahren. Mein Gebiet wurde Fischerhude und Umgebung ... Ich erinnere mich ..., daß ich einmal für meine Zigaretten viele Kartoffeln eingeheimst hatte, die ich mit Papierbindfäden (etwas anderes gab es damals nicht) hinter dem Rücksitz und vor dem Lenkrad festband. Auf der gepflasterten, abfallenden Straße von Quelkhorn nach Fischerhude gab es einen Stoß, und vorn und hinten riß der Bindfaden, und meine Kartoffeln purzelten über die ganze Straße. Einzeln habe ich sie wieder aufgesammelt ..."
(Frau M., Jg. 1914)

„Meine Mutter fuhr später mit ihrem Fahrrad zu den Bauern, bei denen ich im Kriege war, und brachte Kartoffeln und Wurzeln mit. Es war immer eine Angstpartie, denn sie mußte abends pünktlich vor der Sperrstunde zu Hause sein. Hin und wieder durften wir auch zur Frau von Wilhelm Kaisen in Borgfeld fahren und bekamen immer etwas Nahrhaftes mit."
(Frau J., Jg. 1933)

Auch aus anderen Gründen konnten die Radfahrten zu einer Angstpartie werden. In mehreren Berichten ist die Rede von Belästigungen und Überfällen durch vagabundierende ehemalige Fremdarbeiter. So kam vor allem bei den Frauen zu der großen körperlichen Anstrengung einer in aller Herrgottsfrühe begonnenen 40 bis 50 km langen Fahrt die Gefährdung; doch ihre Ängste ließen sie sich nicht anmerken.
Nicht ganz so auf sich gestellt waren diejenigen, die sich für Fahrten mit dem Zug entschieden; dafür gab es hier andere Probleme:

„Fischöl und Räucherfisch holten meine Mutter und ich aus Wulsdorf bei Bremerhaven. Eine Fahrt habe ich im Winter alleine gemacht. Der ‚Fischexpress' in Richtung Bremerhaven war überfüllt. Auch die Trittbretter waren besetzt. Ich fand noch einen Platz auf einem Puffer. Eine Hand an der Stange, und mit der anderen Hand hielt ich die große Tasche fest. Und das bei Eis und Schnee. Vom Bahnhof Wulsdorf brauchte ich noch eine Stunde bis zum Händler. Auf der Rückfahrt hatte ich dann wieder nur den Stehplatz auf dem Puffer. Bis zum Hauptbahnhof durfte ich nicht, wegen der Kontrollen. Ich mußte in Walle aussteigen und nach Findorff gehen. Von der Pufferfahrt habe ich aber nichts erzählt. Alle waren ja froh, daß ich die Flaschen heil nach Hause gebracht hatte."
(Herr W., Jg. 1932)

„Es ging auf Hamstertour nach Syke, Fischerhude und auch Bremervörde ... Jeder versuchte, das Nötigste heranzuschaffen, um zu überleben. Oft genug waren die Züge dermaßen überfüllt, daß keine Mitfahrgelegenheit mehr bestand und meine Mutter zu Fuß – bepackt mit Lebensmitteln – aus Fischerhude oder Osterholz-Scharmbeck nach Hause kam. Ich kann mich noch genau daran erinnern, wenn sie und auch Großvater mitunter mitten in der Nacht vom Hamstern nach Hause kamen und alles auspackten. Ausgehungert fielen wir über alles her. Manchmal waren auch geschmierte und belegte Brote von den Bauern darunter. Wenn man bedenkt, wie gefährlich oft diese Fahrten auf den Dächern und Puffern der Züge waren, begreift wohl ein jeder, was das damals für Zeiten waren und was die Leute alles auf sich nahmen, um am Leben zu bleiben und nicht zu verhungern."
(Herr L., Jg. 1936)

Vor allem nahmen sie auch Demütigungen, Gefühle der Scham und Mißerfolgserlebnisse auf sich, die in der Erinnerung schwerer zu wiegen scheinen als die körperlichen Strapazen einer solchen Fahrt:

„Es war oft sehr schwer, etwas zu erhalten, wenn man den Bauern nicht kannte."
(Frau G., Jg. 1902)

„Ich bin einmal zwei Tage über die Dörfer gezogen, um etwas Nahrung zu beschaffen, die Ausbeute: drei Kartoffeln."
(Herr G., Jg. 1930)

„Nur ein einziges Mal versuchten mein Vater und ich zu ‚hamstern'. Wir fuhren mit unseren Fahrrädern über Lilienthal in Richtung Worpswede. Im Rucksack hatten wir einige Glühbirnen, die wir kaum selbst entbehren konnten, und einen Aluminiumkochtopf von ‚Weser-Flug'. Schüchtern und verlegen fragten wir auf Bauernhöfen, ob wir etwas dafür eintauschen könnten. Müde und gedemütigt kehrten wir am Abend zurück. Ein Zipfel Leberwurst und ein kleiner Würfel Speck, schon ein wenig ranzig, waren die ganze Ausbeute."
(Herr S., Jg. 1926)

„Es war jedesmal wahnsinnig erniedrigend zu warten (manchmal Stunden), bis der Bauer mit dem Koffer, in dem Mutter Sachen zum Tauschen mitgenommen hatte, zurückkam ..."
(Frau K., Jg. 1926)

„Wenn ich heute von den Leiden der Bauern lese, denke ich an die entwürdigende Behandlung, die wir durch die Bauern damals erfahren haben. Es war eine schlimme Situation, manchmal ging es um nur eine Scheibe Brot – heute unvorstellbar ..."
(Frau M., Jg. 1914)

5.8. Care-Pakete

Für viele Menschen im zerstörten Deutschland waren die Care-Pakete der amerikanischen Hilfsorganisationen die einzige Unterstützung, die ihnen außerhalb der offiziellen Lebensmittelrationen zuteil wurde – so auch in Bremen. Wenn die Empfänger den Inhalt, bei dem es sich teilweise auch um Kleidungsstücke und Schuhe handelte, nicht selbst ver- oder gebrauchen konnten oder wollten, wurde er gern in die allgemeinen Tauschgeschäfte eingebracht oder als willkommene Gegengabe für Reparaturen und Hilfsdienste benutzt. So war ein Care-Paket in jedem Falle ein großer Gewinn und bei den Familien als freudige Überraschung geschätzt.

„Wer überleben wollte, mußte sonst versuchen, sich irgendwie zusätzliche Nahrungsmittel zu verschaffen. Glücklich der, der ... ein Care-Paket erhielt; durch diese große Spendenaktion sind sicher Tausende vor dem Hungertod bewahrt worden."
(Herr B., Jg. 1908)

„Mit den Care-Paketen ... konnten wir dann einigermaßen leben."
(Frau B., Jg. 1914)

Care-Paket aus Amerika – das klingt so anonym und war es doch nicht, wenn wir die uns gemachten Aussagen näher aufschlüsseln.
Wer in den USA packte ein Paket für die hungernden Deutschen?
– nahe Verwandte wie Onkel und Tanten
– entfernte Verwandte
– Jugendfreunde und alte Freunde

„Gebrauchsanweisung"
für Care-Pakete

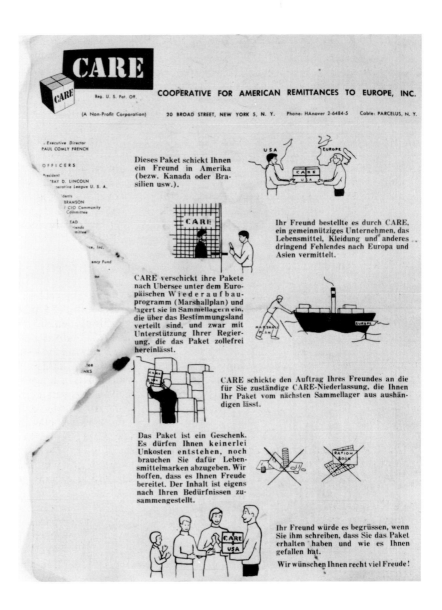

- amerikanische Freunde
- ehemalige Hausangestellte wie Putzfrauen und Kindermädchen
- amerikanische Brieffreunde
- unbekannte Amerikaner

Auch wenn sie nicht als Care-Pakete deklariert waren, wurden selbstverständlich die privat verschickten Pakete aus anderen Teilen der Welt ebenso als Liebesdienst empfunden.

„Wer Verwandte im Ausland hatte, war ohne Zweifel bevorzugt – zum Glück waren es in Bremen viele."
(Frau von R., Jg. 1911)

„Eine große Hilfe waren für mich Pakete aus Schweden (von Freunden) ... Sie schickten mir abgelegte, sehr gute Kleidung und auch einige Lebensmittel."
(Frau V., Jg. 1922)

Woher kamen diese oft sehnlich erwarteten Sendungen? Beispielsweise:

– von den Eltern aus Italien
– von der Großmutter aus Chile
– von einem Onkel von den Philippinen
– von Verwandten aus Argentinien, Bolivien, Kolumbien
– von Freunden und Freundinnen aus Brasilien, Schweden, Südafrika

Was den Inhalt der Pakete angeht, ihre Bedeutung für die Empfänger, sprechen die Erinnerungen für sich:

„Und dann eines Tages – meldete sich die gute ‚Tante aus Amerika'! Nie werde ich die Spannung vergessen, die bei uns aufkam, wenn der Postbote eine Aufforderung vom Zollamt brachte, ein Paket aus Amerika abzuholen. Meine liebe Tante, sie ist nun schon lange tot, machte sich mit dem Verpacken viel Mühe. Sie nähte das ganze Paket in Stoff ein. Manchmal waren es Mehl- oder Zuckersäcke, ich kann mich noch an etwas Rotkariertes erinnern. Ich trennte alles sehr vorsichtig auf, während meine kleinen Mädchen aufgeregt und ungeduldig dabeistanden. Ich hoffte doch, den Stoff noch verwenden zu können. Er ergab dann schon mal ein Kinderkleidchen oder Wäsche. Die Pakete enthielten meistens abgelegte Kleidung für die ganze Familie, aber auch Lebensmittel. Z. B. gab es in Amerika damals schon Fertigpackungen für Kuchen, Desserts usw., die wir hier noch nicht kannten. Auch Bohnenkaffee, auf den wir verzichteten, ich konnte dafür Butter eintauschen. Ein paar Süßigkeiten für die Kinder fehlten nie."
(Frau B., Jg. 1920)

„Über Beziehungen oder Möglichkeiten des Tauschens verfügten wir nicht. Und für Schwarzmarktpreise reichte das Geld bei weitem nicht aus. Als freundlichen Lichtblick betrachteten wir das einzige Care-Paket, das wir bzw. ich im Auftrag meiner durch die Schule vermittelten amerikanischen Brieffreundin aus Indianapolis erhielten. Dieses Care-Paket traf bei uns zu einem Zeitpunkt ein, der nicht besser hätte ausgesucht werden können: kurz vor der Silberhochzeit unserer Eltern am 23. April 1948. Dadurch wurde das Fest unserer Eltern sehr bereichert; es gab echten Bohnenkaffee – für meine Mutter und Großmutter ein seit Jahren schmerzlich entbehrter Genuß. Die Kuchen konnten mit Fettzugabe gebacken werden, es gab für jeden etwas Schokolade – wir waren selig und ... von Herzen dankbar."
(Frau St., Jg. 1929)

„Ganz selten gab es Care-Pakete. Da bei uns niemand Englisch konnte, stand eine Dose mit Schmalz lange rum, weil die Familie vom wertvollen Inhalt nichts wußte. Die ersten Nylonstrümpfe wurden bestaunt (‚So etwas kann man doch nicht anziehen'). Die erste Schokolade schmeckte mir gar nicht. Den besonderen Geruch dieser Päckchen habe ich heute noch in der Nase."
(Frau L., Jg. 1942)

„Wie ein Geschenk des Himmels kamen dann für uns die Care-Pakete meines Onkels aus Amerika. Es ging ihm ganz gut, aber um für seine große Familie hier jeder Familie pro Monat ein Paket zu schicken, mußte er schwer arbeiten. Ein Pfund Kaffee, Kakao, Zigaretten, Fett, Corned Beef, Stoffe, ein sehr geliebtes Kleid, Ledersohlen, sogar Wolldecken!"
(Frau T., Jg. 1927)

Care-Paket
Pappkarton mit Inhalt, z. B. Dosen mit Kaffee, Trockenmilch

„Gerettet hat uns meine Tante in Amerika, die regelmäßig Pakete an die Verwandten schickte. Sie hatte eine Arbeit als Putzfrau angenommen, um das Geld dafür zu verdienen. Die Pakete enthielten Lebensmittel, abgelegte Kleidung von ihren Arbeitgebern, die besonders mir zustatten kam, und vor allem Kaffee und Zigaretten, die Währung dieser Jahre, für die man alles andere erhalten konnte. In den Paketen waren verlötete Dosen mit der Aufschrift Trockenmilch. Tatsächlich enthielten sie Zigaretten, und ich glaube nicht, daß die Zollbeamten so dumm waren, daß sie diesen Trick nicht durchschauten; sie hatten wohl ein gutes Herz. Was mir in den Paketen gut gefiel, das waren Gewürze, die bei uns knapp oder unbekannt waren, z. B. lernte ich da Curry kennen. Mit diesen Gewürzen konnte man die eintönigen Speisen zwar nicht nahrhafter, aber doch abwechslungsreicher machen."
(Herr H., Jg. 1929)

„Eine ganz wesentliche Unterstützung waren Care-Pakete von Amerikanern, mit denen ich nicht verwandt war und die ich 1938 nur einige Wochen gesehen hatte. Diese Amerikaner haben mir und meiner Mutter in den Jahren 1946/47/48 in überaus großzügiger Weise unser Leben lebenswert gemacht. In den inzwischen vergangenen vierzig Jahren ist aus der flüchtigen Vorkriegs-Bekanntschaft eine echte Freundschaft zwischen Generationen geworden."
(Herr Sch., Jg. 1908)

„Ab 1946 bekamen wir einzelne Care-Pakete von entfernten Verwandten und Freunden aus den USA, aber vor allem selbstgepackte Pakete mit Kaffee, Fett, Fleischdosen, Reis, Gewürzen u. a. von unserer früheren Putzfrau. Sie war 1927 nach New Jersey ausgewandert und hatte es dort zu bescheidenem Wohlstand gebracht. Damals hatte sich der Auswanderungstermin verzögert, nachdem das Ehepaar seinen Haushalt schon aufgelöst hatte. Wir nahmen beide für mehrere Monate in unserer Wohnung auf und erfuhren nach 20 Jahren diesen großen Dank."
(Frau K., Jg. 1917)

„Zwar lebten wir von der Hand in den Mund, es ging uns aber aufgrund der Care-Pakete nicht allzu schlecht; denn in diesen Paketen befanden sich viele Gegenstände, die wir auf dem Markt tauschen konnten, um an Grundnahrungsmittel heranzukommen. Beispiels-

Mehlsäcke amerikanischer Herkunft, verwendet als Handtücher, Tischdecken, Blusen und zum Transport von Lebensmitteln

weise erhielten wir Unterwäsche und Schuhe (Größe 36) mit hohen Absätzen, die keiner in der Familie tragen konnte – auf dem Schwarzmarkt wurden wir sie jedoch reißend los."
(Frau L., Jg. 1907)

„Außerdem hatte die Mutter meiner Mutter die Verwandten ihrer Freundin, die vor dem Krieg in ihrem Haus gewohnt hatte, ... in Amerika ausfindig gemacht. Somit bekamen wir Care-Pakete von dort mit Lebensmitteln und Zeug zum Anziehen."
(Frau G., Jg. 1937)

„Gelegentlich erhielten wir Pakete von alten Freunden in den USA, teils Care-Pakete, mit deren Inhalt man teilweise auch tauschen konnte, teils aber auch Privatpakete. Die waren noch wertvoller, weil sie individuell gepackt waren und außer Lebensmittel auch andere Dinge enthielten, die es hier nicht gab."
(Herr K., Jg. 1922)

„Unsere Mitarbeiter bekamen einmal ein Care-Paket. Nachdem wir alle Köstlichkeiten aus dem Paket bewundert hatten, kamen sie in den Keller – Naschen verboten! In einer der nächsten Nächte wurde im Keller eingebrochen, und uns blieb nur die Erinnerung an all die Köstlichkeiten."
(Frau W., Jg. 1926)

Die Pakete aus den fernen Ländern

„... waren für uns drei Kinder ‚wahre Schätze', die tagelang voller Stolz erst betrachtet wurden und dabei immer wieder ein- bzw. ausgepackt wurden, bevor wir etwas davon essen durften".
(Herr K., Jg. 1938)

„Die ersten Pakete mit Lebensmitteln ... wurden wie Geburtstagspakete ausgepackt, seltene Herrlichkeiten, auch Hefte mit holzfreiem Papier! Für die Schule viel zu gut."
(Herr W., Jg. 1934)

Folgende Gaben gehörten zum meistgenannten Inhalt der Care-Pakete aus den USA, von Privatleuten oder Organisationen eingepackt:

Lebensmittel
- Eipulver
- Linsen
- Mehl
- Milchpulver
- Reis
- Rosinen
- Zucker
- Büchsenfleisch
- Corned Beef
- Erdnußbutter
- Fett
- Frühstücksspeck
- Schmalz
- Speck

Genußmittel
- Kaffee (Bohnenkaffee, Nescafé)
- Kakao
- Kaugummi
- Kekse
- Kuchen
- Schokolade
- Tee
- Zigaretten

Bekleidung
- Babywäsche
- Kinderkleidung
- Kleider, getragene und neue
- Nylonstrümpfe
- Schuhe

5.9. Genußmittel

Wenn man die tägliche Kost besieht, kann man verstehen, daß die Menschen einen unbändigen Appetit auf Süßes und weniger Alltägliches bekamen, d. h. etwas für den Genuß suchten. Hausfrauengeschick bei der Verwendung von Zucker und Aroma und raffinierte Täuschung durch Ersatzstoffe konnten zwar bei manchem nachhelfen, doch der Wunsch nach einer Tasse echten Bohnenkaffees oder anderen Getränken aus Übersee war nicht leicht zu befriedigen. Auch Alkoholisches wurde zum Problem in einer Zeit, in der man sicher manchesmal gern einen kleinen Schluck zum Aufheitern in verzweifelter Lage oder im Gegenteil zum Begießen neu gewonnener Lebensfreude oder auch nur zum Aufwärmen in eisigen Wintern genommen hätte.
Wir werden in anderen Zusammenhängen immer wieder hören, wie begehrt diese sogenannten Genußmittel waren, welch hohen Tauschwert sie besaßen, wie manch einer sich noch heute an die Umstände erinnert, unter denen er damals an etwas Rares herangekommen war. An dieser Stelle soll uns eher interessieren, wie man sich ersatzweise gewisse Genußmittel verschaffte. Beginnen wir mit dem, was die Mehrheit wirklich

Kaffeeröster
aus Eisenblech,
beheizt mit Spiritus

entbehrte, den guten alten Bohnenkaffee, selbst gemahlen in der Kaffeemühle und bei besonderen Anlässen unentbehrlich. Es gab den Kaffee-Ersatz, den sogenannten Muckefuck, der mehr als Getränk denn als Genuß galt, der auch – wie wir von den Gepflogenheiten der Nahrungsmittelzubereitung wissen – gern zum Kuchenbacken und mangels Fett zum Braten und Bräunen von Bratkartoffeln verwendet wurde. Andere Formen von Kaffee-Ersatz wurden individuell unterschiedlich gefunden: Da wurden beim Trocknen im Backofen zu schwarz gewordene Birnenscheiben in der Kaffeemühle zu Pulver gemahlen, da war es gang und gäbe, eingetauschten oder bei der Ährennachlese auf den Feldern zusammengesuchten Roggen im alten Kaffeeröster oder in der Bratpfanne auf dem Herd zu rösten. Manche probierten dies auch ohne überzeugenden geschmacklichen Erfolg mit Eicheln. Andere versuchten ihr Glück, indem sie reife grüne Erbsen im Bratentopf über der Flamme rührten, bis sie braun waren, und, zur „Kaffeebohne" verwandelt, in die Kaffeemühle wandern konnten. Dieses Gerät gehörte damals noch in jeden Haushalt und war häufig an Küchenwand oder -schrank befestigt. Besser war dann schon der Rohkaffee, den manch ein im Hafen Beschäftigter mittels seines „Zampelbeutels" herausschmuggelte oder den Verwandte aus Mexiko oder Brasilien in kleinen Säckchen schickten. Er wurde entweder in kleinen Bremer Röstereien weiterverarbeitet oder zu Hause „in einem geschlossenen flachen Topf mit Rührhebel" geröstet, dann gemahlen. Dieser Kaffee, echter Bohnenkaffee, war ein Hochgenuß.

Der Lage entsprechend fehlte es auch an schwarzem Tee. Wer ihn auf welchen Wegen auch immer, meist aus amerikanischen Beständen, ergattern konnte, schätzte sich so glücklich, daß er die Teeblätter viermal aufbrühte und noch Freunde oder Nachbarn zum Teetrinken einlud. Eine Vielfalt anderer Teesorten mischten sich die Teetrinker selbst aus getrockneten Blättern, Blüten und Früchten, beispielsweise von Johannisbeersträuchern, Schafgarbe, Pfefferminz und Kamille. Wer sich mit diesem gesunden und an sich wohlschmeckenden Ersatz nicht zufriedengeben mochte, keine Beziehungen hatte und sich wenigstens in gewissen Abständen etwas Gutes tun wollte, mußte sich ebenso wie bei der Besorgung von Kaffee dem Schwarzmarkt zuwenden. Für viel Geld oder gegen andere gefragte Ware konnte er sich Güter erhandeln, die aus dunklen Kanälen immer wieder nachflossen.

„Die ... Honorare, schmal genug, gingen auf den Schwarzmarkt für Zigaretten und Tee ..."
(Herr W., Jg. 1920)

Kakao war ein ebenso rares, nicht nur bei Kindern beliebtes Produkt aus Übersee. Diese Erkenntnis ließ zwar die Amerikaner ungezählte Tonnen des Pulvers in die Schulspeisung geben, doch davon gelangte das feine aromatische Getränk noch nicht in die Haushalte. Das geschah eher durch Care-Pakete und die Sendungen von Verwandten aus aller Welt. Doch findig, wie man war, gab es bald ein verbreitetes Ersatzrezept:

„Rote Bete wurde geschnetzelt, getrocknet und dann durch die Kaffeemühle gedreht. So hatten wir tolles Kakaopulver, das, mit Magermilch aufgefüllt, wie ‚Kaba‘ schmeckte!" (Frau S., Jg. 1926)

Ob alle, die auf der Suche nach einem guten Tropfen Alkohol waren, mit ihrem Gebräu ebenso zufrieden waren, mag dahingestellt sein, auf jeden Fall blieben sie nicht untätig. Heimlich und verbotenerweise wurde der berühmt-berüchtigte Rübenschnaps gebrannt, berühmt, weil er in der Notzeit der einzige stärkere Alkohol war, berüchtigt, weil die meist laienhafte Verarbeitung den Alkoholgehalt so hoch schnellen ließ, daß Vergiftungen mit schlimmen Folgen wie Erblindung, ja Todesfälle vorkamen. Dieser Schnaps wurde von einigen für den Eigenbedarf, zum Tauschen und für den Schwarzmarkt selbst gebrannt und von denen erstanden, die weder die Kenntnisse, noch Mut oder Gelegenheit zu dieser Prozedur hatten. Der Geschmack soll – sicher unterschiedlich empfunden und auch gewesen – im Grunde gräßlich gewesen sein. Aber die Wirkung war doch die gewünschte: „Endlich mal wieder lustig und fidel." Übrigens wurden auch Weizen, Roggen, Kartoffeln und Rosinen gebrannt, und wer das häufiger tat, schaffte sich zur Sicherheit einen Alkoholmesser an. Andere ließen aus gleichem Grund ihr Erzeugnis gegen Bezahlung von einem Apotheker untersuchen. Von Berufs wegen im Umgang mit Alkohol erfahren, besaßen sie auch die Kenntnisse möglicher Mixturen mit Essenzen und Aromastoffen, optimaler Mischungsverhältnisse und schmackhafter Variationen. Wie wir im Zusammenhang mit Festen und Geselligkeit hören werden, galten sie daher als gerngesehene Gäste, die etwas ebenso gerngesehenes Hochprozentiges mitbrachten, wie z. B. „Aufgesetzten" aus Obst und Branntwein und Liköre. Einen Likör gab es, der offensichtlich auch ohne Fachwissen fast problemlos hergestellt werden konnte: den Eierlikör. Er wird mehrfach bezeugt als beliebtes Getränk auf Geburtstagen und anderen Familienfeiern, hier aus „Vanillesoße mit Eigelb und etwas Alkohol", dort aus „Vanillepudding und Schnaps" gequirlt und gerührt. „Und das hat geschmeckt!"

So wie wir über den Ersatz von Kaffee, Tee und Kakao sprachen, so müssen wir hier ein Wort verlieren über einen gewissen Alkoholersatz; denn was wurde getrunken auf den vielen Festen des wiedererwachenden gesellschaftlichen Lebens? Das sogenannte Heißgetränk. Irgendwann und irgendwo scheint jeder Bremer mit dieser roten, kalt oder heiß zu trinkenden Limonade Bekanntschaft gemacht zu haben. Von „köstlich" bis „abscheulich" gehen die geschmacklichen Erinnerungen und erwecken den Eindruck, als seien sie persönlich gefärbt durch die jeweilige Situation, in der das Heißgetränk genossen wurde. Selbst seine Farbe schillert zwischen weiß, grau, rosa und rot.

Gab es auch verschiedene Arten Heißgetränk, eines z. B. mit Rum-Aroma, so hatten alle eines gemein: Sie waren das Getränk der Feste, der Tanzvergnügen und Abschlußbälle, sie waren Ersatz, nicht im Sinne schlechten „Fusels", sondern an Stelle von Alkohol.

6. Rauchen

Normalerweise interessiert sich für Tabak und Zigaretten nur der, der raucht. In der Nachkriegszeit aber waren diese Dinge von zweifachem Interesse. Zum einen hatten das Soldaten- und Lagerleben und alle Strapazen des Krieges mehr Männer zu Rauchern werden lassen, und die entspannende Wirkung einer Zigarette hatten inzwischen auch die ständig überforderten Frauen schätzen gelernt. Dadurch standen für den kurzen Genuß Zigaretten oder Tabak zum Selbstdrehen hoch im Kurs, Genießer bevorzugten Zigarre oder Pfeife. Diese Nachfrage jedoch und der nahezu unterbrochene Import von Tabakwaren forcierten damit deren Wertsteigerung. Zum anderen wurden also vor allem Zigaretten zu einem Mittel, das Tür und Tor öffnete, Hartherzige erweichte, Geizige spendabel machte, schier unmöglich Erscheinendes möglich machte – sie waren von lebenswichtigem Interesse. Was beim Tauschen und Organisieren fortan zählte, war nicht das Geld, für das es keine Ware mehr gab, sondern die Zigarette – als neue Währung. Zigaretten aber hatten die amerikanischen Soldaten in übergroßen Mengen und in guter Qualität. Kontakte zu Angehörigen der Besatzungsmacht erwiesen sich daher auch für viele Bremer als Garantie für Lebenserleichterungen durch Zigaretten. Die geringen Zuteilungen auf offizieller Raucherkarte fielen dagegen kaum ins Gewicht.

„Zigaretten sind die beste Währung, nur schwierig zu kriegen. Für Zigaretten bekommt man beinahe alles – alles, was es noch gibt. Eine richtige Währung existiert nicht."
(Frau M., Jg. 1933)

„Leider hatten wir zu Hause nichts, was wir tauschen konnten. Aber für meine Ration Zigaretten, die ich nicht brauchte, bekam ich einmal einen Bezugsschein, auf dem ich mir dann rechtmäßig in einem Geschäft Schuhe kaufen konnte."
(Frau D., Jg. 1922)

„Die Hauptgegenstände zum Tauschen waren Zigaretten und Kaffee. Wenn man diese Dinge hatte, konnte man auf dem Lande und anderswo Lebensmittel in jeder Menge eintauschen."
(Herr Sch., Jg. ohne Angabe)

Einige Beispiele aus unseren Berichten:
Zigaretten erhielt man von Amerikanern, wenn man für sie z. B. alte Orden und Ehrenzeichen hatte oder selbstgemachten Johannisbeerwein und Kirschlikör oder wenn man ihnen zu einem besonderen Vergnügen verhalf, z. B. zu einer Kutschfahrt. In der Tauschwirtschaft reichte dann ein Päckchen Zigaretten für fünf Pfund Weizenmehl. Die Tabakrationen gingen auf dem Lande für Milch, Brot und Eier weg. Nicht anders kam man zu Heizmaterial: Gegen US-Zigaretten wurde Holz beim Bauern eingetauscht, gegen Zigarren erhielt man schon eher einmal Briketts.

„Im Herbst 1947 konnten wir im Tausch gegen viele Raucherkarten (alle von uns und von einer befreundeten Familie) ein Fuder Torf bekommen. Das war natürlich ein ganz großes Glück!"
(Frau K., Jg. 1912)

Mehrfach erwähnt werden Fälle, in denen handwerkliche Arbeiten erst durchgeführt wurden, wenn Tabakwaren winkten: so z. B. für Tischlerarbeiten mehrere Päckchen Zigaretten, für Dachdeckerarbeiten die Zigarrenzuteilung. Selbst so etwas Notwendiges und Seltenes wie ein neues Toilettenbecken konnte man am ehesten mit einer ordentlichen Menge amerikanischer Zigaretten auftun, und Gefälligkeiten wie der Transport von Möbeln waren ohne sie kaum zu erwarten.
Da waren auch die dringend benötigte Wolle, der schöne Stoff fürs Verlobungskleid und andere Wünsche und Bedürfnisse, die mit einem Kistchen Zigarren abgegolten werden mußten. Wie gut hatte es da der Bremer Tabakkaufmann, der in weiser Voraussicht viele solcher Kistchen im Garten versteckt hielt! Hieran wird einmal mehr deutlich, wie unterschiedlich letztlich die Ausgangsbasis für diese Art von Geschäften war. Wer Dinge besaß, die von Amerikanern geschätzt wurden, wie optische Geräte, Porzellan, Schmuck, konnte leichter an Zigaretten herankommen, um diese dann nach individuellem Bedarf einzusetzen. Diese Möglichkeit entfiel nahezu bei allen, die durch Bombenangriff oder Flucht besitzlos geworden waren. Ihnen blieben nur die Raucherkarten fürs Tauschgeschäft. Gewiß gab es aber auch hier Ausnahmen wie diese:

„Es wurde viel getauscht. Ich sehe noch, wie ein befreundeter Kollege, der bei uns zu Besuch war, uns eine große Brillantagraffe zeigt, die er gegen mehrere Stangen Zigaretten tauschen müsse (Lucky Strike), da er auf der Flucht, er stammte aus Pommern, alles verloren habe und sich neu einrichten wolle."
(Herr St., Jg. 1916)

Wer Tabak zum Rauchen brauchte oder sich in den Tausch einklinken wollte, sann angesichts der Lage auf Abhilfe durch eigene Aktivität: Viele sammelten Kippen, einige pflanzten selbst Tabak an.

„Da Tabak sehr begehrt war und sich ausgezeichnet zum Tauschen eignete, ging allgemein das Kippensammeln los. Die Amis warfen die Zigaretten meist schon nach wenigen Zügen fort, und die Kippe blieb selten lange liegen. Hygienische oder moralische Gesichtspunkte spielten nicht mehr die geringste Rolle."
(Herr E., Jg. 1932)

„Damals entstand auch eine recht ulkige Tabaksorte: die ‚Haus des Reichs-Frühlese' und die ‚Haus des Reichs-Spätlese'. Das ist einfach erklärt: Die Amis hatten im Haus des Reichs ihr Hauptquartier. Vor Dienstbeginn flogen ihre Kippen auf die Straße und nach Dienstschluß erneut. Deutsche Raucher hatten das schnell heraus, und die Kippen wurden aufgelesen. Eine Frühlese also und eine Spätlese."
(Herr J., Jg. 1923)

„Mein Vater war ein großer Raucher und Schachspieler. Die Glocke war für die US-Soldaten requiriert. Er erreichte, daß die Bremer Schachgesellschaft einen Abend je Woche im Oktogon spielen durfte. Und er durfte die Kippen aus den Aschenbechern der Amis heraussuchen und mitnehmen. Er machte daraus vorzüglichen Pfeifentabak."
(Herr B., Jg. 1920)

Aus dieser Wertschätzung der Kippe heraus entwickelte sich eine Scherzfrage, die uns in etwa gleicher Form mehrfach mitgeteilt wurde:

„Ein Mann hat zehn Zigaretten. (Übrigens: eine Zigarette = 5 Mark, zehn also 50 Mark.) Von je drei Kippen dreht er eine neue Zigarette. Wieviel raucht er insgesamt?
Antwort: 15 Zigaretten, nämlich zehn sowieso, bleiben zehn Kippen. Davon dreht man drei neue Zigaretten, bleiben drei und eine Kippe, davon eine Zigarette, bleibt eine und eine Kippe. Nun borgt er sich eine Kippe, raucht die letzte Zigarette und gibt die Kippe zurück."
(Herr B., Jg. 1920)

Solche Scherze dürfen nicht darüber hinwegtäuschen, daß das gierige Sammeln fremder Kippen von vielen letztlich als entwürdigend angesehen wurde und sie auf das Rauchen verzichten ließ.
Was die Tabakanpflanzung anbelangt, scheint etlichen damaligen Jugendlichen lebhaft im Gedächtnis geblieben zu sein, wie ihre Väter sich bemühten, das Tabakkontingent durch Eigenanbau zu vergrößern.

„Unser kleiner Garten hinter dem Haus war dicht an dicht bepflanzt, u. a. auch mit Tabak zum Tauschen."
(Frau S., Jg. 1902)

„Mein Vater pflanzte sogar Tabakstauden, deren Blätter wir auf dem Boden dörrten und die er später in der Pfeife rauchte."
(Frau J., Jg. 1928)

„Als passionierter Kleingärtner und leidenschaftlicher Raucher versuchte unser Vater sich auch als Tabakpflanzer. Seine Plantage hegte und pflegte er, pflückte nach Anweisung die ausgereiften Blätter und bestimmte unsere große Veranda als Trockenplatz. Sorgfältig wurden die wertvollen Tabakblätter auf Fäden gezogen. Die ganze Veranda hing voll. Ein starker Duft zog durch unsere Wohnung, und der Blätterwald verdunkelte das hinter der Veranda liegende Schlafzimmer der Eltern. Eines Morgens fand unsere Mutter es merkwürdig hell, als sie aufstand. Da hatten doch frecherweise andere Tabakliebhaber still und leise die ganze Tabakernte mitgenommen, ohne daß unsere Eltern etwas bemerkten."
(Frau F., Jg. ohne Angabe)

In einigen Fällen gab es Krach mit dem Vermieter oder Untermieter, je nachdem, wer sich mit dem Tabakanbau im Garten breitmachte, andere kamen sich auch nachbarschaftlich näher durch Fachgespräche über die erfolgversprechendsten Anbaumethoden und aromatischsten Tabaksorten. Meistens aber wurde die Familie zur Mithilfe angestellt oder mußte in Kauf nehmen, daß auf der Leine dicht am Ofen im Wohnzimmer neben der Wäsche auch die selbstgezogenen Tabakblätter trockneten. Daß nicht alle Familienmitglieder einverstanden waren mit den gebotenen Geschmacks- bzw. Geruchsvarianten des selbstgezogenen Tabaks, wird angedeutet:

„Vorbereitung fürs Abitur im notdürftig geheizten Wohnzimmer – man klebte am Ofen. Da unser Großvater im Hause nicht seinen Tabak ‚Eigenbau' rauchen durfte, wir auch kein Kaugummi hatten, schob er immer einen blanken Pflaumenkern von einer Mundseite auf die andere. Das machte mich rasend."
(Frau V., Jg. 1928)

7. Ausstattung mit Bekleidung

Aus „Alt mach Neu" – dieses Motto könnte sogleich die Antwort auf die Frage sein, wie denn die Bevölkerung, schon seit den Kriegsjahren an

Wollmantel
aus amerikanischen
Militärbeständen, blau gefärbt
für deutschen Polizeidienst

eine eingeschränkte Versorgung mit Textilien und Schuhen gewöhnt, sich in den wesentlich dürftigeren Jahren beholfen hat. Hunderte, z. T. ausführlichste Anmerkungen geben uns dazu übereinstimmende Hinweise. So wird deutlich: Vor dem „Neumachen" stand noch etwas anderes, heute nicht Selbstverständliches – alles wurde getragen, aufgetragen oder sorgfältig ausgebessert. Daher können wir wohl die Kleidung als den Bereich ansehen, in dem die Unterversorgung durch das Geschick der Frauen am ehesten aufgefangen werden konnte.

7.1. Kleidung verschiedener Herkunft

Dazu gehörte das Glück, auf tragbare Kleidungsstücke aus vorhandenem Bestand zurückgreifen zu können – geerbt, geschenkt, getauscht, gekauft und im Bedarfsfall ein bißchen geändert – oder Textilien und Garne zu besitzen, die vernäht oder verstrickt werden konnten.

Schauen wir uns zunächst an, worauf die Bremer zurückgriffen, was sie zunächst einmal auftrugen:

– Uniformen, Mäntel, Unterwäsche und Schuhwerk aus der Militärzeit, dem Arbeitsdienst oder der Zugehörigkeit zu den uniformierten Organisationen des Nationalsozialismus, anfangs nur ohne Rangabzeichen, dann umgefärbt und umgearbeitet. Wehrmachtsmäntel, „Fliegermäntel" und Marineblazer waren wegen ihrer Stoffqualität besonders beliebt und brauchbar. Man konnte sie durchaus auch als Dienstkleidung bei mancher neuen Tätigkeit anziehen. Einige Bremer Wäschegeschäfte nutzten die Konjunktur für fachgerechtes Umfärben.

Jungenhose aus Uniformstoff

Wegen ihrer Strapazierfähigkeit wurden Uniformen gern zu Kinderkleidung umgearbeitet. Die Handhabung dieser Stoffe fiel ungeübten Näherinnen nicht leicht. Uniformteile tauchten auf den Tauschmärkten noch lange auf.

„Von der Jacke meiner Uniform als Flakfeuerwehrmann hat meine Frau für die Kinder je eine Hose mit der Hand genäht. Die Kinder schliefen auch in ihrer Kleidung, denn wir hatten anfangs keine Wolldecken. So war es nötig, diese Hosen auch mal zu waschen und draußen hinter dem Haus auf der Wäscheleine zu trocknen. Ob diese Kinderhosen jemals auf der Wäscheleine trockneten, wissen wir nicht, denn sie wurden dort gestohlen."
(Herr W., Jg. 1906)

– Kleidungsstücke aus amerikanischer Kriegsgefangenschaft und amerikanischen Beständen:

„Braun-olive Oberhemden, Pullover und Jacke mit dickem Wollfutter stammen aus US-Beständen, die von Bremerhaven nach Bremen verschifft worden waren."
(Frau Sch., Jg. 1919)

– Gespendete Kleidung nach Aufrufen verschiedener deutscher Hilfsorganisationen für Ausgebombte und Flüchtlinge.
– Gespendete Kleidung aus amerikanischen Kleider- und Care-Paketen. Dazu gehörten auch Unter- und Nachtwäsche sowie Strümpfe.

„Aus einer amerikanischen Spende an den Pastor unserer Gemeinde Rablinghausen hatte meine Mutter ein hellblaues Wollkleid erhalten. Daraus wurde für mich ein Kleidchen geschneidert, Kragen, Gürtel und Ärmeleinsatz aus einem Rest dunkelblauen Samt."
(Frau L., Jg. 1941)

Oft kamen dabei verhältnismäßig luxuriöse Gebilde aus schimmerndem bonbonfarbigem Gewebe zum Vorschein, die zwar nicht unbedingt von großem Nutzen waren, aber in das hiesige triste Leben so etwas wie den Abglanz einer freudvollen Welt brachten. Durch die Pakete aus Amerika lernten die Deutschen erstmals „Nylon" kennen, die Frauen vor allem Nylonstrümpfe.

„Um an ‚Nylons' ranzukommen, ‚knuksten' wir. Diesen Ausdruck haben wir selbst kreiert, des mit dieser Tätigkeit verbundenen Geräusches wegen. Ein Onkel von uns hatte irgendeine Beziehung zur Heißgetränke-Fabrik, für die Kronenkorken in großen Mengen neu bearbeitet werden mußten. Säckeweise haben wir sie mit neuen Korkplättchen ausgerüstet, und das ‚knukste' immer, wenn wir die Plättchen mit einem Hammerstiel in die Kronenkorken stampften. Das Geld für den bearbeiteten Sack voll langte gerade für die heißbegehrten Nylonstrümpfe, mit denen eine um ihre amerikanische Verwandtschaft glühend beneidete Mitschülerin schwunghaften Handel betrieb."
(Frau P., Jg. 1932)

Ein Paar Nylonstrümpfe kosteten übrigens damals auf dem Schwarzmarkt RM 200,–.

– Getauschte Kleider, aus einer der Tauschzentralen oder durch private Beziehung.
– Geschenkte und geliehene Kleidung. Dies war vor allem anläßlich nicht alltäglicher Begebenheiten gang und gäbe. Bei Festen, Schulabschlußfeiern, Abtanzbällen, Hochzeiten half man sich so untereinander aus. Als besonders großzügig erwiesen sich dabei Tanten und Onkel.
„Andere Umstände" und schließlich das Neugeborene lösten eine Welle des Leihens und Schenkens aus. Ganze Babyausstattungen gingen von Familie zu Familie. Und erst recht angebracht war das System des Weitergebens bei heranwachsenden Kindern.

Jackenkleid
aus Resten von dunkelbraunem
Wollstoff und
beigefarbenem Tuch

„Ein geliehener Wintermantel war meine Wärmequelle, geschneidert aus einem alten Eisenbahnermantel! Mutter erhielt ihn für mich von einer entfernten Nachbarin, deren Tochter herausgewachsen war. Ich gab ihn zurück, als Mutter mir einen ‚Kirchenspenden-Mantel' umgeändert hatte."
(Frau O., Jg. 1931)

– Geänderte Kleidung. Je nach Geschick und Vermögen änderten die Frauen selbst oder gaben den Auftrag an eine Näh- oder Strickerfahrene, die sich damit ein Zubrot verdiente. Überraschend viele waren in der Lage, gekonnt mit Nadel und Faden umzugehen; Ehemänner und Kinder singen noch heute ein Loblied auf die Umarbeitungskünste der Frauen. Gewiß kam ihnen hierbei die stark hauswirtschaftlich ausgerichtete schulische und spätere praktische Ausbildung zugute, die für diese Frauengenerationen noch verpflichtend gewesen war. Der Beruf der Schneiderin war entsprechend verbreitet.

Bei allem Ändern und Umarbeiten ging es nicht nur darum, etwas anzuziehen zu haben, sondern auch um den zumindest bei Frauen wohl nie erlöschenden Anspruch, etwas einigermaßen Modisches zu tragen. Durch einen Spitzeneinsatz hier, durch einen Ärmelbesatz da, durch Ansetzen und Auslassen, durch Kürzen und Abnähen wurde das Aussehen des alten Stückes verändert. So überraschen uns nicht die Gedanken, die verhältnismäßig viele Frauen an einen neu- oder umgearbeiteten Hut „verschwendeten". Doch in erster Linie ging es um einigermaßen Passendes und Tragbares. Was man sich dazu alles einfallen ließ, wird weiter unten näher aufgeschlüsselt. Zuvor wollen wir noch kurz auf die Strümpfe eingehen, die zur Kleidung gehören und ähnliche Bearbeitung erforderten.

Die Strümpfe früherer Machart verschlissen schnell. Für Männer und Kinder konnten die Frauen aus Wolle oder anderen Materialien neue stricken, bei ihren eigenen gab es auf jeden Fall größere Schwierigkeiten. Ob als Seiden-, Kunstseiden- oder Nylonstrumpf – sie waren eine Kostbarkeit, wurden gehegt und gepflegt. Aber für alle Strümpfe kam der Zeitpunkt, wo sie nur noch durch Stopfen zu erhalten waren.

„Mit meinen kurzsichtigen Augen war ich Meisterin im Laufmaschenaufnehmen für die ganze Familie. Kniestrümpfe wurden gestrickt. Hacken und Spitzen von Socken hielten durch die dicken Stopfstellen sehr gut. In den dicken klobigen Schuhen mit zum Teil eingekerbten Holzsohlen brauchten wir auch dicken Strumpfschutz für die Füße."
(Frau T., Jg. 1927)

„Da fällt mir Stopfen, Stopfen, Strümpfe-Stopfen ein. Es hätte damals schon Perlons geben müssen."
(Frau P., Jg. 1912)

„Es muß Winter 46/47 gewesen sein. Ich hatte zwei Kinder und nur ein Paar Strümpfe. Also so oft wie möglich zum Wirtschaftsamt! Dort mehrmals umsonst Schlange gestanden. Aber dann geschah es einmal, daß eine Frau fröhlich herauskam und uns verkündete, sie habe Kinderstrümpfe bekommen! Da war ich natürlich glücklich und wartete gespannt, bis ich endlich dran kam. – ‚Nun, was wünschen Sie?' ‚Ein Paar Kinderstrümpfe!' – ‚Dann zeigen Sie mal Ihre Karten her!' Die Spannung stieg! – ‚Ach, Sie haben ja zwei Mädchen; heute gibt es nur Jungenstrümpfe.' ... Also zog ich unverrichteter Dinge ab. Aber einige Wochen später bekam ich auch mal einen Bezugsschein und dann im Laden tatsächlich ein Paar Kinderstrümpfe. Es kam mir fast wie ein Wunder vor und dem dreijährigen Kind auch. Aufmerksam und ernst schaute es die neuen Strümpfe lange an. Ich ermunterte: ‚Du darfst sie anziehen, sie gehören dir.' Wieder ernste Augen. ‚Zieh' sie doch mal an!' – ‚Es geht nicht.' ‚Ja, warum geht es denn nicht?' ‚Sie haben keine Knie!' (Ach, freilich, die alten wohlbekannten Strümpfe hatten längst dicke Polster an den Knien. Da war alles hineingestopft, was an grauen, beigen, bräunlichen Garnresten aufzutreiben war. Nur an den Sohlen stopfte ich mit Grün und Lila.)"
(Frau K., Jg. 1912)

7.2. Aus Alt mach Neu

In der Erinnerung sehen unsere Gewährspersonen neben den Kleideränderungen vor allem die Neuanfertigungen, die z. T. auf der Grundlage ungewöhnlichster Materialien zustande kamen. Hier können wir herausfinden, wie differenziert und umfassend eigentlich die lapidare Feststellung „aus Alt mach Neu" gedeutet werden muß. Die zu zeigenden Beispiele sind einmal mehr ein überzeugender Beweis für das, was wir den Menschen dieser Zeit immer wieder bescheinigen müssen: Erfindungsgeist und Einfallsreichtum, Phantasie und Kreativität, handwerkliches Geschick und nicht nachlassende Gestaltungsfreude. Hier, im Bereich der Bekleidung und ihres Zubehörs, waren es die Frauen, die all das zugunsten der Familien einbrachten.

Kleidung wurde genäht und gestrickt, in seltenen Fällen gewebt. Für unsere Fragestellung ergibt sich in erster Linie: Woraus machten die Frauen etwas Neues? Ferner dürfte das Wie von Interesse sein.

Wir beginnen mit dem Stricken. So wie beim Heizen und Kochen die „Brennhexe", so über-

Strümpfe aus naturfarbener Schafwolle

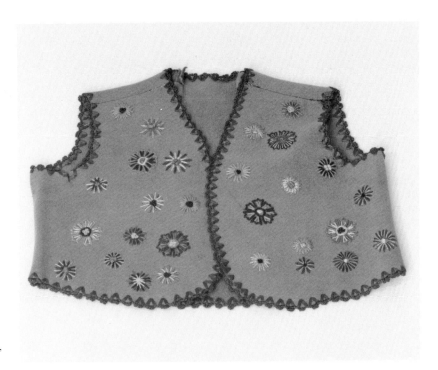

Kinderweste aus Uniformstoff,
mit bunten Blüten bestickt

Tanzkleid aus Seide
mit eingesetzten Taftstreifen

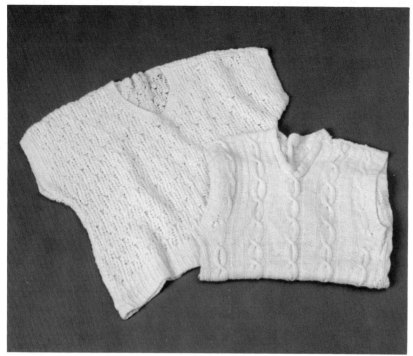

Damenpullover aus Zuckersackgarn

Kinderrock aus Zuckersackgarn
mit eingestrickter farbiger Blumen- und Rankenborte

raschend häufig begegnet uns hier der „Zuckersack". Die Zuckersäcke, in einem Hafen wie Bremen in Mengen anfallend, wurden als idealer Garnlieferant für Stricksachen entdeckt und waren daher heiß begehrt. Sie wurden – je nach Sprachgebrauch – „aufgeribbelt", „aufgerebbelt", „aufgeröbbelt", „aufgerubbelt", „aufgezogen". Es ergaben sich Fäden aus unterschiedlichem Material. Der gesuchte Faden war der weiße, leicht glänzende, aus einer viskoseähnlichen Kunstfaser. Aus ihm wurden gestrickt:
– Jacken, Pullover („kunstvolle" mit Norwegermuster, „sehr elegante" wie Abendpullover, „wunderbare", „schönste", „herrliche", „gut waschbare", „entsetzlich kratzige")
– Unterwäsche, Babywäsche
– Kniestrümpfe, Socken
Hier einige Erfahrungen ehemaliger Besitzer von Zuckersackprodukten:

„Sehr begehrt waren die Zuckersäcke, nachdem eine findige Hausfrau diese in ihre Bestandteile zerlegt hatte und aus dem recht

Unterwäsche
aus naturfarbener Schafwolle,
handgesponnen, handgestrickt

Pullover, Pullunder, Jacke –
Beispiele für die Vielfalt der
Muster, Farben und Wollsorten

sperrigen ‚Garn' ganze Pullover und Jacken strickte. So etwas sprach sich schnell herum, und bald waren auch die Säcke nirgends (oder nur durch Tausch oder Beziehung) zu bekommen."
(Frau Sch., Jg. 1928)

„Um Strickgarn zu erhalten, wurden Zuckersäcke aufgetrennt und aufgeribbelt. Die Säcke waren im Kett aus hartem Papier, im Schuß aus Garn. Das harte Papier mußte Stück für Stück herausgeschnitten werden. Das ging sehr schwer, die Finger taten dabei weh. Das Garn war rohweiß. Wenn man irgendwie Stoffarbe bekommen konnte, wurden die fertigen Strickteile eingefärbt. Dabei taten sich manchmal mehrere Frauen zusammen, zum einen, weil es wenig Farbe gab, zum anderen, weil die emaillierten Gefäße, die man dafür brauchte, nicht in jedem Haushalt vorhanden waren (z. B. in den ausgebombten Familien).

Es kam auch vor, daß die Säcke Löcher hatten. Dann wurden die kurzen Fäden aneinandergeknotet."
(Frau E., Jg. 1930)

„Irgendwann konnte man mal Zuckersäcke bekommen, ... das Garn war gut geeignet zum Stricken, es wurde teilweise gefärbt und ergab die schönsten Pullover, zwar etwas kratzig, aber warm."
(Frau Sch., Jg. 1919)

„Alte Zuckersäcke wurden aufgetrennt. Der Schußfaden war ähnlich wie Viskose und ließ sich wunderbar zu Pullovern verarbeiten! Es ließ sich sogar gut waschen!!"
(Frau S., Jg. 1926)

„Die Frau hatte sich einen Pullover aus aufgeribbeltem Zuckersackgarn sowie mit Streifen hellblauer Wolle darin gestrickt, den sie trug,

Handschuhe
aus naturfarbener und brauner Schafwolle
mit Stopfstellen aus unterschiedlichem Garn

Babyhose
aus aufgeribbelter Bettdecke

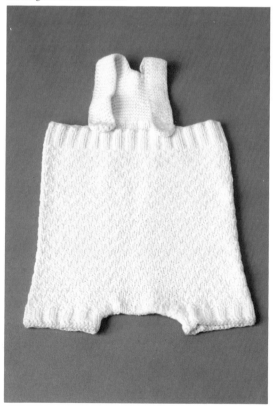

Damenstrickjacke
aus aufgeribbeltem
amerikanischem Armeepullover
mit Muster aus weißem Wollrest

Zweiteiliger Badeanzug,
aus brauner Strumpfwolle
gestrickt

als der Chef ihres Mannes bei ihnen zum Essen eingeladen war und dieser ihr die erste Orchidee ihres Lebens schenkte. Der Pullover war zwar starr und kratzig, sah aber schön aus."
(Frau H., Jg. 1921)

„Wer besonderes Glück hatte, konnte einen Zuckersack erwischen. Die Säcke waren aus Papiergarn und einem rauhfaserigen Faden hergestellt. Daraus konnte man allerlei machen. Wir haben daraus Babyhöschen gestrickt, die bei jedem Kochen weicher und weißer wurden. Aus dem Papiergarn wurden Taschen und Netze geknüpft."
(Frau Sch., Jg. 1927)

Das „Ribbeln" machte auch vor Jute- und Rupfensäcken nicht halt, doch dürfte jene junge Frau etwas mehr Wert auf Tragekomfort gelegt haben, die die Fransen von Sofas und Sesseln abtrennte und aufribbelte, um sich davon einen Pullover zu stricken.

Wenn man sie besaß oder ergattern konnte, war natürlich doch Wolle das bevorzugte Material zum Verstricken. Mancher hatte noch ungesponnene Wolle im Schrank, andere erhielten sie durch Beziehungen, mußten sie dann „nur noch" weiterverarbeiten.

„Meine Tochter wuchs heran. Sie brauchte Kleidchen, Höschen, warme Jacken usw. Handarbeiten waren für mich nie ein Problem gewesen, aber Garn für eine warme Jacke konnte man nicht kaufen. Ich weiß nicht mehr, von wem ich ein Bündel Schafschurwolle bekommen hatte, aber ich weiß noch, wie ich aus dem Klumpen Wolle sehr primitiv Wollfäden gesponnen habe und für meine Tochter eine viel zu große Jacke gestrickt habe, die sie lange hat tragen müssen."
(Frau M., Jg. 1914)

„Von einem Freund meines Vaters bekamen wir diverse Wollproben, ich lernte Spinnen und strickte aus der Wolle Socken für meinen Vater. Wir färbten die Wolle mit Walnußblättern. Da es sich um unterschiedliche Wollproben handelte, wurde es so eine Art Ringelsocken."
(Frau G., Jg. 1924)

Größtes Glück bedeutete es in diesem Falle, einen Arbeitsplatz bei der Bremer Wollkämmerei zu haben: Man erhielt qualitativ gute Wolle, verstrickte sie zu schönen Stücken und hatte über den Eigenbedarf hinaus noch etwas zum Tauschen und Verschenken.

Doch die Mehrheit der Bevölkerung war darauf angewiesen, aus alten wollenen Kleidungsstücken, verschlissen oder zu klein geworden, neue wärmende Stricksachen anzufertigen: Pullover, Kindersachen und Socken standen an erster Stelle. Auch alte, mit Wolle umhäkelte Kleiderbügel verloren ihren Überzug, gehäkelte Sofakissen und -decken, Kaffeewärmer mußten daran glauben und erlebten eine Verwandlung zum „herrlichen" Pullover, zur „buntbestickten" Strickjacke oder zur Gamaschenhose. Selbst aufgeribbelte Puppenkleider ergaben noch gehäkelte Blüten zur Verzierung.

Ähnlich war es mit Wollresten, von deren Weiterverwendung für Hüttenschuhe, Spielzeug und Geschenke aller Art wir in entsprechendem Zusammenhang hören werden. Jedes Wollfädchen, jedes „Garnfitzelchen" wurde auch für Kleidung aufgehoben, mehrmals gestrickt, aufgeribbelt, neu verstrickt oder verhäkelt.

„Meine Mutter strickte eine bei den Ärmeln kaputte Strickjacke mit Hilfe kleiner Wollreste, von Kolleginnen gespendet, ganz neu. Unter den Spenden der Wollstrumpf eines Pastors. Immer wenn sie die Jacke anhatte, wurden die Teile der Spenden benannt, insbesondere aber ‚der Strumpf des Pastors'."
(Herr B., Jg. 1925)

„Gestrickt wurde aus mehreren Fäden geribbelter Wolle. Wir hatten aus einem alten Schuhkarton einen Wollbehälter gemacht mit fünf Fächern für die Knäuel und Löcher für die Fäden in der Außenwand, um das lästige Verheddern zu vermeiden."
(Frau G., Jg. 1920)

„Meine Schwester brauchte einen Kinderwagen. Kaufen konnte man keinen. Sie bekam einen geliehen und mußte als Leihgebühr zwei Kinderpullover aus Garnresten und einen Herrenpullover aus einem aufgetrennten Marinepullover stricken. Das Garn des aufgeribbelten Marinepullovers bestand aus lauter Enden. Die wurden zusammengeknotet, und weil es so viele Enden waren, konnte man sie

Bluse aus Fallschirmseide

nicht vernähen. ‚Bitte nicht abschneiden, hängenlassen, das wärmt noch.' Er sah so innen aus wie Fell."
(Frau Sch., Jg. 1927)

„Strümpfe, mit Muster, wurden als Söckchen gestrickt aus drei Paar Damenstrümpfen, drei Personen waren zum Aufribbeln nötig – eine ribbelte, und zwei mußten gleichzeitig den dünnen, glänzenden und den flauschigen etwas dickeren aufwickeln. Der dritte Faden, aus der oberen Kante, wurde auch aufgewickelt und als Beilauf im Hacken und in der Spitze verstrickt..."
(Frau O., Jg. 1931)

„Die Strümpfe wurden unentwegt gestopft. Die Fußteile wurden oft mit altem Trikot geflickt. Meine Mutter hatte sich etwas ausgedacht, wie man die Beinenden noch verwerten könnte. Sie wurden aufgeribbelt und das Garn an der Spulvorrichtung der Nähmaschine auf leere Garnrollen aufgespult. Dann wurden sechs bis acht solcher Rollen auf Stricknadeln in einer Zigarrenkiste befestigt. Die Fäden liefen zusammen und konnten wieder zu Kniestrümpfen und einem Sommerpullover mit Lochmuster verstrickt werden. Mutters selbstgestrickte baumwollene weiße Hochzeitsstrümpfe von 1919 wurden noch zu Babyjäckchen umgearbeitet."
(Frau Sch., Jg. 1927)

Für Kriegshinterlassenschaften und andere Überreste der Vergangenheit fand sich auch bei der Bekleidung eine sinnvolle Weiterverwendung. An dieser Stelle ist der Fallschirm zu nennen, der mit seinen Stoffbahnen, Gurten und Schnüren vollständig verwertet wurde und somit gleichermaßen zum Vernähen und Verstricken geeignet war. Aus den auseinandergedrehten Fäden der Gurte, die aus Kunstseide und Baumwolle gewirkt waren, wurden Strümpfe und Kindergarderobe gestrickt und gehäkelt, „reizende Kleidchen mit Smokarbeit" versehen. Angenehm trugen sich Unterwäsche und leichte Pullover aus den aufgeribbelten Seidentauen, „die Fallschirmkordel wurde phantasiereich verarbeitet".
Doch erst recht kamen die Seidenbahnen des Fallschirms zu neuen Ehren: als feine Kleidungsstücke für besondere, festliche Anlässe; hier ein Sonntagskleid für die Jüngste, dort ein Konfirmationskleid, hier eine Bluse zum Ausgehen, dort ein Seidenrock fürs Theater. Dann aber in

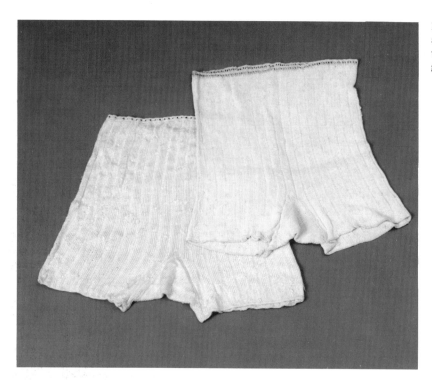

Damenschlüpfer
aus Seiden- und Baumwollfäden
von Fallschirmkordeln
gestrickt

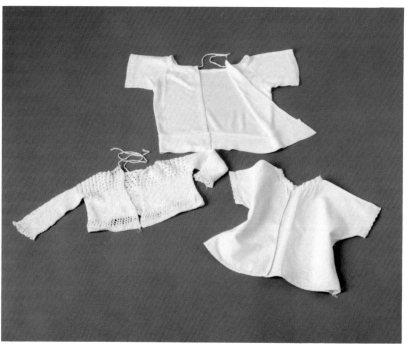

Babyjäckchen aus aufgeribbelter
Tischdecke gestrickt
Hemdchen aus Baumwollrest
und aus einer
Herrenunterhose genäht

Latzschürze aus amerikanischem Mehlsack, mit geblümtem Besatz
Halbschürze aus altem Leinenunterrock

dezentem Glanz vor allem als Brautkleid: Die naturweiß-cremefarbene Seide eignete sich besonders gut für das lange Kleid der jungen Bräute. Viele von ihnen haben es über die Jahrzehnte aufbewahrt und mit Sorgfalt gepflegt, so daß wir diese Gewänder in ihrem individuellen Zuschnitt noch bewundern können.

Ganz anders in seiner Wirkung war das kräftige Rot des Fahnenstoffes. Fahnen waren mehr oder weniger gut erhalten in den Haushalten vorhanden oder aber durch die Säuberungsaktionen der Amerikaner z. B. in den Amtsstuben ans Tageslicht gekommen. Ein junger Mann hatte sich dabei gleich mit 50 Fahnen eindecken und Tauschgeschäfte aufziehen können.

Mit ihrer leuchtenden Farbe wurden sie bevorzugt zu Sommerröcken und -kleidern, Kitteln und Schürzen verarbeitet, auch zu Spiel- und Sportkleidung für Kinder. Noch heute erinnern sich die damaligen Träger voller Stolz an die von anderen geäußerte Bewunderung für ihre aparten, aus Fahnentuch genähten Kleidungsstücke, verziert mit Stickereien, Litzen, Bändern und Borten, durchaus mit der Absicht, die Stellen zu überdecken, die beim Abtrennen des Hakenkreuzes noch sichtbar blieben.

Weitere Textilien der militärischen Vergangenheit fanden Verwendung. Tarnnetze waren in einem altbekannten Bremer Bekleidungsgeschäft zu kaufen. Wir haben den Beweis, daß die 50 x 50 cm großen Einzelstücke eines solchen Netzes, schwarz eingefärbt, zu einem vielbewunderten Abendkleid für einen Silvesterball 1946/47 zusammengesetzt wurden.

Wärmer waren dagegen die Kostüme, Jacken und Mäntel, die aus gefärbten Wehrmachtsdecken entstanden. Wolldecken wurden offensichtlich überall dort, wo genug anderes wärmendes Bettzeug vorhanden war, gern zu Kleidung verarbeitet.

„Daß innerhalb der Familie alles mögliche aus alten Sachen gearbeitet wurde, war selbstverständlich. Ich nähte mir aus einer Wolldecke, deren eine Seite beige, die andere kariert war, einen Mantel mit Kapuze. Futter hatte ich

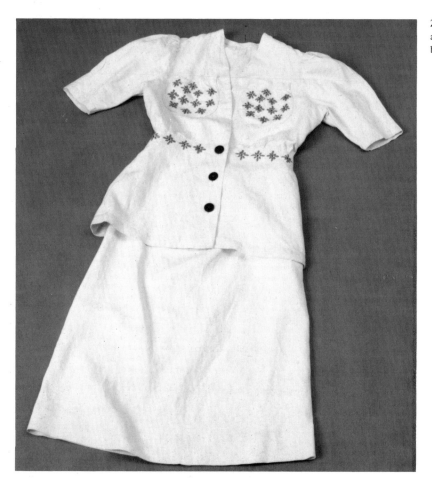

Zweiteiliges Kleid
aus Kopfkissenbezügen, Leinen,
bestickt mit Blüten

nicht, aber die bunte Innenseite kam dadurch auch viel besser zur Geltung. Nur die Kapuze konnte ich mit einem Futterstoff, den ich aus einer großen Stadttasche getrennt und wenigstens dreimal zusammengesetzt hatte, füttern. Beim Nähen war dann bald das Garn zu Ende, das natürlich nicht braun oder beige, sondern bunt war. Und schließlich war auch das verbraucht und der Mantel immer noch nicht fertig. Ich habe dann Stopftwist genommen, den Mutter noch in größeren Mengen hatte. So lang wie möglich machte ich den Strang, schnitt ihn ab und teilte ihn auf. Nur ein einzelner Faden wurde auf das Schiffchen gewickelt und damit dann sehr vorsichtig genäht. Daß dieser Faden äußerst labil war, kann sich wohl jeder vorstellen. Ich wurde von vielen Leuten auf den Mantel hin angesprochen, so hübsch war er geworden."
(Frau Sch., Jg. 1928)

Wenn alles auf seine Eignung als Bekleidungsstück hin geprüft wurde, ist klar, daß dieses nicht vor Textilien haltmachte, die zur Wohnungsausstattung und zum Hausrat gehörten.
Gardinen wurden entdeckt als fast ideales Material für Tanzstunden- und Ballkleider oder sonstige besonders schöne Stücke, die schwereren dunkelfarbigen Übergardinen für Mäntel und Hosen. Nicht immer waren es nur ältere Stoffe; mit Beziehungen konnte man schon einmal in bekannten Wäschegeschäften an einen Posten hochwertiger Neuware herankommen. Aus Vorhangstoffen konnten je nach Qualität Kleider, Röcke, Blusen, aus Möbelbezugsstoffen lange

Dirndlkleid
aus Leinenbettlaken, bedruckt

Winterhosen entstehen. Und wenn der Vater einen Polsterer von früher her gut kannte, gab's Matratzenstoff für Kleid und Sommermantel oder Polstercord für eine Jacke.

Doch was hätte man gemacht ohne die überzählige Bettwäsche aus so mancher Aussteuer?

Vom Kopfkissen bis zum Bettlaken verwandelte sich alles. Dabei waren die schlichtesten Stücke die beliebtesten, konnten sie doch ganz nach Wunsch eingefärbt oder bedruckt werden. Diese Aufträge übernahmen bis zur Währungsreform gern die ehemals wohlsortierten Wäschegeschäfte – angesichts des Warenmangels mußte man sich für die Kunden etwas einfallen lassen. Andere Bremer Geschäfte hatten sich auf die Verarbeitung von Bettlaken zu damals beliebten „Staubmänteln" spezialisiert. Doch überwog der hausgeschneiderte Funktionswandel der Bettwäsche bei weitem. Mit Einsätzen aus alter Spitze konnte auch ein Bettuch in den Rang eines Brautkleides aufsteigen, ein anderes wurde vielleicht nur zum Nachthemd, zur Spielhose oder Windel.

„Januar/Februar 1945 hatten wir zwei von unseren Bettüchern zum Bedrucken weggegeben. Jetzt nach der Währungsreform waren sie mit einem Mal fertig und konnten abgeholt werden. Jedes kostete DM 25,–, DM 40,– hatten wir jeder. Nach dem großen Ärger über dieses sicher absichtliche Zurückhalten wurde es das schönste Kleid, was ich jemals gehabt habe, handtellergroße dunkelrote Ahornblätter auf weißem Grund."
(Frau Sch., Jg. 1911)

Karierte Bettbezüge wurden vielfach zum Dirndlkleid, gaben immerhin selbst im verschlis-

Kinderkleid
aus Stoffresten,
Nähte bestickt

Kinderkleid
aus einer alten Schürze

senen Zustand noch so viel her, daß sie durch „Patchwork" zu ansehnlichen Kleidern zusammengesetzt werden konnten. Dennoch – wer als junger Mensch das ständige „Flickwerk" erlebte, erklärt heute, sich nicht mehr sonderlich für den Patchworkstil begeistern zu können.
Wir wollen hier nicht noch einmal im einzelnen auf die Veränderungen eingehen, die alte Kleidung und Überbleibsel der so stark uniformierten Zeit bis 1945 durch das Geschick der Frauen erfuhren. Einige persönliche Aussagen sollen vielmehr an dieser Stelle ein Licht werfen auf die Vielfalt des Verwendeten und Hergestellten, auf die Mühen und auch die Schaffensfreude der Frauen.

„Manche Mehlsäcke hatten nur auf einer Seite einen Aufdruck, die waren besonders begehrt. Lange Jahre haben meine Schwester und ich Blusen aus diesem Material getragen."
(Frau Sch., Jg. 1930)

„Zu kleiner Badeanzug wurde durchgeschnitten zu einem Bikini, als die Hose durch war, strickte ich mir eine neue. Alte Pullover wurden aufgeribbelt, nun reichte die Wolle nur für Vorderteil und Ärmel, den Rücken für die neue Jacke machte ich aus dem Vorderteil eines abgewetzten Rockes. Die Hakenkreuzfahnen wurden Sommerröcke ebenso wie Leinenbettwäsche zu schicken Kleidern und Jacken. Einmal gab es dünne braune Wolldecken mit viel Holz darin. Blau gefärbt, wurden sie zu einem Mantel verarbeitet. Handschuhe und Mützen entstanden aus alten Stoffresten, mit Strickstreifen und Bündchen zusammengesetzt."
(Frau T., Jg. 1927)

„Aus einem alten Jutesack und Filzresten machte ich mir z. B. zu meinem karierten Rock (aus Omas Bettbezug) einen Trachtengürtel."
(Frau S., Jg. 1926)

„An Kleidung fehlte es auch hinten und vorne. Ich kann mich noch gut erinnern. Für meinen Sohn machte ich Unterhöschen von Cameliabinden. Wir hatten doch damals die gestrickten Binden. Die wurden aufgetrennt. Von den Wollresten wurde noch ein Zwickel eingestrickt oder eingehäkelt. Oben an der Hose noch ein Rand gestrickt, wo dann das Gummiband eingezogen wurde, wenn man Gummiband hatte, sonst nahm man ein einfaches Band.
Aus den Fußballstutzen meines Mannes machte ich Gamaschenhöschen und von alten Jacken ebenfalls Hosen. Jeder Rest Stoff und Wolle wurde verwertet."
(Frau H., Jg. 1919)

„Jedes Kleidungsstück wurde immer wieder geflickt und gewendet, durch Einsetzen von Streifen erweitert und verlängert; aber immer auch versucht, es etwas zu verschönern durch ein Bändchen oder Zierstiche u. ä. Schuhe wurden bis zum Ende aufgetragen, wenngleich inzwischen viel zu klein."
(Frau J., Jg. 1933)

„Ich entsinne mich, mir ein Kleid aus einem alten Arbeitsdienstkleid und einigen handgewebten Leinenresten gemacht zu haben, das für damalige Verhältnisse sehr schick war, nur durfte man sich nicht hinsetzen, da war die Pracht sehr kraus (Knitterlook war noch nicht modern)."
(Frau Z., Jg. 1923)

„Aus Alt mach Neu. Ja, das war auch meine ständige Beschäftigung, die mir viel Freude bereitete. Wie stolz war ich, wenn mir wieder ein Kleidungsstück gut gelungen war! Noch heute nähe ich gern Neues aus Altem, ribbele auch gern noch Stricksachen auf, um das Garn wieder zu verwenden. Damals zwang mich ja die Notwendigkeit, meine Kinder zu kleiden. Auch Schuhe habe ich ihnen angefertigt."
(Frau B., Jg. 1920)

„Ein sehr heikles Kapitel war bis Ende der vierziger Jahre die Kleiderfrage. Wir drei Mädchen hatten ungefähr die gleiche Statur und Größe und tauschten unsere Kleider untereinander. Unsere Mutter war sehr geschickt im Nähen, das sie sich selbst beigebracht hatte. Sie zauberte für uns neben ihrem täglichen umfangreichen Arbeitspensum in Nachtarbeit aus alten ererbten ‚Klamotten' die nach unserem Dafürhalten schönsten Kleider. Und ihre drei Töchter waren nicht gerade anspruchslos in ihren Wünschen und Vorstellungen! Besonders ihre jüngste Tochter – nämlich ich – war recht kritisch: Die Kleider durften nicht kratzen, und sie mußten

gut sitzen – für unsere Mutter wahrlich oft ein schwieriges Unterfangen. Aber wenn dann ein Kleidungsstück wieder gut gelungen war, erntete sie großes Lob, und vergessen war die mühselige Schinderei."
(Frau St., Jg. 1929)

„Aus Alt mach Neu, das war auch meine Devise. Da ich im Nähen recht geschickt war, konnte ich alles gebrauchen, und in der Erinnerung finde ich, daß wir, wenn auch mächtig gestückelt, immer ganz gut angezogen waren. Aus einer ausgedienten Arbeitsdienstjacke entstand ein hübscher warmer Mantel für meinen Sohn. Ebenfalls für ihn aus einem alten grauen Rock und grünem Filz einer Schreibtischplatte eine Trachtenjacke. Aus aufgeribbelten Zuckersäcken Kniestrümpfe. Für mich aus einem weiß-blau karierten Soldatenbettbezug ein Kleid, und Holzsohlen, die man kaufen konnte, wurden mit diesem Stoff bezogen. Na, und so entstanden eben viele brauchbare Dinge und Bekleidung."
(Frau M., Jg. 1918)

7.3. Schuhwerk

Nach den Kriegsjahren rar geworden und naturgemäß einem besonderen Verschleiß unterworfen war das Schuhwerk. Die Ausstattung mit Schuhen, die zu Schuhgröße, Jahreszeit und Verwendungszweck paßten, wurde zum Problem.

„Als mein Mann mir z. B. bei meinem Einzug ein Fach anwies: ‚Für deine Schuhe!', mußte ich antworten: ‚Ich habe nur die, die ich anhabe!'"
(Frau A., Jg. 1913)

Auch wenn es ab und zu einmal einen Bezugsschein für Schuhe gab – und wer dann etwas Brauchbares ergattert hatte, konnte sich glücklich preisen –, blieb zunächst nichts anderes, als zurückzugreifen auf Verbliebenes aus den Vorkriegs- und Kriegsjahren. Man trug alte Schaftstiefel und Knobelbecher und freute sich über geerbte oder geschenkte Schuhe.

„Aber das größte Problem waren wie gesagt die Schuhe. So trug ich alte Stiefel von meinem Vater."
(Frau Z., Jg. 1923)

Besohlkarte

„Ein Geistlicher schenkte mir ein Paar Herrenhalbschuhe mit durchlöchertem Muster, fast gelb, aber sie paßten, und ich zog sie an. Er hatte eine Kleiderspende erhalten. Auch ein Paar lange Schaftstiefel meines Vaters trug ich ohne Zögern und war sogar noch stolz, weil sie ungeflickt waren."
(Frau J., Jg. 1928)

Willkommen waren die Schuhe aus amerikanischen Paketen, auch wenn sie dem Empfänger trotz aller Versuche nur selten paßten. Häufig waren es für die hiesige Situation nicht angebrachte, typisch amerikanische Modelle, deren

Herrenschuhe
Oberteil aus Leder,
Holzsohle aus einem Stück
Bürsten aus Pferdehaar

Besitzern immerhin noch blieb, eine Seltenheit wie z. B. weiße Stiefel oder gelbe Herrenschuhe in einer der Schuhtauschzentralen anzubieten. Solche Tauschmärkte für Kleider und Schuhe waren sehr beliebt und besonders von kinderreichen Familien gern in Anspruch genommen. Es gab mehrere Tauschzentralen in der Innenstadt, wie z. B. am Liebfrauenkirchhof und in einem größeren Schuhgeschäft Am Wall, aber auch in Bremen-Nord.
Die Schwierigkeiten, Schuhe zu beschaffen, lösten eine Suche nach Herstellungsmöglichkeiten aus, deren Varianten in den Berichten der Zeitgenossen zur Geltung kommen. Selbsthilfe war angesagt. Was man brauchte, waren Sohlen und Oberteile, die den Füßen Halt gaben. So sägte man anfangs aus Brettern Holzsohlen und brachte daran z. B. als Oberteil das Stück eines alten Schnürstiefels an. Derart dicke, klobige Schuhe brauchten einen kräftigen Strumpfschutz für die Füße. In der wärmeren Jahreszeit dagegen entstanden Pantoletten aus den inzwischen käuflich zu erwerbenden Holzsohlen und Kappen aus Lederresten oder mit Hilfe von Lederriemchen, z. B. geschnitten aus einer alten Tasche, Sandalen. Mit bunten Bändern und Borten, bestickten Stoffresten und einer farbig lackierten Holzsohle wurden aus diesen Eigenprodukten zwar keine sonderlich bequemen, aber doch recht ansprechend aussehende Schuhe. Manches Modell war nicht sehr strapazierfähig und erforderte ständiges Hantieren mit Nadel und Faden oder einem Hämmerchen, um all die Stahlstifte und Ziernägel wieder einzuschlagen.

„Am schlimmsten war es mit den Schuhen. Zuerst besaß ich nur Holzsohlen, über die von Zeit zu Zeit neue bunte Bänder genagelt wurden."
(Frau J., Jg. 1933)

„Am schwierigsten war es, Schuhe zu beschaffen. Da gab es einen Mann in Achim, der Holzsohlen schnitzte. Wir haben ihm einen alten Brotbeutel gebracht für das Oberteil der Schuhe. Das war nun eine schicke Sandalette, die mir nur farblich noch nicht gefiel. Den Oberstoff habe ich deshalb mit schwarzer Schuhcreme bearbeitet. Ja, so war die Sache schon viel besser. Bloß am Abend, da war das schlimm. Die Füße waren auch schwarz und mit der Schmierseife nicht sauber zu kriegen. Der reine Sand mußte her!"
(Frau K., Jg. 1926)

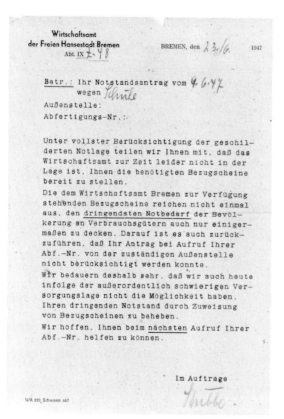

Notstandsantrag für Schuhe

„Sommersandalen hatte Vater mir aus einem Stück Holz gemacht, das er in Sohlenform aussägte und am oberen Drittel teilte. Mit kleinen Stahlstiften wurde ein Stück Leder als Verbindungsstück und Gelenk angenagelt. Das Oberteil schnitt ich aus der schon erwähnten alten – im Augenblick sehr unnützen – Stadttasche und nagelte es an die Sohle. Ein Fersenriemen daran – und schon waren die Sandalen fertig. Ich bin lange damit gelaufen und weite Strecken, nur zwischendurch mußte ich immer mal wieder die Gelenke neu annageln, weil sich die kleinen Stifte mit der Zeit aus dem Holz arbeiteten."
(Frau Sch., Jg. 1928)

Einen Fortschritt an Tragekomfort und Haltbarkeit bedeutete es, wenn unter hölzerne Sohlen und solche aus geflochtenem Stroh oder Hanf eine Laufsohle aus Gummi gesetzt werden konnte. Ein Gespür für das Verwertbare und handwerkliches Geschick waren erforderlich für die einzelnen Arbeitsvorgänge. Alte Lkw- und Pkw-Reifen, Fahrradreifen und -schläuche, ausgediente Lederkoppel wurden auseinandergeschnitten und stückweise zusammengesetzt, verklebt und genagelt, einmal mehr auch auf die Kriegsüberreste zurückgegriffen, indem man aus gefundenen leeren Treibstoffbehältern englischer Flugzeuge die innere Verkleidung herausschnitt oder die Gummipolster von Kettenfahrzeugen in Streifen sägte und diese unter die harten Sohlen nagelte.

„Man konnte aus Stroh geflochtene Sohlen kaufen und strickte oder nähte ein Oberteil dazu, das auf die Sohle aufgenäht wurde."
(Frau I., Jg. 1920)

„Es wurde alles, aber auch alles verwertet zu Reparaturen und Ersatz von Gebrauchsartikeln. Besonders erfolgreich war die Anfertigung von Schuhsohlen aus einem alten Lkw-Reifen. Das Cordgewebe wurde Sohle und die Gummiauflage Absatz."
(Herr R., Jg. 1917)

„Über den Turnverein kam ich an Turnschuhe, die en masse bei einem Flüchtlingsschuster ... in Auftrag gegeben wurden. Obermaterial war so was wie ‚Gobelindecke' eines Sofas, die Laufsohle ein Fahrrad-Radmantel. Vater und Mutter steuerten Bindfaden zum Schnüren und Blauknöpfe bei ... Sonst hatte ich wohl irgendein Schuhwerk, ohne Erinnerung – aber eine Abneigung gegen braune Schnürschuhe, so lange ich selbst für mich und meine Familie Schuhe kaufe."
(Frau O., Jg. 1931)

Auch die luftigen Sandalen waren nicht die bequemsten. Selbst wenn die Holzsohlen zweigeteilt und durch eine Art Gelenk verbunden wurden, waren es noch keine Gesundheitssandalen. Im Gegenteil verdarb sich manch einer Füße und Rücken mit diesem Provisorium. Kork, oft aus dem Hafen mitgebracht, wurde eine beliebte Alternative. Wer weder das Material noch das Geschick hatte, sein Schuhwerk mit einer stabilen Laufsohle auszustatten, war auf den Fachmann angewiesen. Der aber erwartete, wie berichtet wird, oft genug ein Care-Paket für eine Schuhbesohlung.

Während sich die Erwachsenen über längere Zeit mit ihren alten Beständen an Schuhen oder einem

Strohschuhe und Binsensandalen
aus geflochtenen und
gedrehten Strohbändern und
geflochtenen Binsen,
mit Bindfaden zusammengenäht

Sandalen aus Ersatzgummi und
Leinenband, mit gummibelegter
Holzsohle und bestickten
Polstergurten
Schuhe mit gelochtem Oberleder

Kindersandalen
aus Autoreifen geklebt,
Absatz angenagelt, mit
zweiteiliger Holzsohle und
angenageltem Lederriemen

Hüttenschuhe
aus Wollresten und Handtaschenleder

selbstgemachten Ersatz behelfen konnten, gab es bei Kindern und Jugendlichen das Problem des Herauswachsens und des schnelleren Verschleißens. „Das Ärgste war das Beschaffen von Schuhen für die Kinder" – so stöhnt manche Mutter noch im nachhinein. Zu kleine oder zu harte Schuhe ließen die Füße verkrüppeln, zu große oder zu weiche boten keinen Halt. So wurden bei einigermaßen intakten Lederschuhen schon einmal die Spitzen abgeschnitten, um dem Fuß Platz zu schaffen, und ansonsten versucht, wenigstens in einer Schuhtauschstelle etwas Passenderes zu finden. Wenn auch unter den Geschwistern ein „Vererben" selbstverständlich war, so trugen doch das Spielen in Ruinen, auf Trümmergrundstücken und Schrottplätzen und das Fußballspiel mit allen möglichen umherliegenden Gegenständen zum schnelleren Verschleiß bei. Viele Kinder liefen barfuß, um das letzte Paar Schuhe zu schonen, viele aber auch, weil sie in der ersten Nachkriegszeit tatsächlich keine besaßen. Oft genug haben Mütter das Fortbleiben ihrer Kinder von der Schule hiermit begründen müssen. Entschuldigungsschreiben legen dafür ein beredtes Zeugnis ab. Die Erinnerung an die Qualen zu enger Schuhe, aber auch an die Freude über ein Paar neuer Schuhe z. B. zur Konfirmation ist bei vielen Zeitzeugen noch heute wach. Die Eltern haben oft ihr ganzes handwerkliches Geschick aufgeboten, um wenigstens das Schuhwerk ihrer Kinder selbst herzustellen. Für Kleinkinder konnte dies mit weichem Material gelingen, für ältere „bastelten" sie aus alten Lederkoppeln und Bindfaden eine Art Schuh zusammen; letztlich wurde doch der Gang zur Tauschzentrale vorgezogen.

„Ein Paket aus Amerika! (Wahrscheinlich 1946.) Ich mußte zur Hauptpost am Bahnhof. Dort wurde kontrolliert, ob etwas zu verzollen drin wäre. Der Beamte stellte das Paket auf den Tresen und zückte seine Schere. ‚Oh, bitte nicht!' wehrte ich ab, ‚das gibt noch Schuhbänder für meine Kinder.' Der Beamte begriff *sofort* und wandte sich dem nächsten Paket zu. Ich nestelte solange an dem Knoten herum, bis ich den ganzen Bindfaden gelöst hatte. Was in dem Paket war, weiß ich nimmer. Es war nichts zu verzollen – den amerikanischen Bindfaden aber färbte ich daheim mit Wasserfarben braun und schwarz, schnitt ihn in entsprechend lange Teile und hatte endlich heile, unverknotete Schnürbänder für beide Kinder."
(Frau K., Jg. 1912)

Weiches Material wurde besonders erfindungsreich verwendet bei der Anfertigung von Hausschuhen. Je derber und unbequemer der Straßenschuh war, desto mehr sehnte man sich nach einer bequemen Fußbekleidung im Hause. Zugleich aber mußte sie wärmen in jenen eiskalten Wintern, als zu wenig Heizmaterial zur Verfügung stand, Häuser und Wohnungen nur notdürftig abgedichtet waren und eine Raumtemperatur von 12° schon als „gemütlich" bezeichnet wurde. Wärmend waren Hausschuhe aus Schaffell, Hutfilz und Industriefilz, aus gestrickten Oberteilen, wie wir sie als Hüttenschuhe kennen, strapazierfähig auch aus Segeltuch, Teppichstücken und Resten, wie sie in Polstereien anfielen. Wer hier Beziehungen hatte und es noch schaffte, dünne Sohlen – und wenn es Einlegesohlen vom orthopädischen Schuhmacher waren – zu ergattern oder sie selbst aus Pappe mit Kunststoffüberzug herzustellen, der hatte eine regelrechte Marktlücke entdeckt. Gern wird daran gedacht, wie die Hausschuhfertigung als Weihnachtsgeschenk begann, sich auf Freunde, Bekannte und Verwandte ausdehnte und sich letztlich zur Produktion auf Vorbestellung und in jeder Schuhgröße erweiterte, bestens auch geeignet zum Tauschen. Voller Stolz sind auch jene noch, denen es gelang, aus alten Mänteln, Röcken und Anzügen mit Stickereien und Applikationen „niedliche" Hausschuhe zu fertigen.

„Aus Wollresten strickten wir Hüttenschuhe, das Sohlenleder machten wir aus alten Handtaschen."
(Frau G., Jg. 1924)

„Ich hatte Bekannte ..., die eine Matratzen- und Filzfabrik hatten. Von dort bekam ich Reste Filz für Hausschuhe und von den orthopädischen Schuhmachern Sohlen für die von mir in jeder Größe gearbeiteten Schuhe. Ich erinnere mich noch lebhaft, daß Weihnachten zehn Paar Hausschuhe in jeder Größe auf unserem Küchenschrank in Reih und Glied standen."
(Frau B., Jg. 1895)

8. Aufräumen und Arbeiten

Nachdem die Bevölkerung sich allmählich darauf eingerichtet hatte, eigene Strategien zur Bewältigung der Unterversorgung in allen Lebensbereichen entwickeln zu müssen, wurde ihr Blick von der Sorge um das eigene Wohl auch auf das der Stadt Bremen gelenkt. Sie lag unverändert in ihren Trümmern.

8.1. „Ehrendienst für Bremen"

Trümmer waren Ende und Anfang – sie waren die Überreste der vergangenen Schreckensjahre, und sie waren zugleich die Impulse zum Aufräumen und Zupacken. Aus den Trümmern heraus konnte Stein für Stein ein Wiederaufbau beginnen, mit ihrer Beseitigung und Nutzung verband Bürgermeister Wilhelm Kaisen ab Ende 1945 immer wieder die Appelle an die Bevölkerung, ihre Arbeitskraft in den Dienst einer großen gemeinsamen Sache zu stellen. Solidarisches Bemühen um die zerstörte Vaterstadt und ein aus der Not geborener Einsatz für ein konkretes Ziel sollten den einzelnen Bürger aus Resignation und Mutlosigkeit herausreißen und ihm Hoffnung auf eine lebenswerte Zukunft machen.
Männer und Frauen waren gleichermaßen aufgerufen, Schulen gingen mit Lehrern und Schülern, Betriebe mit ihrer ganzen Belegschaft geschlossen ans große Aufräumen.
Schon vor der sogenannten Enttrümmerungsaktion hatte man begonnen, Spuren des Krieges zu tilgen:

125

„Zunächst mußten wir Schüler des Alten Gymnasiums unter Lehreraufsicht im Bürgerpark und an der Altmannshöhe Schützengräben zuschütten."
(Herr R., Jg. 1931)

Schülerinnen des Gymnasiums Kleine Helle waren auf ihrem Schulgelände für Räumungsarbeiten eingesetzt, bevor im Herbst die Schule wieder begann. Männer wurden von der Militärregierung abkommandiert, um am Flughafen Bombentrichter zuzuschütten.
Alle Arbeiten waren körperlich anstrengend und wurden mit von Bürgermeister Kaisen unterzeichneten Urkunden und – was wohl unter den herrschenden Verhältnissen begehrter war – Lebensmittelmarken für Schwerarbeiter be- bzw. entlohnt. Bisweilen fand sich in den Trümmern auch noch ein brauchbares Stück für den eigenen Haushalt.
Übrigens galt: Wer vom Arbeitsamt eine Arbeit vermittelt bekommen wollte, mußte den Nachweis über eine einwöchige Teilnahme an der Trümmerbeseitigung führen können. Und eine Arbeitsstelle war wichtig, weil man nur dann in den Besitz von Lebensmittelmarken kam.

„Im Sommer 46 rief Kaisen zum Schuttaufräumen auf, jeder, der dazu in der Lage war, sollte eine Woche lang Steine abklopfen, um sie wieder verwendungsfähig zu machen ... Man bekam derbe Leinenfäustlinge und einen Hammer. Wenn ich mich recht erinnere, waren es 200 Steine, die man täglich sauber klopfen mußte. Ich wunderte mich, daß andere so rasch mit ihrem Pensum fertig wurden; bis mir einmal ein freundlicher Arbeiter erklärte: ‚Die mit dem Zement dürfen Sie nicht nehmen, suchen Sie die gemörtelten heraus.' Danach ging es auch bei mir leichter."
(Frau von R., Jg. 1911)

„Im Sommer 46 mußte jeder Arbeitnehmer eine Woche in der Trümmerbeseitigung arbeiten. Ich war in einer Kolonne, die am Alten Postweg Mauerreste abtrug und Steine."
(Frau K., Jg. 1917)

„Männer und Frauen, in Gruppen aufgeteilt, mußten Steine aus den Trümmern bergen zwecks Wiederverwendung. Ich war kräftemäßig dem nicht gewachsen und durfte dafür geborgene Steine sauberklopfen."
(Herr A., Jg. 1912)

„Wie alle anderen Frauen und Mädchen wurde ich beim ‚Ehrendienst für Bremen' in Hemelingen eingesetzt. Vierzehn Tage Trümmerräumen, und man bekam seine Lebensmittelmarken ausgehändigt."
(Frau Sch., Jg. 1928)

Die „Trümmerfrauen" mußten Steine abklopfen, sie zu einer bestimmten Stelle schleppen, dort zu Haufen pro 100 Stück stapeln. Die Haufen durften nicht umkippen – Männer leiteten zur rechten Arbeitsweise an. Doch am nächsten Morgen waren oft viele Steine gestohlen. Diese Arbeit von 8.00 bis 14.00 Uhr verlangte den Frauen vor allem im heißen Sommer 1946 einmal mehr Durchhaltevermögen ab.

„Im Jahre 46 mußten wir beim Volkshaus ... Steine klopfen, mit Hacke und Spaten Trümmer einebnen, manchmal war unser Stehen

und Klettern in den Ruinen recht gefährlich. Es war heiß und dementsprechend auch sehr staubig."
(Frau T., Jg. 1927)

„Einmal habe ich mich in der Gegend zwischen Nordstraße, Hansestraße und Eisenbahn regelrecht verirrt, denn man konnte ja keine Straße mehr erkennen."
(Frau Sch., Jg. 1919)

„Das Steineklopfen ging sehr auf das einzige tragbare Paar Schuhe – durch das Klettern über die Trümmer."
(Frau V., Jg. 1928)

„Bei dem Aufruf, Trümmer zu beseitigen, meldete ich mich freiwillig und suchte mir als Standort den Schuttberg der früheren St. Elisabethschule in Hastedt aus. Bei Regen baute ich mir aus Brettern einen Unterstand und klopfte Mörtel von den Steinen, schichtete sie sorgfältig auf zur späteren Wiederverwendung. Einmal wurde ich auch im Stephaniviertel zur Trümmerbeseitigung herangezogen. Dort war ich die Jüngste in einer Arbeitsgruppe von etwa sieben Männern und einer Frau. Wir sollten einen großen Keller freischaufeln. Dort machte ich mich durch meinen Arbeitseifer eher unbeliebt, denn die anderen Zwangsverpflichteten wollten nur ihre Zeit herumkriegen und sich lieber unterhalten."
(Frau J., Jg. 1928)

Daß solche Art von Verpflichtung nicht immer mit der größten Freude erfüllt wurde, ist gewiß verständlich, insbesondere bei den Frauen, auf deren Schultern bereits die größte Last der Familienversorgung lag.

„Ostern 46. Volkseinsatz zum Wiederaufbau der Freien Hansestadt Bremen. Da wir drei Frauen jede einige Stunden in der Woche zu wenig gearbeitet hatten (Ziegelsteine geklopft und gestapelt), wurden uns die zusätzlichen Lebensmittelmarken nicht ausgehändigt. Wir mußten die fehlende Zeit ... nachholen, bekamen die kostbaren Marken, worauf sich jede u. a. 25 Gramm Puddingpulver kaufen konnte."
(Frau P., Jg. 1912)

8.2. Arbeitsleben

Die Existenzsorgen der Nachkriegszeit brachten für Männer und Frauen eine solche Arbeitsbelastung mit sich, daß der rückschauende Betrachter erst in zweiter Linie die Frage nach deren beruflicher Tätigkeit stellt. Sie scheint angesichts der existentiellen Probleme in den Hintergrund zu treten und war letztlich doch für den Lebensunterhalt ebenso unerläßlich.

Die Kriegsjahre hatten einen zu tiefen Einschnitt bedeutet in begonnene Ausbildungsgänge, erworbene Berufspositionen in den verschiedenen Branchen von Industrie, Handel, Handwerk und Dienstleistung, als daß im Mai 1945 eine nahtlose Anknüpfung an vergangene Arbeitsjahre überall möglich gewesen wäre.

Die Grundlagen für ein gut funktionierendes Geschäfts- und Arbeitsleben waren schon in Gestalt der Gebäude – Handels- und Kaufhäuser, Büros und Werkstätten, Schulen und Bibliotheken u.v.m. – vernichtet worden. Die brachliegende Wirtschaft, gelähmt durch fehlende Rohstoffe und Transportmöglichkeiten, behindert durch Energiemangel und Besatzungsstatus, erweckte noch nicht den Eindruck, als würde jede Arbeitskraft gebraucht. Hände, die zupacken konnten, waren zunächst nötig beim Aufräumen und Abtragen der Schuttberge auf den ausgedehnten Trümmerfeldern der Stadt.

Der erste größere Bedarf an Personal entstand, als die Amerikaner ihre Militärregierung mitsamt dem dazugehörigen Verwaltungsapparat einzurichten begannen. Gefragt waren Bremerinnen und Bremer, die unbelastet oder unverdächtig die nationalsozialistische Vergangenheit hinter sich gelassen hatten und der englischen Sprache mächtig waren. Auf Dauer konnten die Fremden aber auch all das, was im Gefolge einer solchen Überziehung mit Militär nötig wurde, nicht allein bewältigen und stellten ohne besondere Bedingungen weitere deutsche Hilfskräfte ein. Die Aufgaben, die aus dieser amerikanischen Präsenz erwuchsen, waren vielfältig und konnten der Bevölkerung unter einem einzigen Aspekt nur recht sein: Durch den Kontakt mit den Leuten aus dem „Land der unbegrenzten Möglichkeiten" stiegen die Chancen sattzuwerden.

Der Nutzen, den man daraus für die Versorgung der Familie ziehen konnte, zählte natürlich auch in jedem anderen Arbeitsverhältnis. Deswegen verwundert es uns nicht, wenn die Mehrheit

unserer damals berufstätigen Zeugen immer wieder auf diesen wertvollen Nebeneffekt hinweist. Insofern wiederholt sich in gewisser Weise das Motiv ihrer Handlungen – wie wir es schon kennen und noch kennenlernen werden.
Zum Spiegelbild der Zeit werden auch jene zahlreichen Angaben, die von einem neuen Anfang in einem bis dahin unbekannten Arbeitsfeld sprechen. Die oben erwähnten Unterbrechungen durch den Krieg, vor allem durch Kriegsdienst und Gefangenschaft, aber auch durch die von den Amerikanern eingeleiteten Entnazifizierungsverfahren, verlangten oft den Einstieg in neue Tätigkeiten – mit teilweise bitteren Folgen für die Betroffenen selbst und für ihre Familien. Andererseits konnte solch ein erzwungener Neuanfang auch Besinnung bedeuten auf bisher brachliegende Fähigkeiten, Ausbau vorhandener Ansätze, Erfolg durch Eigeninitiative. Einige entwickelten das richtige Gespür für Marktlücken, hatten das richtige „Feeling für den Trend der Zeit", wie wir heute sagen würden, und machten das große Geschäft.
Selbstverständlich bot sich für eine ganze Reihe von Bremern trotz aller Umwälzungen die Möglichkeit, in den alten Beruf zurückzukehren. Damit stehen wir einmal mehr vor der Bandbreite von Hunderten von Lebenserfahrungen.
Wir wollen die letzteren zuerst zu Worte kommen lassen, weil sie an vorherige Jahre anknüpfen und zugleich die neuen zeitbedingten Verhältnisse aufs anschaulichste vergegenwärtigen.
Anschließend wenden wir uns den Tätigkeiten bei den Amerikanern und den beruflichen Veränderungen zu.

8.3. Im alten Beruf

In der Berufssparte der Beamten, Angestellten und Selbständigen waren es Lehrer, Gerichtsbeamte, Kaufleute aus dem Versicherungs- und Buchhaltungswesen, Bibliothekare und Buchhändler, Apotheker, Ärzte und Rechtsanwälte, die uns von der Fortsetzung ihres alten Berufes berichteten. Ausdrücklich sei hier darauf hingewiesen, daß sich diese Auswertungen immer auf Männer und Frauen gleichermaßen beziehen.
Sie fanden auch die gleichen schlechten Arbeitsbedingungen vor.
Da war die alte Dienststelle zerstört oder beschädigt. Das bedeutete den Wiederbeginn der Arbeit in einer Notunterkunft, z. B. in einer Holzbaracke, in der es im kalten Winter kaum auszuhalten war. Die Tinte fror ein und mußte am Ofen aufgetaut werden, die Toiletten waren nicht zu benutzen. Überhaupt die Kälte! Sie ließ die Büroangestellten mit Mänteln im Kontor sitzen und mit Handschuhen schreiben, aber auch das Stehen auf dem eiskalten Fußboden einer Apotheke war nicht erträglicher. Dicke Schuhe und Socken sollten helfen:

„Wegen der Kälte standen wir im Mantel mit all unseren Arbeiten um den einzigen Kanonenofen ... Überglücklich waren wir, wenn uns mal ein Schiffer Kohlen mitgebracht hatte aus Dankbarkeit für ein gutes Magenpulver... Die Kälte war für mich immer noch schlimmer als der Hunger. Beine, Füße, Hände und die Nase waren voll Frost."
(Frau T., Jg. 1927)

Kein Wunder, daß an solch einem Platz auch die Flüssigkeiten in den Behältern gefroren.
Andere Probleme gab es da, wo nichts mehr an seinem alten Platz stand, es an Waren oder Arbeitsmaterial fehlte. Da mußte sich die Buchhändlerin aus Mangel an Büchern auf den Verkauf von kunstgewerblichen und von geschickten Laien selbstgemachten Artikeln und Bildern verlegen, da mußten ausgelagerte und verstreute Aktenbestände in die Büros und Kanzleien zurückgeholt werden, oft genug ohne die Hilfe derer, die – einige Monate zuvor noch in Amt und Würden – bestimmte Maßnahmen veranlaßt und mit der Entnazifizierung längst ihren Posten verloren hatten.
Auch wer sich nach langem Hin und Her endlich als Arzt niederlassen durfte, hatte es nicht leicht, selbst wenn er die Praxisräume seines verstorbenen Vaters übernehmen konnte:

„Die Schwierigkeiten, die Räume halbwegs soweit in Stand zu setzen, daß sie brauchbar waren, sind fast unbeschreiblich. Fotoapparate, Schmuck etc. wurden gegen Zigaretten verkungelt, denn nur gegen Zigaretten (natürlich ‚Amis') konnte man Material und Leute bekommen, wobei ich bemerken möchte, daß mir auch Patienten meines verstorbenen Vaters sehr geholfen haben. Ganz gewiß war die Besorgung von Materialien nicht immer legal. Ende November 46 eröffnete ich meine Praxis mit einem alten Mikroskop, einigen alten Instrumenten und viel Idealismus. Natürlich

hatte ich kein Auto, sondern machte die Krankenbesuche zu Fuß oder mit dem Fahrrad, das ich auch ‚organisiert' hatte. Die nächsten Wochen waren bitter kalt, im Sprechzimmer stand ein Ofen, der nur wenig Wärme abgab, nicht zuletzt, weil kaum Feuerungsmaterial zu bekommen war. Nachts war es im Sprechzimmer so kalt, daß Pflanzen um den Ofen herum erfroren. Die Patienten mußten sich nur möglichst kurz direkt am Ofen freimachen. Alles war für heutige Zeiten unbeschreiblich."
(Herr B., Jg. ohne Angabe)

Immer wieder haben sich Firmenangestellte oder Belegschaftsmitglieder gerade in der ersten, vielfach noch chaotischen Zeit für ihre alten Arbeitgeber eingesetzt, indem sie deren Eigentum schützten und auf verschiedene Weise Fortsetzung oder Wiederbeginn möglich machten. Wir können aufwarten mit zwei Quellen, in denen das tatkräftige Zupacken, in diesem Fall von Frauen, auch die damaligen Verhältnisse noch einmal verdeutlicht.

„Gleich nach der Waffenruhe bin ich zu meiner Firma gegangen. Sie lag in der Altstadt – also mußte ich über die Weser – aber wie? Alle Brücken waren zerstört. Da bin ich über die Trümmer, Balken und Eisenträger über die Kaiserbrücke (heute Bürgermeister-Smidt-Brücke) ‚geturnt'. Unser Firmengebäude war fast zerstört. Ich traf dort auf mehrere Kollegen, und wir sprachen über eine Wiederaufnahme unserer Arbeit in der Reederei. Im Rucksack, den wir immer bei uns hatten für Holz und sonstiges, nahm ich eine Schreibmaschine über die Weser mit nach Hause, weil man gehört hatte, daß die Besatzungstruppen so etwas beschlagnahmten ... Und wie recht hatte ich damit getan. Tags darauf wurden die meisten in der Firma verbliebenen Schreibmaschinen von der Besatzung abgeholt. Bei Wiederbeginn der Reederei war meine Schreibmaschine eine der wenigen, die uns im Geschäft geblieben waren."
(Frau D., Jg. 1922)

„Nach Kriegsende konnte ich weiter in meinem Beruf und meiner Stellung tätig sein. Wir Frauen (die Männer waren noch nicht zurück ...) taten, was wir konnten, um den Weiterbestand der Firma zu sichern. Das Büro war noch vorhanden. Wir nahmen zwei andere Firmen, die ihre Räume verloren hatten, bei uns auf. Ein großer Makler erhielt unser Privatkontor, eine andere Firma einen Schreibtisch in einer Fensterecke. Ein kleiner Raum wurde ganz zur Einlagerung von Sägemehl benötigt, das jeden Morgen fest eingestampft werden mußte.

Auszug aus einem Jubiläumsgedicht für eine Kollegin:
Als die Stadt war eingenommen,
und der ‚Ami' kam herein,
stellten Sie am Arbeitsplatze
sich sofort auch wieder ein.
Und – o Glück – das Haus, es stand noch,
wenn auch ohnen vierten Stock,
das Büro war noch vorhanden.
Aber wie! Es war ein Schock!
Kalter Wind strich durch die Hallen,
alle Fenster waren raus,
auf den Tischen stand das Wasser,
Scherben, Schmutz im ganzen Haus.
Und wir waren da buchstäblich
nur zu Zweit und dann allein.
Sagten uns dann, schnell entschlossen:
Erstens machen wir mal rein.
Irgendwo fand sich ein Lappen,
bald sah es schon anders aus.
Doch die Fenster zu verpappen
war kein Nagel mehr im Haus.
Nägel gab's auch nicht zu kaufen
in dem deutschen Vaterland,
nur in Ihres Vaters Kasten
sich davon noch etwas fand.
Da gab's nichts zu überlegen:
Fest stand heimlich Ihr Entschluß.
Und Sie klauten ihm die Nägel –
als es rauskam, gab's Verdruß!
Und Sie hämmerten und klopften,
bis die Fenster alle dicht,
kletterten hinauf, herunter,
scheuten keine Mühe nicht.
Nächstes Bild: Der Sägmehlofen!
Er soll heizen das Kontor.
Dazu führte aus dem Fenster
ein gewaltig Ofenrohr.
Aber kam der Wind von Westen,
wie es meistens hier der Fall,
stand es damit nicht zum Besten,
Rauch und Ruß war überall.
Wissen Sie noch, welche Mühe
machte dieses Biest von Rohr,
wenn es spuckte schwarze Brühe,
Ruß und Sott in das Kontor?

Gegenstände aus Messing
Aschenbecher, Teedose, Schale, Kerzenleuchter aus gefundenen Granatenkartuschen und Messingresten

Und Sie halfen es zerlegen,
schwarz die Hände, das Gesicht,
und die einzelnen Teile fegen,
trotzdem brannte er oft nicht."
(Frau Sch., Jg. 1903)

Handwerker waren wohl diejenigen, die am ehesten wieder im alten Beruf Fuß fassen konnten. Ihre Hilfe war in allen Lebensbereichen gefragt, Reparaturen, aber auch gekonntes Weiterverarbeiten und Weiterverwenden alter Materialien lagen an – und angesichts der Trümmer natürlich alle Arbeiten des Baugewerbes. Doch um welches Handwerk es sich auch handelte, Material und Werkzeug brauchten sie alle, wenn sie schon auf eine ordentliche Werkstatt verzichten mußten. So hören wir von verschiedenem Behelf.

Ein Bautischler:
„Nicht nur, daß es kein Material gab, es gab ja auch keine Werkzeuge ... Aus dem Stauholz im Hafen wurden erste primitive Schränke gebaut."
(Herr W., Jg. 1930)

Ein ehemaliger Maurer nutzte die Gunst der Stunde und begann als Bauunternehmer, indem er sich einen Lagerplatz mietete, einen Handkarren bauen ließ mit vielversprechender Aufschrift und ansonsten die Waschwanne der Mutter als Zementbehälter einsetzte. Dieser Unternehmungsgeist bescherte ihm Aufträge in Mengen, Sachwerte in Form von Wohnungs- und Haushaltsausstattung und begehrte Lebensmittel.

Ein Goldschmied:
„Durch Zufall traf ich eine Kollegenfrau ... Sie erzählte mir, daß ihr Mann als tot gemeldet wurde ... Sie bot mir sofort die Werkstatt ihres Mannes an. Bald kamen meine alten Kunden, brachten neben der Arbeit Material und Heizmaterial mit ... Das Material war selten und schwer zu beschaffen. Da kam uns eines Tages zu Ohren: in den Uphuser Dünen ... lägen viele, viele Messingkartuschen. Zu dritt fuhren wir abends dorthin. Wir füllten Rucksäcke und Säcke damit. Solch herrliches Material war willkommen ... Aus dem schönen goldgelben Metall ließen sich viele Gegenstände machen, z.B. Teedose, Leuchter, Federschale ..."
(Herr H., Jg. 1907)

Handwerker konnten ihre Dienstleistungen noch lange Zeit in das ummünzen lassen, was sie persönlich am meisten brauchten. Ein Klempner berichtet, der übliche Lohn für Reparaturen an Herden und Waschkesseln seien Naturalien oder Zigaretten gewesen, für uns nichts Neues, wenn wir an die Schuhmacher und Dachdecker denken, die für ihre handwerkliche Leistung Mettwürste oder Care-Pakete erwarteten.

Ein Maurer:

„Ich ging fast jeden Tag in der Nachbarschaft auf ‚Flick'. Das heißt, ich reparierte den Leuten gegen Hergabe von Naturalien ihre durch Kriegseinwirkungen beschädigten Wohnungen..."
(Herr P., Jg. 1928)

Ein Maler:

„Ich fing wieder im alten Malereibetrieb an unter der Bedingung..., daß ich möglichst da arbeiten könnte, wo ich ... auch was für meinen Bau bekommen könnte, wie Bauholz, Zement, Glas usw."
(Herr J., Jg. 1906)

8.4. Bei den Amerikanern

Warme Mahlzeiten, reichliche Verpflegung, warme Büros, großzügige Versorgung mit Zigaretten und viele Gelegenheiten, an Mangelware heranzukommen – so müßte das Fazit der Bremer lauten, die über ihre amerikanischen Arbeitgeber berichten. Doch so einfach haben sie es sich nicht gemacht, wollen auch wir es uns nicht machen. Es war durchaus etwas Besonderes, wenn man bei den Fremden in Lohn und Brot stand, wenn sie einen unter den eingangs erwähnten Voraussetzungen einstellten. Dazu gehörten die Sprachkenntnisse.

„Meine Mutter macht also eine Sprachlehrerprüfung und gibt Englischunterricht. Jeder braucht jetzt Englisch zum Überleben. Bremen ist eine amerikanische Enklave mit ‚No Fraternisation' – aber wer beim Ami arbeitet ... kann Lebensmittel oder Zigaretten ergattern."
(Frau M., Jg. 1933)

„Da mein Mann die englische Sprache gut beherrschte, bewarb er sich im ‚Haus des Reichs' beim Amerikaner um eine Anstellung und erhielt sie sofort bei ‚Coca-Cola'."
(Frau B., Jg. 1908)

„Da ich ein Übersetzerdiplom in Englisch hatte, wurde ich vom Arbeitsamt zur Militärregierung vermittelt und arbeitete als Dolmetscherin im ‚Haus des Reichs'."
(Frau G., Jg. 1924)

Diese Tätigkeit des Übersetzens wurde offensichtlich vorwiegend von Frauen ausgeübt, und zwar meistens im Rahmen einer Arbeit als Sekretärin oder Bürokraft.

„Sofort nach Kriegsende habe ich mich bei der Militärregierung beworben. Ich wurde als Sekretärin eingestellt und war froh, wieder Arbeit gefunden zu haben. Am wichtigsten war zu der Zeit, daß es für die Beschäftigten eine warme Mahlzeit gab. Dies war mehr wert als Geld."
(Frau F., Jg. 1925)

„Ich war von Beruf akademisch geprüfte Übersetzerin, Hauptsprache Englisch ... Bekannte und Nachbarn baten mich, ihren Kindern Englisch-Unterricht zu geben. Dazu brauchte ich eine Unterrichtsgenehmigung, die von der Militärregierung erteilt wurde, nachdem viele Fragen auf Fragebogen beantwortet waren und zwei Bürgen über meine Unbedenklichkeit ausgesagt hatten. Am 1.4. 1946 trat ich eine Halbtagsstelle in dem Büro an, das die Hilfssendungen der Amerikaner für ihre Besatzungszonen organisierte. Da bekam ich manchmal einige Lebensmittel-Muster, die wie Kostbarkeiten behandelt und verwendet wurden."
(Frau I., Jg. 1920)

„Nach dem Erlernen der englischen Stenografie bewarb ich mich mit den inzwischen erworbenen Referenzen bei der JETA (Joint Export Import Agency), die bei der amerikanischen Militärregierung die Aufgaben des Außenhandels wahrnahm. Ich wurde zum Jahresende 1947 eingestellt."
(Frau B., Jg. 1928)

Wir wollen nun noch einen Blick werfen auf einige andere Beschäftigungsverhältnisse – und auf die Vorteile, die sie einbrachten.

„Durch Vermittlung ... konnte ich als Bürokraft (book-keeper) in einem Materiallager der US Army Beschäftigung finden. Das schmale Gehalt, in der geringwertigen Reichsmark ausgezahlt, war nicht sehr hilfreich. Die Hauptsache war ein freies Mittagessen, das von deutschen Köchen mit Lebensmitteln aus US-Armee-Beständen gekocht wurde. Die einzige richtige Mahlzeit des Tages zu der schlechten Zeit. Das Lager war an der Friedrich-Karl-Straße auf dem Gelände einer Holzfirma. Das ‚US Army Services Warehouse' hatte alle Artikel für die Freizeitgestaltung der amerikanischen Soldaten. Große Mengen Sportartikel, Sportbekleidung, Musikinstrumente, Hobbyartikel, Radios u. ä. lagerten dort. Fast täglich wurden mit riesigen Lastwagen Kisten über Kisten gebracht, alles seemäßig verpackt. Das bedeutete viel Holz, das uns Deutschen als Brennmaterial sehr willkommen war."
(Herr K., Jg. 1923)

„Die Gärtnertätigkeit für die Amerikaner habe ich etwa 1½ Jahre ausgeübt. Dadurch bin ich ernährungsmäßig ganz gut durchgekommen, zumal uns die Amerikaner in der heutigen Galerie an der Schwachhauser Heerstraße mittags zusätzlich verpflegten."
(Herr S., Jg. 1910)

„Da Vati gelernter Schlachter war und kein Nazi, konnte er beim Ami am Flughafen in der Küche arbeiten und kriegte dort auch zu essen."
(Frau H., Jg. 1930)

„Mein Vater war Kammermusiker und Mitglied des Bremer Staatsorchesters. Es dauerte einige Monate, bis das Theater- und Musikleben in Bremen wieder begann. In der Zwischenzeit hatte mein Vater ein Engagement im Unterhaltungsorchester des amerikanischen Soldatenclubs (‚At Ease Club') in der Glocke. Sowohl die Glocke als auch die Weserterrassen waren von den Amerikanern besetzt und wurden als Clubs genutzt. Mein Vater spielte also jeden Abend mit dem deutschen Unterhaltungsorchester im Kleinen Glockensaal und brachte nachts nach Dienstschluß frische Donuts (Schmalzkuchen) mit nach Hause. Es war zwar streng verboten, irgendetwas mit hinauszunehmen, aber mein Vater und alle seine Kollegen taten es doch und verstauten das herrliche Gebäck im zweiten und leeren Geigenkasten, so daß die Kontrolle die Musiker passieren ließ. Die Musiker bekamen selbst in der Pause zu essen. Die deutschen Kellner, die dafür etwas anderes erhielten, sammelten den Abend über die von den Amerikanern auf den Tellern liegengelassenen Schmalzkuchen ein und übergaben sie später unauffällig den Musikern. Bohnenkaffee, den man ja nur noch vom Hörensagen kannte, wurde in Flaschen gefüllt und so aus der Glocke geschmuggelt. Jeden Abend, wenn mein Vater nach Hause kam, warteten meine Mutter und ich auf die Donuts, an denen wir uns satt aßen. Somit hatten wir immer die fürs Überleben wichtigen Kalorien."
(Herr E., Jg. 1932)

Zuguterletzt sollen zwei Berichte, jeder in seiner Art typisch, unsere Eindrücke abrunden:

„Im Januar 1946 bewarb ich mich bei der amerikanischen Militärregierung, die an der Contrescarpe residierte. Da ich politisch unbelastet war, ging das problemlos. Ich wurde der Abteilung Entnazifizierung zugeteilt. Nachdem ich fast ein Jahr lang über Entnazifizierungsakten gebrütet hatte, reichte es mir. Ich wollte endlich die englische Umgangssprache erlernen und bat, mich freizustellen für eine Tätigkeit in einem amerikanischen Haushalt mit Kindern ... Ich weiß, für viele Menschen war 1946 ein Hungerjahr, für mich jedoch der Beginn einer besseren Zeit. Wir deutschen Angestellten nahmen das Mittagessen im damaligen Deutschen Haus Ecke Contrescarpe ein. Es bestand jeweils aus Mais und Erbsbrei, süßen Kartoffeln, einem Stück Corned Beef und als Krönung zwei dicken Scheiben Weißbrot mit einem Klacks Margarine. Es wurde strikt darauf geachtet, daß alles aufgegessen wurde und nicht etwa das Weißbrot mit nach Hause kam. Manchmal gab es noch zusätzlich eine ganze Dose Ölsardinen. Diese habe ich immer irgendwie hinausgeschmuggelt. Sie ergab zu Hause noch eine ganze Mahlzeit. Im Januar kam ich zu Mrs. und Mr. Bird, Alten Eichen 34. Birds waren sehr nett, und ich hatte recht wenig zu tun. Zum Essen ging ich nun in die Messe an der Schwachhauser Heerstraße (heute Galerie). Aber ich lernte auch den American way of life

kennen. Viele schöne Dinge gab es hier, z. B. Lux-Seifenflocken, Dosensuppen usw. Der Januar 47 war kalt und schneereich. Das Haus war warm. Ich habe an das Haus ... viele gute Erinnerungen. Der Duft von Kaffee und Toast ist eine davon ..."
(Frau B., Jg. 1928)

„Ich arbeitete als Grafikerin mit einer Freundin zusammen bei den Amis ... Wir hatten den Himmel auf Erden; interessante Arbeit: Illustrieren von Statistiken, Portraits zeichnen, Basteln von Weihnachtsgeschenken usw., bei kleinem Gehalt, aber glänzender Verpflegung. Wir hatten hier im amerikanischen Hauptquartier an der Contrescarpe ein sehr gemütliches Arbeitszimmer, so kümmerten uns die häuslichen Probleme nicht weiter."
(Frau N., Jg. 1912)

Wieder einmal wird deutlich, in welch unterschiedlicher Lage sich die Menschen damals befanden. Während der eine sich seiner Familie zuliebe über alle Verbote hinwegsetzt, kümmern den anderen „die häuslichen Probleme nicht weiter".
Die Gegenüberstellung solcher Aussagen liefert fortwährend den Beweis dafür, daß Pauschalurteile auch über die Nachkriegszeit nicht angebracht sind, daß wir keine Mühe scheuen dürfen, im Sinne einer differenzierten Betrachtungsweise vorhandene Zeugnisse heranzuziehen.

8.5. Im neuen Beruf

Wie zu Beginn des Kapitels ausgeführt, hatten der Krieg und seine Folgen eine Zäsur gebracht, die für viele den Einstieg in neue Arbeitsgebiete bedeutete. Alte Arbeitsplätze waren durch Zerstörung und Firmenauflösungen vernichtet, ehemalige Rüstungsbetriebe mit Tausenden von Arbeitskräften mußten sich, wenn sie überhaupt die letzten Kriegsmonate leidlich überstanden hatten, den Anordnungen der Sieger beugen: Demontage, Drosselung der inzwischen auf Friedensbedürfnisse ausgerichteten Produktion. So wurden im Flugzeug-, Schiff- und Fahrzeugbau wertvolle Arbeitsplätze vernichtet, da zudem der Rohstoff- und Energiemangel frühere Auslastung verhinderte. Es ist hier nicht der Ort, die Hintergründe der wirtschaftlichen Situation auszuleuchten; wie für die derzeit Betroffenen hat für uns zu zählen: Viele waren arbeitslos geworden und suchten nach neuen Aufgaben.

„Dann hieß es Arbeit suchen, denn man mußte ja Lebensmittelkarten haben. Beruflich war es ja schlecht, also wurde ich beim Weserwehr eingesetzt zu Aufräumungsarbeiten."
(Herr S., Jg. 1920)

„Nach dem Krieg versuchte ich, mir meinen Lebensunterhalt durch meine Sprachkenntnisse zu verdienen. Ebenfalls mein Mann. Wir inserierten an ‚Bäumen' und boten uns als Sprachlehrer und Übersetzer an. Es gab viel zu tun: Entnazifizierungsgesuche mußten in englischer Sprache eingereicht werden. Und wer wollte nicht Englisch lernen!! Aber welche Schwierigkeiten für uns: kein Papier, keine Schreibmaschine, keine Lehrbücher etc."
(Frau E., Jg. 1922)

„Es war sehr schwer, nach 1945 eine Arbeit zu finden. Ich war gelernte Kontoristin. 1947 bekam ich durch Beziehung eine Halbtagsstelle in einem Handwagenverleih. Dort gab es 42 Handwagen, die stundenweise gegen Vorlage eines Personalausweises verliehen wurden. Das Geschäft lief blendend, denn es gab alles mögliche zu transportieren. Ferner hatte der Firmenchef mehrere Lkw's, die laufend eingesetzt wurden, um den Schutt abzufahren. Später wurden dann noch in einem Lkw Bänke hineingestellt, um Urlauber an die deutsche Küste zu fahren. Meine Tätigkeit bestand darin, alle Büroarbeiten zu erledigen. Das Büro war allerdings primitiv, es war im Keller bei den Gasuhren, war das Haus doch von Bomben beschädigt. Aber ich hatte Arbeit!"
(Frau St., Jg. 1916)

„Nach dem Kriege hatte mein Vater einen kleinen Seifengroßhandel angefangen. Ich kann mich noch erinnern, daß er eine Art Niveacreme in ganz großen Behältern ab Fabrik kaufte und diese zu Hause in kleine Dosen abfüllte, die er von Drogerien leer oder vielleicht auch ausgewaschen zum Füllen bekommen hatte. Später kamen dann viele andere Artikel hinzu, welche nach und nach wieder fabriziert wurden."
(Frau Sp., Jg. 1929)

„Mit Kriegsende war ich, wie fast alle Menschen, arbeitslos. Während meine Frau und das Kind wegen des kalten Winters zu ihren Eltern ins Ruhrgebiet fuhren, blieb ich allein und versuchte, den Lebensunterhalt durch Anfertigung von Hampelmännern, Spielen und anderen Sachen zu verdienen. Ich erbettelte mir hierzu Material wie Pappe, Buntstifte, Bindfaden, Knöpfe. – Die Arbeit wurde bei selbstangefertigten Kerzen verrichtet, eingepackt in Mantel und Schal. Denn zu heizen gab es so gut wie nichts. Nach Wiedererrichtung der Arbeitsämter meldete ich mich zwecks Arbeitsvermittlung. Voraussetzung war die Ableistung einer Woche Trümmerbeseitigung."
(Herr A., Jg. 1912)

Wenn auch viele die arbeitslose Zeit mit wenig lukrativen Beschäftigungen überbrückten, so gibt es doch andere wie den oben zitierten Handwagenverleiher, die gute Geschäfte machten. Da begann einer eine „kleine Produktion von Gebrauchsgütern":

„Zum Beispiel wurden aus Alublechen Medizinschränke und Krankenhausnachtschränke usw. gebaut..."
(Herr H., Jg. 1909)

„Da wir eine eigene Firma hatten (Kaffee), aber nach Kriegsende noch kein Kaffee da war, ließ mein Mann die leeren weggeworfenen Blechdosen der Amerikaner sammeln und ... kleine Kochherde machen. Er wurde sie reißend los. Brennhexen nannte man sie."
(Frau Ü., Jg. 1913)

Ein ehemaliger Ingenieur von Focke-Wulf machte sich seine Kenntnisse zunutze und begann als Monteur für Kühlmaschinen, die er aus Trümmern barg und reparierte.
Eine Form von Umschulung kann man das nennen, was einigen zu einem neuen Beruf auf Dauer verhalf. Da wurde der Flugzeugbauer zum Bauschlosser, was übrigens so recht den Zeitbedürfnissen entsprach, der Tischler ohne Material und Werkzeug zum Bahnangestellten. Solch einen abgesicherten Arbeitsplatz suchten etliche. Da ließ sich einer im Oktober 1945 in fünf Tagen zum Schaffner ausbilden und nahm für einen geringen Stundenlohn in Kauf, daß die kaputten Fenster der Straßenbahn noch lange mit Holz zugenagelt waren, meldete sich aber wie andere Kollegen auch freiwillig zum Spätdienst nach 22.00 Uhr, wenn von Amerikanern weggeworfene Zigarettenkippen aufgesucht werden konnten. Ein anderer meldete sich zum Polizeidienst und wurde im Hafen zur Bewachung des Truppennachschubs, des Löschens der Ladungen und der diebstahlverdächtigen Arbeiter eingesetzt.

Im Zusammenhang mit der Übernahme neuer, ungewohnter Tätigkeiten, die ja nicht immer zu solchen Lebensstellungen wurden, müssen die Frauen erwähnt werden. Auch unter ihnen gab es viele, die durch den Krieg arbeitslos geworden waren oder ihre ursprünglichen Berufswünsche und -vorstellungen aufstecken mußten.

„Im Herbst 1946 habe ich das Abitur abgelegt ... Motto der Lehrerinnen: ‚Ihr wollt doch wohl nicht studieren und den Kriegsheimkehrern die wenigen Studienplätze wegnehmen?' So entschloß ich mich, eine Drogistenlehre anzufangen ..."
(Frau B., Jg. 1927)

„Mein Berufswunsch war es mal, Lehrerin zu werden. Aber im Sommer 1945 ging gar nichts! Ich hab ein paar Monate bei einer Autoreparaturwerkstatt gearbeitet, die für die Besatzungsmacht tätig war. Dort hab ich eigentlich nur übersetzt und gedolmetscht, weil der Chef nicht Englisch sprach. Von 1946 bis 1947 habe ich dann die Frauenfachschule in Bremen besucht. Danach ging es wieder nicht weiter, weil die Ausbildung zur Gewerbelehrerin in Bremen nicht möglich war. Das Wohnen außerhalb war überhaupt nicht denkbar. Durch Zufall und Glück bekam ich 1947 eine Anstellung bei einem Textilgroßhandel. Ich bin dort fünf Jahre geblieben, weil es neben Gehalt ein Kontingent an Textilien gab."
(Frau K., Jg. 1926)

„Ich übernahm kurzfristig eine Stelle als ‚Haustochter' bei einem ehemaligen Kameraden von Vater, der einen Lebensmittelladen hatte. Da bekam ich, außer einem Taschengeld, wenigstens auch noch etwas zu essen. Das allein war ja schon unbezahlbar. Gerne hätte ich meine Studien wieder aufgenommen. Es würde ... weitere Jahre dauern, bis ich mein Studium beendet hätte. Das konnten meine Eltern nicht bezahlen. Beim Amt für

Kanalisation und Abfuhrwesen, für das mein Vater jetzt arbeiten mußte, verdiente er gerade soviel, daß die Familie sich über Wasser halten konnte. Ich verlegte mich auf die Puppenherstellung. Ich schnitzte Holzköpfe und machte die Leiber und die Kleider aus den Stoffresten, deren ich irgendwo noch habhaft wurde."
(Frau Sch., Jg. 1928)

Auf der anderen Seite gab es die vielen Frauen, die nie etwas anderes gewesen waren als Hausfrauen und Mütter. Wenn ihnen und ihren Familien der Krieg nun den Ernährer genommen hatte, mußten sie wohl oder übel den Lebensunterhalt bestreiten. Ohne Berufsausbildung blieben ihnen meist nur Hilfarbeiten oder Tätigkeiten aufgrund besonderer handwerklicher oder künstlerischer Fähigkeiten. Am Ende brachten sie immer zu wenig Geld nach Hause und versuchten, das wenigstens mit Naturalien oder anderen Vergünstigungen auszugleichen.

Eine Mutter arbeitete in der Küche einer Gaststätte und bekam Essensreste mit, eine andere Alleinverdienerin half im Flüchtlingsauffanglager am Bahnhof und machte Nachtschichten, um die dann um einen Liter größere Suppenmenge mitzunehmen.

Ergiebiger waren da Tätigkeiten wie Packerin bei der Brinkmann-Zigarettenfabrik, in die übrigens Leute aus allen Berufsschichten hineindrängten, oder beispielsweise in einer Brauerei:

„Tagsüber hatte Mutter den Flaschenkeller unter sich, bekam ihren ‚Haustrunk', der zu damaliger Zeit mehr wert war als Geld ... Abends machte Mutter noch bei dem Braumeister den Haushalt. Einmal hatte sie ein paar Kaffeebohnen im Portemonnaie, ein anderes Mal gab es eine Zwiebel, auch die bereits ... aufgebrühten Teeblätter waren wunderbar."
(Frau W., Jg. 1926)

Andere Mütter verdingten sich als Mitarbeiterinnen in Kunstgewerbefirmen, die aus Resten aller Art Kinderkleidung, Gürtel, Schmuck und allerlei Zierat herstellten. Eine berichtet uns von dem nicht besonders erfolgreichen Versuch, eine vierköpfige Familie mit selbstgemalten Kinderporträts und Landschaften über Wasser zu halten. Manchmal besserte sich die Situation der Familie schlagartig, wenn der Vater nach langer Gefangenschaft doch noch zurückkehrte. Es kam dann auf seine körperliche und seelische Verfassung an und auf die beruflichen Aussichten. Manche fanden lange keine Arbeit oder wechselten von einer Arbeitsstelle zur anderen, bis sich das Richtige bot, andere versuchten, als Branchenneulinge ihr Glück zu machen. Alles in allem eine ruhelose, wirtschaftlich instabile und damit belastende Phase im neu aufzubauenden Familienleben.

Gewiß fiel es Kindern und Heranwachsenden schwer, all die Zusammenhänge zu verstehen, die ihnen die Väter genommen oder sie als Schonungsbedürftige zurückgegeben hatte. Wieviel weniger werden jene von Schuld und Sühne erfaßt haben, deren Väter und Mütter von den bald eingeleiteten Entnazifizierungsverfahren betroffen waren! Es dauerte in jedem Fall zu lange, bis der Ausgang des Verfahrens bekannt wurde. Bis dahin gab es auch in diesen Familien Unsicherheit, Zweifel, Unruhe. Und obwohl man sich keiner Schuld bewußt war und sie „denen da oben im Dritten Reich" in die Schuhe schob, war man doch heilfroh, wenn man nur als „Mitläufer" eingestuft wurde und seiner bisherigen Arbeit weiter nachgehen konnte bzw. nach vorzeitiger Entlassung wieder eingestellt wurde.

Doch die Zeit dazwischen zog sich hin, und körperliche Arbeit war angesagt. Da mußte die Jugendleiterin bis zum abgeschlossenen Verfahren in einer Gärtnerei arbeiten, was ihr, nebenbei gesagt, zu guten Tauschgeschäften verhalf, ein anderer berichtet:

„Weil man mich 1944 noch zur Waffen-SS gezogen hatte, mußte ich noch einige Wochen zum Aufräumen und Schippen zum Wasserwerk ..."
(Herr J., Jg. 1906)

„Für unseren Vater – und damit für die ganze Familie – brachen schwere Zeiten an: Er wurde als Parteigenosse aus seiner Stellung als Verwaltungsoberinspektor entlassen und fing als Bauhilfsarbeiter bei einer kleinen Baufirma an. ‚August, Zement mut komen – Sand mut komen', so schallte es unserem Vater entgegen, wenn er mit den schweren Zement- und Sandbalgen die Leiter hochkletterte. Die dürftige Bezahlung besserte unser Vater dadurch auf, daß er abends seinem Chef, einem aus dem KZ entlassenen Edelkommunisten, die Bücher führte."
(Frau St., Jg. 1929)

„Als Betroffener durfte ich nicht selbständig arbeiten, sondern wurde zum Enttrümmern im Hafengebiet einberufen. Nach kurzer Zeit wurde ich abgestellt, um die Gärten der von den Amerikanern besetzten Häuser in Ordnung zu halten. Die Gärtnertätigkeit mußte ich aus gesundheitlichen Gründen beenden. Ich arbeitete dann als Hilfsbuchhändler bei einem Bekannten, der eine Buchhandlung hatte in einem Raum, den er mit einer Bäckerei teilte. In meiner väterlichen Firma durfte ich erst wieder arbeiten, nachdem ich im Entnazifizierungsverfahren voll entlastet und freigesprochen wurde."
(Herr S., Jg. 1910)

Als Hilfs- und Gelegenheitsarbeiter mußten sich viele ehemalige Parteigrößen verdingen, die dieser tiefe Fall besonders schmerzen mußte. Wer körperlich kräftig war, nahm Arbeit auf den Bauernhöfen des Umlands an, die zugleich eine Ernährungsquelle sein konnten, ging wohl auch ganz gern wegen des Heizmaterials zum Torfstechen. Auch wer nach seiner Verhaftung in ein Interniertenlager gebracht worden war, hatte bei seiner Entlassung keine Wahl: Er konnte sich nur als Gehilfe, Lastwagenfahrer, Lagerarbeiter u. ä. anstellen lassen.

Als sich mit der Zeit herausstellte, daß das Verfahren als solches seinen Zweck nur im Ansatz erfüllte, die Entnazifizierung mit vielen Ungerechtigkeiten und Irrtümern behaftet war, wurden die Bestimmungen gelockert, viele ehemalige Nationalsozialisten von heut auf morgen zu Recht oder Unrecht rehabilitiert und damit meist in das alte berufliche Umfeld wiedereingegliedert.

9. Wege des „Besorgens"

9.1. „Organisieren"

Zu den Begriffen, die für uns fest mit der Nachkriegszeit verbunden sind, gehört der des „Organisierens". Wie alle Äußerungen uns zeigen, hat dies nur grundsätzlich etwas zu tun mit dem heute so gefragten Organisationstalent. Zum „Organisieren" sagte man auch „Besorgen", und wenn auch das „Hamstern" von beidem etwas hatte, so besteht doch der Unterschied darin, daß man beim „Organisieren" und „Besorgen" keine Ware im Gegenzug anzubieten hatte oder anbieten wollte; mit anderen Worten: Das Nehmen ohne zu geben wurde zum Diebstahl. Auch in der Erinnerung der Betroffenen haftet ihm das Illegale an: Organisieren konnte man eigentlich nur, wenn man nicht zimperlich war, eine gewisse Rücksichtslosigkeit und Skrupellosigkeit den Bedürfnissen anderer gegenüber an den Tag legte und die eigene miserable Lage zum Anstoß werden ließ, eine sich bietende Chance zu nutzen. Ähnlich wie beim „Kohlenklau" gab es in Bremen viele, die so etwas gar nicht oder nur schlotternd vor Angst übers Herz brachten, bei anderen hört man noch heute die Freude über einen gelungenen Coup heraus. Dazu gehörten in erster Linie die Plünderungen. Sie geschahen meist nicht von ungefähr – dies ist wohl ehrenhalber zu erwähnen. Es bedurfte schon des Anstoßes, um sonst ehrenwerte Bürger auf eine günstige Gelegenheit aufmerksam zu machen. So erfahren wir u. a. vom Zusammenstoß zweier Waggons auf dem Güterbahnhof, deren Marmeladenladung im Nu von den dortigen Arbeitern in Kohleneimer geschaufelt war. Die mit Kohlestückchen versetzte Marmelade soll wochenlang gereicht haben. Die Nachricht von einem „Malheur" solcher Art verbreitete sich stets wie ein Lauffeuer. Liegengebliebene Lastwagen, abgestelltes, für einen Moment unbewachtes Transportgut zogen bei Tag und Nacht die Beutemacher an, die im kleinen für sich etwas organisieren wollten, aber auch diejenigen, die daraus im größeren Stil sogenannte Kompensationsgeschäfte entwickeln wollten. Zu größeren Plünderungen verlockten besonders in der ersten Zeit nach Kriegsende die scheinbar ungeklärten Besitzverhältnisse. Lagerhäuser, Magazine, zerstörte Hallen, unbewachte Depots, Schiffswracks, aber auch Kellerräume von Geschäfts- und Privathäusern enthielten Brauchbares, dringend Benötigtes und luden förmlich zur Selbstbedienung ein, solange kein neuer Herr Ansprüche anmeldete. Doch diese Zeit des Übergangs wurde von der amerikanischen Militärregierung und den deutschen Verwaltungsbehörden bald beendet. Die drohenden Strafen ließen die Menschen vorsichtiger werden, sie verfeinerten die Methoden des Organisierens. Dazu gehörten auch das regelmäßige „Mitgehenlassen" wohldosierter Mengen, die Raffinesse beim Verstecken. Daß der Bremer Hafen als Anlandestelle der Versorgungsgüter für alle Arten des Organisierens besonders vielversprechend war, bedarf keiner besonderen Erklärung. Wer hier von Berufs

wegen ein und aus ging, richtete sich meistens darauf ein. Man hatte den unauffällig zu tragenden „Zampelbeutel" bei sich, der sich im Laufe des Arbeitstages oder der Schicht mit kleinen Mengen von Lebensmitteln, auch schon einmal mit etwas Rohkaffee, füllte und recht problemlos herausgeschmuggelt werden konnte. Der Mann war für die Familie „zampeln gegangen".
Doch ebenso wie der Hafen boten viele andere Arbeitsstätten günstige Gelegenheiten zum Zugreifen, oft von den Geschädigten bewußt nicht bemerkt oder geahndet. Die Aussagen zum Berufs- und Arbeitsleben haben uns entsprechende Hinweise gegeben, unter anderem zu der Tatsache, daß die in den verschiedensten Aufgabenbereichen bei den Amerikanern tätigen Bremer sich oft beneidete Vorteile verschaffen konnten.

Daß kaum einer der etwa 400 Zeitzeugen, die sich uns mitgeteilt haben, den Ausdruck „Fringsen" kannte und kennt, heißt jedenfalls nicht, daß die hiesige Bevölkerung nicht „gefringst" hätte. Zur Erklärung: Das Wort – in anderen Teilen der Bundesrepublik damals wie heute durchaus ein Begriff – leitet sich von dem Namen des Kölner Kardinals Frings ab, der in einer berühmt gewordenen Passage seiner Silvesteransprache von 1946/47 allen eine Art Absolution erteilte, die in der extremen Notlage die Grenze vom legalen zum illegalen „Besorgen" und „Organisieren" überschritten.
Die verschiedenen Formen und Grade der Aneignung waren lage- und zeitbedingt und daher sehr vielfältig. Einen Einblick soll die folgende Auswahl von Aussagen ermöglichen:

„Organisieren bedeutet, daß man schnell reagiert. Wenn man in einer Schlange steht vor einem Geschäft und alle Leute laufen in eine bestimmte Richtung, muß man mit ihnen laufen, denn irgendwo gibt es irgend etwas, das einen Wert hat, das man essen kann oder anziehen. So laufe ich einmal den Leuten nach, bis ich im Keller von Haake-Beck bin. Dort wird geplündert. Es gibt Zucker. Der Boden ist bedeckt mit Zucker aus geplatzten Säcken, Traubenzucker, raffinierter Zucker, alles sehr schmutzig. Ich greife nach einem geplatzten Sack. Ein Mann hilft mir. Draußen Polizeisirenen. Der Mann schiebt mich und meinen Sack durch ein kleines Fenster. Ich laufe über Hintertreppen, einen Hof, verstecke mich. Die meisten anderen werden von der Polizei mitgenommen. Ich kann entkommen, treffe wenige Straßen weiter auf meine Mutter, die mich sucht. Sie ist böse auf mich, aber wir haben Zucker für die nächsten Monate. Die halbe Neustadt genießt in diesen Wochen Zucker von Haake-Beck. Vom Radio-Bremen-Orchester wird gesagt, daß die Instrumente nach jedem Hafenkonzert ähnlich gefüllt sind und manche Instrumente ein erstaunliches Fassungsvermögen haben."
(Frau M., Jg. 1933)

„Am nächsten Morgen – nun waren auch meine Eltern in einen bleiernen Schlaf gefallen – klopfte unsere Nachbarin an die Haustür. ‚Frau K., Frau K., die Kaserne wird geplündert!' Schnell schlüpften wir in unsere Kleider, Vater holte sein Fahrrad mit dem Anhänger hervor und hin zur Kaserne Stader Straße in die Kellerräume. Menschen wie Ameisen rannten durch die offenstehenden Vorratskeller der Kaserne, Kartoffeln, Kohlen – alles lag noch in Mengen da. Wir füllten unsere Anhänger, so schnell und gut es ging, und ab nach Hause und wieder zur Kaserne. Da lag noch ein ganzer Sack Nudeln – her damit – und ein Sack Salz – auch mitgenommen. ‚Die Kaserne wird gesprengt!' klangen plötzlich aufgeregte Stimmen durch die Kellerräume. Meine älteste Schwester füllte noch schnell die Taschen mit Kartoffeln, dann zogen wir mit etlichen Vorräten ab. Unsere Mutter war glücklich, als all ihre Lieben verschmutzt, aber wohlbehalten wieder zu Hause waren. Nudeln und Salz haben uns ... sehr gute Dienste geleistet. Nudeln gab es zusammen mit Fliederbeersaft als leckeres Abendessen – Salz tauschten wir gegen Zucker bei den zurückzuführenden Polen und Tschechen, die Wochen später in den beschlagnahmten Häusern am Ende unserer Straße wohnten. Denen fehlte Salz und uns der Zucker, die Tauschgeschäfte blühten."
(Frau St., Jg. 1929)

„Am gleichen Tag begann die Plünderung der Kaserne an der Stader Straße. Alles, was nicht niet- und nagelfest war, wurde von den Anwohnern abgebaut und mitgenommen. Wenige Tage später wurde das ehemalige Gefangenenlager auf dem Jakobsberg von den Anwohnern auseinandergebaut und entweder für die Reparatur von Dächern usw. oder

als Feuerholz verwendet. Aus dem Goliath- und Focke-Wulf-Werk Hastedt wurden Aluminiumtafeln ‚besorgt' und als Dachdeckung verwendet."
(Herr W., Jg. 1930)

„Zwei Beispiele, an Kleidung oder Stoff zu kommen:
– 1945, gegen Ende des Krieges, kam es vor, daß die Magazine der Wehrmacht geöffnet wurden. Sie enthielten u. a. Bekleidung, Wäsche, Stoffe, die an die Leute verteilt wurden. Es kam auch vor, daß die Leute die Lager selbst ausräumten und nahmen, was sie kriegen konnten.
– Auf der Weser waren z. B. Bockschiffe mit Waren liegengeblieben. Neben Lebensmitteln und sonstigen Dingen können es auch mal Stoffe gewesen sein für die Wehrmacht, die die Leute sich dann organisierten."
(Frau E., Jg. 1930)

„Meine Mutter hatte in den letzten Kriegstagen aus einem aufgegebenen Wehrmachtslager größere Mengen Tabakwaren ‚organisiert'. Die haben in der folgenden Zeit viele Schwierigkeiten aus dem Wege geräumt."
(Herr H., Jg. 1929)

„Am Güterbahnhof hat es gestern Kartoffeln gegeben, bis englische Polizei dazwischenkam und schießen mußte, da verstanden die Hausfrauen erst, daß sie den Platz räumen mußten. Um 8 Uhr sind Mutti und ich mit dem kleinen Handwagen, einem Kartoffelsack und einer Einholtasche losgezogen, um unser Glück zu versuchen. Je näher wir dem Bahnhof kamen, desto mehr Frauen mit Handwagen und Kinderwagen begegneten wir. Am Eingang des Güterbahnhofs standen ... schon mehrere Menschen, die aber noch nicht die richtige Traute hatten hineinzugehen, nachdem es von der Polizei endgültig verboten worden war. Nur ein paar alte Frauen versuchten mit viel List und Tücke, einen riesigen Karren zwischen die Güterzüge zu schieben. Bei den ersten nun folgenden Frauen war nun auch Mutti, während ich noch bei unserem Wagen blieb, um vor eventueller Polizei zu warnen. Aber es kam niemand, und ich suchte Mutti nun in dem Haufen Frauen, die sich vor den einzelnen Wagen drängten. Zwei Frauen waren hochgestiegen und schaufelten mit Kehrblechen in die unten aufgehaltenen Säcke. Alles ging leise und schnell vor sich, denn soweit jemand ein lautes Wort riskierte, wurde er zu größter Ruhe ermahnt, damit niemand auf uns aufmerksam würde. Denn die Kartoffeln wurden weder gewogen noch bezahlt, sondern es war einfach Stehlen. Noch dreimal sammelte Mutti ihre Einkaufstasche unter Lebensgefahr voll, denn inzwischen waren die Frauen nun nicht mehr vorsichtig genug und drängten, schimpften und schubsten sich, bis sie ihre Säcke voll hatten. Jetzt mußte man die Ellbogenpolitik sehr gut verstehen, denn sonst wurde man zurückgedrängt. Ich wartete inzwischen an der Staatsbibliothek, worin sich auch Engländer einquartiert hatten und gerade ihre Morgensuppe kochten. Hochbeglückt und quatschnaß kamen wir zu Hause wieder an, wo wir Vater voller Stolz unseren Zentner zeigten. Nun fehlte uns nur noch Brot."
(Frau K., Jg. 1926)

„Vater kam einen Abend – es war dunkel – mit einem Rucksack voller Dosen nach Haus. Es waren 20–25 Dosen mit Ananas. Zum ersten Mal Ananas gesehen. Zum Nachtisch immer Ananas gegessen."
(Herr M., Jg. 1935)

„In der schlechten Zeit war jeder froh, wenn er ‚schwarz' etwas bekommen konnte. Unser Vater hatte die Zusage für ein Schwein erhalten. Irgendwie wurde jemand mit Auto gefunden, um das Schwein abzuholen. Wir warteten gespannt. Dann war es endlich soweit, und Vater flüsterte: ‚Paßt auf, daß niemand im Flur ist, wir müssen sie irgendwie in den Keller bugsieren und dort schlachten.' Unsere Mutter erschrak, denn draußen im Wagen waren zwei lebende Schweine. Der Fahrer wollte auch seinen Anteil haben und hatte sich ebenfalls ein Schwein mitgebracht. Ich weiß nicht wie, aber die Schweine wurden im Keller geschlachtet und auch verarbeitet. Damit nun die lieben Nachbarn stillschwiegen, bekamen sie natürlich etwas ab."
(Frau F., Jg. ohne Angabe)

„Manchmal hielten Züge – beladen mit Weizen und Mais – auf einem Abstellgleis wegen eines Heißläufers (Waggon, wo ein Rad heiß gelaufen war). Der Bewacher im Bremser-

häuschen wurde von Jungen abgelenkt, andere liefen hin, bohrten die Waggons durch Bohlen und Säcke hindurch an. Mais oder Korn lief raus – in mitgebrachte Leinensäcke."
(Herr M., Jg. 1935)

„Einmal haben Freunde und ich im harten Winter 1946/47 am Verschiebebahnhof in Walle einen Eisenbahnwaggon geknackt, in der Hoffnung, in diesem Zigaretten als Tauschmittel vorzufinden. Die bewachenden Soldaten schossen mit ihren Maschinenpistolen in die Luft, um uns zu verjagen. Als wir den Waggon endlich offen hatten, fielen uns zu unserem Entsetzen nur 90-lbs-Säcke mit Weizen entgegen. Natürlich haben wir jeder einen davon auf dem Rücken durch den tiefen Schnee nach Hause geschleppt. Als mein Vater dahinter kam, habe ich noch einen hinter die Ohren bekommen."
(Herr P., Jg. 1928)

„Meine Mutter konnte, was damals sehr wichtig war, außerordentlich gut organisieren. Sie arbeitete eine Zeitlang beim Amerikaner im Hafen, und zwar schrieb sie in der Nachtschicht die Adremaplatten für das Depot. Da ja Ausgangssperre war, wurde sie abgeholt und wieder nach Hause gebracht, es herrschte damals eine große Solidarität unter den Deutschen, und so drückte der deutsche Jeepfahrer immer die Augen zu, wenn Mutter Kohlen oder gar Lebensmittel mitbrachte."
(Frau K., Jg. 1924)

„Während meiner Housekeeper-Zeit bekam ich einiges und nahm mir auch einiges. Meine ‚Herrin' war die Leiterin des American Red Cross in Bremen, die sich mit einem ihrer Kollegen einen ganzen Waggon amerikanischer Liebesgaben ‚unter den Nagel gerissen' hatte. Die Hälfte dieses Waggons lagerte im Keller des Hauses, zu dem ich immer Zutritt hatte, da vieles gebraucht wurde. Da sie selbst überhaupt keinen Überblick über die Sachen hatte, fiel es nicht auf, wenn ich das ‚Allernötigste' nahm. Mein Bruder und meine Schwester waren beide bei den Amerikanern, die im Fruchthof ihre Depots hatten, beschäftigt. Auch dort fiel einiges ab. Mehl und Zucker wurden in ‚Unterbindetaschen aus der Kinderzeit' unauffällig (aber wohl doch mit Herzklopfen) fortgebracht. Es half, das karge Leben mit den Lebensmittelkarten zu vervollkommnen."
(Frau V., Jg. 1915)

„Der möblierte Herr richtet in seiner Wohnung im Obergeschoß ein Büro ein. Er hat bald gute Beziehungen und bekommt Fleisch und Gemüse. Meine Schwester kocht für ihn; manchmal zweigt sie heimlich etwas für uns ab!"
(Frau K., Jg. 1923)

„Jetzt zögre ich – bewegt hat mich und es ist natürlich nicht vergessen ... Vater war Lokführer geworden. Er hat sich später aus Sorge um seine Familie dazu verleiten lassen, Dinge zu tun, die über das ‚Besorgen' hinausgingen. Er wurde gefaßt, verurteilt, vom Dienst suspendiert und mußte ins Gefängnis ..."
(Herr Sch., Jg. 1927)

9.2. Tauschen

Im Kapitel über das Rauchen haben wir gehört, wie sich Tabakwaren zum Tausch eigneten. Zigaretten waren unumstritten das Tauschmittel, das zur neuen Verrechnungsgrundlage wurde und damit den Rang einer Währung hatte. Doch außerhalb dieser Währung entwickelte sich bekanntermaßen auch die reine Form der Tauschwirtschaft, die auf dem von alters her geübten Prinzip beruhte: Der eine Tauschpartner gibt etwas ab, was er aus persönlichen Gründen zur Zeit nicht oder nie mehr benötigt, was er nicht aufbewahren will oder kann, von dem er sich trennen möchte, und sucht dafür etwas, was im Moment für ihn von Bedeutung ist, seinem Geschmack oder einem langgehegten Wunsch entspricht. Der andere Tauschpartner hat die gleichen Ambitionen, und so kann der Handel beginnen.
Die Tauschgeschäfte der Nachkriegszeit nahmen insgesamt gesehen enorme Ausmaße an und sind auch im größeren Umfang der sogenannten Kompensationsgeschäfte aus der Güterversorgung der Bevölkerung nicht wegzudenken. Anders als dem „Organisieren" haftet dem Tausch keinerlei amoralischer Beigeschmack an. Man handelte eigentlich nur so, wie es dem gesunden Menschenverstand entsprach. Für das in unseren Berichten erwähnte Hin- und Herschieben von Waren mag uns heute das Verständnis fehlen,

doch die Not der Zeit zwang, jede Gelegenheit zu nutzen. Der private Tausch im möglichst ausgedehnten Kreise der Verwandten, Bekannten, Freunde und Kollegen war üblich, doch wurden von der Stadt auch offizielle Tauschzentralen für Kleidung und Schuhe eingerichtet, so in der Turnhalle der ehemaligen Realschule an der Sögestraße, auch als „an der Katharinenstraße" lokalisiert. Ein öffentlicher Schuhtausch wurde ebenso genehmigt, wie z. B. „an der Liebfrauenkirche". Geduldet wurden zudem solche Tauschstellen, die Firmen der Branche in eigener Regie führten, wie z. B. das Schuhgeschäft Wachendorf mit damaligem Sitz Am Wall. Viele, vor allem kinderreiche Familien, nutzten die Gelegenheit, die heranwachsenden Kinder mit einigermaßen passenden Größen auszustatten.

Wer etwas tauschen, „verkungeln" oder „tschinschen" wollte, aber direkt keinen Ansprechpartner hatte, löste das Problem anders: Er hängte einen Zettel mit seiner Tauschanzeige an eine Stelle, wo Passanten ihn gut einsehen konnten. Dafür eigneten sich Bretterzäune, zugenagelte Schaufenster ehemaliger Geschäfte, auch provisorisch errichtete Plakatwände. Dieses „Suche" oder „Biete" versprach meistens Erfolg. Mit dem gewünschten Stück kamen jene auch nach Hause, die während des Schlangestehens beispielsweise bei der Einlösung von Textilgutscheinen mit dem Vorder- oder Hintermann handelseinig wurden nach dem Motto „Mädchenkleid gegen Jungenhose". Die Aussagen aus der Bremer Bevölkerung zu diesem Themenkomplex sind so zahlreich, wie es seiner Bedeutung im Alltag entsprach. Von daher können hier nur solche Tauschgeschäfte vorgestellt werden, die typisch und repräsentativ sind. Ganz eindeutig überwiegt der Tauschhandel um Lebensmittel; ihm folgt an Bedeutung der um Heizmaterial. Kleidung, Hausrat, Genußmittel, selbst Arbeitsleistungen werden in die Tauschwirtschaft eingebracht.

Was gab man hin für Lebensmittel?

An Haushaltsausstattung:
– Damastleinentücher der Urgroßmutter für Kartoffeln und Futterrüben vom Lande
– Seifenstücke für Milch
– Kuchenformen, Schöpfkellen für Eier, Speck, Korn, Kartoffeln
– Baumwollgarn für Lebensmittel vom Bauern
– Bettwäsche für Kartoffeln und Gemüse
– Kochtöpfe, Kannen, Eimer für Fischöl und Heringe
– Bettbezug für Lebensmittelmarken
– Selbstgemachte Eimer für Kartoffeln
– Garn für Geschlachtetes
– Rolle Nähgarn für drei Eier
– Emailleeimer für Fett und Eier
– Glühlampen für Lebensmittel
– Porzellan für Milch vom Bauern
– Tisch- und Bettwäsche für Beutel Roggen
– Kochtopf für Tüte Wurzeln und zehn Eier
– Haushaltsgegenstände für Kartoffeln, Speck, Eier
– Silberne Teelöffel für Brotmarken

An Bekleidung
– Selbstgearbeitete Hausschuhe für Milch und Eier vom Lande
– Damenschuhe für 250 g Speck, 250 g Schinken, einen Zentner Korn
– Selbstgemachte Hüte für Lebensmittel
– Babykleidung für Brot vom Bauern
– Damenstrümpfe für Lebensmittel
– Selbstgestrickter Pullover für Lebensmittel von Bäuerin
– Genähtes für Eßwaren
– Abgelegte Kleidung für Brot

An Sonstigem
– „Unvergeßliches, großes Puppenhaus" für wenig Fett und Nährmittel
– Spielzeug wie Eisenbahn und Baukasten für Lebensmittel
– Schulheft für ein Butterbrot
– Rotwein für Lebensmittel

Hinzugefügt seien einige wörtliche Aussagen zum Tausch für Lebensmittel:

„Wir hatten eine Parzelle an der Gete und konnten uns mit Obst und Gemüse zusätzlich versorgen. Sauerkirschen haben wir gegen Zucker eingetauscht."
(Frau W., Jg. 1922)

„Mutter nähte aus alten Säcken Handtaschen und tauschte sie auf dem Land gegen Speck."
(Herr H., Jg. 1934)

„Das Rad, mit dem Vater aus München kam, tauschten wir gegen Lebensmittel. Wir waren froh, daß der füllige Bauer die Probefahrt auf

dem wackligen Rad gut überstand, sonst hätte es nichts gegeben."
(Frau B., Jg. 1931)

„Einen geliebten, schon vielfach geflickten Teddy mußte ich wegbringen (tränenreicher Abschied). Dafür gab es 1/2 Pfund Butter . . ."
(Frau L., Jg. 1942)

„Wir hatten noch mancherlei zum Tauschen, das ging ganz gut. Wir kannten einen Bauern in Lilienthal, der uns jahrelang die Winterkartoffeln und die Winteräpfel gebracht hatte. Für ein Meißner Weinlaubgedeck gab es vielleicht ein Pfd. Butter, ein Pfd. Schmalz, eine kleine Dauerwurst und einen Rucksack Kartoffeln. Wenn man Glück hatte, auch noch einen Kohlkopf oder ein paar Steckrüben. Als mein Mann Ende 1946 aus der Gefangenschaft kam, wurde es alles sehr viel besser für uns. Es machte ihm Spaß, alles Mögliche (und Unmögliche) zu ‚verkungeln'. Da hatten wir wieder etwas zum Rauchen für den Großvater, etwas Süßes für das kleine Mädchen und Kaffee für uns alle. Unser Vater hatte aus seinem Geschäft (Rohseidenimport aus China und Japan) noch einen kleinen Bestand, der wurde sehr viel besser vertauscht und nicht so verschleudert, wie das Meißner Geschirr."
(Frau Sch., Jg. 1911)

„Mein Vater plünderte seinen Weinkeller, wir beide fuhren per Rad aufs Land um zu tauschen. Einmal bekamen wir nur einen lebenden Hahn, den wir natürlich nicht töten konnten. Das besorgte jemand anderes, der gleichzeitig unsere Hühner stahl und nur den Kopf vom Hahn zurückließ . . ."
(Frau D., Jg. 1921)

„Wir hatten einen kleinen Seifengroßhandel nach dem Krieg angefangen. Mein Vater verhökerte Schwimmseife und Waschpulver gegen Eier, Brot und Milch. Mein Vater brachte oft bis 80 Eier pro Woche mit."
(Frau Sp., Jg. 1929)

„Die Tauschgeschäfte blühten, wer noch irgend etwas besaß an Hausrat oder Wäsche, fuhr damit aufs Land und versuchte dafür Lebensmittel einzutauschen. Ein ausgebombter Schneider wohnte in seinem Wochenendhaus im Blockland, er machte aus alten Militärmänteln Jacken, Röcke und Hosen, änderte usw. Bezahlt wurde mit Naturalien, er hatte damit eine Überlebensmöglichkeit."
(Frau T., Jg. 1928)

„Apotheken erhielten Zuteilung an Alkohol. Alle Tinkturen damals selbst in Apotheken angesetzt. Chef stellte Likör und Schnaps her, fuhr damit über Land zu Bauern, bekam Butter, Wurst, Speck. Fuhr mit diesen Sachen nach Hamburg zu Großhändlern, um Verbandsmittel und Medikamente für Apotheke zu holen. Apotheke dadurch gut bestückt. Konnte Bevölkerung gut versorgen."
(Frau H., Jg. 1926)

„Die letzten Dinge, die man noch hatte, wurden gegen Kartoffeln, Brot, Äpfel und Steckrüben eingetauscht. So verlor meine Mutter einen großen Teil ihrer geretteten Aussteuer an die Bauern der umliegenden Dörfer Bremens."
(Herr L., Jg. 1936)

„‚Jan Reiners', die Kleinbahn Richtung Tarmstedt, war stets voll besetzt mit sogenannten ‚Hamsterern', Menschen, die versuchten, etwas Eßbares auf dem Lande zu ergattern. Alles was der Bombenkrieg an Hausrat u. ä. verschont hatte, wurde bei den Bauern eingetauscht gegen Lebensmittel. So manches schöne Stück Kristall, Silber, Bettwäsche, Tischwäsche usw. brachte meine Mutter zu unserem ‚Kartoffelbauern'. Der hieß so, weil er vorm Kriege und auch nachher die jährlichen Einkellerungs-Kartoffeln lieferte. Oft kam sie nur mit Kartoffeln und etwas Fallobst zurück."
(Herr K., Jg. 1923)

„Meine Mutter fuhr zu bekannten Bauern, bei denen sie nähte und ich bei der Erntearbeit half. Dafür gab es Kartoffeln, Eier und Speck."
(Frau V., Jg. 1928)

„Die weniger Glücklichen waren gezwungen sich durch Hamstern oder auf dem Schwarzen Markt Lebensmittel zu erwerben. So fuhren denn jeden Tag Tausende mit dem Fahrrad oder der Eisenbahn aufs Land und versuchten dort von den Bauern ein Paar Eier, Butter oder nur einige Speckschwarten gegen Silber,

Wäsche, Kinderschuhe etc. einzutauschen. Bösartige Zungen behaupteten, daß in manchen Kuhställen der Boden mit Perserteppichen gepolstert sei. – Auf der Rückfahrt bestand dann die Gefahr, daß einem bei Kontrollen alles abgenommen wurde, da das Hamstern offiziell verboten war."
(Herr B., Jg. 1908)

Wir können an den Dingen, die die Bevölkerung aus ihrem Besitz hergab, erkennen, welchen Stellenwert die Lebensmittel für sie hatten. Dementsprechend ließen sich Lebensmittel einsetzen im Tausch gegen etwas anderes, an das man sonst nicht herankam. Da gab man Rapsöl für Torf, Tomaten und Bohnen aus dem Garten für eine Matratze, Fisch und Fleisch aus Beziehungen für ein Paar Kinderschuhe. Und wie schon in anderem Zusammenhang beschrieben, waren Handwerker schon eher zu einer Reparatur zu bewegen, wenn dafür Lebensmittel winkten. Nicht immer mußte es gleich ein ganzes Care-Paket sein, aber die Abgabe verschiedener Eßwaren für die Reparatur eines Klavieres oder für Arbeiten am Dach zeigen auch diese Abgeltungsmöglichkeit in der Tauschwirtschaft. Gerade jenen, die alles verloren hatten oder wie die Flüchtlinge ohne irgendwelche Beziehungen waren, blieb oft nichts anderes, als ihre Arbeitskraft, ihr fachmännisches Können oder ihr Wissen in den allgemeinen Tauschhandel einzubringen. Dazu gehörten auch Nachhilfe- und Musikunterricht und das Anfertigen von Übersetzungen.
Sehr früh begriffen auch die Kinder die Möglichkeiten des ihnen ja von Natur aus vertrauten Tauschgebarens. Schnell hatten sie heraus, daß es die amerikanischen Besatzungssoldaten waren, die über begehrte Schätze verfügten: Kaugummi, Schokolade, Zigaretten. Sobald sie wußten, woran den Männern aus Übersee gelegen war, stiegen sie pfiffig ins Geschäft mit ihnen ein. Wachsamkeit war in manchem Haushalt geboten, wenn die Kinder Ausschau hielten nach Brauchbarem.

„Für das Mutterkreuz meiner Oma bekamen wir vier Schachteln Lucky Strikes (80 Stück = 400 RM), dafür bekamen wir bei Bauern vier Pfund Butter."
(Herr R., Jg. 1933)

Wie oben bereits erwähnt, wurde neben dem Tauschhandel um Lebensmittel der um Heizgeräte und Heizmaterial lebenswichtig. Brennstoffknappheit und eiskalte Winter, die Sorgen um Energie zum Heizen und Kochen haben wir zuvor beschrieben. Hier soll an Beispielen verdeutlicht werden, was man für die erhoffte Wärme abgab.

„Alles Entbehrliche wie Wein, Alkohol, Tabakwaren aus dem Bestand meines Mannes wurde gegen Lebensmittel und Kohlen eingetauscht ... An einen ganz primitiven Kanonenofen kam ich durch den Tausch von Schaftstiefeln."
(Frau B., Jg. 1917)

„An der Ecke Kirchbachstraße und Schwachhauser Heerstraße war ein Bretterzaun errichtet worden, auf dem jeder seine Wünsche bekannt gab ... Eines Tages stand da: Biete Ofen, suche Fahrrad. Vati war noch in Kriegsgefangenschaft, sein Fahrrad stand herum. Also los! Und ich bekam das begehrte Etwas."
(Frau J., Jg. 1933)

„Um Feuerung zu bekommen, mußten wir versuchen, Torf zu beschaffen. Nur gegen Tausch war es möglich. Ich habe Bettwäsche und Tischzeug dafür hergegeben."
(Frau T., Jg. 1915)

Andere gaben den seidenen Regenschirm des Vaters für zwei Zentner Brikett, eine Chaiselongue für zwei Fuder Torf vom Bauern. Für Torf opferte man manches: den Kaffee aus den USA, den Kleppermantel, einen „phantastischen Pullover".
Aus den Ausführungen über Bekleidung und Schuhwerk wissen wir, daß man sich vor allem bei Kleidung mit dem Grundsatz „aus Alt mach Neu" behalf, daß man aber auch und besonders für Schuhe den Tausch nutzte. Die erwähnten Tauschzentralen waren dafür die Anlaufstellen. Einige zeittypische Erinnerungen sollen hier einfließen:

„Wir alle hungerten genauso nach Kultur wie nach Brot, wie auf ein gutes Essen. – Ich wollte gern ins Theater. Ich war achtzehn, hoch aufgeschossen. Einen Anzug besaß ich nicht. Aber da gab es an der Waller Heerstraße eine Tauschzentrale. Dort habe ich ein

Nähtischchen, mit herrlichen Intarsien, aus Großvaters Tischlerwerkstatt und auf dem Rücken getragen zu Fuß von Oslebshausen bis Walle, gegen einen schwarzen Anzug getauscht. Der war zwar ein/zwei Nummern zu klein, aber was macht das schon? Schwarze Schuhe hatte ich natürlich auch nicht. Aber ich hatte ja noch meine ‚Knobelbecher', Stiefel vom Militär, die zog ich drunter – perfekt!"
(Herr Sch., Jg. 1927)

Ein anderer benötigte übrigens ebenfalls dringend einen Anzug und bot der Bremischen Evangelischen Kirche eine alte Ausgabe von Luthers Werken an – gegen ein Care-Paket mit Material für einen Anzug. Der Tausch kam zustande.

> „In der Tauschzentrale an der Katharinenstraße tauschte ich meine Gliederpuppe ... gegen die ersten hochhackigen Pumps ein. Sie waren dunkelblau, hatten eine blau-rote Schleifendekoration, waren neuwertig und himmlisch ..."
> (Frau P., Jg. 1932)

Rot waren die Pumps und auch nach neuester amerikanischer Mode („New Look") hochhackig, die eine andere junge Frau sich gegen ihre alte Ziehharmonika eintauschte.

> „Ebenso habe ich über eine Tauschanzeige für ein Paar Damenschuhe meiner inzwischen verstorbenen Großmutter einen Anzug des gefallenen Sohnes bekommen ... In der offiziellen städtischen Tauschzentrale ... in der Sögestraße hatte ich Glück und nahm ein leichtes, amerikanisches, nicht mehr ganz neues Jacket mit nach Hause und fühlte mich darin wie Stewart Granger oder Rhett Butler!"
> (Herr V., Jg. 1921)

Noch einmal wird das ganze anfangs vorgestellte Prinzip des Tauschens, die unterschiedliche Interessenlage der Partner, deutlich an folgenden Beispielen:

- Stahlbett gegen Sofa
- Weißgoldring gegen Holzschrank
- Akkordeon gegen Fahrrad
- Schlittschuhe gegen Gabeln und Tassen
- Rollschuhe gegen Bügeleisen
- Grammophon gegen Schulranzen
- Kaffee-Ersatz gegen Streichhölzer
- Hakenkreuzfahne gegen Tee
- Kohle gegen Seife
- Seife gegen Wurst
- Süßstoff gegen Kaffee
- Fischöl gegen Brautschleier
- Schnaps gegen Dachpappe und Bretter
- Theaterkarten gegen Schuhreparatur

9.3. Schwarzmarkt

Obwohl es gemeinhin heißt, der Schwarzmarkt habe für die Versorgung der Bevölkerung eine nicht unerhebliche Rolle gespielt, haben wir auf unsere diesbezügliche Frage hin verhältnismäßig wenige Antworten bekommen. Die Gründe dafür mögen verschieden sein; dazu könnte gehören, daß einzelne Schwarzmarkterwerbungen für nicht der Rede wert gehalten wurden, andere so sehr in der Nähe des „Organisierens" und „Tauschens" lagen, daß eine besondere Erwähnung ebenfalls nicht wichtig erschien. Zudem gab es wie bei anderen Aktionen des „Besorgens" immer auch Bürger, die so etwas nicht tun mochten, ihren alten anerzogenen Moralvorstellungen treu bleiben wollten und lieber hungerten, als sich z. B. beim „Hamstern" auf eine gewisse Art des Bittens und Bettelns zu verlegen. Viele nahmen indirekt am Schwarzmarkt teil: Sie gingen selbst nicht hin, ließen sich aber Sachen besorgen, die sie sonst nicht käuflich erwerben konnten.

> „Schwarzmarkt- und Tauschgeschäfte waren verboten, darum traute ich mich auch nicht so sehr in die Tauschzonen der Stadt ..."
> (Frau D., Jg. 1922)

> „Am Schwarzmarkt haben wir uns nicht beteiligt, wir rauchten alle nicht, und Geld für Extravaganzen hatten wir nicht und brauchten es auch nicht."
> (Frau V., Jg. 1915)

Im allgemeinen sah man – zeit- und versorgungsbedingt – in der Teilnahme am Schwarzmarkt nichts Ehrenrühriges. Sie bedeutete immer einen hohen Einsatz von Geld bzw. Zigaretten als neuer Währung. Die andere Form war der Tausch Ware gegen Ware.

„An mehreren Stellen der Stadt blühte der Schwarze Markt, auf dem man bei entsprechender Gegengabe fast alles ohne Marken erhalten konnte, was man wollte. Leitwährung war die Zigarette, die zum Preis von RM 5,– gehandelt wurde. Schwarzhändler waren die Hyänen der Wirtschaft, die jeden Tag Tausende verdienten; bei den zahlreichen Polizeirazzien waren sie wie die Ratten plötzlich in irgendwelchen Löchern verschwunden."
(Herr B., Jg. 1908)

„Auf dem Schwarzen Markt kostete eine amerikanische Zigarette sieben bis zehn Mark, ein halbes Pfund Butter 250 Mark. Der Schwarzmarkt befand sich in der alten Badeanstalt vor dem Hauptbahnhof am Breitenweg, wo jetzt das Gebäude des Verkehrsvereins steht. Dort brachten die ‚Schieber' ihre Waren an den Mann."
(Herr E., Jg. 1932)

Der Handel blühte aber auch im eher Verborgenen.
„Erst ab Herbst 1947 ging es etwas besser, als meine Mutter eine Schwarzmarktquelle aufgetan hatte und ein oder zweimal in der Woche ein Schwarzbrot für 40 Reichsmark kaufen konnte. Im Hause eines Kollegen meines Vaters an der Schwachhauser Heerstraße wohnte im Dachgeschoß ein Österreicher, der vom Schwarzhandel gut lebte. Das Schwarzbrot war das einzige, was wir bei ihm kaufen konnten. Seine anderen Schätze waren viel zu teuer oder nur im Tausch gegen andere Schätze zu haben."
(Herr S., Jg. 1926)

„Da wurde ich mal von einer Frau, die ich herzlich wenig kannte, gefragt, ob ich an Rindertalg interessiert sei. Ich sagte es meiner Mutter, und die kannte eine Frau, die bereit war, für ein Pfund Rindertalg 200 Mark zu bezahlen. Wenn ich der Talglieferantin das Geld aushändigte, fiel dann für mich ein Stückchen Talg ab. – Ein Kollege zeigte mal einen Riegel Schokolade! Ein Riegel ca. 25 Gramm 30,– Mark. Wie waren meine Eltern erfreut und erstaunt, wie ich ihnen Schokolade schenkte. (Die hätte ihnen aber nicht geschmeckt, wenn sie gewußt hätten, daß ich dafür 330,– Mark gezahlt hatte.)"
(Frau P., Jg. 1912)

„Da wir ein kleines Lager in Garnen, Wolle und Knöpfen hatten, was zwar nur gegen Bezugsscheine abgegeben werden durfte, konnten wir dennoch am Schwarzmarkt uns ganz gut versorgen."
(Herr L., Jg. 1938)

Umgekehrt konnte ein gewitzter Student sein Budget aufbessern, indem er sich die Nachfrage nach Alkohol und Zigaretten zunutze machte – und dazu die „Kursdifferenzen zwischen amerikanischer und britischer Zone":

„Mein Dasein als Pendler zwischen Göttingen und Bremen verhalf mir manchmal zu einem besonderen Geschäft. Damals war in der Göttinger Gegend die Grenze zur sowjetischen Besatzungszone noch ziemlich durchlässig. Der ‚Kleine Grenzverkehr' blühte. Kommilitonen brachten von ‚drüben' Flaschen mit klarem Schnaps mit, die ein schönes Etikett trugen mit der Aufschrift ‚Nordhäuser Korn' – damals ein Begriff für besondere Qualität. In Göttingen kaufte ich die Flasche für 40 Reichsmark und nahm sie mit nach Bremen. Hier hatte ich einen Abnehmer, der mir 20 amerikanische Zigaretten dafür gab. Das entsprach in Bremen dem Gegenwert von 100 RM. In Göttingen standen die ‚Amis' höher im Kurs, nämlich 120 RM das Päckchen, im Einzelverkauf sogar 7 RM das Stück. Damit konnte ich meinen schmalen Wechsel etwas aufbessern – ganz abgesehen von dem hohen Tauschwert. Zum Vergleich: Die Bahnfahrt von Göttingen nach Bremen und zurück auf ‚Arbeiterrückfahrkarte' kostete meiner sicheren Erinnerung nach damals rund 10 RM, mit Zuschlägen rund 15 RM, d. h. den Wert von drei Zigaretten!"
(Herr K., Jg. 1922)

10. Leben in der Familie

Alle Sorgen um die Existenz, um das Durchbringen der Familie entsprangen dem Augenblick, drängten auf sofortige Abhilfe. Wir sind dabei herauszufinden, wie die vom Krieg gebeutelten Menschen diese Situation bewältigten. Und wenn die Berichte heute vom tatkräftigen „aus Alt mach Neu" sprechen, von kreativer Bewältigung der Aufgaben des Neuanfangs, von Aufbruchstimmung, dann sollten wir doch zur rechten Einordnung auch die Zeugnisse langandauernder Sorge um die nach den Kriegswirren noch nicht heimgekehrten Familienmitglieder oder den Ausdruck von Bitterkeit über das kriegsbedingte Schicksal mit berücksichtigen.

10.1. Kriegsheimkehrer

Wie stark jahrelange Trennung, der notwendig gewordene Rollentausch von Mann und Frau in der Versorgung der Familie, die angegriffene Gesundheit der Heimkehrer und die überforderten Kräfte der Frauen bis weit in die spätere Nachkriegszeit hinein ihre Auswirkungen hatten, geht aus unseren Berichten nicht eindeutig hervor. Zu persönlich wären dann wohl die Äußerungen geraten und gewiß ungern zu Papier gebracht. Wer hier Näheres erfahren will, sollte auf die großangelegten Untersuchungen zur Familiensituation im Nachkriegsalltag zurückgreifen, die inzwischen veröffentlicht wurden.
Das aber, was sie innerhalb der Familie damals belastete oder auch erfreute, ist von einigen Bremerinnen und Bremern eindrucksvoll geschildert worden. Sie sollen daher hier zu Worte kommen.
Die Gedanken der Familien kreisen zuallererst um die Rückkehr der durch den Krieg versprengten Angehörigen. Naturgemäß war es meist das Schicksal der Männer, das völlig ungewiß war und in vielen Fällen auch blieb.

> „Bis Ende 1951 wartete ich täglich auf meinen vermißten Mann, alle damaligen Suchmöglichkeiten nutzte ich vergebens. Eine mündliche Kameraden-Aussage, er sei tot (aber kein Augenzeuge), mußte ich zur Toterklärung nehmen, weil wir die Lebensversicherung brauchten, aber ohne die Suche aufzugeben."
> (Frau G., Jg. 1911)

> „Man wartete auf Heimkehrer oder wenigstens ein Lebenszeichen, von meinem ältesten Bruder kam Herbst 45 eine Karte aus England, wo er in Gefangenschaft war, er ist 48 heimgekehrt."
> (Frau T., Jg. 1928)

> „Besonders schlimm wurde es später, als die Gefangenen heimkehrten. Natürlich hat man es jedem gegönnt, und ich habe auch noch viele Jahre gehofft, daß auch mein Mann einmal wiederkommt."
> (Frau D., Jg. 1921)

> „Im März 47 kam meine Schwester ... endgültig nach Hause – damit waren wir von der letzten Sorge befreit. Es gab nicht viele Familien, die wie wir sich vollzählig wieder zusammenfanden. Wir hatten allen Grund zur Dankbarkeit."
> (Frau von R., Jg. 1911)

Das tägliche Warten auf die Rückkehr von Vätern, Söhnen und Brüdern verband Familien, Nachbarn und Bekannte. In den Erinnerungen einzelner nimmt die Heimkehr, die dann doch fast immer überraschend kam, einen wichtigen Platz ein. Da stieg plötzlich ein fremder Mann von hinten über den Gartenzaun, und es war der Vater. Da hört das Kind von Mutmaßungen über einen eventuellen Tod des Vaters, und er steht eines Tages überraschend vor der Tür.

> „Es war ein herrlicher Tag, die Sonne schien, und fröhlich bastelte ich an unserem Vorgartenzaun herum. Mehrere Nachbarn beschäftigten sich auch draußen. Plötzlich ein Ruf: ‚Da kommt einer nach Hause.' Ich schaute hoch und sah am Anfang der Straße einen Mann gehen, ganz in Grau, graue Hose, graue Jacke, graue Mütze, grauer Rucksack. Vati? Einen Augenblick schaute ich hin, dann rannte ich die Kellertreppe hinunter in die Küche. ‚Mutti, ich glaub, Vati kommt nach Haus.' Sie setzte sich auf den nächsten Stuhl, ich mich auf den anderen, und wir sahen uns nur an. Nach wenigen Minuten kam Vati die Treppe herunter. Mutti stand auf und ging langsam auf ihn zu. Sie begrüßten sich, und die ersten Worte, die Mutti sprach, waren: ‚Die neuen Haustüren sind noch nicht fertig.' Dann kam ich an die Reihe: ‚Oh, das ist meine kleine Helga, und so sehr gewachsen. Kennst du deinen Vati noch?' Fremd schüttelte ich diesem Fremden die Hand."
> (Frau J., Jg. 1933)

> „1948 kam mein Bruder aus russischer Gefangenschaft nach Hause. Das war herrlich. Wir sind schnell zu seiner Begrüßung zu den Eltern gelaufen. Er sah ziemlich verhungert aus. Aber er war da! Mein Vater hat ihn langsam und vorsichtig wieder an normale Ernährung

gewöhnt, so daß allmählich die Ödeme verschwanden und er zu Kräften kam. Dann konnte er auch, wie ich früher, nach Holstein, und dort hat er intensiv mit Tieren und Kindern gelebt und wurde gut ernährt. So konnte er die schrecklichen Erlebnisse aus Krieg und Gefangenschaft überwinden."
(Frau St., Jg. 1909)

„Ein freudiges Ereignis hat mich sehr bewegt und werde ich nie vergessen. Im August 1948 kam mein Bruder nach vier Jahren aus russischer Gefangenschaft zurück. Da seine Familie damals in Aumund/Vegesack wohnte, kam er vom Neustadtsbahnhof zuerst zu uns. Wie ein Russe gekleidet, mit dicker Pelzmütze und Lappen und zerrissenen Stiefeln an den Füßen. Seine ganzen Sachen wanderten sofort in die Heizung, die inzwischen ... wieder intakt war. Nach einer gründlichen Wäsche, ein Bad hatten wir leider nicht, wurde er von meinem Mann neu eingekleidet. Nach einem kräftigen Mittagessen fuhr er dann zu seiner Familie."
(Frau Z., Jg. ohne Angabe)

Und die Heimkehrer berichten selbst von diesen so lange herbeigesehnten Augenblicken:

„Aber auch dieser letzte Reiseabschnitt ging gut: Ein Landwirt fuhr mit einem ‚Gummiwagen' und zwei Pferden davor nach Bremen und nahm Fahrgäste und Fracht mit. Auf diesem komfortablen Gefährt, zwischen älteren Leuten, Körben und anderem Gepäck, vorsichtshalber noch mit einer Plane zugedeckt, passierten wir unbehelligt die Wümmebrücke in Borgfeld. Zu meiner großen Freude und Erleichterung fand ich unser Haus äußerlich unbeschädigt vor. Ich traute mich kaum zu klingeln, denn ich sah in meinen alten ‚Klamotten', die natürlich nicht richtig paßten, ziemlich wüst aus – dazu mit einem Schnurrbart, den wir drei unterwegs hatten wachsen lassen. Meine Mutter öffnete die Tür auch nur einen Spalt breit – mit vorgelegter Sicherheitskette – und fragte: ‚Was wünschen Sie?' Das war mein Empfang zu Hause!"
(Herr K., Jg. 1922)

„Es war im September 1945, als ich aus amerikanischer Kriegsgefangenschaft entlassen wurde. Mit siebzehn war ich Soldat geworden – war in Südfrankreich und Italien gewesen –, und nun kam ich, fast neunzehnjährig, zurück. Vater hatte man nach Schlesien kriegsdienstverpflichtet; der ältere Bruder war, wie ich, Soldat geworden. Nur Mutter hatte allein die Stellung in Bremen gehalten.
Wir bildeten einen eigenen Kriegsgefangenentransport für die Enklave Bremen. Man hat uns in Transportwaggons der Deutschen Reichsbahn verladen, und die Schiebetüren wurden verplombt. In den Bremserhäuschen der Waggons saßen GI's mit Maschinenpistolen – und wir wollten nur nach Hause. – Der Zug rollte. Ab und zu wurde ein Kamerad hochgehoben, um durch den schmalen Lüftungsschlitz des Waggons den jeweiligen Bahnhof auszumachen. So erreichten wir nach mehreren Tagen Bahnfahrt nachts gegen ein Uhr Bremen – den Verschiebebahnhof in Walle. – Endlich in der Heimat. Mein Freund Harry und ich holperten beide bei leichtem Regen, jeder mit einer Zeltplane voll Futterage auf der Schulter, den Schienen folgend in Richtung Hauptbahnhof. Die Bahnhofshalle war leer. Nur an den Ausgängen standen einige amerikanische Wachtposten. Da haben wir uns erst einmal vor dem damaligen Zeitungsstand auf den Boden gesetzt und Brotzeit gemacht. Hiernach verhandelten wir mit den Wachtposten, die uns freundlich laufen ließen. Man erklärte uns aber, daß wir uns vor den Straßenkontrollen (MP in Jeeps) in Acht nehmen sollten, da ohne Anruf geschossen würde. Für die Deutschen war ab zwölf Uhr nachts Sperrstunde; keiner durfte sich auf der Straße zeigen. Wir trollten uns und kamen unbehelligt durch die dunkle, zerstörte Innenstadt an die Weserbrücke, doch diese war auch kaputt. Was wir sahen, waren einige sich spiegelnde Lichter im Wasser. Da bemerkten wir an der Geländerseite einen angebauten Holz-Laufsteg mit Posten. Nach dem Vorzeigen unserer Entlassungspapiere konnten wir passieren. Aufatmen – jetzt waren wir in der Neustadt –, hier kannten wir jeden Stein. Aber was für Ruinen sahen wir gegen den Nachthimmel. Wilde Gedanken bewegten uns. Ob unser Haus noch steht? Leben noch alle Familienangehörigen? Wir hatten beide etwa neun Monate von daheim nichts mehr gehört. Zuletzt sind wir trotz des Gepäcks gerannt, um Gewißheit zu haben. Mein Elternhaus war das erste – es stand noch. Dann haben wir nach dem Haus von Harry gesucht –

auch er hatte Glück. Wir fielen uns vor Freude in die Arme. Dann hetzte ich zurück – den wie eine Kostbarkeit gehüteten Haustürschlüssel am Bindfaden um den Hals herausgenestelt, aufgeschlossen und die zwei Treppen hochgeeilt, um an der Windfangtür zu klingeln. ‚Wer ist da?' meine Mutter – ‚de Füerwehr!' ich. Und dann lagen sich Mutter im Nachthemd und Sohn in den Armen. Ich weiß heute noch nicht, ob die Freudentränen oder mein Regenzeug meine Mutter mehr durchnäßt haben. Dann wurden mir die Knie weich, und ich mußte mich setzen. So begrüßten mich mein Vater und mein Bruder – ich war der Letzte, der heimkam."
(Herr H., Jg. 1926)

10.2. Familiensituation

Welch unterschiedliche Stimmung sich in den Familien breitmachte, welchen Einfluß die Rückkehr hatte, geht aus folgenden Aussagen hervor:

„Nach jahrelanger Kriegsgefangenschaft kam mein Mann zurück, körperlich und seelisch ein Wrack. Vorerst keine Berufsmöglichkeit. Mit Neben- und Gelegenheitsarbeiten mußte ich die Familie ernähren ... Wir lebten von Ersparnissen, ein wenig Heimarbeit und Unterstützung der Eltern."
(Frau H., Jg. 1912)

„Ich war von September 44 bis März 48 in russischer Kriegsgefangenschaft. Die Eltern trafen sich nach abenteuerlicher Flucht kurz nach Kriegsende in Bremen. Nach 3½ Jahren russischer Hungerzeit und dem Zusammenleben in Baracken mit zwei- bis dreihundert Männern erschien mir das Leben in Bremen wie ein Paradies. Meine Eltern hatten in Erwartung meiner Heimkehr – wir hatten seit 1946 Kontakt über Rote-Kreuz-Karten – so gut wie möglich Lebensmittel gehamstert, so daß bei ihnen nach meiner Rückkehr die Sorge aufkam, ich könnte meine Gesundheit durch zu viel Nahrungsaufnahme ruinieren. In den ersten Monaten war ich regelrecht eßsüchtig, da mir wohl psychisch das Gefühl der Sättigung fehlte. Mein Gewicht verdoppelte sich annähernd in den ersten vier Monaten nach Rückkehr aus der Gefangenschaft. Als nunmehr freier Mensch hatten wir endlich das Gefühl, nicht mehr verhungern zu müssen, da wir gelernt hatten zu ‚organisieren', was hinter Stacheldraht weit schwieriger als in Freiheit war."
(Herr Sch., Jg. 1925)

„Als die Männer langsam aus dem Krieg kamen, wurde viel gefeiert und das mit wenig Mitteln ... Skatspielabende waren ‚in'."
(Frau H., Jg. 1937)

„1946 fanden sich allmählich alte Freunde wieder ein. Trotz unserer räumlichen Beengtheit waren immer zwei, drei auch zum Übernachten da. Vergnügt waren wir immer."
(Frau V., Jg. 1915)

Für andere Familien bot die Rückkehr des Vaters nur kurz Grund zur Freude. Sie erlebten, wie die Väter unter den Folgen der Kriegsverletzungen litten, wie jahrelange Strapazen sie gezeichnet und so geschwächt hatten, daß sie sich nicht erholen konnten. Mangelnde medizinische Versorgung und unzureichende Ernährung, verschleppte Krankheiten und eine erhöhte Anfälligkeit für Infektionen ließen viele Familienväter zu früh sterben. Ohne sie war das Leben in schlimmer Zeit wieder ein Stück schwerer.

„Ich war damals Kind, konnte aber miterleben, wie meine Mutter sich um unsere Familie sorgte, hamsterte, organisierte und durch eigene Arbeit (Masseurin) unsere Finanzen aufzubessern versuchte. Oma machte den kleinen Haushalt. 1947 kam mein Vater zurück aus einem Gefangenenlager der Engländer nahe der Elbe. Er nahm seine Arbeit beim öffentlichen Arbeitgeber wieder auf, wurde aber in dem nächsten Jahr sehr krank und verstarb 1948 an den Folgen eines verschleppten Krebsleidens. Nunmehr waren wir eine ernährerlose Familie. Meine Mutter, mein Bruder und ich waren Witwe und Waisen. Es war eine sehr schwere Zeit für uns alle, zumal mein Bruder sehr klein war."
(Herr B., Jg. 1940)

„Wie unsere Mutter diese schweren Jahre mit nie verzagendem Mut und stets gleichbleibender Fröhlichkeit und Güte gemeistert hat – das haben wir drei Schwestern und auch unsere Freundinnen immer an ihr bewundert ..."
(Frau St., Jg. 1929)

Manche Frau, manche Familie hatte den Verlust geliebter Angehörigen in einem Umfang zu beklagen, der uns die vor Schmerz erstarrte Haltung förmlich spüren läßt, mit der sie dieses Schicksal ertrugen:

„Auf dem Hof einer Tante (in der Nähe Bremens) fielen alle drei Söhne, und ihr Mann wurde von den Polen erschlagen. Die arme Tante begrüßte uns unter Tränen ... Ihr schweres Schicksal machte einen tiefen Eindruck auf mich."
(Frau K., Jg. 1923)

„Aus unserer Familie sind außer meinem hochbegabten Schwager (Maler und Grafiker) viele unserer Vettern gefallen oder vermißt. In der sehr großen Familie meines Mannes war es auch so. Die Eltern meines Mannes sind mit der Schwester meines Mannes, ihrer Familie und mehreren Nachbarn im Keller ihres Hauses in Danzig-Heubude durch Tieffliegerbomben gestorben. Die ganze Tragweite dieser Verluste rund um uns herum in Familie und Freundeskreis kam uns jetzt erst ins Bewußtsein."
(Frau Sch., Jg. 1911)

Die familiäre Lage war meist von entscheidender Bedeutung für die Zukunft der Kinder. Waren die Väter im Krieg gefallen, schwerkriegsbeschädigt zurückgekommen oder durch Kriegsfolgen erwerbsunfähig, mußten so mancher weiterführende Schulbesuch, so manche Ausbildung abgebrochen werden. Die Jugendlichen hatten ihre Berufswünsche zurückzustellen hinter die Erfordernisse, die die Not erzwang; d. h. sie hatten erst einmal zur Versorgung der Familie beizutragen. Und wenn diese Beschränkung nicht für alle Kinder einer Geschwisterreihe galt, so traf es doch einen von ihnen, der verzichten mußte. Angesichts einer kleinen Rente des Vaters und des Studienbeginns von zwei Geschwistern im Jahre 1947

„konnte ich nicht auch noch studieren. Gar zu gerne hätte ich Kunstgeschichte oder Archäologie studiert, aber das erschienen nur absolut brotlose Künste und völlig aussichtslos."
(Herr G., Jg. 1930)

„Beruflich hatte ich nichts in Händen. Alles was ich hatte, waren die Mittlere Reife und ein abgebrochenes Praktikum auf der AG ‚Weser'. Ich wäre gern Ingenieur geworden. Zunächst galt es aber, die Familie zu ernähren. Ich war der Älteste, und man erwartete von mir Unterstützung. Es wurde beschlossen, daß ich als Arbeiter zur Bahn ging (Vater war dort beschäftigt). Es gab dort nämlich Zusatzrationen für Schwerstarbeit, und an der Bahn bestand immer die Chance, zusätzlich an Lebensmittel oder Brennstoffe zu kommen."
(Herr Sch., Jg. 1927)

10.3. Weihnachten

Innerhalb des Familienlebens hat selbstverständlich das Weihnachtsfest auch in der schlechten Zeit nach dem Zweiten Weltkrieg einen besonderen Stellenwert gehabt. Von Kindheit an ist Weihnachten verbunden mit familiärer stimmungsvoller Atmosphäre, mit Geschenken und festlichen Mahlzeiten. Daß sich die katastrophale Versorgungs- und Ernährungslage in der Erinnerung besonders an Weihnachten festmachte, aber auch das Glücksgefühl, wenn es trotz der Not gelang, für die Weihnachtstage etwas Besonderes auf die Beine zu stellen, geht aus vielen unserer Berichte hervor. Es zeigt sich, daß diese Weihnachtsfeste der ersten Nachkriegsjahre in dankbarer Erinnerung geblieben sind, so sehr bisweilen, daß heutige Großeltern mit Bedauern sehen, wie ihren Enkeln inmitten üppiger Geschenke und opulenter Mahlzeiten ein Gefühl für das nicht Selbstverständliche kaum zu vermitteln ist. Es wird beklagt, daß sie griesgrämig, lustlos und unzufrieden dem Gebotenen gegenüberstehen, während sich damals jeder über die „kleinste Kleinigkeit" freuen konnte.

Weihnachten 1945, die erste sogenannte Friedensweihnacht, kündigte sich durch eine Sonderzuteilung an Lebensmitteln an:

„Wir bekommen ... extra 1 Kilo Weizenmehl und 400 g Zucker ..."
(Frau H., Jg. 1921)

Hinzu kamen noch 50 g Tee für alle Verbraucher, je 125 g Süßigkeiten für Kinder und Jugendliche, ein Päckchen Backpulver pro Haushalt.
Trotz aller Trümmer, Not und Kälte wollten die Menschen auch das diesjährige Fest begehen, es herausheben aus dem Alltag, wie es seiner Bot-

schaft entsprach. Weihnachtslieder wurden im gerade wieder aufgenommenen Schulunterricht eingeübt, und die Mütter überlegten sich, wie sie von den schmalen Rationen etwas zurücklegen und aufsparen konnten, um daraus etwas Festmenüartiges entstehen zu lassen.
Gleichzeitig grübelte man darüber nach, womit man seinen Lieben eine Freude machen konnte. Da viele Männer noch nicht aus der Kriegsgefangenschaft heimgekehrt waren, übernahmen es die Frauen, der Familie ein paar freudvolle Stunden zu gestalten. Manch glücklicher Zufall – in den Schilderungen bisweilen fast an Weihnachtsmärchen erinnernd – spielte dabei eine Rolle. Einige individuelle Berichte verdienen es, das Bild der Nachkriegsweihnachten zu verdichten.

„Weihnachten 45: Man wollte natürlich etwas backen und etwas schenken. Von dem aufgesparten Rest der Frühjahrsration konnte ein Kuchen gebacken werden, auch ein paar Plätzchen; für diese wurden die Ausstechförmchen meines Backgerätes aus der Kinderzeit benutzt: Die kleinen Teile täuschten ein Mehr vor. Für die Kinder meiner Freundin bastelten wir 45 unter lebhaftester Beteiligung unserer Mutter und aller, die zufällig vorbeikamen, ein Puppenkonfektionsgeschäft. Der Laden bestand aus einem Pappkarton, einer kleinen, flachen Zigarrenkiste, die den Schrank abgab, aus Zündholzschachteln, die zum Tresen mit Schubladen wurden. Eine Rolle braunen Klebestreifens aus der Vorkriegszeit schaffte die Möbelfarbe. Regale, ein Schaufenster mit Markise, dessen Scheibe aus der durchsichtigen Verstärkung der DRK-Haube gemacht war, Hutständer aus Eicheln und Blumenstängchen, der Puff vor dem Spiegel ein Twiströllchen mit einem Stück Creton bezogen, aus einem Restchen Seide ein Festkleid, alles etwa 10–12 cm hoch. Es wurde ein komplettes, hübsches Lädchen, an dem wir unsere Freude hatten, vermutlich mehr als die kleinen Empfänger. Zu Heiligabend 45 brachte eine Tante von uns ihre Wahltochter mit, die mit zwei kleinen Mädchen am Tag zuvor nach Bremen gekommen war. So war es eine lange Tafel, die gedeckt war. Eines der Mädchen blieb überwältigt an der Tür stehen: ‚Mutter, Mutter, sieh mal, lauter gleiche Tassen!‘"
(Frau von R., Jg. 1911)

„Als dann Weihnachten nahte, überlegten wir, womit können wir den Kindern eine Freude machen. Kaufen konnten wir nichts. Ich saß dann mit meiner Schwester nächtelang und bastelte Puppen aus Wollresten und Stoffresten. Mein Mann bastelte eine Puppenstube. Sterne aus Papier und andere Kleinigkeiten für den Weihnachtsbaum mußte man erfinden. Mit Kaffeesatz backte ich dann eine Moccatorte, die uns gut geschmeckt hat."
(Frau Z., Jg. ohne Angabe)

„Weihnachten – ein Fest der Geschenke, der kulinarischen Freuden, der familiären Gemütlichkeit. Vor rund vier Jahrzehnten, am Heiligabend 1945, sah es anders aus. Geschenke gab es kaum. Zu essen hatte man fast nichts. Und Festtagsstimmung – die kam wegen Hunger und bitterer Kälte nur mühsam auf … Aber dann kam der Tag, an dem das Brennmaterial zu Ende ging. Und das zwei Tage vor dem Heiligen Abend. Was war zu tun?"
(Herr L., Jg. 1936)

Enkel und Großvater machten sich auf zum „Kohlenklau". In der Dunkelheit wurde der Junge von einem Kohlebrocken schwer am Kopf getroffen, eine Gehirnerschütterung und eine Platzwunde sind die Folge, und:

„Der 24. Dezember kam. Ich lag noch immer mit verbundenem Kopf auf dem Sofa. Der Raum war warm. Nette Nachbarn hatten dafür gesorgt und unsere mit Kohlen gefüllten Säcke nachgebracht. Ein Tannenbaum mit ein paar Kerzen stand in der Ecke. Meine Großmutter spielte den Weihnachtsmann und verteilte die bescheidenen Geschenke. Ich bekam ein kleines Holzauto. Es war blau gestrichen, und ich erkannte es sofort wieder. Im letzten Jahr hatte mein Großvater das Auto grün gestrichen. So war das damals am Heiligen Abend."
(Herr L., Jg. 1936)

„Als wir Weihnachten nur noch Brennmaterial für die Hexe hatten, warf uns Heiligabend ein Freund einen Sack Torf die Kellertreppe hinunter, klingelte und verschwand."
(Frau St., Jg. 1907)

„Heiligabend 1945. Mein Vater im Dienst, die Geschwister verstreut und in Kriegsgefangen-

schaft, meine Mutter weinte, weil nur noch etwas Maisbrot im Haus war. Plötzlich ein Poltern an der Tür, und mein Vater stand im Raum mit einem Sack auf dem Rücken. Welch eine Freude, als er den Inhalt auf den Tisch stellte, es waren fünf große Dosen Schmalz aus amerikanischen Heeresbeständen, die er in Bremerhaven einem Amerikaner abgeschwatzt hatte."
(Herr G., Jg. 1930)

Zu einem richtigen Weihnachtsfest gehörten ein Tannenbäumchen, das man mit Glück irgendwo auftrieb, und ein wenig Baumschmuck. Der wurde aus verschiedenen Materialien selbst gebastelt, doch haperte es an Kerzen. Sie waren ausgesprochene Mangelware und wurden doch bei den ständigen Stromausfällen dringend benötigt.

„Vor Weihnachten (vermutlich 1946) bekam man auf jede Kinderkarte zwei Christbaumkerzen. Ich rannte durch mehrere Drogerien. Nein, vier auf einmal, das ging nicht! Aber zwei konnte ich kaufen. Also zur nächsten Drogerie! Endlich hatte ich auch die dritte und vierte. Daheim wurden alle vier halbiert. So hatten wir acht Lichtchen am Baum. Es war ganz großartig!"
(Frau K., Jg. 1912)

„Unvergessen" sind bei einer Frau auch jene „vier Kerzen", die ihr eine Freundin zu Weihnachten 1946 geschenkt hatte, „weil das Baby sie mit seinen Augen verfolgte".

„Ich kann mich noch gut an Weihnachten 1946 erinnern. Irgendwie waren wir zu einem Tannenbaum gekommen. Wir legten die Platte unseres Wohnzimmertisches auf das eine Bett und stellten ihn darauf. Wir hatten dann Schränke und Schubladen auf Wachsreste untersucht und uns in einer Gußform – noch aus dem 1. Weltkrieg – Kerzen gegossen. Es war eine schöne Weihnacht, und Mutter und ich waren glücklich und zufrieden."
(Frau B., Jg. 1911)

„Das Geschäft mit Taschen und Puppen lief auf Hochtouren, wir arbeiteten bis in die Nacht! An Weihnachtsgeschenke zu denken, hatten wir kaum Zeit! Doch ein Wunsch wurde mir erfüllt: Ich bekam die Wiege für meinen Sohn, eine blaue Bauernwiege sollte es sein! – Mein Mann hatte Holz aufgetrieben und einen Tischler in der Neustadt. Für einige Lebensmittel und die Reparatur einer defekten Lampe fertigte eine Bekannte eine Zeichnung an. Gerade zu Weihnachten wurde die Wiege fertig, und so konnte man am Heiligabend 1946 einen jungen Vater beobachten, der mit einer blaugestrichenen Wiege auf den Schultern von der Neustadt nach Schwachhausen wanderte."
(Frau K., Jg. 1923)

„Der Leuchter, den mein Mann mir 1946 zu Weihnachten geschenkt hat, ... war ein unansehnliches Stück Kupferrohr. Den hat mein Mann selbst entworfen und gehämmert. Selbst die Kerzen für dieses Weihnachtsfest hatten wir selbst gemacht. Mein Mann hatte dünnes Rohr in Stücke gesägt, mein Schwiegervater hatte irgendwo Stearin aufgetrieben, und Mutter hatte noch ein paar Baumwollfäden."
(Frau G., Jg. 1921)

„Zu meinen schönsten Erinnerungen gehört das Weihnachtsfest 1946. Das Wohnzimmer war geheizt. Wir hatten einen kleinen Tannenbaum mit Kerzen, wir waren alle beieinander. Es würde nun immer Frieden sein!! Für unsere Mutter hatten wir eine kleine Engelskapelle mit sechs Figuren ausgesägt. Sie geriet in helles Entzücken. Bis an ihr Lebensende hat sie an jedem Advent die Gruppe aufgestellt."
(Frau St., Jg. 1920)

Zu Weihnachten 1946 war es so kalt und gab es so wenig Brennstoff, daß viele Familien nur die Küche heizen konnten und ein Blick auf den ins eiskalte Wohnzimmer gestellten Tannenbaum ausreichen mußte. Dort sollen sich Bäume wegen der Dauerkälte bis Ostern gehalten haben. Eine feine Überraschung für Kinder war es, zu einer der Weihnachtsfeiern eingeladen zu werden, die die Amerikaner für sie veranstalteten:

„Das zweite noch intakte Kino, das ehemalige Kaisertheater Ecke Wulwesstraße/Ostertorsteinweg, war von den Amerikanern requiriert und hieß nun Liberty Theater. In diesem Kino veranstalteten die Amerikaner im Dezember 1945 oder 1946 – an das Jahr erinnere ich mich leider nicht mehr – Weihnachtsfeiern für deut-

sche Schulkinder. Unsere Schule war auch eingeladen, und wir gingen frohen Herzens und voller Erwartung ins Liberty Theater. Dort bekam jedes Kind Schokolade und Ice Cream, Weihnachtslieder wurden über den Kinolautsprecher gespielt, und der Weihnachtsmann, natürlich ein amerikanischer, der Santa Claus hieß, war auch dabei. Wir Schüler waren nicht enttäuscht und dankbar."
(Herr E., Jg. 1932)

Für Kinder gedacht war ebenfalls das Weihnachtsmärchen, das um diese Zeit in der Aula der Schule an der Delmestraße aufgeführt wurde. Doch trotz der mitzubringenden Briketts prägte sich diese Aufführung nur über die Kälte ein: „sehr gefroren" und „auf harten kalten Schulbänken gesessen".

Der starke Wunsch der Eltern, ihre Kinder die Not nicht spüren zu lassen und ihre Vorstellungen von Weihnachten nicht zu enttäuschen, schlägt sich auch in den Erinnerungen an das dritte Fest nach dem Krieg nieder.

Und die Einstimmung begann mit dem Adventskalender:

„1947 – Woher der Umschlag mit den Glanzpapierschnipseln stammte, weiß ich nicht mehr. Es waren nur die zwei gelben Farben vorhanden. Aber mein Mann stiftete einen Umschlag von einem alten Schulheft. Ich erinnere mich noch genau, daß die zwei Engel an der Krippe knien *mußten*, weil das Papierstückchen nicht größer war! Aber aus den noch kleineren Abfällen konnte ich dann noch so viele Sterne ausschneiden, daß wir 24 mal etwas aufkleben konnten. Und dann war Weihnachten ... Der fertige Kalender hängt noch jedes Jahr in der Adventszeit in unserer Wohnung als Erinnerung an unsere kleinen Kinder."
(Frau K., Jg. 1912)

„Es war im Dezember 1947. Die Sorgen um Nahrung, Kleidung und Wohnung waren immer noch dieselben. Die Kinder kamen zu mir mit zaghaften Fragen, der Junge, jetzt sieben Jahre alt, möchte einen Roller zu Weihnachten haben. Das Mädchen, sechs Jahre alt, wünscht sich einen Puppenwagen. Beide möchten natürlich auch einen Weihnachtsbaum mit richtigen Kerzen haben. Den Roller und den Puppenwagen hatte ich in der Kühlmaschinenwerkstatt gefertigt, hatte auch die Kerzen mit Paraffin und Wollfäden in Kupferrohr gegossen. Für den Weihnachtsbaum wollte ich dann aus der Marsch von einem Busch grüne Zweige abbrechen und damit einen Baum markieren. Am 22. Dezember 1947 nachmittags ging ich zu meinem Arbeitsplatz, es rieselte leichter Schnee. In der Humboldtstraße lag etwas Buntes auf dem Pflaster, ich stieß mit dem Fuß daran, es war festes Papier, ich hob es auf. Zu meiner Überraschung hielt ich ein Päckchen ‚Camel'-Zigaretten in der Hand. Die Zellophanumhüllung war noch unversehrt. Zwei Stunden später ging ich durch die Albrechtstraße, sah einen grünen Tannenbaum auf dem Pflaster liegen. Es gingen dort auch noch andere Leute, die auch den Baum erblickten, doch ich war dieses Mal der schnellere Läufer. Der Baum war an einem Autodach befestigt und ist während der Fahrt heruntergefallen. Es erscheint unglaublich, daß solch ein zweifacher Zufall möglich ist ... Zu Hause war die Freude groß. Meine Frau ging sofort mit den Zigaretten zu einem Mann, der uns als ‚Schieber' bekannt war, er arbeitete im Hafen beim Ausladen der amerikanischen Schiffe. Für die ‚Camel'-Zigaretten bekam sie fünf Pfund Weizenmehl. Nun hat die liebe Mutti auch noch die letzten Lebensmittelkarten geopfert, um Zucker, Butter usw. für den Weihnachtskuchen zu beschaffen. Das war ein Weihnachtsfest mit einem Schimmer von Hoffnung, wie wir es seit vielen Jahren nicht mehr erlebt hatten."
(Herr W., Jg. 1906)

Weihnachten – ein Fest des Schenkens und Beschenktwerdens –, das galt damals so wie heute.
Die Suche nach einem passenden Geschenk begann – nach Überraschendem, Nützlichem, Bildendem, Schöngeistigem, Selbstgebasteltem, Nahrhaftem.
Denken wir an Kinderwünsche, sehen wir Spielzeug oder Kinderbücher, Fortbewegungsmittel vom Fahrrad bis zu Schlittschuhen und ähnliches vor uns. Welche Enttäuschung für das Mädchen, das ein „Hosenweihnachten" in Erinnerung behielt, weil es zur gleichen Zeit von vier Seiten Unterhosen geschenkt bekam!
Meist nahmen sich die Frauen in der Familie, unterstützt von Freundinnen, der Spielzeugwün-

Kalender
aus stoffüberzogener
oder bemalter Pappe

Bilderbücher, Alben, Mappen
und Hefte,
Einbände aus Pappe,
beklebt mit marmoriertem
oder gemustertem Papier
oder mit Stoff bezogen,
Ränder umhäkelt oder
umstochen, Seiten aus
Packpapier

Schachspiel
Sperrholzplatte mit Figuren aus
Holzwäscheklammern

sche an. Mit Erfindungsgeist und Fingerfertigkeit stellten sie alle Arten von Puppen her, was ihnen oft genug so gut von der Hand ging, daß sie eine regelrechte kleine Produktion aufzogen und gleich den größeren Verwandten- und Bekanntenkreis mitversorgten. Sie fertigten Puppen aus einem Stück Besenstiel und Stoff, aus Zeitungspapier und Strümpfen, kleine Tiere aus Wollresten und Bindfäden.

Während einige unserer Zeugen stolz an die gelungenen Einzelexemplare von Holzspielzeug wie Puppenhaus und -wagen oder Feuerwehr denken, berichten andere von der Verarbeitung weiterer Materialien zu Geschenken.

„Kinderspielzeuge wie Bauklötze, Stoffpuppen, Tiere, Bäume und Gestalten aus Laubsägearbeit, die liebevoll bemalt wurden, Stoffbälle und vieles mehr wurden angefertigt. Überall wurde gebastelt, gekleistert, gehämmert und geklebt mit Holz, Tapeten, Stoff- und Garnresten, Pappe und alten Blechen. Es entstanden Foto- und Briefmarkenalben, Notizbüchlein, Zeitungsständer, Mappen und Taschen aus Stoff ..."
(Frau D., Jg. 1922)

Nicht nur aus der Not geboren, sondern durchaus sinnvoll war es immer, gewisse Spielsachen zum Weihnachtsfest „aufgemöbelt" zu präsentieren. Eine neu eingekleidete Puppe, ein renovierter Kaufmannsladen, ein um ein paar Tiere ergänzter Zoo waren nicht die ganz große Überraschung, weckten aber neue Spiellust. So wie bei jenem Jungen, der über mehrere Weihnachtsbescherungen hinweg zu seiner Burg jeweils einen neuen Berittenen erhielt.

Während die Frauen sich mehr der Verarbeitung von Textilien annahmen, bewiesen die Väter ihr Geschick im Umgang mit Holz oder Abfallprodukten ihrer Arbeitsstätten.

„Da mein Vater sehr geschickt war, hat er für uns zu Weihnachten ... sehr hübsches Spielzeug aus Pappe und Holz gebastelt."
(Frau L., Jg. 1934)

„Resteverwertung" war natürlich überall angesagt, wo es um die Herstellung kleiner Geschenke ging. Da gab es Fototaschen aus abgewaschenen und zusammengenähten Röntgenfilmen, Notizblöcke aus Papierresten, Weihnachtskarten aus Pappresten, Tischkarten mit weih-

Schmuck einfacher Machart
Broschen aus bronziertem Blech
und gehämmertem Messing
Ringe aus Nickel
Siegelring, aus Zweimarkstück
getrieben

nachtlichen Motiven, Kalender für das neue Jahr, gezeichnet, geklebt, beschriftet, ebenso Bilderbücher, Hefte mit Tapetenresten beklebt und mit säuberlich abgeschriebenen Gedichten für den Vater oder einer Rezeptsammlung für die Mutter. So unterschiedlich die Materiallage war, so vielfältig war die Verwendung.

„Geschenke waren lange Zeit selbstgearbeitete Lesezeichen und Scherenschnittbilder. Das Gala-Geschenk wurde es, wenn Vater mir einen Rahmen spendierte, eine Glasscheibe mit entsprechender Pappe dahinter, zusammengehalten von einem schwarzen Papierstreifen (Vorkriegswerbegeschenke an seine Kunden). Die Lesezeichen waren Schnittbilder unbestimmter Formen; die Anregung gab es wohl im Kunstunterricht der Schule an der Mainstraße. Manchmal kam in die untere Ecke das Monogramm des Beschenkten. Das größte Geschenk war wohl der Schnellhefter für Mutters Liederbuch. Die Stücke Stramin waren Randstücke von Kissenplatten, das Garn stammte aus dem Restbestand – und Mutter wußte wirklich nichts davon."
(Frau O., Jg. 1931)

Aus den Bedürfnissen der Zeit heraus lösten bei den Erwachsenen auch die ausgesprochen nützlichen Dinge Freude aus: hier eine selbstgebaute Kochkiste aus Brettern, ausgepolstert mit Sägemehl und Sackleinen, dort ein Quirl aus Fichtenholz, Suppenkelle und Bratenwender aus Metallresten oder bemalte Untersetzer aus Gasmaskengläsern – auch eine Form von „aus Alt mach Neu". Die phantasievolle Weiterverwendung von Textil- und Garnresten erlaubte über die Puppenherstellung hinaus vom schlichten Topflappen und gestrickten Handschuh über ausdrucksvolle Applikationen auf Sofakissen oder Wandbehängen bis hin zu Kleidung in Patchwork und Hausschuhen aus Teppich- und Filzresten die Umsetzung jedweder Geschenkidee.
Wer sich an der Erstellung derart nützlicher Geschenke nicht beteiligen konnte, hatte immer noch die Möglichkeit, mit etwas Eßbarem aufzuwarten, sei es mit etwas Sättigendem, sei es mit etwas Genußreichem. Der Bedarf an beidem war groß genug. Ob man Fleisch und Wurst in Konservendosen, eingemachtes Obst und selbstgemachte Marmelade in Gläsern oder Obstwein und selbstgebraute Schnäpse in alten Flaschen verschenkte – Naturalien dieser Art waren eine

Freude; natürlich auch ein Kaninchenbraten oder Hühnerragout aus eigener Tierhaltung. Ganz zu schweigen von Genußmitteln wie Kaffee, Tee, Kakao und Schokolade, die als besondere Liebesgaben anzusehen waren. Wer wollte sich von solch raren Dingen schon trennen!
Da es außer der amerikanischen Schokolade kaum wohlschmeckende Süßigkeiten gab und der Appetit auf Süßes ab und zu nur mit den aus Zucker und etwas Fett in der Pfanne hergestellten Karamelstücken gestillt wurde, waren süße Geschenke besonders begehrt. Die zu „Nikolaus" auf Zuckermarken erhältlichen vier Pralinen pro Person waren wie ein Tropfen auf einem heißen Stein. Daher hatten zur Weihnachtszeit Rezepte Hochkonjunktur, die trotz einfacher Zutaten raffinierten Geschmack vortäuschten. Aus der großen Zahl der Rezepte seien hier einige genannt:

„Honigbonbons:
1 Eßlöffel Kunsthonig, 3 Eßlöffel Wasser, 200 g Zucker, evtl. etwas Essig. Zutaten ca. 1/4 Std. kochen lassen bis goldgelb, dann Zucker auf einen kl. Teller oder ähnliches tun, kleine Löcher hineindrücken und die heiße Masse in kleinen Mengen in die Löcher gießen.

Krokant:
1 Tasse Zucker, 1 Tasse Haferflocken, 1 Eßlöffel Öl. Zutaten in das heiße Fett in eine Stielpfanne geben und dunkelbraun rösten (gut umrühren). Dann auf einen nassen Teller oder gefettetes Papier gießen und in Stücke schneiden, solange es warm ist.

Fondant:
250 g Puderzucker, 1 Päckchen Puddingpulver ‚Vanille', 1 Eßlöffel Butter, knapp 2 Eßlöffel Milch. Die gesamten Zutaten zusammenkneten, mit Milch sehr vorsichtig sein, denn wenige Tropfen können den Teig verderben, daß er zu flüssig wird. Kalt bearbeiten, nicht erwärmen. Gut durchkneten, Kugeln formen und einen Tag trocknen lassen. Verschiedene Farben lassen sich mit Kakao, Zuckerfarbe etc. erzielen."
(Frau Sch., Jg. 1903)

Und zweimal Zutaten und Rezept für die beliebten Marzipankartoffeln, die so auch noch in der Umstellung der Wortzusammensetzung einen Sinn ergeben:

„Marzipankartoffeln:
250 g Puderzucker, 1 Tasse Grieß, 2 Eßlöffel Wasser, 1 Teelöffel Fett, etwas Mandelaroma und Kunstzimt. Das Fett wird mit dem Wasser erwärmt und zu der übrigen Masse gegeben, die geknetet werden muß, bis sich die Zutaten vermengt haben. Dann werden kleine Kugeln geformt und in dem Zimt gedreht."
(Frau Sch., Jg. 1903)

„Kartoffelmarzipan:
125 g Zucker, 2 Eßlöffel Wasser, 250 g frische, gekochte Kartoffeln, Mandelaroma. Zucker und Wasser kochen. Kartoffelbrei dazu, rühren, bis sich die Masse vom Topf löst. Nach dem Erkalten das Aroma hinzufügen, 24 Stunden stehen lassen."
(Frau Sch., Jg. 1922)

10.4. Familienfeste

Hochzeit, Taufe, Konfirmation und Kommunion gehören zu den Festen, an denen sich auch heute noch zunächst einmal die Familie und möglichst vollzählig der Verwandtenkreis versammeln. Auch Trauerfeierlichkeiten gehören selbstverständlich dazu. In dem Maße, in dem sich in der Nachkriegszeit der familiäre Zusammenhalt in einer Art Notgemeinschaft verstärkt herausgebildet hatte – schon von daher mit der heutigen Situation nicht vergleichbar –, trat die Familie auch möglichst geschlossen in Erscheinung bei den feierlichen Höhepunkten, die unseren Lebensweg üblicherweise begleiten. Alles an Solidarität, Hilfsbereitschaft und Organisationstalent, was ohnehin zum Überleben nötig war, scheint verstärkt aufgebracht worden zu sein für diese Anlässe. Die eingegangenen ausführlichen Berichte sind daher in ihrer Ganzheit unübertreffliche Schilderungen besonders für die Hochzeiten. Sie sind zu sehen vor einem unterschiedlichen sozialen Hintergrund und entsprechend unterschiedlichen Ansprüchen und Realisierungsmöglichkeiten. Allen gemeinsam ist der Wunsch, diesen Tag zu einem herausragenden Ereignis werden zu lassen.

Brautkleid aus Fallschirmseide

Hochzeit

Hier nun einige Berichte aus den Jahren 1945 bis 1947:

Juli 1945

„Am 21. Juli 1945 wurden wir in Blumenthal kirchlich getraut. Mein Mann hatte einen geliehenen Anzug an, und ich kam mir sehr elegant in meinem Brautkleid aus Fallschirmseide vor, von meiner Schwiegermutter selbst genäht. Am Hochzeitsmorgen, wir wollten gerade zur Kirche, kam amerikanische Militärpolizei in unsere Wohnung zur Personenkontrolle. Als wir ihnen erzählten, daß wir an dem Tag heiraten wollten, wünschten sie uns alles Gute und verzichteten auf eine weitere Kontrolle. Zum Kriegsende waren die hier noch lagernden Lebensmittel an die Bevölkerung verteilt worden, und so konnten wir richtig feiern. Sogar Schnaps gab es aus dem zerbombten Bunker ... (reiner Alkohol – U-Boot-Treibstoff). Daraus brauten wir die herrlichsten Getränke. Ein Mann – uns völlig fremd –, der noch eine Kamera und Filme besaß, fotografierte unsere Hochzeitsfeier für Essen und Trinken als Lohn."
(Frau P., Jg. 1922)

Dezember 1945

„Trotz wirtschaftlichen und beruflichen Tiefstandes beschlossen mein Verlobter und ich, am 1. Dezember 1945 zu heiraten. Unser jugendlicher Optimismus war groß, es konnte ja alles nur besser werden. Zum großen Glück war mein Elternhaus kein Opfer der Bomben geworden, und so konnten wir unseren Ehestand mit Eltern, Schwester und Großmutter unter einem Dach planen. Das Aufgebot wurde bestellt und mit Pastor Rahm gespro-

chen, der uns in der Ostkrypta des Doms trauen wollte. Natürlich wünschte ich mir, als Braut in Weiß in die Kirche zu gehen. Das war möglich, weil meine Mutter sich von einem schönen Abendkleid trennte und es für mich umarbeiten ließ. Schleier und Kranz bekam ich als Leihgabe von Bekannten. Das große Problem war der Brautstrauß. Es gab keine Blumen. Eine Freundin, die aus einer Gärtnerei stammte, versprach mir, mit Ziergrün einen schönen Strauß zu binden, wenn wir ihr Blumen brächten. Für meinen Verlobten gab es kein Problem. Er hatte noch passende Kleidung aus der Vorkriegszeit. Nun machten wir uns über die Anzahl der Gäste Gedanken. 16 Personen konnten wir unterbringen, aber wie diese bewirten? Es konnte nur eine Nachmittagseinladung geben, weil um 20.00 Uhr Sperrstunde war und die Gäste dann wieder zu Hause sein mußten. Mit großer Anstrengung sollte dann doch etwas auf die Festtafel kommen. Mein Vater tauschte einen Fotoapparat gegen ein Pfund Kaffee ein. Mein Verlobter, noch nicht wieder in seinem Beruf, arbeitete im amerikanischen Verpflegungslager und konnte für zwei Torten sechs Eier organisieren, die er in zwei Fausthandschuhen durch die Kontrolle gebracht hatte. Unsere Hochzeit sollte am Sonnabend sein, aber am Mittwoch gab es die letzte Magermilch. Sie wurde sofort abgekocht und im Garten mangels Kühlschrank frisch gehalten. Am Freitagnachmittag machten wir uns dann auf den Weg mit unseren Naturalien sowie Fett- und Nährmittelmarken zum Konditor L., der uns zwei schöne Torten versprochen hatte. – Aber einen Brautstrauß hatte ich immer noch nicht, und auf dem Nachhauseweg geschah ein Wunder: In einem Hintergarten einer bekannten alten Dame standen noch zartlila Winterastern mit schon leicht angebräunten Kelchblättern. Ich faßte mir ein Herz, klingelte an der Haustür, trug mein Anliegen vor und durfte die Blumen pflücken. Das Angebot meiner Freundin galt. Sie zauberte ein herrliches Brautgebinde. Es war der schönste Strauß meines Lebens, der mir mehr bedeutete als die schönen Rosen, die mir einer unserer Trauzeugen am Standesamt überreichte. Es blieb nur ein Rätsel, woher er sie hatte. Inzwischen galt es, noch ein Problem zu lösen. Wir hatten zwar Kaffee, aber wie sollten wir ihn schön heiß genießen können, wenn mittags um 13.00 Uhr in Bremen schon das Gas abgestellt wurde? Meinem Vater kam dann die rettende Idee: Er baute einen Lattenrost in unseren Waschkessel ein. Darauf sollten die gefüllten Kaffeekannen in ein Wasserbad gestellt und von 13.00 bis 16.00 Uhr heiß gehalten werden. Eine liebe Bekannte hatte sich bereit erklärt, in unserer Abwesenheit durch ständiges Nachlegen von (kostbarem) Holz den Kaffee auf der richtigen Temperatur zu halten. Nun war der 1. Dezember da. Ich erinnere mich, daß unser Mittagessen im engsten Kreise in der Küche stattfand, da im Eßzimmer bereits die Kaffeetafel gedeckt war. Es gab Braunkohl, in einer kläglichen Brühe gekocht. Damals hieß es immer: ‚Es gucken mehr Augen ins Essen rein, als Fettaugen heraus.' Beim Betreten der Ostkrypta wunderten wir uns, daß so viele uns unbekannte Gäste gekommen waren. Der Raum war brechend voll, und alle erlebten unsere Trauung von Anfang bis Ende mit. Es stellte sich heraus, daß sie alle gekommen waren, um sich für das anschließende Konzert in der Ostkrypta einen Platz zu sichern. Als wir die Krypta verließen, wurden wir fleißig von amerikanischen Soldaten geknipst, die, wie wir vermuteten, angesichts der Menschenmenge glaubten, ein prominentes Paar vor sich zu haben. Zu Hause erwartete uns dann die Kaffeetafel, bestückt mit zwei schönen Torten und Kannen duftenden Kaffees. Unsere Gäste hatten sich so festlich gekleidet, wie es damals möglich war. Meine Freundinnen waren in ihren langen Kleidern vom Abtanzball erschienen. Da wir 16 Personen waren und sich aus den Torten 32 Stücke schneiden ließen, bekam jeder abgezählt seine zwei. Die Kaffee-Warmhalte-Erfindung hatte sich bewährt, und so wurde es ein genußreiches und fröhliches Fest ohne einen Tropfen Alkohol oder sonstigen Luxus."
(Frau Sch., Jg. 1925)

Ein zweifellos besonderes Datum war der 24. Dezember 1945 für eine Eheschließung. Der Tag wurde in dem uns bekannten Fall von dem jungen Paar bewußt gewählt, weil es wegen des Weihnachtsfestes mehr Zuteilungen auf die Lebensmittelmarken gab und eine kurz bevorstehende Einquartierung Fremder in die Wohnung der Eltern wegen Eigennutzung vermieden werden konnte. Interessante Details hat uns eine andere damals Jungvermählte erzählt: Eltern und

Geschwister kommen mit einem Kohlenzug aus Flensburg angereist. Die standesamtliche Trauung findet statt im Standesamt am Osterdeich 17, wo eine fehlende Wand des Dienstzimmers mit einer Plane abgedeckt ist. Da die Kirchen zerstört sind oder nicht beheizt werden können, wird die Trauung zu Hause vorgenommen. Der Pastor erscheint zu spät, da er vorher noch zu einer Beerdigung mußte. Er rechnete fest damit, auf der Hochzeit etwas zu essen zu bekommen. Es gibt Kaninchenbraten aus eigener Tierhaltung im Garten und Butterkuchen. Die Hefe dazu ist das Hochzeitsgeschenk eines Kollegen, ein anderes Geschenk ist die „Weser-Kurier"-Ausgabe dieses Tages. Der junge Ehemann trägt seinen etwas knapp sitzenden Konfirmationsanzug und ein Paar geliehene Schuhe, die junge Frau trägt ein vorher bereits getragenes Kleid.

Weiter geht es mit den aussagekräftigen Schilderungen derer, die sie selbst niedergeschrieben haben.

Juni 1946

„Bei unserer Hochzeit im Juni 1946 war das beste Hochzeitsgeschenk ein Flöten-Wasserkessel. Für die Feier hatte ich ein paar Meter eines samtähnlichen Stoffes, die ich irgendwie bei meiner amerikanischen Arbeitsstelle abzweigen konnte, durch eine Verwandte gegen ein großes Stück Speck eintauschen können. Diese Verwandte hatte es auch fertiggebracht, einen Bezugsschein für eine Hose zu beschaffen. Meinen einzigen noch brauchbaren Anzug hatte mein Vetter inzwischen in Benutzung, seine Sachen waren alle durch Bomben zerstört. Nun mußte ich ihn mir wiederholen."
(Herr K., Jg. 1923)

Juni 1946

„Im Juni sollte die Hochzeit sein. – Viele Tauschgeschäfte waren nötig, um die Naturalien und vor allem Alkohol für das Hochzeitsmahl zu beschaffen. Brot- und Fettmarken sparten wir uns buchstäblich vom Munde ab! Kleid, Kranz und Schleier, Blumen, Schuhe, Anzug – getauscht – geliehen –, es war ein Problem! Viel bedeutsamer erscheint mir jetzt ein anderer, sehr glücklicher Umstand. Gerade in jenem Frühjahr vor meiner Hochzeit kam bei Aufräumungsarbeiten auf dem Geschäftsgrundstück meines Onkels eine Kiste zum Vorschein, die meine Mutter dort während des Krieges im Keller ausgelagert hatte. Sie enthielt das große Eßgeschirr von Villeroy und Boch. Auch der Koffer mit unserem alten Silber hatte den Krieg bei einem Bauern überstanden. So konnten wir eine wunderschöne Hochzeitstafel decken! Wir hatten in den zwei durchgehenden Zimmern genügend Platz für 32 Gäste. Die Kuchen buk ich bei einer Tante, die eine Brennhexe besaß und die nötige Feuerung zur Verfügung stellte. Unser Borgfelder Bauer lieferte die Milch für den Pudding, der mir auf unserer primitiven Feuerstelle in der Waschküche ganz schrecklich anbrannte. Kartoffeln und Gemüse brachten meine Schwiegereltern, und ein Freund schenkte uns das Fleisch. Am 7. Juni 1946, Freitag vor Pfingsten, fand die Hochzeit statt. In unserem Hause wurden wir von Pastor Speckmann getraut; er gab uns den Spruch: ‚Seid dankbar in allen Dingen, seid fröhlich allezeit, betet ohne Unterlaß.' Dann gingen wir zu Tisch, und es hat wohl kaum eine Gesellschaft gegeben, die sich einer besseren Laune und eines größeren Appetites erfreut hätte! Ein Waschkessel voll Kartoffeln reichte knapp, und selbst der angebrannte Pudding wurde restlos verspeist. Ob wir Wein hatten, weiß ich nicht, aber es gab mehrere Flaschen Rübenschnaps, mit Johannisbeersaft veredelt. Auch die Hochzeitsgeschenke verdienen der Erwähnung! Mein Mann schenkte mir ein Ölgemälde von der Bremer Malerin Anna Feldhusen. Rote Rosen in einer blauen Vase! Noch einen Tag vor der Hochzeit hatte ich einen Topf Suppe dafür opfern müssen; das Bild war nicht nur mit Geld, sondern auch mit Lebensmitteln bezahlt worden. Wir bekamen Vasen, Schalen, Bilder, Lebensmittel usw. aus Beständen oder eingetauscht, jeder Gast brachte etwas. Am meisten freute ich mich über einen Karton voll Stopfgarn! Nach dem Kaffeetrinken kam ein Akkordeon-Spieler, und es wurde getanzt bis 22.00 Uhr. Um diese Zeit begann die Sperrstunde, niemand durfte mehr auf die Straße ... Wir packten die letzten Kartoffeln und eine halbe Flasche Rübenschnaps, die wir vergessen hinter einem Sessel fanden, in einen Rucksack und machten uns auf die Hochzeitsreise. Die Eisenbahnbrücke war zerstört, und so begann unsere Reise Richtung Küste am Neustadtsbahnhof, wo wir in einem überfüllten Zug auf der

Toilette Platz fanden. In Oldenburg stiegen wir in einen Viehwagen um und erreichten am Abend Emden, wo wir in einem Bunker in getrennten Räumen übernachten mußten. Auf einem Feldbett liegend hielt ich die ganze Nacht meinen Koffer fest und tat kein Auge zu! Am Morgen bestiegen wir ein wiederum überfülltes Schiff und erreichten nach einer sehr bewegten Überfahrt am Nachmittag Borkum. Durch die Fürsprache einer Borkumer Freundin konnten wir in einem sehr gepflegten kath. Erholungsheim absteigen."
(Frau K., Jg. 1923)

Dezember 1946

„Mein Mann – sein Leben lang ein Fotonarr – hatte eine ‚Leica' durch alle Kriegswirren gerettet. Er machte für einen Bauern in Achim Familienaufnahmen (Portraits waren seine Stärke) und bekam dafür Naturalien. Ich nähte für diese Familie Puppenkleider, ebenfalls für Butter und Eier. Einen Braten hat mein Mann irgendwo für viele Hundert Reichsmark erstanden. So war an diesem Tag die Ernährung gesichert."
(Frau G., Jg. 1921)

August 1947

„Auch meine Hochzeit August 47 wurde froh gefeiert im Wohnzimmer meiner Tante, unseres war zu klein. Die Mahlzeit war mit gesammelten und gespendeten Marken und Geschenken ermöglicht, natürlich mit einem Festessen von heute nicht zu vergleichen. Ich hatte ein langes weißes Brautkleid von der ehemaligen Hausschneiderin genäht bekommen aus einem Bettuch mit Einsätzen von vorhandener alter Spitze. Und zur Hochzeit lieh mir meine zukünftige Schwägerin aus ihrem Bestand, nicht ausgebombt!, ein Paar weiße Schuhe, paßten auch nicht ganz, aber für einen Tag ging es schon."
(Frau A., Jg. 1913)

September 1947

„Zum Standesamt fuhr unser Chef uns mit dem Auto, Grambke–Osterdeich, er kam aber recht spät und packte dann die vielen Geschenke aus: Töpfe, Gläser usw., und dadurch kamen wir zu unserer Trauung zu spät. Nach der Trauung standen draußen auch alle Kollegen mit einem großen Strauß Zinnien, die der eine Lehrling aus einem Garten besorgt hatte. Nachmittags zur Kirche trug ich Brautkleid und Schleier von meiner Schwester, meinem Mann hatte ein Freund einen dunklen Anzug geliehen. Das Hochzeitsessen war durch zwei Hühner von Verwandten gesichert. Gekocht hat eine Freundin meiner Eltern, die außerdem für Blumenschmuck in der Kirche alle Dahlien aus ihrem Garten gebracht hatte."
(Frau Sch., Jg. 1919)

1947

„In dem kleinen Vorgarten in Bremen wuchsen statt des Rasens Zuckerrüben und Tomaten. Von den Rüben sollte im Herbst Sirup gekocht werden, davon wurde aber nichts, denn unsere Hochzeit stand bevor, also wurde Rübenschnaps gebrannt. Eine Brenneinrichtung war aus organisierten Materialien schnell zusammengebaut. Von einem Bäcker, dem mein Mann bei einer Motorradreparatur geholfen hatte, erhielten wir einen herrlichen Butterkuchen. Bei Sturm und Regen fuhr mein Mann mit dem Fahrrad nach Worpswede, um von Verwandten einige Hühner abzuholen. Die Trauung fand in der Ostkrypta statt, da der Dom einer Baustelle glich. Die Gäste fanden das Schönste am Fest, daß sie sich einmal richtig sattessen konnten. Als Geschenke erhielten wir stapelweise Holzteller."
(Frau Sch., Jg. 1923)

Selbst bei einer alteingesessenen Familie, die in Oberneuland 1947 die Hochzeit ihrer ältesten Tochter mit 50 geladenen Gästen feiern wollte, war eine angemessene Bewirtung nur möglich mit dem Tausch einer bis dahin versteckten Leica-Kamera gegen einige Stangen amerikanischer Zigaretten, mit denen die Lebensmittel bezahlt wurden. Hühnersuppe und Hühnerragout waren ein Festschmaus, der nur dank eigener Hühnerhaltung oder Beziehungen zum Lande geboten werden konnte. Der Nachtisch – Eis, ein für damalige Verhältnisse ungewöhnlicher Luxus – wurde zwar von der bekannten Konditorei Knigge geliefert, doch mußten zuvor Butter und Eier abgegeben werden. Einige Flaschen Wein, überhaupt nur durch glückliche verwandtschaftliche Beziehungen zu einem Weinkaufmann er-

Taufkleid aus Tüllspitze und Spitzeneinsätzen

gattert, mußten im Laufe des Hochzeitsfestes kräftig mit Wasser verlängert werden. Daß sogar eine Hochzeitsreise unternommen werden konnte, war dem Umstand zu verdanken, daß die als Bezahlung vorwegzuschickenden Zentner Brikett, Kartoffeln und Möhren aufgetrieben werden konnten.

Wann und wo auch immer die Hochzeit stattfand, neben der Beköstigung der Gäste ist den damaligen Bräuten noch heute vor allem die Sorge um ihr Hochzeitskleid, ihre Ausstattung in lebhafter Erinnerung: das Brautkleid aus Fallschirmseide, durchaus auch mit Schleppe, der geliehene oder gegen etwas Nahrhaftes eingetauschte Schleier, die irgendwo aufgetriebenen weißen Schuhe. Und wenn es nun gar nicht in Weiß sein konnte, dann gab es doch ein wie auch immer erstandenes oder entstandenes schmückendes Beiwerk zu einem schlichten Kleid.

Geschenke gehören und gehörten zu einer Hochzeit. Daß die damals erhaltenen noch vor Augen stehen oder gar noch in Ehren gehalten werden, liegt gewiß nicht an ihrer Üppigkeit, sondern daran, daß sie eine Notlage symbolisieren, in der unter eigenem Verzicht und mit viel Sinn fürs Praktische geschenkt wurde. Hier sechs hölzerne Eierbecher, zwei neue Geschirrtücher oder ein Wasserkessel, dort eine Kaffeemütze aus den Resten eines braunseidenen Morgenrocks oder drei Töpfe aus Aluminiumguß.

Taufe

Mit der Freude über die herbeigesehnte Gelegenheit zur Taufe der in den Kriegswirren geborenen Kinder verband sich die Freude über die glückliche Heimkehr der Väter, die die Neugeborenen noch gar nicht gesehen hatten, und der starke Wunsch nach einer friedlichen Zukunft für diese Kinder. Er kommt auch in der Namensgebung zum Ausdruck.

„Die Taufe unseres Kindes ließen wir in unserer kleinen ‚Wohnung' vornehmen. Einen Tisch und ein paar Stühle bekamen wir zur Verfügung gestellt. Es gab Maiskuchen und einen Aufguß von bereits abgebrühtem Kaffee amerikanischer Herkunft! Unser Pastor rief bei Wahrnehmung des Geruchs: ‚Hätte ich das gewußt, daß Sie richtigen Kaffee haben, hätte ich meine Frau mitgebracht!' – Unseren Sohn ließen wir taufen auf den Namen ... Friedemann."
(Herr A., Jg. 1912)

„Ich kam im Februar 46 in Bremen an, wo ich meine Frau, unseren Jungen und unsere inzwischen geborene Tochter in die Arme nehmen konnte. Ostern 46 war Taufe zusammen mit den Zwillingen der Schwester meiner Frau. Die Taufe fand in unserer Wohnung statt, und alle hatten sich mit den festlichen Kleidern angetan, ich hatte nur noch meine Uniform (Ausgehuniform, die den Krieg zu Hause überdauert hatte). Die Gäste – Eltern, Schwiegereltern und Geschwister (nur mein jüngerer Bruder war noch in Rußland) – insgesamt elf Erwachsene, hatten sich Brote mitgebracht. Zur Feier des Tages gab es für alle Bratkartoffeln, die durch eine Portion Räucherspeck zur Sensation wurden, den die ausgebombten Schwiegereltern von Syke, wo sie Unterkunft gefunden hatten, beisteuerten. Das beste verfügbare Porzellan und das Silberbesteck waren gerade gut genug für diesen Genuß. Anschließend gab es für elf Personen eine Flasche Wein, den mein Vater noch beschafft hatte. Es war ein herrliches Festmahl, das erste nach dem Krieg!"
(Herr W., Jg. 1915)

Und zusätzliche Freude gab's in diesem Fall:

„Bei der Taufe unseres ersten Kindes gab es für uns eine schöne Überraschung. Da unser Sohn als 100. Kind im Dezember 1948 getauft wurde, bekamen wir vom Pfarrer ein Care-Paket."
(Frau P., Jg. 1922)

Konfirmation, Erstkommunion

Die wenigsten der in den Kriegsjahren herangewachsenen Kinder erlebten ihre Konfirmation oder Erstkommunion offensichtlich als einen besonders erwähnenswerten Höhepunkt ihres Lebens, nur einige berichten davon. Dann aber scheinen Fragen der Kleidung und Beköstigung ähnlich wie bei den Hochzeiten im Vordergrund gestanden zu haben, Fragen, die sicher die Mütter in Erinnerung an ihre eigene Jugend in Friedenszeiten besonders bewegt haben. Altersgemäßer klingen die Äußerungen über Geschenke.

„An meine Konfirmationsausstattung im März 1946 kann ich mich noch erinnern. Ein blauer Mantel, als zugeschnittene Teile von einem Nennonkel, der im Kriege Uniformen für die Wehrmacht herstellte, geschenkt – von Mutter genäht, und ein ‚Hut' von der Putzmacherin. Dieser Hut war aus Stoffstreifen gefertigt, ein wahrer Vergleich mit einem Fez. Darunter hatte ich eine rosa Bluse, gefertigt aus sechs Servietten, Damast, wie Mutter sagte. Wie gefertigt? Zwei Servietten waren der Rücken, je eine für einen Ärmel und je eine für ein Vorderteil. So einfach ist das! Der Rock war mein alter Uniformrock (BDM), sicherlich mit falschem Saum. Und mein Unterkleid hatte Mutter aus einer einfachen Nesseltischdecke genäht; das Vorderteil hatte am oberen Abschluß ein eingesticktes Blumenmotiv – von mir gefertigt nach Mutters Anweisung. Strümpfe gab Mutter mir, woher weiß ich nicht. Festgemacht ganz nach Mode an einem Miedergürtel, der wiederum war selbstgefertigt."
(Frau O., Jg. 1931)

„Mein sogenannter Konfirmationsanzug (Ostern 48) wurde schon von meinem Onkel getragen. Die Hosen waren eng wie Ofenrohre, die Knopflöcher mußten versetzt werden, die vorhandenen ... zugenäht werden."
(Herr R., Jg. 1933)

„Als besonderes Fest ist mir die Feier meiner Erstkommunion, wenige Tage nach der Währungsreform, in Erinnerung geblieben. Ich hatte ein weißes Kleid. Meine Mutter hatte irgendwie Stoff ergattert. Eine befreundete Näherin fertigte das Kleid an. Tauschobjekt waren handgedrechselte Eierbecher und ein passender Teller dazu, von meinem Großvater gearbeitet. Das größte Problem waren die Schuhe. Eine ältere Dame bastelte ein Paar Schuhe aus Bettlaken, die dann besonders geweißt wurden. Ich war stolz, doch meine Mutter erzählte mir später, sie habe sich sehr geschämt, weil ich als einziges Kind keine richtigen Schuhe gehabt habe, mich hat es damals überhaupt nicht gestört. Geschenkt bekam ich Sammeltassen, aber auch neues Geld. Ich erinnere mich genau, es waren 2 DM, manchmal sogar 5 DM im Briefumschlag. Die glatten Scheine interessierten mich als Bilder, jedoch ein Verhältnis zum Geld hatte ich kaum."
(Frau L., Jg. 1938)

„Zur Konfirmation März 1946 bekam ich von den Nachbarn relativ viel Geld. (Ich hatte die Brandbomben bekämpft.) Persönlich konnte ich mir nichts dafür kaufen."
(Herr W., Jg. 1932)

„Ich bekam die erste Theaterkarte von meiner Freundin zur Konfirmation: ‚Die Macht des Schicksals' wurde aufgeführt. Sonst bekam ich Wirsingkohl in Gläsern, selbstgepflückte Zweige als Blumen; trotzdem war der Tag wunderschön! Wir hatten sogar Obstkuchen, da unser Bäckerjunge mit mir eingesegnet wurde. Wir hatten Zucker, weil wir nie was zum Einmachen hatten, und Obst hatte ich im Wald gesammelt. Die anderen hatten das Mehl. Brombeerblättertee gab es als Getränk."
(Frau B., Jg. 1931)

11. Kindheit und Jugend

Mehrfach konnten wir feststellen, daß etliche Zeugen, deren Kindheit in die Nachkriegszeit fiel, sich nicht recht an das Ausmaß der Not erinnerten. Die Gründe hierfür mögen unterschiedlich sein, doch zwei sind mit Sicherheit auszumachen: Zum einen haben die meisten Eltern alles getan, um sie die Lage nicht spüren zu lassen, zum anderen konnten die Kinder den eher ungeordneten Verhältnissen bis hin zu den gefährlichen Trümmerspielplätzen etwas Positives abgewinnen.

11.1. Freie Zeit

Wird die Versorgung mit Nahrung und Kleidung angesprochen, werden bei ihnen durchaus schlechte Erinnerungen wach, doch herrscht offensichtlich durchweg das Empfinden vor, trotz allen Mangels eine glückliche Kindheit erlebt zu haben. An Liebe und Zuwendung von Eltern und Großeltern fehlte es gewiß nicht; sie verwandten viel Mühe auf ihre Ernährung und Kleidung, aber auch darauf, Spielzeug herzustellen, Geschenke zu besorgen, Wünsche zu erfüllen, Freude und Spaß zu bereiten.

Wurde ihnen so das Gefühl der Geborgenheit vermittelt, waren es andererseits die in Trümmern liegende Umwelt, die geheimnisvollen Ruinen, die überraschenden Funde, die ihre Abenteuerlust befriedigten. Nicht zuletzt gehörten dazu ihre spontanen Kontakte mit den Besatzungssoldaten, die – obwohl von ängstlichen Müttern nicht gern gesehen – ihren „Horizont" erweiterten und ihnen in ersten Ansätzen ein anderes Menschenbild vermittelten, als es ihre Eltern vom Hörensagen kannten. Schnelligkeit und Pfiffigkeit waren gefragt, wenn von diesen Kindern „Kohlenklau", „Organisieren" und „Schlangestehen" erwartet wurde, ungeliebte Pflichten oft, aber auch solche, denen man Spaß abgewinnen konnte. Schlimmer erging es jenen, die in freudloser Familiensituation aufwuchsen und auf alles verzichten mußten, was ihnen Spaß gemacht hätte. Frühe Verantwortung, Überlastung mit Aufgaben, der Anblick sich stets sorgender Erwachsener prägten ihre Haltung; ungünstige häusliche Verhältnisse erschwerten aber auch ihren Weg in die Zukunft. Nur wenige unserer Gewährsleute sprechen ausdrücklich davon, doch deuten sich über den Tenor der Äußerungen solche Erfahrungen an.

Wir aber haben hier mitzuteilen, wie die Kinderzeit überwiegend gesehen wird:

„Der Eindruck der Bombennächte war so groß, daß ich für mein erstes Kinderspielzeugauto im Vorgarten einen gewaltigen Bunker gebaut habe, um dieses äußerst ‚wertvolle' Spielzeug vor Bomben zu schützen. Der erste Füllfederhalter erschien mir so wertvoll und unwiederbringlich, daß ich als Kind diesen ‚Schatz' jedesmal nach der Benutzung in Stoffflicken eingepackt habe als ‚ewigen' Schutz, trotz des Gelächters meiner Mitschüler."
(Herr K., Jg. 1938)

„In Bremen gibt es abenteuerliche Spielmöglichkeiten – die Ruinen. Man kann überall klettern oder sich in Kellern verstecken. Besonders gut dafür ist die Ruine vom ‚Modernen Theater' in der Neustadt. Wenn man sich einen schwarzen Schleier über den Kopf zieht, rote Papierhörner darüber, und nur den Kopf aus dem Keller steckt, kann man Spaziergänger erschrecken. Dumpfe Schreie steigern die Wirkung. Ausreißen kann man durch den Keller bis zur Nachbarruine und dort in einer anderen Straße die Ruinen verlassen."
(Frau M., Jg. 1933)

„Wir Kinder spielten damals primär in Trümmergrundstücken und fanden diese natürlich hochinteressant, vor allem Kellergewölbe, und an Trümmerfassaden wurde herumgeklettert, bis zur zweiten Etage manchmal, was natürlich heute wirklich ‚lebensgefährlich' in der Erinnerung erscheint."
(Herr K., Jg. 1938)

„Speziell bei uns Jungen herrschte ein großer Verschleiß an unseren Klamotten, sei es durch Herauswachsen, sei es beim Herumtoben! So sahen wir in unserer geflickten Kluft vielfach abenteuerlich aus, denn die Flicken waren ja nicht immer identisch mit den Farben unserer Kleidung (wir hatten z. T. Ähnlichkeit mit den Zirkusclowns). Ich mußte z. B. mit hochhackigen, spitzen Damenschnürstiefeletten zur Schule gehen! Man schämte sich vor den Mädchen, denn ich war ja auch schon 14 Jahre alt."
(Herr R., Jg. 1933)

„Ich habe mit Freundinnen und Freunden auf der Straße und in den Trümmern gespielt. Besonders auffällig erscheint mir, daß wir häufig ‚Straßenkämpfe' gemacht haben, d. h. Kinder der einen Straße rauften sich mit Kindern aus einer anderen Straße. Auch unsere sonstigen Spiele waren sehr aggressiv: Ärgern alter Leute, durch ‚Pingeljagd' und Schreien von Spottversen (‚Hexe, Hexe kau kau kau'). Außerdem haben wir in den Trümmern ‚Schatzsuche' gespielt. Meine Geburtstagsfeiern in den Jahren spielten sich in der Familie ab, Freundinnen durfte ich nicht einladen, es mangelte an Platz; im Wohn/Eßzimmer machten alle Kinder ihre Schularbeiten."
(Frau G., Jg. 1938)

„Ich wuchs im Hafen, unmittelbar vor der Zollgrenze, auf. Dabei beobachtete ich genau, wie den Hafenarbeitern die ‚Zampelbüddel' abgenommen wurden. Manch ein Seemann (Ausländer) steckte mir Kaugummi, Schokolade o. ä. zu, so daß ich hieran keinen Mangel zu leiden hatte, ja, ich versorgte sogar Teile der Familie. Die Eisenbahnwagen, die auf der anderen Seite des Hauses rangiert wurden – wohl zehn Gleise nebeneinander –, waren ein anderer, ebenfalls idealer Spielplatz. Sie erwiesen sich häufig als ‚Goldgrube', weil beim Entladen etwas vergessen worden war. Weiter hinten am Fabrikenufer wurden die Eisenbahnwagen entladen. Dort holte ich mir häufiger Datteln, die schönen kandierten, die so schön klebten. Ich hatte dafür extra ein kleines Leinensäckchen bei mir, nicht, weil ich hamstern sollte, sondern wegen eines besonderen Erlebnisses: Ich spielte vor dem Haus, als mich ein Amerikaner ansprach und mitnahm. Es ging an Bord eines großen Schiffes – viele Männer – viele gedeckte Tische – fremde Sprache, ich konnte niemanden verstehen – Mittagessen, das nicht schmeckte – viel Schokolade, so viel, daß ich nicht mehr essen konnte. Ja, und dann landete ich wohl wieder zu Hause und wollte meinen Geschwistern stolz Schokolade abgeben – faßte in die Hosentasche und hatte eine braune, klebrige Masse in der Hand, an der Hose, in der Tasche – überall! Daraufhin bekam ich das Leinensäckchen ... Meine Mutter rief uns ab und zu ans Fenster, deutete nach unten und rief: ‚Guck mal, da unten läuft ein Neger!' Wir Kinder wunderten uns immer, das war doch nichts Besonderes!"
(Herr J., Jg. 1942)

Nicht jeder konnte auf solche Art eigene Entdeckungen machen. Wer sagen kann,

„... ich habe als Kind nicht zu spüren bekommen, daß Sorgen und Not herrschten,"
(Frau M., Jg. 1944)

wuchs meist auch wohlbehütet nach alter Tradition bremischer Familien auf. Da gab es kein Draußenspielen am Sonntagnachmittag, sondern Hausmusik im Kreise der Eltern und Geschwister oder Gesellschaftsspiele. Da gab es gemeinsame Ausflüge zu außerhalb Bremens wohnenden Verwandten, da durfte ein kleines Gartenbeet in eigener Verantwortung bepflanzt oder bei Spendenaufrufen für Flüchtlingskinder aus dem eigenen Spielzeug- und Wäschevorrat etwas abgegeben werden.

Geborgenheit genau für die Kinder, die nichts mehr ihr eigen nannten oder deren Eltern ihnen kein glückliches Zuhause bieten konnten, vermittelten die sich neu bildenden Kinder- und Jugendgruppen, die Kirchenchöre und Sportvereine, die hier eine wichtige soziale Funktion übernahmen.

„Ich hatte inzwischen Kinder aus Oberneuland, vor allem Flüchtlingskinder, um mich

versammelt. Wir machten ein wenig Sport und Spiele, wir sangen und machten Musik und sogar Theater. Ich hatte Grimms Märchen für unsere kleine Bühne umgeschrieben. Das Theaterspielen war für uns alle ein großes Ereignis. Uns stand für unser Zusammensein ein Raum im Gemeindehaus zur Verfügung und für den Sport die recht ramponierte alte Turnhalle im Ort. Ein Höhepunkt im Jahr blieb die Teilnahme an einem Zeltlager im Horstedter Sand, das ich für die Organisation der ‚Kinderfreunde' leitete und an dem meine Oberneulander Kindergruppe 1947 und 1948 teilnehmen durfte. Die Amerikaner hatten uns für dieses Lager alle notwendigen Geräte, Zelte, Betten, Kochgeschirr und Lebensmittel zur Verfügung gestellt. Diese Zeltlager waren ein unvergeßliches Erlebnis für alle, die daran teilnehmen durften."
(Frau M., Jg. 1914)

Unbeschwerte und erlebnisreiche Wochen wurden auch all jenen Kindern zuteil, die auf die Initiative verschiedener Hilfsorganisationen hin auf die Nord- und Ostfriesischen Inseln oder sogar in die Schweiz zur Erholung geschickt wurden.

„Einige meiner Schulkameraden waren dermaßen abgemagert und unterernährt, daß sie von der Schulbehörde nach vorausgegangenen Reihenuntersuchungen verschickt wurden, um wieder zu Kräften zu kommen."
(Herr L., Jg. 1936)

„Wegen absoluter Unterernährung waren meine beiden älteren Schwestern und ich in den Jahren 1946 bis 1948 für jeweils sechs Wochen ins ‚Bremer Kinderheim' auf der Insel Wangerooge verschickt worden..."
(Herr K., Jg. 1938)

„Der Sommer 1946 ist besonders schön und besonders warm. Ich werde, weil stark unterernährt, sechs Wochen nach Norderney geschickt. Dort sind nur Kinder und Amis. Die ganze Insel ist ein fantastischer Spielplatz für uns – wir bekommen genug zu essen."
(Frau M., Jg. 1933)

Daß die Schweiz von Deutschland aus wie ein Schlaraffenland wirken mußte, verwundert nicht, so auch nicht, daß die zu vergebenden Erholungsplätze sehr begehrt waren. Welche Probleme dabei für ein Kind auftauchten, ist exemplarisch hier geschildert:

„Wegen meines schlechten Ernährungszustandes kam ich durch persönliche Beziehungen meiner Eltern 1948 für ein Vierteljahr in die Schweiz. Damit fühlte ich mich innerhalb meiner Klasse privilegiert und empfand dies als unerfreulich, weil ich nichts Besonderes sein und nicht so viel Unterricht versäumen wollte. In der Schweiz war ich wegen des Fehlens des Mangels völlig verunsichert: Als mir von der Bahnhofsmission in Basel für die Fahrt bis Zürich eine Tafel Schokolade und eine Apfelsine gegeben wurde, wagte ich nicht, im Abteil zu essen, weil eine streng einzuhaltende Familienregel besagte: Wenn jemand einmal etwas zu essen hat, darf er nicht vor anderen essen, um die anderen nicht neidisch zu machen. Ich hielt die Geschenke zunächst einfach fest und ging dann aufs Klo, um dort zu essen."
(Frau G., Jg. 1938)

Ein trauriges Kapitel, das noch in späteren Jahren häufig zu Schlagzeilen in den Zeitungen führte, viele Eltern und Kinder ihr Leben lang unglücklich machte, waren die tödlichen Gefahren, die in den Hinterlassenschaften des Krieges lauerten. Die Ärzte berichten von schweren Verletzungen der Kinder beim Spielen in Ruinen und auf Trümmergrundstücken: Zusammenbrechende Mauern und Gebäudeteile, herausragende scharfkantige Metallgegenstände, zersplittertes Glas, auslaufende Flüssigkeiten, entzündliche Stoffe waren für die Unerfahrenen unberechenbar. Blutvergiftungen, Verluste von Gliedmaßen und Augenlicht, Verbrennungen und viele andere lebensbedrohende Vorkommnisse mehr versetzten die Eltern in Angst und Schrecken. Dazu kamen die großen Gefahren, die von offen oder versteckt herumliegender Munition ausgingen.
Wir sind im Besitz eines Berichts, der uns die damalige Situation aufs anschaulichste vergegenwärtigt. Er verdient es, fast ungekürzt hier aufgenommen zu werden. Er möge zugleich denken lassen an die zahlreichen Opfer und an das Leid, das der Krieg auch nach seinem Ende über manche Familie brachte.

„Wir als Kinder hatten keine Erfahrung mit diesen teilweise brisanten Stücken. Wir wuß-

ten nicht, wie lebensgefährlich es war, mit diesen Gegenständen zu hantieren. Man betrachtete die Granaten und Gewehrmunition als Altmaterial. Es gab damals, ich kann mich noch genau daran erinnern, bei unserem Altwarenhändler an der Grönlandstraße nach der Währungsreform für 1 kg Kupfer = DM 4,50, für 1 kg Messing = DM 2,80, für 1 kg Blei = DM 1,90 usw. Alles Menschenmögliche wurde unternommen, um an diese Materialien heranzukommen. Einige Begebenheiten möchte ich hier schildern: Ungefähr März 1949. Der Abend legte sich über Wiesen und Äcker. Der Lesum-Fluß glitzerte silbern. Es roch nach Schlick und Moor. Eine Truppe von sechs Schülern war unterwegs auf Beutezug. Heruntergerissene Telefondrähte aus Kupfer und auch Weidezäune aus Messingdraht hatte man schon aufgewickelt und schleppte alles mit sich. Wie wäre es denn, wenn wir auch ein paar Weidenkätzchen nach Hause mitbringen würden. Die Eltern hätten sicherlich große Freude daran. Gesagt – getan ... Wir stürmten den Deich hinunter, nahe des Segelsportvereins Luv, wo die Kätzchen standen, und traten im Schlick auf harte Gegenstände. Mit den bloßen Händen wurde zugegriffen und alles herausgewühlt. Dann ans Ufer, um alles abzuwaschen. Siehe da, es waren 3,7-cm-Flak-Granaten aus Messing. Welch ein Fund, welch ein Glück. Das wird aber Moneten geben für Kinobesuche. Nachdem 30–40 Stück auf einem Haufen zusammenlagen, beratschlagte man, wie wohl die Geschosse von den Hülsen zu trennen seien, denn scharfe Granaten nahm uns der Altwarenhändler ja nicht ab. Die Geschosse wurden von den Hülsen entfernt, indem man die Granaten gegen dicke Kieselsteine schlug. Das schwarze Stangenpulver mit dem dazugehörigen weißen Pulversack fiel heraus. Die Geschoßspitze landete in der Lesum, Stangenpulver mit Pulversack sammelte man auf einen Haufen und zündete es an. Es gab jedesmal eine riesige Stichflamme. Wir schleppten die leeren Hülsen zum Altwarenhändler und verkauften sie. Mit dem Erlös ging's ab ins Kino. – Leider war die Quelle bald versiegt. Also mußte eine neue her – und die fanden wir im Torfkanal in Höhe der heutigen Autobahnauffahrt Freihäfen. Irgendwelche Leute hatten herausgefunden, daß im Wasser des Kanals Kisten mit Maschinengewehrmunition herumlagen. Also nichts wie hin und die Kisten aus zwei Meter Tiefe herausgetaucht und nach Hause geschleppt, Spitzen der Geschosse im Keller am Schraubstock abgeschlagen, Hülsen gesammelt und wieder verkauft. Die Gier nach ein paar Mark war damals stärker; an die Gefahr dachten wir in unserer Unwissenheit nicht. Und dann geschah eines Tages das, was kommen mußte: Ein Vetter meiner Frau ‚arbeitete' in gleicher Weise am Grambker Tunnel in der Nähe des Grambker Friedhofes. Dort lagen nämlich unzählige 2-cm-Granaten herum. Wie ich später hörte, hatte er versucht, Granaten an den Bahnschienen zu öffnen. Zeugen erzählten von einer furchtbaren Explosion. Hände und Beine wurden dem Jungen abgerissen; ein Gesicht war nicht mehr vorhanden. Ein amerikanisches Armeefahrzeug brachte diesen Unglücklichen noch ins Große Krankenhaus. Aber es war zu spät; er starb an seinen furchtbaren Verletzungen. Nach diesem folgenschweren Unglück erwischte es auch einen Schulkameraden. Er fand eine Handgranate und bastelte daran herum, bis sie explodierte. Ihm wurde der rechte Arm abgerissen, außerdem verlor er das linke Auge, überlebte aber dieses Unglück. Im späteren Leben stellte ich mir oft die Frage: ‚Warum haben unsere Eltern denn nicht besser auf uns Kinder aufgepaßt?' Vielleicht lag es wohl daran, daß sie selbst in diesen schweren Jahren genug mit sich zu tun hatten und somit die Aufsicht zwangsläufig vernachlässigten."
(Herr L., Jg. 1936)

11.2. Spielsachen

Wenn es in dieser Zeit des Mangels gewiß Lebenswichtigeres gab als Spielzeug, so gehört es doch in erheblichem Maße zum Bild damaliger Alltagskultur. Das hat verschiedene Gründe:
In den Jahren zwischen 1945 und 1949 kamen die zuvor geborenen Kinder in Altersgruppen, in denen sie Spielzeug brauchten. Das war zwar dem Alter entsprechend unterschiedlich und bewegte sich zwischen einer einfachen Holzwäscheklammer und einem anspruchsvollen Gesellschaftsspiel, doch galt eines für alle: Da es in den ersten Jahren praktisch nichts Neues zu kaufen gab, waren Eltern und Verwandte, die den Kindern etwas schenken wollten, auf Spielwaren aus eigener Produktion angewiesen. Dies wurde be-

Puppen aus Zelluloid
mit Kleidung aus Stoffresten
Puppe mit ausgestopftem
Körper, aufgesticktem Gesicht,
mit Haaren aus Fell

reits im Zusammenhang mit den Weihnachtsgeschenken erwähnt.
Und da es bei Spielsachen nicht so sehr auf technische Funktionen und letzte Genauigkeit ankam, wagten sich selbst Unerfahrene ans Basteln und Bauen. Zur eigenen Überraschung stellten manche fest, wie gut ihnen diese Arbeit von der Hand ging, welche Freude ihre Werke auslösten und wie begehrt sie infolgedessen waren. Nicht wenige machten daraufhin aus dieser Beschäftigung einen neuen Beruf; vor allem Frauen, die plötzlich für den Broterwerb sorgen mußten, ergriffen die sich bietende Gelegenheit. Diese Erwerbsquelle versiegte übrigens mit der Währungsreform 1948, da die Bevölkerung nun kein kostbares neues Geld mehr für „handgearbeitetes" Spielzeug ausgeben wollte.
Die Anfertigung selbst, an der sich auch Kinder beteiligten, ist vielen in lieber Erinnerung geblieben; besondere Stücke, die nicht immer die großartigsten sind, werden seit Jahrzehnten in den Familien sorgsam verwahrt.
Als Material wurde alles verwendet, was irgendwie brauchbar war. Wo es sich anbot, bedienten sich die Väter dabei des Materials und des Werkzeugs an ihren Arbeitsplätzen. Neben den Textilresten, die meist von den Frauen beigesteuert wurden, ist daher viel die Rede von Pappe und Papier und von Holz. Metallspielzeug wird kaum erwähnt, da es wohl mehr fachmännischen Umgang mit dem spröderen Werkstoff voraussetzte. Betrachten wir zunächst die Weiterverarbeitung von Textilien:

„Ich habe aus alten Strümpfen und Flicken Puppen gebastelt als Geschenk und zum Hamstern."
(Frau W., Jg. 1911)

„Als wir kältefrei bekamen, saß ich angezogen im Bett und half meiner Mutter beim Nähen und Anziehen von Stoffpuppen ..."
(Frau G., Jg. 1937)

„In der Wachtstraße war eine große Wand, an die man Zettel heften konnte. Meine Mutter klebte dort einen Zettel dran, daß sie aus mitgebrachten Stoffresten Puppen und Tiere machen konnte ..."
(Frau Sp., Jg. 1929)

„Meine Schwester und ich begannen kleine Püppchen anzufertigen. Ein Drahtgestell wurde mit Wolle und Trikotresten umwickelt

Puppenstube aus Holzbrettchen

Spielesammlung aus selbsthergestellten Spielplatten
und Spielsteinen aus Metall- und Holzresten

Puppenstube
mit bäuerlicher Einrichtung

unten:
Packhaus
aus Munitionskistenholz,
mit Aufzugswinde aus
Gasmaskenfilter

und anschließend bekleidet. Stoffreste besaßen wir in Hülle und Fülle; meine Mutter hatte stets jeden Rest aufgehoben. Es war eine schöne, aber zeitraubende Arbeit. Wir hatten Erfolg – das Weihnachtsfest nahte, es gab einfach nichts, am wenigsten Spielzeug! Den größten Teil unserer Produktion setzte meine Schwiegermutter um. Auf ihrem Büfett im Wohnzimmer hatte sie eine regelrechte Ausstellung, Verwandte, Freunde und Nachbarn waren gute Kunden."
(Frau K., Jg. 1923)

Aus Papier und Pappe schnitt man Kartenspiele und Puzzles und z. B. Hampelmänner, die ob ihres guten Funktionierens erfolgreich beim Hamstern eingesetzt wurden.
Die Voraussetzung war immer eine gute Materialquelle:

„Durch den Beruf meiner Mutter hatte ich allerlei Spielzeug, was sich aus Zeichenpapier herstellen ließ ... Bilderlotto, Schwarzer Peter. Die ersten Bilderbücher waren Postkarten als Leporello zusammengenäht ..."
(Frau M., Jg. 1944)

„Gespielt haben mein Bruder und ich mit selbstgemachten Eisenbahnen. Aus Karton – nebenan gab es einen Boden mit alten Karteikarten, der wurde geplündert, ungeahnte Schätze gab es dort – wurden Lokomotiven

Spiele
Spielsteine aus Holz, Spielplatten aus bemalter Pappe
Puzzle aus Zigarrenkisten und deren Aufklebern

Kartenspiele
Tusche- und Buntstiftzeichnungen auf Karton

Lokomotive aus Holz und
Spielzeugeisenbahn aus Blech

Kippwagen aus Blech

Autos
aus Holz, farbig bemalt,
nach Vorbild deutscher und
amerikanischer Militärfahrzeuge
und eines Pkw

Kran aus Blech,
montiert auf Gasmaskenfilter
Kettenkarussell, aus Panzerfaust
und Eisendraht,
leuchtend blau und rot bemalt

und Waggons gebastelt und aneinandergehängt. Rarität waren nur die Klammern, mit denen die Wagen verbunden wurden, und Blei- bzw. Buntstifte, mit denen sie bemalt wurden."
(Herr W., Jg. 1934)

„Vieles wurde selbst gefertigt. Ich denke an das Spielzeug, das unsere Kinder sich aus Pappe machten. Heute sagen sie, daß sie nie so schön gespielt hätten wie damals."
(Herr W., Jg. 1897)

Kunstvolle kleine und große Gegenstände entstanden aus Holz, wie der Puppenwagen aus Holzresten, die Puppenwiege aus einer Obstkiste auf Holzkleiderbügeln, die Puppenstube mit Möbeln aus Abfallholz, die Autos und Lokomotiven aus Holzstücken, der Pferdestall oder das Packhaus aus einer alten Munitionskiste.
Zigarrenkisten boten sich außer als Aufbewahrungsort für kleinteilige Spiele für allerlei an:

„Von meinem Großvater, der ehemals einen Zigarrenladen betrieb, hatten wir noch einige Zigarrenkisten, und dieses Holz war für alle Spielsachen gut, wenn auch ein wenig dünn ..."
(Frau Sch., Jg. 1928)

„Aus alten ‚Niemeyer-Cigarren'-Kisten und anderen Hölzern hat mein Vater damals eine kleine Stadt ... gebastelt für mich, wobei in Form von ‚Laubsägearbeiten' und Lackanstrichen die Häuser hübsche Patrizierfassaden aufweisen ..."
(Herr K., Jg. 1938)

Die Erinnerungen an das mit viel Liebe zum Detail angefertigte Spielzeug sind bei groß und klein von damals heute noch wach:

„Von den Großeltern väterlicherseits kamen die hölzernen Spielsachen. Die Tiere für einen Bauernhof aus Zigarrenkisten ausgesägt. Ganz schöne Bauklötze und ein Elefant auf Rädern, so groß, daß ich darauf sitzen konnte."
(Frau M., Jg. 1944)

„Ich habe ... dann sehr hübsche hölzerne Spielsachen gesägt, geschnitzt, bemalt und lackiert. Ich erinnere mich an Pferd und Wagen mit Tonnen und Kisten, an eine kleine, besonders gut gelungene bunte Wiege, die ich gern behalten hätte. Als aber Freunde davon erfuhren, sind die Sachen alle schnell weggegangen."
(Frau M., Jg. 1914)

11.3. Schule

Als die Schulen nach einer Zwangspause von März bis September 1945 ihre Pforten wieder öffneten, hatte sich das Leben in den Trümmern zwar schon etwas normalisiert, doch die Mangelerscheinungen auf allen Gebieten setzten sich für Lehrer und Schüler in der Schule fort.
Wenn auch zu Hause von den Eltern alles getan wurde, das Kinderleben freizuhalten von den unmittelbaren Existenzsorgen und die Erinnerung damals noch sehr junger Schüler verblaßt ist, so werden uns doch die katastrophalen Arbeitsbedingungen in der Schule von den damals Älteren überliefert. Sie und ehemalige Lehrer haben die Zustände bewußt erlebt.
Ausgewählte Schilderungen können uns ein realistisches Bild vermitteln.
Der Schulanfang im Herbst bedeutete für manche Kinder die ersehnte erste Einschulung, für andere das Ende einer schönen schulfreien Zeit:

„Im Oktober 1945 wurde ich in die 1. Klasse eingeschult. Die höheren Jahrgänge begannen schon einige Wochen vorher. Wir erhielten dreimal in der Woche zwei, einmal drei Stunden und wurden im April versetzt. Zunächst waren wir 40 Mädchen und acht Parallelklassen, aber bis Weihnachten stieg die Zahl auf 52, denn viele Familien kamen erst jetzt wieder in die Stadt. Jedesmal begann unsere Lehrerin von neuem, einem Kind das ‚i' beizubringen. Sie hatte zwei Klassen zu betreuen, zwei teilten sich einen Raum."
(Frau D., Jg. 1939)

„An meine Einschulung Herbst 1945 erinnere ich mich noch recht lebhaft. Stolz war ich auf meinen ‚Griffelkasten'. Es war eine Pappschachtel von unseren Kuchengabeln. Als ‚Schultasche' diente ein kleines Handtäschchen, eine Kriegsgefangenenarbeit, die mein Vater einmal gegen sein Frühstücksbrot eingetauscht hatte. Meine Tafel, die meine Mutter irgendwie organisiert hatte, mußte ich unter den Arm nehmen. Als ich so einige Tage zur Schule gegangen war, sprach mich eine ältere Dame an, ob ich denn keine andere Tasche habe. Sie schenkte mir eine Tasche aus Pappe im Aktenformat, und ich besaß eine ‚richtige' Schultasche."
(Frau L., Jg. 1938)

„Zunächst hatte ich schulfrei und erlebte mit Geschwistern und Freunden bei herrlichem Sommer unbeschwerte Wochen. Erst im Dezember begann die Schule wieder, ich fand drei meiner alten Klassenkameraden wieder, viele neue, teils sehr ‚erwachsene' neue Klassengenossen, nur ein, zwei Jahre, aber doch sehr viel älter als wir anderen. Der improvisierte Schulbetrieb mit Vor- und Nachmittags-Unterricht fand in kalten oder wenig beheizten Räumen im wenig zerstörten Schulgebäude statt. Viel mehr in Erinnerung sind mir die abenteuerlichen Bahnfahrten in die Stadt, auf Puffern, Trittbrettern, wer Glück hatte im Bremserhäuschen. Das alles war viel aufregender als der Schulunterricht. Auch lange Wege mit anderen Fahrschülern nach Unterrichtsschluß bis zur Abfahrt des Zuges durch die zerstörte, langsam wieder aufgeräumte Stadt sind mir in Erinnerung."
(Herr W., Jg. 1934)

„Eine der schlechtesten Nachrichten war für mich der Wiederbeginn des Schulunterrichts in Bremen im Herbst 1945. Allmählich orientierten sich meine Eltern wieder nach Bremen zurück. Zunächst mußten alle Schüler der ehemaligen Lüderitzschule – sie hieß jetzt Oberschule für Jungen an der Dechanatstraße – an Aufräumungsarbeiten im Bürgerpark teilnehmen. Dort soll es noch wüst ausgesehen haben. Wir in Kirchweyhe wohnenden Schüler waren davon befreit. Danach ging es dann aber wieder mit dem Schulbetrieb los. Der Schulweg von Kirchweyhe nach Bremen wurde auf abenteuerliche Weise überbrückt, was ich als inzwischen 13jähriger allerdings wahnsinnig interessant fand. Personenzüge fuhren völlig unregelmäßig und waren stets mit Hamsterern überfüllt. Also mußte man sehen, daß man einen Güterzug erwischte, der in Kirchweyhe auf dem Rangierbahnhof hielt ..."
(Herr E., Jg. 1932)

Die Bombenangriffe hatten ein Drittel des einstmals vorhandenen Schulraums zerstört, den Rest mehr oder weniger schwer beschädigt. Die Folgen der notdürftigen Reparaturen bekamen die Schüler zu spüren:

„Die Oberschule für Mädchen an der Mainstraße war nun im späteren Gymnasium am

Eine Papphülle
für die Schiefertafel

„Leibnizplatz mit untergeschlüpft. Hier pfiff es durch die Korridore, und die mit ‚Drahtglas' versehenen Fensterhöhlen sorgten für stets gut gelüftete Klassenräume. Als ich dann zur Kippenberg-Schule überging, waren wir in der Hermann-Böse-Schule zu Gast."
(Frau P., Jg. 1932)

„Ich besuchte weiter die Kippenberg-Schule, die zunächst provisorisch im Biermann-Haus an der Schwachhauser Heerstraße untergebracht war und in der wir bis Dezember 45 nur stundenweise unterrichtet wurden. Später wurde die Kippenberg-Schule, deren Gebäude Am Wall ausgebombt waren, im Hermann-Böse-Gymnasium einquartiert mit der Konsequenz, daß der Unterricht teils morgens, teils nachmittags stattfand."
(Frau St., Jg. 1929)

„Die Schule hatte keine Fensterscheiben und keine Toiletten. Vor die Fenster war Rollglas genagelt. Die Schüler mußten in der Nachbarschaft Toiletten in den Privathäusern benutzen, z. B. in der Graf-Moltke-Straße, das waren zehn Minuten zu Fuß. Die Pausen dauerten deswegen etwas länger."
(Frau E., Jg. 1930)

„Ich besuchte ab 1. Dezember 1945 wieder das Gymnasium, in das ich Ostern 1939 eingetreten war. Es hieß nun nicht mehr ‚Carl-Peters-Schule', aber auch nicht wieder – wie vorher – ‚Neues Gymnasium', sondern ‚Gymnasium am Barkhof'. Das Dach der Schule war durch Kriegseinwirkung teilweise abgedeckt; das Regenwasser tropfte durch die Decke in die oberen Klassenräume und wurde hier in irgendwelchen Gefäßen aufgefangen. Neue Dachpfannen lagerten seit vielen Wochen auf dem Schulhof, aber es kamen keine Handwerker. Daraufhin wurde das (sehr steile) Dach eines Tages ohne Wissen der Lehrer von einer Prima gedeckt, die mit besonders hellen Ziegeln ihre Klassenbezeichnung ‚8 b' anbrachte. Die Bezeichnung blieb vom Barkhof aus jahrelang zu sehen."
(Herr F., Jg. ohne Angabe)

„Ende 1945 ... hatte man mehrere frühere Flakbaracken auf dem zerbombten Schulgelände an der Grambker Heerstraße aufgebaut und notdürftig eingerichtet. Die Räumlichkeiten langten nicht hin und nicht her. Es wurde in zwei Etappen unterrichtet, d. h. zwei Schulklassen mußten sich einen Raum teilen. Morgens von 8.00–13.00 Uhr die erste Klasse und

nachmittags von 14.00–18.00 Uhr die zweite Klasse. Unsere damalige Schulklasse bestand zeitweise aus 58 Schülern. Man kann sich die Enge in solch einer Klasse vorstellen. Geheizt wurde mit einem in einer Ecke stehenden großen Kanonenofen, der immer rot glühte, wenn Brennmaterial vorhanden war. Einmal schleppten wir Schüler große Teerbrocken ran und befeuerten damit den Ofen. Es dauerte gar nicht lange, und das Dach fing an zu schmoren. Die Feuerwehr mußte einen ganzen Nachmittag das Dach der Baracke besprizten; es hätte nicht viel gefehlt und unsere Notschule wäre gewesen. Aber es gab auch schöne Stunden, und zwar beim Völkerballspielen auf dem wieder notdürftig hergestellten Schulhof, einem Schlackenplatz. Unsere Arme und Beine sahen nach jedem Spiel dementsprechend aus. Die alte Turnhalle neben der Grambker Schule stand uns auch wieder zur Verfügung. Schwer beschädigt in den letzten Kriegsmonaten, hatte man sie jetzt wieder notdürftig repariert. Bei Regenwetter fiel der Turnunterricht aus, denn das Wasser lief von der Decke und den Wänden auf uns herab. Der Hallenboden war dann feucht und rutschig. An einen geregelten Turnunterricht war nicht zu denken."
(Herr L., Jg. 1936)

Vor allem für die Lehrer wurde die Überfüllung der Klassenräume ein Problem. Sie berichten von 45 Kindern, die noch 1948 in einem kleinen Raum zusammengepfercht saßen (Oberneuland), von Klassen mit über 60 Kindern (Helgolander Straße), von stickiger Luft und den Gefahren der Übertragung von Krankheiten und Ungeziefer. Eine Schülerin dazu:

„Mein größtes Problem in der Schule war eigentlich kein Schul-, sondern ein Zeitproblem: Ich hatte damals sehr häufig einen Floh. Die Stiche juckten sehr, aber ich durfte mir nichts anmerken lassen. Wenn die anderen Kinder gewußt hätten, daß ich einen Floh hatte, hätten sie nicht neben mir sitzen mögen."
(Frau D., Jg. 1939)

Die Schularbeit wurde nicht nur durch die äußeren Gegebenheiten erschwert. Lange Zeit fehlte es an Lehr- und Lernmitteln, Verbrauchsmaterial wie Hefte und Schreibzeug gab es kaum:

„Es gab keine Schulbücher. Sämtliche Schulbücher waren verboten. Die Lehrer mußten selbst sehen, wie sie unter diesen Umständen den Unterricht einigermaßen gestalten konnten. Sie griffen zum Teil auf Bücher aus ihrem Privatbesitz zurück. Der Englischunterricht wurde z. B. von einer älteren Lehrerin gegeben, die in jungen Jahren in England war und aus dieser Zeit Bücher englischer Dichter und Schriftsteller hatte. Über das Leben dieser Dichter sowie aus deren Werken schrieb die Lehrerin an die Tafel. Die Schüler schrieben es ab, lernten es teilweise auswendig. Diese Texte waren ebenso die Grundlage für Vokabeln, Diktate, Aufsätze."
(Frau E., Jg. 1930)

„Nachkriegsschwierigkeiten gab es an der Vegesacker Handels- und Höheren Handelsschule, wo ich unterrichtete. Die Alliierten hatten wahllos fast sämtliche Bände der Schulbücherei beschlagnahmt, so daß ich vor allem kein Lehrbuch der spanischen Sprache vorfand. Ich war also gezwungen, aus dem Gedächtnis heraus zu unterrichten, ohne Schülertexte, vor allem für die Handelskorrespondenz. Eines Tages aber meldete sich bei mir ein Schüler, dessen Vater bei der Polizeibehörde beschäftigt war, und brachte mir ‚leihweise' das lang ersehnte Lehrbuch, das er unter den beschlagnahmten Bänden entdeckt hatte und das nun mein inzwischen auch nach Bremen gekommener Mann mühsam für mich abschrieb (mit der Hand natürlich)."
(Frau S., Jg. 1909)

„Für Hefte und Bleistifte (anderes Material hatten wir nicht) teilte die Schule Bezugsscheine aus, die aber nicht ausreichten. Eltern sammelten einseitig bedrucktes Papier, zogen Linien und nähten Hefte daraus."
(Frau D., Jg. 1939)

„Hefte aus Altpapier, eingebunden (durchgenäht) mit Papier von Verdunklungsrollo."
(Frau Sch., Jg. ohne Angabe)

Wer ein Kilogramm alter Zeitungen abgab, konnte dafür schon einmal ein Schulheft erwerben.
Mit aller Kraft setzten sich die während der laufenden Entnazifizierungsverfahren übrigbleibenden Lehrer für einen einigermaßen geregelten

Schultasche
aus Leder der Innenverkleidung
von Flugzeugtanks,
aus Materialbeständen
von „Weser-Flug"

Unterricht ein. Doch dann machten die eisigen Winter ihnen einen Strich durch die Rechnung.

„In der Grundschule – Rembertischule – waren alle Fensterscheiben kaputt, geheizt werden konnte kaum, so daß wir in Winterkleidung in den Klassenzimmern saßen bzw. versuchten, mit Handschuhen zu schreiben."
(Herr K., Jg. 1938)

„Der Winter 1947/48 ist der kälteste Winter, an den ich mich erinnern kann. Nach einem kalten Standbad im noch kälteren Badezimmer zogen wir uns alles Wärmende, das wir besaßen, übereinander an. Dann wurde heißer Ersatzkaffee geschlürft, und ab ging es in die Schule. Dort war nicht geheizt, und wir mußten nur Schularbeiten aufschreiben, was uns mit dicken Wollhandschuhen an den Händen nicht leicht fiel. Danach wurde noch unsere Ration Schulspeisung in unsere mitgebrachten Kochgeschirre gefüllt, und wir durften wieder nach Hause, um dort im ‚Warmen' unsere Aufgaben zu erledigen. Meistens waren aber die Brennmaterialien auch dort so knapp, daß es gerade ausreichte, mehrere Ziegelsteine zu erwärmen. Dann krochen wir am hellichten Tag ins Bett und lasen unter der Bettdecke."
(Frau J., Jg. 1933)

„Im Winter 1947 schaufelten mir Großmutter und Mutter den Weg bis zur Kirchbachstraße vom Schnee frei, damit ich mit meinen Holzschuhen (wie in Holland) trockenen Fußes zur Schule kam. Wir mußten Briketts mitbringen. Bis wir kältefrei bekamen. Dann verbrachte ich die Zeit angezogen im Bett und half meiner Mutter beim Nähen und Anziehen von Stoffpuppen."
(Frau G., Jg. 1937)

„Zur Schule gingen wir nur, um Schularbeiten abzuholen. Dort war es ungeheizt, und in der Zeit, in der wir uns dort aufhielten, hatten wir Handschuhe ohne Fingerspitzen an, um schreiben zu können. Wärmebeutel hatten wir auch."
(Frau B., Jg. 1931)

„In der Schule wurden wir nach Schularbeitenempfang zurückgeschickt, weil die Räume zu kalt waren – dabei war dort der warme Mief noch angenehmer als die Kälte zu Hause."
(Frau V., Jg. 1928)

Im Jahre 1946 wurde die Bevölkerung von Bürgermeister Kaisen zu der großen gemeinsamen Aktion der Trümmerbeseitigung aufgerufen. Ältere Schüler hatten sich ebenfalls daran zu beteiligen:

„Stichtag war der 1. Juli. Es galt für Jungen ab 14, für Mädchen ab 16 Jahren. Die Einsätze für die Schulen waren in den Ferien, jeder mußte eine Woche ableisten. Für die Zeit des Einsatzes gab es die Schulspeisung (die gab es sonst nicht in den Ferien) und eine Schwerarbeiterzulage auf die Lebensmittelmarken ... Mittags gab es die Schulspeisung in den Baubaracken. Es gab immer Eintopf, jeden Tag einen anderen ... Als Anerkennung für den Trümmereinsatz erhielten die Schüler eine Urkunde sowie 20 RM (das waren ca. vier Zigaretten)."
(Frau E., Jg. 1930)

„Einige Mädchen putzten die Steine sauber, die anderen stapelten sie auf. Es war harte Knochenarbeit, die mich bis zum Abend total erschöpfte. In dieser Woche haben wir mit unserer Klasse ein zerbombtes Haus eingeebnet."
(Frau B., Jg. 1927)

„In der Schule wurden wir vor Beginn der Ferien für den Arbeitseinsatz eingeteilt. Ich mußte mich an einem Montag um 8.00 Uhr in einer Baracke an der Nordstraße melden. Die ganze Gegend dort war eine Trümmerwüste, an der Nordstraße stand nur noch ein Kirchturm. In der Baracke erhielten wir Arbeitskleidung und ein kleines Hackebeilchen zum Steineklopfen. Der Meister führte uns in unser Revier und zeigte uns, was wir zu tun hatten. Mit den Hackebeilchen sollten wir den Putz von den Backsteinen klopfen und die Steine dann zu jeweils 100 Stück nach einem bestimmten Schema auftürmen, damit sie abgeholt und für den Wiederaufbau verwendet werden konnten. Material lag genügend herum, wir waren nur von Trümmern umgeben. Jeder suchte sich eine geeignete Ruine aus und begann mit dem Steineklopfen. Gefährlich war das nicht, denn die Mauern waren bereits eingerissen und standen nicht mehr. Unser Soll waren 450 Steine pro Tag. War man vor 16.00 Uhr damit fertig, konnte man schon nach Hause gehen. Die Arbeit war schwer und ungewohnt. Lästig war das Heranschleppen der Steine, wenn rings um die angefangenen Stapel keine geeigneten Mauerreste mehr herumlagen. Steine mit Zementresten wurden gemieden, weil man auf denen ziemlich lange herumklopfen mußte, wesentlich länger als auf Mörtel – wir arbeiteten ja im Akkord und wollten natürlich möglichst früh Feierabend haben ... Von der Arbeit war ich so erschöpft, daß ich auf dem Rückweg in der Straßenbahn stets einschlief. Als die Woche herum war, waren wir jedoch alle sehr stolz auf die geleistete Arbeit. Als Lohn erhielten wir 24 Mark und eine Lebensmittel-Zulagekarte für Schwerarbeiter, über die sich Mutter am meisten freute. Vom Senat erhielten wir eine Urkunde mit folgendem Wortlaut:

Anerkennung
Im Volkseinsatz zum Wiederaufbau der
Freien Hansestadt Bremen
hat Herr/Frau/Fräulein ...
der Ehrenpflicht genügt.
Verborgen bleibt die eigne Kraft den meisten,
die still hin wirken, friedlich, unbedroht;
wie Schweres, Großes er vermag zu leisten,
das lernt der Mensch erst kennen
durch die Not.
Bremen, im Jahre 1946.
– Kaisen –"
(Herr E., Jg. 1932)

Eine besondere Gruppe von Schülern stellten jene jungen Männer und Frauen dar, die in den Kriegsjahren vor ihrer Einberufung ein sogenanntes Notabitur abgelegt hatten. Es wurde schließlich nicht als echte Hochschulreife anerkannt. Daher wurde in den Bremer Gymnasien ein kursähnlicher Unterricht angeboten, der das Versäumte aufarbeiten sollte.

„Da ich schon am 10. 8. 42 zum Arbeitsdienst und direkt von dort am 15. 10. 42 zum Heeresdienst einberufen worden war, erhielt ich mit dem Abgang von der Schule an der Dechanatstraße das Notabitur. Da dieses Papier nach dem Kriege angeblich nicht zum Studium be-

rechtigte, habe ich vom Herbst 1945 bis Ostern 1946 in meiner alten Schule nochmal einen sogenannten Vorsemesterlehrgang absolviert und diesen mit dem regulären Abitur abgeschlossen. Es war nicht einfach, nach dreijähriger Soldatenzeit und den Belastungen in Rußland nochmal die Schulbank zu drücken und den Geist wieder in anderer Richtung zu trainieren. Für uns war der Begriff des Zeugnisses der ‚Reife' dem Sinngehalt nach überholt. Dennoch war dieser Abschluß der Schlüssel zum geplanten Studium, auf das ich dann aber schließlich wegen immer schlechter werdender Lebensbedingungen verzichtet habe."
(Herr K., Jg. 1924)

„Nach Kriegsende besuchte ich den Abiturkurs der Kippenberg-Schule, da das Notabitur von vor dem Arbeitsdienst nicht anerkannt wurde."
(Frau J., Jg. 1928)

„Da lediglich Reifevermerk, der nicht zum Studium berechtigte, erneuter Schulbesuch. Zunächst Registrierung und Schularbeiten, dann etwa November Beginn des Unterrichts. Von der ehemaligen Klasse über zwei Drittel gefallen, der Rest, der sich wiedertraf, war zumindest leicht, z. T. schwer verwundet. Unterricht mit gleichen Anforderungen wie früher. Umgangston oft parodistisch militärisch, da Lehrer meist niedrigere ehemalige Dienstgrade als Schüler. Von den Einpendlern aus dem Landgebiet manchmal Naturalentlohnung für Schummelhilfe. April 1946 Abitur."
(Herr B., Jg. 1925)

Aus den Berichten geht auch hervor, unter welchen Bedingungen man sich um dieses nochmalige Abitur bemühte:

„Ab Dezember 45 besuchte ich wieder die Schule, um im sogenannten Vorsemester nochmals Abitur zu machen (mein Abitur von 1942 ‚Hauswirtschaftlicher Zweig' wurde zunächst nicht anerkannt). Der Unterricht fand nachmittags statt, meistens im Realgymnasium an der Dechanatstraße, geheizt wurde gar nicht oder nur sporadisch. Vormittags stand ich – wie die anderen Familienmitglieder – Schlange, lernen konnte ich nur nachts, da nur ein Zimmer beheizbar."
(Frau Z., Jg. 1923)

Kein Wunder, daß manch einer nicht die Kraft hatte, eine solche zusätzliche Belastung unter all den mißlichen Umständen zu ertragen, aufgab und damit einen anderen Berufsweg einschlagen mußte.

11.4. Schulspeisung

Eine segensreiche Einrichtung – von den Engländern im März 1946 in Bremen eingeführt, von den Amerikanern seit Juni 1947 fortgesetzt – war die Schulspeisung. Der größten Sorge um eine Grundernährung ihrer Kinder waren die Familien damit enthoben, wenn auch der Hunger nicht aus der Welt geschafft war.

Wer zwischen 1946 und 1949 im schulpflichtigen Alter war oder zu dem erweiterten Kreis junger bedürftiger Menschen gehörte, erinnert sich an die Schulspeisung. Sie hat sich nachhaltig und doch unterschiedlich eingeprägt. Zutaten und Zubereitungsart, die geschmackliche Ausrichtung konnten nicht bei jedermann auf große Gegenliebe stoßen, doch die Bedeutung dieser Ernährungshilfe wird heute von keinem unterschätzt. Was sich für den einzelnen damit verbindet, kommt in folgenden Aussagen zum Ausdruck:

„Wir gingen zu diesem Zeitpunkt gerne in die Schule, denn es gab ja die Schulspeisung aus Amibeständen: Kekssuppe, Brotsuppe, auch mal Schokoladensuppe. Die Essenkübel mußten von den Lehrern bewacht werden, denn es gab da Schüler, die sich einfach nicht beherrschen konnten und mit ihrem Eßgeschirr – dem Henkelmann – (eine Konservendose mit Drahtgriff) ein zweites und drittes Mal zulangten."
(Herr L., Jg. 1936)

„Zum Schulgepäck gehörten nun auch ein Kochgeschirr und ein Löffel (zumeist Überbleibsel der ehemaligen Wehrmacht). Bei uns in der Dechanatstraße gab es in der ersten Zeit immer täglich abwechselnd Milchsuppe mit Keksen, die herrlich schmeckte, und Erbsensuppe. Jeder Schüler bekam zwar nur eine Kelle Suppe, aber die Schulspeisung hat uns sehr geholfen, insbesondere denen, die keine Beziehungen aufs Land hatten."
(Herr E., Jg. 1932)

Kochgeschirre und Essenträger aus Aluminium, aus Wehrmachts- und Rüstungsbeständen, vielfach für die Schulspeisung benutzt

Ein halber Liter Suppe täglich war zwar nicht viel, wurde aber selbst dann ausgeteilt, als der Unterricht wegen akuten Kohlenmangels von Januar 1947 bis in den April hinein ausfiel. Die Kinder gingen jeweils nur kurz zur Schule, um sich Schularbeiten abzuholen, und dann

„... wurde noch unsere Ration Schulspeisung in die mitgebrachten Kochgeschirre gefüllt ..."
(Frau J., Jg. 1933)

Welch große Hilfe die Suppen, die unter amerikanischer Regie schmackhafter als vorher gewesen sein sollen, auch für den Rest der Familie darstellten, geht aus Bemerkungen wie

„... die Schulspeisung mochte ich nie, aber die Eltern aßen alles nach ..."
(Frau H., Jg. 1937)

hervor, und aus weiteren:

„Von den reichlichen Rationen brachten die Kinder manchmal etwas mit nach Hause; die Schokoladensuppe war besonders gut!"
(Frau K., Jg. 1923)

„Die Schulspeisung ... brachte eine Erleichterung für meine Mutter. Wann immer es ging, brachten meine Schwester und ich unseren Anteil mit nach Hause. Das bildete dann den Grundstock für ein Essen, das meine Mutter daraus zauberte ..."
(Herr S., Jg. 1926)

11.5. Sondereinsatz junger Mädchen

Kaum war am 8. Mai 1945 die offizielle Kapitulation vollzogen, ging die Militärregierung zu Maßnahmen der Entnazifizierung und der Buße für geschehenes Unrecht über. Völlig überraschend traf es gleich anfangs die jungen Mädchen, in denen man durchweg ehemalige Mitglieder und Führerinnen nationalsozialistischer Frauenorganisationen sah. Der Bedarf an Pflegepersonal für die vorgefundenen Opfer der Politik des alten Regimes mag ein weiterer Beweggrund für den Einsatz gewesen sein, der die Betroffenen lange bewegt hat. Was passierte damals mit ihnen?

„Am 8. Mai 1945, dem Waffenstillstand, wurden 200 Bremer Mädchen zum Arbeitsdienst für einen Tag mit Lastwagen vom Polizeihaus in Bremen – dort mußten wir uns einfinden – nach Sandbostel, einem Lager bei Zeven, gebracht. Dort waren viele KZ-Häftlinge untergebracht; viele waren krank und waren in

Krankenbaracken untergebracht. Aus dem einen Tag Arbeit wurden drei Wochen. Unsere Angehörigen konnten wir am nächsten Tag benachrichtigen, wo wir waren. Wir mußten hart arbeiten, von morgens bis abends, u. a. auch in den Baracken, wo die kranken Häftlinge untergebracht waren. Sie waren ja nun alle frei und hofften auf Genesung. Ich hatte Glück. Mit meiner Schwester und anderen Mädchen wurden wir in der Küche eingesetzt. Verpflegung war für alle gut."
(Frau P., Jg. 1926)

Das sind die Fakten, doch klingt aus diesen Zeilen nur wenig von dem an, was sie in Sandbostel erwartete, was sie ja auch erwarten sollte. Das erfahren wir hier detaillierter:

„Man versuchte zu einem gewissen geordneten Tageslauf zurückzukehren. Am 9. Mai meinte meine Schwester, es sei an der Zeit, sich bei ihrer DRK-Dienststelle zu melden. Auf Anfrage erhielt sie die Weisung, nachmittags ins Josephstift zu kommen. Sie ging ... ohne Mantel, mit einem Umhängetäschchen ... Es wurde 18.00 Uhr, es wurde 19.00 Uhr, sie kam nicht zurück ... Schließlich stand eine junge Helferin weinend vor der Tür: ‚Maria ist weg!' Wohin wußte sie nicht. Nur so viel: Mit anderen Mädchen war sie auf einen Laster verladen worden, der mit unbekanntem Ziel abgefahren war ... Die Mädchen waren ins Konzentrationslager Sandbostel gebracht worden zur Hilfe bei der Pflege, als Akt der Umerziehung. Meine Schwester hat dort Schreckliches gesehen – und kaum davon gesprochen. Nur davon einmal: daß sie zweierlei Menschen getroffen habe, solche, die selbst in Elend und Schwäche versuchten, den Mädchen ihre Aufgabe zu erleichtern, und solche, die es als ihr Recht ansahen, sie ihnen so schwer wie möglich zu machen."
(Frau von R., Jg. 1911)

„In den ersten Maitagen gingen deutsche Polizisten in unseren Straßen von Haus zu Haus und forderten die jungen Mädchen auf, sich am nächsten Tag vor dem Polizeihaus Am Wall einzufinden mit Verpflegung für einen Tag. Wir waren eine Gruppe von 40 oder 50 und nicht wenig erstaunt, als offene Lastwagen vorfuhren, in die wir einsteigen mußten. Ziel war das KZ in Sandbostel in der Nähe von Bremen, das kurzfristig dort errichtet wurde, als die Front von Osten immer näher rückte. Wir fanden dort zu unserem Entsetzen Sterbende und Schwerstkranke (Typhus) bis zum Skelett abgemagert. Die Gruppe von Schwestern aus Bremer Krankenhäusern, die bereits eine Woche zuvor dort erste Hilfe geleistet hatte und jetzt von uns abgelöst wurde, muß noch Schlimmeres erlebt haben. Wir mußten alle Arbeiten einer Krankenpflegerin ausführen, Küchenarbeiten verrichten und die Baracken reinigen. Die ersten Tage waren in jeder Beziehung schlimm, die Unterbringung katastrophal, nur das Essen gut. Etwas grotesk fand ich, daß uns auf Schritt und Tritt Soldaten wie Schwerverbrecher begleiteten. Später erfuhren wir, daß die deutsche Polizei eigentlich SS-Frauen und solche aus der NS-Frauenschaft hatte aussuchen sollen. Sie machte es sich bequemer und benachrichtigte nicht einmal unsere Angehörigen über unseren Verbleib. Etliche von uns bekamen Typhus, obgleich man uns täglich mit DDT besprühte, und kamen nach Bremen zurück. Ich blieb vier Wochen bis zur Auflösung des Lagers."
(Frau S., Jg. 1927)

Dieser wochenlange Anblick des Leids geschundener ehemaliger Häftlinge, ihre Berichte und Erfahrungen ließen diese jungen Mädchen wohl früher als die meisten ihrer Mitmenschen erahnen, welche Schuld die Deutschen auf sich geladen hatten. Sie brauchten keine theoretische Unterweisung mehr.

12. Körperpflege und Wäschewaschen

Sauberkeit – des Körpers und der Wäsche, ein selbstverständliches Bedürfnis – war nicht selbstverständlich in der frühen Nachkriegszeit zu erfüllen. Nur Wasser, Seife, Haarwaschmittel, Artikel der persönlichen Hygiene und Waschpulver gehörten dazu, und doch wurde sie schon zum Problem.
Wie und wo wusch man sich? Wie und wo konnte man ein Bad nehmen?
Die Waschgelegenheiten wurden bestimmt von den Bedingungen, die räumlich durch Zerstörung, Wohnungsprovisorien und engem Miteinander gekennzeichnet waren und versorgungsmäßig durch Wasser- und Energiemangel.

„Neben der Feuerung war das Wasser wohl die größte Schwierigkeit. Es hat noch viele Wochen gedauert, bis das ‚köstliche' Naß wieder aus dem Wasserhahn kam. Der einzige uns bekannte Brunnen war in der Gärtnerei Peppler an der Busestraße. Wenn man nicht als eine der Ersten dort mit Eimern erschien, bekam man nur noch ‚braune Brühe' ..."
(Frau H., Jg. 1916)

Viele konnten zwar Wasser im Keller ihrer Häuser abzapfen, mußten es aber mühsam mit Eimern und Kochtöpfen nach oben transportieren.
Waschen und Baden wurden unter diesen Umständen zu Unternehmungen, die gut geplant und organisiert werden mußten. Wo ein konsequenter Aufpasser in der Familie fehlte und kein gelinder Druck ausgeübt wurde, mochte leicht die unbequeme und ungemütliche Körperpflege hintangestellt werden. Die vielen Fälle von Krätze und anderen Hauterkrankungen wurden damals immer wieder auf mangelnde Hygiene zurückgeführt.
Aus unseren Berichten geht hervor, wie man sich größtmöglicher Sauberkeit befleißigte und wie man die damit verbundenen Probleme löste.
Wegen der zerstörten Leitungen mußte das Wasser anfangs in etlichen Stadtteilen von Straßenpumpen und Hydranten mühsam herangeschleppt werden. Da wurde manchem Bürger zum ersten Mal die Kostbarkeit des Wassers bewußt, wenn ein gefülltes Waschbecken für die Reinigung von drei bis vier Personen reichen mußte.
Einige versorgten sich auf geschickte Art und Weise mit zusätzlichem Wasser.

„Zum Waschen hatte mein Vater an der Regenrinne eine Ableitung gemacht. Das Regenwasser wurde so in einer Wanne aufgefangen."
(Frau H., Jg. 1916)

„Für Waschwasser hatte mein Vater einen großartigen Filter gebaut, um Regentonnenwasser benutzen zu können. Ein ‚organisiertes' braunes Tonrohr wurde mit Drahteinsätzen und Kiesschichten gefüllt – so kam das Wasser ziemlich sauber durchgesickert."
(Frau V., Jg. 1928)

Andere reinigten im Garten hochgepumptes Grundwasser durch einen Filter am Wasserhahn und konnten es dann sogar trinken.

„Mit dem Trinkwasser sind einige Versuche beim Bauen eines Filters vorausgegangen, bis wir eine Mischung aus Kies, grobem Sand und Muschelkalk hatten, die unser Pumpenwasser einigermaßen genießbar machte. Somit sparten wir den Weg zur Wasserzapfstelle, der immerhin 2 km betrug."
(Herr G., Jg. 1930)

Als die Wasserversorgung wieder einigermaßen gewährleistet war, brachte die große Winterkälte weitere Erschwernisse.

„Ein eisiger Ostwind ließ unsere Hauptwasserleitung einfrieren, und alle Versuche, sie aufzutauen, blieben erfolglos. Zwei Monate lang schleppten wir jeden Tropfen Wasser in schweren Zinkeimern vom Nachbarn durch den Garten herbei, und unser Weg verwandelte sich bald in eine Eisbahn. Im März wurde es endlich wärmer, und es fing an zu tauen. Während einer Nacht platzte die Wasserleitung im Obergeschoß. Das Wasser lief bis in den Keller."
(Frau K., Jg. 1923)

Solange die Wasserleitungen nicht alle wiederhergestellt waren und starke Kälte herrschte, war es üblich, sich täglich in einer Waschschüssel zu waschen, dort, wo es jeweils am wärmsten war – in der Küche oder im Wohnzimmer. Ein Familienmitglied nach dem anderen erhielt heißes Wasser, im Kessel auf dem Küchenherd erhitzt, und dazu ein bißchen von der kittartigen Seife, auf die wir weiter unten nochmals zu sprechen kommen. Oft wurde das letzte Waschwasser zum Auswaschen dunkler Wäsche verwendet. Die Küchenspüle oder der dort oft noch vorhandene Gossenstein wurde zum Zentrum der Körperpflege, wobei wir zu bedenken haben, daß die Ausstattung aller Häuser und Wohnungen mit mehr oder weniger komfortablen Badezimmern erst eine Erscheinung des Wiederaufbaus nach dem Kriege ist. In vielen Fällen wurde auch die gute alte Waschküche zum Badezimmer umfunktioniert, bei Kälte stets in Verbindung mit den wärmeren Wohnräumen.

„Wir wuschen uns in der Waschküche unter dem Wasserhahn des Spülbeckens. Baden war für unsere Familie nicht möglich. Wir badeten in dem durch die Brennhexe erwärmten Wohnraum in einer großen Zinkwanne, ge-

füllt mit ca. drei Eimern Wasser, das wir auf der Brennhexe etwas angewärmt hatten. Der Sauberste zuerst!!!"
(Frau S., Jg. 1922)

„Gebadet wurde in der sogenannten Waschküche. Das war im Kellergeschoß. Dort stand ein riesengroßer Waschkessel, in dem das Badewasser heiß gemacht wurde und dann von Hand in die abseits stehende Badewanne gefüllt. Oft war es da unten so kalt, daß die Waschküche von den Dämpfen des heißen Wassers wie in dichten Nebel gehüllt war."
(Herr Sch., Jg. 1927)

„Im Laufe der Zeit haben wir auch das Badezimmer entrümpelt und die Badewanne, so kaputt sie war, benutzbar gemacht. Am wöchentlichen Badetag wurde dann der glühendheiße Ofen mit Handschuhen und Lappen im Wohnzimmer abgebaut, mit den Ofenrohren ins Badezimmer getragen und dort wieder angeschlossen. In einem gereinigten Blechfaß wurde dann auf diesem Ofen das Badewasser warm gemacht, und dann konnten wir baden. Natürlich die ganze Familie in einem Wasser."
(Herr Sch., Jg. 1922)

Behelfslösungen waren auch in größeren „Bremer Häusern" nötig, da sie, ursprünglich für ein oder zwei Familien gebaut, durch zwangsweise Einquartierung oder freiwillige Untervermietung in ihrer Raumaufteilung verändert werden mußten. Bäder mußten von den neuen Mitbewohnern als Küche benutzt werden, so manche Badewanne wurde mit einem Brett darüber zum Unterbau einer Heizplatte oder einfach zur Abstellfläche. Es wird uns auch von einer „Cloküche" berichtet, bei der die Toilette vom nunmehr als Küche genutzten Badezimmerteil durch einen Vorhang abgeteilt war und der Deckel der Sitzbadewanne als Küchentisch diente. Bei oft unterbrochener Wasserzufuhr hatte die Badewanne anfangs vor allem als Wasserreservoir für die Toilettenspülung zu dienen.

Angesichts all dieser Notlösungen kann man sich gut vorstellen, daß in diesem persönlichen Bereich gewisse Empfindlichkeiten den Haussegen schief hängen ließen, zumal wenn sich, wie häufig geschildert, bis zu acht Personen eine Waschstelle teilen mußten oder einquartierte Fremde das Wasser durch das ganze Haus bis in ihre Behelfsunterkunft unterm Dach schleppen mußten.

Reibereien gab es daher immer wieder; von diesen Problemen findet sich mehr im Kapitel über die Wohnverhältnisse.

Wer zu Hause nicht zu einem reinigenden Vollbad kommen konnte und sich nach diesem „Luxus" sehnte, hatte die Möglichkeit, dies außer Haus zu erhalten.

„Wenn es Wasser gab, war die Gaszufuhr abgeschaltet, und wenn es Gas gab, mußte man entweder vor- oder nachkochen. Baden war da nicht ‚drin'. Aber im Breitenwegbad wurden Wannenbäder angeboten, für eine Reichsmark und 20 Minuten."
(Frau J., Jg. 1933)

Für ein Bad im Keller dieses ausgebombten Hallenbades standen die Menschen einmal mehr Schlange. Wartezeiten von ein bis zwei Stunden, ja, berichtet wird auch von zwei bis drei Stunden, für ein Bad von 15 bis 20 Minuten waren keine Seltenheit. Resolute Bademeister sorgten für reibungslosen Ablauf.

Haarwäsche, Haarpflege gehören zu Sauberkeit und Wohlbefinden. Doch die zur Verfügung stehenden Mittel waren von schlechter Qualität. Wer seinen Haaren etwas Gutes tun wollte und ein Ei opfern konnte, spülte sie mit verrührtem Eigelb. An einen Friseurbesuch war nur zu denken, wenn man Handtuch, Briketts für warmes Wasser und Seife mitbringen konnte. Genau das war nicht so einfach, denn:

„Die Seifenlage war katastrophal."
(Frau G., Jg. 1920)

Seife, heute in allen Ausführungen und Duftnoten auf dem Markt, wurde in diesen Jahren zu einem begehrten Artikel, für den man Kostbares einzutauschen bereit war und dessen Fehlen sich als unangenehme Erinnerung eingeprägt hat. Gewisse Verhaltensweisen haben hier ihren Ursprung:

„Ich muß wieder Seife kaufen, damit Vorrat da ist. Inbegriff des Schönen in der Kindheit, vor dem Krieg: Palmolive, eingewickelt in grünes Kreppapier mit schwarzbrauner Banderole."
(Frau Sch., Jg. 1927)

Seifenkarte

„Seitdem habe ich mir immer ein Stück Lux-Seife so hingelegt."
(Frau R., Jg. 1924)

Noch immer haben vor allem Frauen der älteren Generation ein Gefühl des Komforts und der Dankbarkeit, wenn sie heute ein duftendes Stück Seife zur Hand nehmen können. Der Siegeszug der „Lux-Seife" in den späteren Jahren ist aus diesen Bedürfnissen heraus zu erklären.
Warum verbindet sich für sie so viel mit einem kleinen Stück des alltäglichen Bedarfs?
Die Antwort geben uns die Äußerungen über Seife. Sie sind verhältnismäßig übereinstimmend und beziehen sich auf die zwei bis drei Sorten von Seife, die in Bad und Haushalt verwendet wurden. Sie werden folgendermaßen charakterisiert:
– Schwimmseife (auch Schwemm- oder Schwämmseife genannt):
bessere Seife für das Gesicht, hellbeige, stark schäumend, in kleinen Stücken. Die Erinnerung daran ist wieder einmal unterschiedlich:

Einige empfanden sie als „angenehm", „nicht unangenehm", „als Schaumseife gut", die „sich nur zu schnell verbrauchte", die „leicht und weich war und mit der man sparsam umzugehen hatte", „an der man sich nicht störte" – eine damals mit italienischer Seife Verwöhnte hat allerdings den

„... Geruch der Schwimmseife als schrecklich in Erinnerung".
(Frau H., Jg. 1921)

– Einheitsseife (auch Lehmseife genannt):
eher für die Hände geeignet, fest, mittelgrau wie Lehm, kittartig.
Die Seife säuberte nicht und hinterließ ein klebriges Gefühl. Sie wurde als „ganz übel auf der Haut" empfunden.
– Sandseife:
nur für die Hände, grauer als Einheitsseife, grob, krümelig.
Es gab sie auf Bezugsschein, sie roch nach Bittermandelöl und wurde „als nicht so unangenehm" empfunden.
Während einige ihren Abscheu gegen diese Nachkriegsseifen nicht verhehlen und sie als „scheußlich und auch so riechend" und u. a. als Ursache für die Verbreitung von Flöhen und Läusen sehen, andere sie ganz allgemein als „unangenehm" abtun, haben andere sie „nicht als Problem empfunden". Es scheinen diejenigen zu sein, die sich entweder von Berufs wegen aufs Seifekochen verstanden, wie z. B. Apotheker und andere Sachkundige, oder solche, die Beziehungen zu diesem Personenkreis oder zu professionellen Seifenherstellern und -händlern hatten. Ausländische Freunde, amerikanische Arbeitgeber boten ebenfalls eine Möglichkeit, an Seife heranzukommen. Und immer gab es Tauschgeschäfte und Quellen, aus denen dieses oder jenes Stück aus Kriegs- und Vorkriegszeit auftauchte.

„Mitunter brachte Vater empfindliche Wäsche von Offizieren mit, die meine Mutter bei uns wusch. Das tat sie insofern gern, weil Vater sehr gute und viel Seife mitbrachte, ausreichend auch für unsere Wäsche ..."
(Frau Sch., Jg. 1930)

„Eine kurze Zeit habe ich im US-Shop ... gearbeitet, nähte dort die Ordensbänder auf die Uniformen. Eines Tages fragte mich einer der Kunden, ob er mir aus Ballonseide einen

Waschgerät
Waschtopf, zugleich Einwecktopf,
Topfeinsatz, Wasserschöpfkelle
aus Aluminium
und verzinktem Eisenblech
Waschbrett, aus Aluminiumrohr
und -blech mit Glasplatte,
aus Materialbeständen
von „Weser-Flug"
Wäschezange aus Holz
für heiße Kochwäsche

Schal machen könnte. Ich habe ihn zu Hause genäht, ausgefranst und gewaschen. Auf die Frage nach den Kosten, habe ich mit der Achsel gezuckt und gesagt, ich hätte mein letztes Stück Seife dafür gebraucht. ‚OK'. Dann kamen nicht nur die Seife, sondern immer mehr Wünsche nach Schals, und mit den dafür eingehandelten Seifensachen ... habe ich Weihnachten Riesenfreude machen können."
(Frau C., Jg. 1911)

Selbstverständlich wurde mit solchen Schätzen besonders sparsam umgegangen.

„Ich erinnere mich ..., daß meine Mutter ... kleine durchlässige Säckchen nähte, mit denen die Reste der Seifenstücke bis zum letzten aufgebraucht werden konnten."
(Herr S., Jg. 1923)

So wie Sparsamkeit bei den Mitteln zur Körperpflege angesagt war, so war sie es auch bei den persönlichen Hygieneartikeln. Vor allem für Frauen wurde der einfuhrbedingte Mangel an zellulosehaltigen Stoffen zum Problem. In der heutigen „Wegwerfgesellschaft" bleibt es für uns erstaunlich, wie den Frauen während der monatlichen Regelblutung ein Wäscheschutz gelang. Ab und zu gab es Binden als Sonderzuteilung.

„Auf der Sonderkleiderkarte war ‚Camelia' aufgerufen worden. Natürlich eilte ich sofort nach Bekanntgabe los. ‚Bitte Camelia für zwei Personen.' ‚Für zwei Personen?' ‚Aber natürlich! Schauen Sie, hier ist die Karte, und wir sind mit zwei Personen eingetragen.' Ich bekam meine zweimal fünf Portionen Camelia und rannte hochbeglückt nach Hause. ‚Mutti, ich habe für uns beide Camelia bekommen, wofür ist das eigentlich?' Ich war viel zu jung, um zu wissen, wozu so etwas benutzt wurde. Wenn mein Vater schon aus der Kriegsgefangenschaft zurückgewesen wäre, hätte ich glatt für drei Personen ‚Camelia' gefordert."
(Frau J., Jg. 1933)

Wir haben über diesen intimen Bereich sehr wenige Aussagen, doch erfuhren wir von einigen Frauen, daß sie die Einlagen der gekauften Binden aus den Netzhüllen lösten und die Hüllen immer wieder mit neu eingelegtem Zeitungspapier verwendeten. Oder sie benutzten Stoff- oder Strickstreifen, die sie auskochten. Doch das war bei wenig Heizenergie und Waschmittelknappheit auch nicht so einfach. Insgesamt scheinen einmal mehr Beziehungen zu Apothekern oder Drogisten hilfreich gewesen zu sein.
Ähnliche Probleme gab es bei der Sauberhaltung der Babys und Kleinkinder. Mullwindeln waren

kaum im Handel, und gerade für die in den ersten Nachkriegsmonaten Geborenen blieb oft nichts anderes übrig, als Tapetengaze, die in Fetzen von den Wänden zerstörter Wohnungen hing, auszukochen und zum Windelersatz zu machen. Wohl der Mutter, die alte Windeltücher eintauschen oder ausleihen konnte. Solche Babyartikel waren gesuchte Objekte und gingen auf andere Kinder über, bis sie endgültig verschlissen waren. Unter den gegebenen Umständen wurde das Windelwaschen zu einer zusätzlichen Belastung, besonders in der ersten Zeit, als das Wasser noch knapp war.

> „So mußten wir die erforderlichen Wassermengen, die auch für Windeln und Wäsche nötig waren, per altem Kinderwagen, mit zwei Wecktöpfen bestückt, ... vom Brunnen holen ... So kam es, daß wir ihre Pipiwindeln nur gespült in den Wind hängten und nur die Windeln vom ‚großen Geschäft‘ richtig gekocht wurden."
> (Frau G., Jg. ohne Angabe)

Noch heute erinnert sich eine Mutter an ihre Freude, als sie auf Bezugsschein aus Luftschutzbeständen einen Eimer fürs Windeleinweichen ergattern konnte.
Wäsche waschen – eine Aufgabe mehr, die die Frauen für die Familien zu bewältigen hatten.
Ähnlich wie beim Waschen und Baden benutzten sie die zur Verfügung stehenden Waschkessel, Wannen, Schüsseln und Töpfe zum Erhitzen des Wassers, zum Auswaschen und Auskochen in den zum Bad umfunktionierten Räumen wie Waschküche, Küche, Wohnraum. Angesichts der immer wieder unterbrochenen Energieversorgung und der Brennstoffknappheit gehörte der große Wäschetopf auf dem Herd – meist je nach Bedarf und Saison auch als Einmachtopf geschätzt – bei vielen Familien zum täglichen Anblick. Mit ein wenig schlechtem Seifenpulver oder eingerieben mit der raren Seife kochte die Wäsche vor sich hin und kam mehr gräulich als weiß heraus und auf die Leine, wo hölzerne Wäscheklammern sie festhielten, wenn sie nicht gleich über die in der Nähe des Ofens gespannte Leine gehängt wurde. Im Winter tat die eisige Kälte ihr übriges, um die Arbeit der Frauen zu erschweren:

> „Es wurde immer kälter. Die Wäsche, die wir auf dem Dachboden trocknen wollten, fror im Eimer, ehe wir sie auf die Leine brachten."
> (Frau K., Jg. 1923)

Wie beim Badetag der Familie wurde das seifige Wasser mehrfach verwendet – von den helleren Wäschestücken zu den dunkleren hin.
Wie kostbar damals eine gute Waschlauge war, erfuhren wir von einer Frau, die in einem amerikanischen Haushalt arbeitete und von dort die Seifenbrühe der Wäsche nach Hause schleppte, um noch die der eigenen Familie darin zu waschen. Die häufig miteinander verwandten Wohnparteien scheuten sich nicht, weitere Nutznießer zu sein.

13. Krankheit und Tod

> „Das Gros der Patienten aber stellten die Unterernährten, die vom Arzt in beschränktem Maße Zusatzkarten zu den Lebensmittelkarten bekommen konnten, etwa ein Viertel Liter Milch, etwas mehr Fleisch oder einige Gramm Fett; alle waren dankbar, wenn sie dadurch etwas mehr zu essen hatten."
> (Herr B., Jg. 1908)

Das stellte ein damals praktizierender Arzt bei Durchsicht seiner alten Patientenkartei fest.
Dauernde Überbeanspruchung der Körperkräfte, das Aufzehren letzter Reserven und langanhaltende Mangel- und Unterernährung schwächten die Abwehrkräfte, beengte Wohnverhältnisse mit teilweise unzureichenden hygienischen Bedingungen förderten die Ansteckung und Verbreitung von Krankheiten.
Die Tuberkulose in ihren verschiedenen Erscheinungsformen war die gefürchtetste Folge dieser Mißstände, da sie – in hohem Maße ansteckend – nur mit einem Kuraufenthalt, d. h. mit Ruhe und richtiger Ernährung, zu heilen war.

> „In der Handelsschule steckte ich mich bei einer Mitschülerin mit TBC an und konnte die mühsam und nach vielem Laufen und Schreiben erworbene Stellung in der Binnenschiffahrt ... nicht antreten. Wie dankbar war ich später, daß ich nach einer zweimaligen Kur dort für halbe Tage anfangen durfte ... Ja, es war mein schwerstes Erlebnis, daß meine Mitschülerin einen Blutsturz bekam und ich als einzigste in unserer Klasse angesteckt wurde. So bin ich erst spät zu meinem Beruf gekommen ... Mit meinem ersten Geld kaufte ich mir Tabletten gegen die TBC, die damals erst neu aufkamen aus den USA ..."
> (Frau B., Jg. 1931)

Viel Milch, Fett, vor allem Butter wurde für die Genesung der Erkrankten gefordert. Langes Schlangestehen nach den ärztlich verordneten Extrarationen war üblich. Lebertran galt als vorbeugendes, an sich aber unbeliebtes Mittel gegen die schwächebedingten Krankheiten und war normalerweise in Apotheken erhältlich. Wie wir in anderem Zusammenhang erfahren, wurde er gern als Bratfett „mißbraucht"; kein Wunder also diese Erinnerung:

> „Der Hausarzt verschrieb den Kindern Lebertran. Der Kinderarzt auch. So hatte ich in jeder Manteltasche ein Rezept, bekam aber nie etwas darauf, obwohl ich alle möglichen Apotheken abklapperte. Endlich kam durch Vermittlung von Freunden ein Päckchen aus Norwegen. Als ich es öffnete, enthielt es eine Mischung aus Holzwolle, Glasscherben und – Lebertran!"
> (Frau K., Jg. 1912)

Zur Unterernährung kamen oft die zehrenden Sorgen um die Existenz, vor allem bei jenen Frauen, die in jungen Jahren vorübergehend oder dauernd die Verantwortung für eine Familie zu übernehmen hatten. Verschiedene Organisationen sprangen helfend ein, um ihnen ein wenig Erholung zu verschaffen.

> „1947 im Sommer lud der CVJM ... Frauen von Vermißten in sein Bremer Haus auf Langeoog ein. Die meisten jungen Frauen waren völlig am Ende ihrer Kräfte, wir erlebten eine wundervolle Woche, äußere und innere Stärkung."
> (Frau G., Jg. 1911)

Die Männer wiederum, die endlich heimkehrten, brachten die verschiedensten Krankheiten mit nach Hause und hätten aufbauender Kost bedurft, um allmählich gesund zu werden. Doch das war nur selten möglich, und manch ein glücklich Heimgekehrter schleppte sich schwach und anfällig durch den Alltag, gewann die alte Kraft nicht wieder. Besonders schlimm traf es die Kriegsversehrten, deren Wunden schlecht verheilten, deren Verletzungen und Amputationen jahrelange Schmerzen und Folgekrankheiten nach sich zogen.

> „Die harte körperliche Arbeit und das nahezu fettlose Essen führten ... bei meinem Vater zu schweren Hungerödemen in Form von Furunkulose, die ihn eine ganze Zeit lang arbeitsunfähig machte."
> (Frau St., Jg. 1929)

> „Vor allem bekam ich durch die Mangelernährung starke Wasseransammlungen in den Beinen. Wollte ich ausgehen, ... mußte ich zuvor meine Beine eine Stunde lang hochlegen."
> (Frau S., Jg. 1927)

Dennoch mußten aus einleuchtenden Gründen gerade die unterernährten Heimkehrer vor plötzlicher ungewohnter Nahrungsaufnahme geschützt werden. Ein Arzt verteilte daher in seiner Praxis ein Merkblatt, das hierbei helfen sollte.

> „Richtlinien
> für unterernährte Heimkehrer aus Kriegsgefangenschaft.
> Denkt daran!
> Der Heimkehrer mit dem Zeichen der schweren Unterernährung ist krank – viel schwerer krank, als man glauben möchte –. Der seelische Auftrieb, den die Heimkehr auslöst, täuscht über den Zustand hinweg. Sofortige ärztliche Behandlung und Überwachung, bis die Umstellung auf freigewählte Kost durchgeführt ist, ist entscheidend für die Erhaltung des Lebens. Leider wird immer wieder beobachtet, daß ein Heimkehrer, der unter den schwersten Bedingungen sich durch die Gefangenschaft durchgeschlagen hat, durch unsachgemäße Speisen sein Leben verliert. Der durch Hunger gefährdete Mensch muß langsam wieder an die freigewählte Kost gewöhnt werden. *Oberster Grundsatz ist:* Viele kleine leicht verdauliche Mahlzeiten."
> (Herr B., Jg. 1908)

Was darunter zu verstehen war, wurde detailliert aufgeführt. Das waren selbstverständlich magere Fleisch- und Fischsorten, Breie, Aufläufe, Weißbrot usw., verboten waren in Fett Gebratenes, rohes Obst, schwer verdauliches Gemüse wie z. B. alle Kohlsorten. Ohne weitere Aufzählung wird schon deutlich, daß für sie eigentlich gerade das tabu sein sollte, was die Hausfrau notgedrungen auf den Tisch bringen mußte.

Aus den verschiedensten Ursachen heraus kam es in jener Zeit zu einer Anzahl von Vergiftungen, z. B. Gasvergiftungen durch undichte Gasleitungen, Lebensmittelvergiftungen, weil man nichts umkommen lassen wollte, und Blutvergiftungen durch Verschmutzung oder Verletzungen an rostigen Metallen.

„Im schlimmsten Nachkriegswinter holte ich mir ... eine Blutvergiftung und lag vier Wochen im einigermaßen geheizten Krankenhaus ..."
(Herr W., Jg. 1920)

Zu Hause konnten Bettlägerige während der eiskalten Winter nicht im Schlafzimmer liegen, mußten statt dessen umgebettet werden in den geheizten Wohnraum, umgeben vom wärmesuchenden Rest der Familie.

„Als alles vorbei war, meinte meine Mutter, einen weiteren Winter dieser Art hätte man kaum durchgehalten, dann wären die Nerven zu dünn geworden."
(Frau von R., Jg. 1911)

Doch der Brennstoffmangel machte auch vor den Krankenhäusern nicht halt. In den Zimmern froren die Patienten, noch heute erinnern sich einige an zusätzlich ausgegebene Decken, andere sind überzeugt, Angehörige wegen Ausstattungsmängeln des Krankenhauses zu früh verloren zu haben. So rar wie Instrumente und Spritzen sollen Wärmflaschen gewesen sein, die im eisigen Januar 1947 nicht einmal für Neugeborene zur Verfügung standen. Mit heißem Wasser gefüllte „Schnaps- und Essigflaschen aus Ton" sollen der Ersatz gewesen sein.

Die Schwangerschaft, wegen des Ärztemangels keineswegs wie heute betreut, konnte die Frauen bei kurz bevorstehender Entbindung in höchst kritische Situationen bringen. Oft genug blieb es dem Personal der überfüllten Kliniken vorbehalten, Hochschwangere aufzunehmen oder abzuweisen. Sie haben diese Angst und Ohnmacht nicht vergessen. So berichtet uns eine von ihnen, sie habe damals bei Kälte und Schnee nach langem Weg zu Fuß und mit der Straßenbahn endlich die Uhland-Klinik erreicht, sei dort aber aufs Große Krankenhaus verwiesen worden. Ein nochmaliger Fußmarsch mußte bewältigt werden.

Auch Komplikationen nach der Entbindung verlangten entschlossenes Handeln, wie in dem Fall einer schweren Brustentzündung. Dringend benötigte die junge Mutter Eis zum Kühlen, und der Ehemann zögerte nicht.

„Die Weserbrücken waren zerstört bzw. die Stephani-Brücke notdürftig durch Holzbretter begehbar gemacht. Mit einem Eimer brachte ich es fertig, auf schwankenden Brettern zu Huxmann zu gehen. Erst nach wiederholten dringenden Bitten erhielt ich Eis im Eimer. Mit dieser für uns wertvollen Last mußte ich den nicht ungefährlichen Weg über die Weser zurücklegen."
(Herr A., Jg. 1912)

Wer die Gefahren der zerstörten Umwelt und der überall umherliegenden Überreste des Krieges nicht richtig einschätzen konnte, waren die Kinder. Es ist bekannt, welch gräßliche Unfälle immer wieder passierten. Dazu ein Bremer Arzt:

„Als ich 1946 meine Praxis ... eröffnete, war Bremen noch eine einzige Trümmerlandschaft, straßenweise nur noch Ruinen nach den schweren Bombenangriffen; für Kinder, die hier spielten, natürlich ein ideales Betätigungsfeld. Unfälle, Verletzungen und Frakturen waren daher alltäglich."
(Herr B., Jg. 1908)

Als Patienten litten Kinder sonst vor allem an Unterernährung und deren Folgen, an Hautkrankheiten, wie vor allem der Krätze aufgrund mangelnder Hygiene. Eine Apothekerin berichtete uns von großen Bottichen immer wieder neu angerührter Krätzesalbe. In den Schulen kämpfte man mit allen Mitteln gegen die Flöhe und Läuse, die die Kinder von überallher einschleppten und mit denen sie sich abplagen mußten.

Der vergangene Krieg hatte die Menschen täglich mit dem Tod konfrontiert. In zahllosen Kämpfen auf nahen und fernen Kriegsschauplätzen hatten Väter, Ehemänner und Söhne ihr Leben verloren, in den Städten hatten die Bombenangriffe ihre Opfer unter der Zivilbevölkerung gefordert.

Das war nun glücklicherweise vorbei, doch neben Krankheiten, denen trotz aller ärztlicher Kunst nach dem Stand der medizinischen Forschung nicht beizukommen war, gab es jetzt Krankheitsfälle, deren tödlicher Ausgang den Verhältnissen der Zeit zuzuschreiben ist. Da werden völlig unzureichende Operations- und Pflegebedingungen in den Krankenhäusern genannt, der Mangel an Medikamenten und einfachsten Dingen, die den Patienten größere

Überlebenschancen gegeben hätten. Da werden verschiedene situationsbedingte Ursachen gesehen:

„Geheizt wurde nur noch in einem Raum mit Ofen. Die Küche blieb im Souterrain und war eiskalt. Silvester 45 wurde meiner Mutter nach der Zubereitung des Mittagessens schlecht. Da nicht in der Küche, sondern im geheizten Raum gegessen wurde, erholte sie sich langsam. Mein Vater wollte ihr den Abwasch abnehmen ... – dabei fiel er um und lag lange auf den kalten Fliesen. Er blieb ohnmächtig, meine Mutter fand ihn schließlich, alarmierte Nachbarn, die meinen Vater aufs Bett trugen. Mit Schwierigkeiten und viel nachbarschaftlicher Hilfe (nur eine Familie hatte Telefon) gelang es, einen Krankenwagen zu bekommen. Es begann für meine Mutter eine Irrfahrt durch Bremen, kein Krankenhaus wollte meinen Vater am Silvesterabend aufnehmen. Schließlich kam er im Bunker im St.-Jürgen-Krankenhaus ... unter. Gegen 22.00 Uhr erwachte er mit klarem Bewußtsein ... Wegen des verbotenen nächtlichen Ausgangs mußte meine Mutter die Silvesternacht ohne Nachricht von ihrem Mann ... verleben. Als meine Mutter am nächsten Tag aus dem Krankenhaus kam, schien alles recht positiv. Am 6. Januar ist mein Vater aber doch eingeschlafen. Es wurde als Hauptursache völlige Unterernährung und ... Gasvergiftung angegeben. Durch die vielen Erschütterungen hatte die Gasleitung gelitten und war undicht geworden, so daß ständig etwas Gas ausströmte."
(Frau H., Jg. 1914)

Wer in den ersten Wochen nach Kriegsende einen Todesfall zu beklagen hatte, stand vor Schwierigkeiten, die für uns heute kaum vorstellbar sind. Stärker noch als der vielleicht als unvermeidlich empfundene Tod eines nahestehenden Menschen hat die Betroffenen bis heute die würdelose Form der Bestattung belastet.

„Für die Trauerfeier ... wurde er in einem Holzsarg, den wir mit ‚Beziehungen' geliehen hatten, in unserem Eßzimmer aufgebahrt."
(Frau W., Jg. 1922)

„Särge waren knapp, es gab nur Leihsärge, und man mußte selber sehen, wie man den Toten zum Friedhof schaffte, denn wer hatte schon einen Wagen."
(Frau W., Jg. 1926)

„Man mußte ..., bevor auf den Friedhöfen alles geregelt war, die Toten auf einem Handwagen zum Friedhof bringen und mit etlichen Bekannten eine Grube ausheben und dann selber begraben. Das habe ich nie vergessen."
(Frau H., Jg. 1919)

„Eine der trostlosesten Erinnerungen war der Tod des Vaters einer Freundin noch im Mai oder Anfang Juni 1945, die Unmöglichkeit, einen Sarg zu besorgen, die Schlichtheit der Trauerfeier am Grab."
(Herr S., Jg. 1923)

„Unheimlich beeindruckt hatte mich auch, als ich hörte, daß mein Opa, den ich sehr mochte, gestorben war und man ihn in ein Bettlaken eingenäht ... und auf dem Handwagen zum Kirchhof gefahren ... und ihn dort selbst begraben hatte, weil man keinen Sarg hatte ..."
(Herr H., Jg. 1934)

Manche konnten nicht einmal in einem angemessenen Zeitraum zur letzten Ruhe gebettet werden:

„Durch die Sperrung der Tunnel der Industriebahn konnte auch niemand zum Grambker Friedhof, und ein Nachbar, der beim Einzug der Truppen einem Herzschlag erlag, konnte wochenlang nicht beerdigt werden. Mein Vater hat mit einem Nachbarn zusammen aus rohen Brettern einen Sarg gezimmert, und so stand der Tote über der Erde, bis ... eine Sondergenehmigung für den Transport erteilt wurde."
(Frau Sch., Jg. 1919)

„Die Engländer rückten ein. Sie gingen durch alle Häuser. Opa wurde im Keller gefunden. Zwei Offiziere sagten mir, wir müßten Opa begraben. Also hob ich drüben am Rande des Sportplatzes eine Grube aus. Opa wurde in zwei Wolldecken gewickelt und in die Erde gelegt. Mutter und ich beteten das Vaterunser, und die beiden Offiziere grüßten mit der Hand an der Mütze. Dann machte ich die Grube zu.

Ich baute ein Holzkreuz mit Namen und Anschrift, und dann pflanzten wir Blumen auf den Hügel. Nachmittags wurde noch eine Frau daneben begraben. Die Toten vom Bunker wurden am nächsten Tag auf einen Lastwagen verladen und kamen zum Waller Friedhof in das Massengrab. Die beiden Gräber auf dem Sportplatz blieben so lange, bis man durch das Friedhofsamt wieder eine Grabstelle auf dem Waller Friedhof bekam. Erst dann habe ich unseren Opa wieder ausgegraben. Er wurde dann richtig mit dem Leichenwagen abgeholt. Einen Sarg bekam er zwar nicht, aber er hatte nun endlich seine Ruhe."
(Herr W., Jg. 1932)

14. Gestaltung der Freizeit

Bei der großen Zahl von Äußerungen zu dieser Frage wird deutlich, wie unterschiedlich „Freizeit", unter der wir die Zeit außerhalb beruflicher oder anderer Verpflichtungen verstehen, wahrgenommen, erlebt und ausgefüllt wurde. Offensichtlich hing dies von persönlicher Lebenseinstellung und Lebenssituation ebenso ab wie von dem jeweils individuell angesprochenen Zeitpunkt innerhalb der zu untersuchenden Jahre. Daß die meisten Erwachsenen ihre freie Zeit in den Dienst der Versorgungsverbesserung stellten, liegt auf der Hand. Hamstern, Ausschau halten nach günstigen Gelegenheiten, Organisieren, Tauschen, Schlangestehen, Arbeiten mit unzureichenden Mitteln, Reparieren usw. nahmen viel Zeit in Anspruch. Dennoch war der Nachholbedarf an nicht reglementierter Lebensgestaltung und unbeschwertem Vergnügen so groß, daß die meisten unserer Gewährsleute das neue, friedliche Leben in vollen Zügen genossen – in eher rezeptiv aufgenommenen Formen der Unterhaltung wie Kino, Konzert, Theater und bei eigener Aktivität in Form von sportlicher oder musischer Betätigung, Fortbildung oder Geselligkeit.

Während sich die meisten gern an ihre Unternehmungen erinnern, sprechen aus manchem Bericht die Resignation angesichts der in Trümmern liegenden Vaterstadt, der unüberwindbare Schmerz über die persönlichen Verluste, die Unfähigkeit, Erlittenes in lebensfroher Gesellschaft zu vergessen und die dauernde Sorge um das tägliche „Wie geht es weiter?" zurückzudrängen hinter ein längst verdientes Maß an Muße und Vergnügen. Der Alltagskampf beherrschte diese Menschen.

„Außer gelegentlichem Theater in der Delmeschule ... passierte wenig. Die meiste Zeit verging mit Nahrungssuche, Suche nach Heizmaterial und Beschaffung von Kleidung."
(Frau B., Jg. 1907)

Die Müdigkeit nach den Strapazen des Bombenkrieges machte sich bemerkbar:

„Ich glaubte, das Schlafdefizit nie mehr aufholen zu können."
(Frau M., Jg. 1924)

Auch wegen Kälte und Ungemütlichkeit sei man früh ins Bett gegangen. Vielen Menschen fehlten einfach die Kräfte, sich aktiv um etwas zu kümmern, das außerhalb des Lebensnotwendigen lag, viele der zurückgekehrten Männer brauchten die verbliebene Kraft, um erst einmal einen neuen Anfang im beruflichen und privaten Leben zu finden.

„Es gab keine erwähnenswerte Abwechslung, da ich meinen Beruf hatte ..."
(Frau I., Jg. 1920)

„Freizeit lag für mich nicht drin. Jede freie Stunde bedeutete für die zurückgekehrten Männer nur Arbeit."
(Herr C., Jg. 1910)

Die Frauen hatten lange genug auf ihre Hilfe warten müssen. Es gab genug zu tun.

„Die erforderliche Instandsetzung in den Häusern, Glaserarbeiten und die Anpflanzung von Kartoffeln, Tomaten, Gemüse und auch Tabak in den Vorgärten gehörten zur Freizeitbeschäftigung."
(Frau D., Jg. 1925)

Auch die meisten Frauen konnten sich nicht aussuchen, was sie am liebsten in ihrer Freizeit getan hätten. Das waren jene, die im mittleren Alter die Aufgaben des Haushalts und der Erziehung, die Beschwernisse durch die Versorgungslage, die Sorge um Verwandte und das Ansehen der Familie zu vereinen hatten und – bei Abwesen-

heit des Ehemannes – womöglich auch noch Berufslast oder Verantwortung für ein fortzuführendes oder wiederaufzubauendes Geschäft zu tragen hatten.
„Freizeit hieß Arbeit", „Freizeit hieß aus Alt mach Neu" und „Freizeit war nicht drin" – aus diesen Worten meint man noch heute die Stoßseufzer herauszuhören, wenn die Mutter abends noch ans Stopfen, Nähen, Stricken ging. Da hatte Gartenarbeit noch etwas Erfreulicheres an sich, auch wenn sie meist nicht zweckfrei war, sondern, wie es auch von amtlicher Seite gefördert und gefordert wurde, der Verbesserung der katastrophalen Ernährungslage dienen sollte. Unter dieser Zielsetzung wurden Vorgärten, Garten und Feld beackert, und auch die im Bremer Gebiet verbreiteten und geliebten Parzellen gaben ihren Besitzern die begehrte Möglichkeit, sich mit Gemüse und Obst selbst zu versorgen, ja gewisse Überschüsse gegen andere lebensnotwendige Dinge einzutauschen. Daß man auf einer Parzelle das Nützliche mit dem Angenehmen verbinden, nämlich die Wochenenden dort im Grünen, außerhalb der Trümmer und Ruinen, verbringen konnte, war ein weiterer Vorteil.

„Das Wochenende wurde im Sommer stets auf der Parzelle im Kleingartengebiet ‚Krähenberg' verbracht. Samstags mittags holten wir die Fahrräder heraus. Kochtöpfe, Federbetten, Waschzeug, alles wurde aufs Fahrrad geschnallt. Müde kamen wir am Sonntagabend zurück."
(Frau F., Jg. ohne Angabe)

14.1. Geselligkeit

Den meisten unserer Zeitzeugen ist im Gedächtnis geblieben, wie ein neues Lebensgefühl nach Kriegsende sie durchströmte und sie mit Lebenslust und Lebensfreude erfüllte.
Der Wunsch nach Geselligkeit war stark ausgeprägt. Aus dem Bedürfnis heraus, sich mitzuteilen, sich auszutauschen über die Nöte der Zeit und die hilfreichen Tips zu ihrer Bewältigung, aber auch das Miteinander zu genießen im Bewußtsein, die Schrecken des Krieges überlebt zu haben, traf man sich mit Freunden, Verwandten und Bekannten, um gemeinsam zu tanzen, zu singen, Karten oder Gesellschaftsspiele zu spielen, Radio zu hören.

„Das gesellige Leben war damals sehr lebhaft, trotz der Notzeit besuchte man sich gegenseitig viel ..."
(Herr B., Jg. 1908)

Man machte gemeinsam Pläne, baute Luftschlösser für die Zukunft und diskutierte von den verschiedensten Standpunkten aus die Ursachen der Misere, in der sich alle befanden, und immer wieder selbstverständlich auch „Fragen der Zeit".

„Wir waren ja so ausgehungert und lernten auch wieder etwas zu unternehmen, ohne an Fliegeralarm zu denken. Wir genossen jedes gesellige Beisammensein. Jeder brachte etwas mit ..."
(Frau D., Jg. 1919)

Mitgebracht wurde zunächst einmal etwas Brennmaterial in Form von Brikett oder Holz. Als Mitbringsel für Gastgeber stand Eßbares hoch im Kurs. So ließen sich gelbe Rüben, Porree oder Rhabarber zu einem dekorativen Strauß zusammenbinden. Sogar das Einwickelpapier und das dazugehörige Band waren hochgeschätzt. Zur Beköstigung trugen meist alle bei; gerade diese Treffen wurden dazu benutzt, einen besonderen Leckerbissen, ein durch glückliche Umstände erhaschtes Stück gemeinsam zu verzehren und zu genießen. Ansonsten gab es Gebäck, selbstgebackenen Mais- oder Kartoffelkuchen, Getränke verschiedenster Art, wie z. B. das alkoholfreie limonadenartige „Heißgetränk", Glühwein aus Fliederbeeren oder selbsthergestellte Obstweine und Obstschnäpse. Alkoholisches war besonders bei privaten Zusammenkünften begehrt. Froh und heiter sei die Stimmung bei solchen Gelegenheiten gewesen, die mit ihren „abenteuerlichen Getränken und Salaten", Kerzen in Flaschen, mit altem Grammophon und einigen Schallplatten in Erinnerung geblieben sind. Dazu einige Aussagen:

„Ich erinnere mich, daß die Erwachsenen aus einem Überlebensgefühl heraus keine Feier ausließen und von ein paar Heringen ein Festmenü zauberten."
(Frau M., Jg. 1935)

„Die Fröhlichkeit und die lebhafte gute Unterhaltung standen in keinem Verhältnis zur Kümmerlichkeit der Darbietung an Essen und

Trinken. Selbstgemachte Kostüme, lustige Tischreden und Witze über alles, was fehlte, spielten eine Rolle. Man sagte damals, auf jeder Party – das Wort kannte man vorher nicht – pflege man mindestens zwei besondere Gäste anzutreffen, einen Mann in amerikanischer Uniform, der ein Schutzschild vor Neid und Denunziationen sein sollte, und einen Apotheker, der den Alkohol mitbrachte."
(Herr L., Jg. 1911)

Unter Gelächter und Gesang konnte man sich gemeinsam über die Situation lustig machen:

„Es geht alles vorüber.
Es geht alles vorbei.
Auf Abschnitt Dezember
gibt's wieder ein Ei."

Daß unbeschwertes Feiern, lärmende Ausgelassenheit nicht gleich jedermanns Sache waren, ist verständlich. Zu schwer wogen die Folgen des Krieges:

„Als meine Frau und ich unseren Kummer um den Verlust unseres Kindes und um den Verlust meiner Beamtenlaufbahn überwunden hatten, haben wir in unserer Wohnung mit Verwandten und Freunden gern gefeiert."
(Herr L., Jg. 1911)

„Bei uns jungen Menschen bestand ein großer Nachholbedarf, sich zu amüsieren und zu feiern. Ich hatte anfangs erhebliche seelische Schwierigkeiten, da ich mich gedanklich nur sehr schwer von den Erlebnissen der Gefangenschaft lösen konnte. Der Gedanke an diejenigen, die noch in Rußland zurückgeblieben waren, machte es mir nicht leicht, unbeschwert zu feiern, woran mich auch mein körperlicher Zustand teils hinderte. Doch mit der Zeit normalisierte sich alles. Auch das Verhältnis zum weiblichen Geschlecht normalisierte sich langsam nach fünf Jahren, die nur in Männergemeinschaft verbracht waren."
(Herr Sch., Jg. 1925)

Höhepunkte des geselligen Lebens waren wie eh und je die Silvesterfeiern. Sie fanden meist zu Hause statt; beim ersten „Friedenssilvester" 1945/46 war man schon froh, wenn man mit seinen Gästen bei roter Limonade, sprich „Heißgetränk", oder Pfefferminztee friedlich zusammensitzen konnte. Doch versuchten die meisten, die im allgemeinen von vielen Hoffnungen getragenen Jahreswechsel durch eine gute Mahlzeit und ein belebendes Getränk aus dem grauen Alltagseinerlei herauszuheben. Wohl dem, der einen Apotheker oder Drogisten im Bekanntenkreis hatte. Sie brachten schon einmal Alkohol mit und die entsprechenden Aromastoffe gleich dazu. Aber auch ein im großen Kupferkessel aus Zuckerrüben selbsthergestellter Rübenschnaps verfehlte seine Wirkung nicht.

„Unser erstes größeres Fest feierten wir bei uns zu Hause Silvester 1946/47. Unsere Eltern stellten uns großzügigerweise unser Wohnzimmer zur Verfügung. Eine Schulfreundin hatte über ihren Großvater große Papierrollen besorgt, die eigentlich für den Zeitungsdruck bestimmt waren. Die malten wir in allen Farben an und spannten sie mit Hilfe eines Bindfadens quer durch das Zimmer, um die Decke niedriger zu gestalten. Unsere Mutter hatte Kartoffelsalat zubereitet, unsere fleißigen Hühner lieferten Eier, und meine Schulfreundinnen steuerten zum Gelingen des Festes durch Mitbringen von kleinen Kuchen und Heißgetränk bei. Ein Tanzpartner brachte ein altes Grammophon mit, ein anderer einige Schallplatten, und so vergnügten wir uns bei Tanzmusik mit Tango, Foxtrott und Langsamem Walzer sowie unserem Heißgetränk bis weit nach Mitternacht ... Dieses unser erstes großes Fest ist uns noch heute in herrlicher Erinnerung ..."
(Frau St., Jg. 1929)

Daß man Silvester auch schon wieder in größerer Gesellschaft feierte – nämlich in der für Theater- und Opernaufführungen umgestalteten Aula der Schule an der Delmestraße –, wissen wir von einer Dame, deren aus schwarz gefärbten Tarnnetzen genähtes Kleid der Clou des Abends war.

14.2. Tanzvergnügen

Lebenslust und natürliche Unbeschwertheit lösten vor allem bei den jungen Menschen eine regelrechte Tanzwut aus. Kaum ein Bericht, der nicht auf diese Form lockerer Freizeitgestaltung Bezug nimmt.

„Unsere Jugend hatten wir im Bunker oder als Kriegshilfsmaiden oder ähnliches verbracht, nun schlug unser Wunsch nach Musik und Tanz durch. Fast an jedem Wochenende fanden sich ein paar junge Leute zusammen, die nach den alten, einstmals verpönten Grammophonplatten tanzten und auch ohne eine Spur von Alkohol lustig waren. Feste wurden organisiert, das alte ‚Waldschlößchen' im Bürgerpark war ein beliebter Ort, wo man bis zur Sperrstunde lustig sein konnte. Es gab aber auch manch Samstagabend, wo wir erst nach der Sperrstunde am frühen Morgen auseinandergingen. Ich glaube, wir hatten vergleichsweise mehr Freude an unseren bescheidenen Festen als heute bei einem prächtigen Ball."
(Frau D., Jg. 1925)

„Einige Tanzlokale öffneten wieder ihre Pforten. Wir waren ganz ‚wild' darauf, das Tanzbein schwingen zu können, sind wir doch um schöne Jahre durch den Krieg betrogen worden. Um tanzen zu können, nahmen wir weite Wege in Kauf. Wir amüsierten uns bei Heißgetränk, welches abscheulich schmeckte."
(Frau F., Jg. 1925)

Zu unterscheiden ist zwischen Tanzveranstaltungen, die im privaten oder zumindest vertrauten Kreis stattfanden, und solchen, die der Öffentlichkeit zugänglich waren.

„Es gab auch schon bald wieder Tanzabende im frischgestärkten Dirndl aus Großmutters Bettbezug mit Rosen- oder Asternmuster, mit Heißgetränken oder künstlichem Fruchtsaft ‚Apfelsinchen'. Aber man mußte sich beeilen, daß man zur Sperrstunde wieder zu Hause war."
(Frau Sch., Jg. 1927)

„Doch am Wochenende wurde auch gefeiert. Wir tanzten zu Hause. Unsere Eltern saßen so lange in unserer Badezimmerküche und paßten auf unser Heißgetränk auf der Brennhexe auf. Wir hatten viel Spaß ohne Alkohol und mußten bis morgens um 6.00 Uhr durchhalten wegen der Sperrstunde."
(Frau T., Jg. 1927)

Anknüpfend an alte Traditionen boten sich auch bald wieder den Mitgliedern aller Sparten von Vereinen und Clubs Möglichkeiten zu Vergnügung und Tanz. Ob bei den Hundezüchtern oder Anglern, den Paddlern, Hockeyspielern oder Turnern, sie alle erinnern sich, „das Tanzbein geschwungen zu haben" in Provisorien von Vereinsheimen oder Vereinsgaststätten wie z. B. „Finke an der Ochtum". Sie genossen ihren ersten Ball, zu dem sie noch zwei Briketts und ein Getränk mitzubringen hatten, sie genossen die Sommer- und Herbstfeste, die Weihnachtsfeiern, Kostüm- und Frühlingsfeste. Und sie feierten voller Übermut „aus Dankbarkeit über das Davongekommensein".

„Mit viel Idealismus ging man daran, alljährlich unseren Ball zu gestalten, der immer gegen Ende des Winters stattfand. In einer Zeit, die alles andere als schön war, mußte improvisiert werden. Ob mit Kohlen, die besorgt wurden, damit der Saal etwas warm wurde, oder mit selbstgebranntem Schnaps; diese Feste waren für alle Beteiligten einmalig, weil es keine Unterschiede zwischen arm und reich gab ..."
(Herr S., Jg. 1920)

Keinen Mangel an Festivitäten gab es wie zu allen Zeiten bei der Jugend. In einem gewissen Alter galt es auch jetzt, Tanzschritte und Anstandsregeln zu erlernen, die einigen kritischen Zeitgenossen als Anachronismus inmitten der sie umgebenden Trümmerwelt erschienen. Dennoch hatten die Tanzschulen – die alteingesessenen Institute Schipfer-Hausa und Ehlers in erster Linie – großen Zulauf. Durch Mithilfe ihrer Kunden konnten sie den Tanzbetrieb wieder aufnehmen, eine entsprechende Atmosphäre schaffen.

„Als ich 1947 nach Bremen heiratete und mit meinem Mann bei Gertrud Ehlers die Tanzstunde besuchte, mußten wir ... an der Garderobe Briketts abgeben."
(Frau Sch., Jg. 1922)

Wo es an Räumlichkeiten mangelte, wichen diese Schulen in Lokale aus, die sie auch für besondere Veranstaltungen wie die Abtanzbälle in Anspruch nahmen. Und wer seinen Tanzkursus im Herbst 1946 begonnen hatte, mußte wegen der extremen Winterkälte und des Kohlemangels Stundenausfall und Verzögerung hinnehmen, bis er endlich am unverzichtbaren Abtanzball teilnehmen konnte. Für diese Bälle wurden alle Hebel in Bewegung gesetzt, um ein dem Anlaß entsprechendes Kleid auszuleihen, umzuarbeiten oder die Nähkunst der weiblichen Verwandten in Anspruch zu nehmen. Dennoch scheinen sich die jungen Damen eher zu dürftig gewandet vorgekommen zu sein, während die Herren ihren geliehenen Anzug, den zu knappen Konfirmationsanzug und die nicht ganz passenden Schuhe eher beiläufig erwähnen.

„Tanzstunde Schipfer-Hausa: Die Damen Schipfer und Hausa freuten sich über jede Schallplatte, die gespendet wurde; Garderobe: kümmerlich bis phantasiereich. Großes Problem im Winter: Damenstrümpfe. Die ‚Herren' trugen z. T. umgearbeitete Uniformen."
(Frau V., Jg. 1928)

Ein Bierersatz namens „Molke-Bier", das rote „Heißgetränk" und die weiten Anmarschwege zu den für ihre Tanzveranstaltungen aller Art berühmten Lokalen „Jürgens Holz" und „Ellmers-Schorf" in Oberneuland haben sich allen eingeprägt. Für die älteren Schülerinnen und Schüler standen Klassenfeste und Abiturientenbälle an, die gern im „Waldschlößchen" im Bürgerpark gefeiert wurden, aber auch häusliche Tanzfeste, für die damals das neue Wort „Party" in Mode kam. Offensichtlich war es sonst in der ersten Zeit nach dem Kriege für junge Leute nicht so einfach, einen passenden Tanzboden zu finden:

„Ich war 1945 19 Jahre alt und gerne zum Tanzen gegangen. Die Gelegenheiten waren aber sehr rar! Wir, d. h. mein Freund und ich (heutiger Ehemann), gingen gern zu Maas nach Lemwerder (gegenüber dem Bremer Vulkan). Da gab es aber ein Riesenproblem: die Weser!!! Die Fähren fuhren nur selten, und um 23.00 Uhr war Ausgangssperre. Das bedeutete, daß wir bei Maas um 21.30 Uhr schon wieder aufbrechen mußten, da mein Freund noch einen sehr weiten Fußweg vor sich hatte."
(Frau S., Jg. 1926)

Die großen Tanzgaststätten waren bevölkert vor allem von jüngeren Paaren oder jenen Besuchern aller Altersgruppen, die Anschluß und Vergnügen suchten. Und wenn man in seinem Stadtviertel kein Tanzlokal fand, das einen von Musik und Ambiente her ansprach, wie z. B. das „Roxy" am Halmerweg in Gröpelingen, das „Excelsior" im Stadtzentrum oder das teilweise zerstörte Parkhaus (heute Parkhotel) im Bürgerpark, dann scheute man nicht die weiten Wege zu den bereits genannten Gaststätten in Oberneuland oder bis nach Lilienthal hinaus zu „Kutscher Behrens". Mit Straßenbahn, Fahrrad und zu Fuß war man zum Tanzen unterwegs. Während in kleineren Gaststätten nach der „Musikbox" getanzt wurde, boten die Genannten meist Kapellen auf, nach neuem Sprachgebrauch „Bands" genannt. Erwähnt werden muß hier das Lokal „Munte II", das von einigen besonders geschätzt wurde, weil es Jazzmusik präsentierte, ein Inbegriff des Aufbruchs in eine neue Zeit.

Wer nun letztlich zu öffentlichen Tanzveranstaltungen ging, wer die häuslichen und privaten Tanzfeste bevorzugte – das ist nicht mehr genau auszumachen und hing gewiß von den jeweiligen Lebensverhältnissen und der augenblicklichen Stimmung ab. Daß es aber auch von der Besatzungsseite her den Wunsch gab, sich zu vergnügen und auszuleben, ergänzt die Vielfalt um einen Aspekt, der im folgenden Bericht zum Ausdruck kommt:

„Natürlich gab es auch öffentliche Tanzveranstaltungen, die wir gerne besuchten. Aber da kamen wir jungen Mädchen sehr oft in Schwierigkeiten, denn es waren ja auch Besatzungssoldaten auf dem Tanzboden und forderten zum Tanz auf. Tanzten wir nicht mit ihnen, wurden sie böse. Taten wir es aber, dann waren unsere jungen Männer eingeschnappt und belegten uns mit häßlichen Schimpfworten. Viele deutsche Männer seien noch in Gefangenschaft und wir gäben uns hier mit den fremden Soldaten ab. Aber unsere jungen Burschen waren auch durchweg tanzfaul oder trauten sich nicht, weil sie wegen des Krieges das Tanzen nie gelernt hatten. Aber auch sie gingen nicht nur wegen der Musik dorthin. Sie suchten auch sehr häufig Kontakt zu den Amerikanern, und wenn es nur wegen einer Zigarette war."
(Frau D., Jg. 1922)

14.3. Vereins- und Clubleben

Mit der Freiheit, seine Freizeit wieder nach eigenem Geschmack zu gestalten, blühte auch das Vereinsleben wieder auf. Vor allem die in Vereinen angebotene sportliche Betätigung fand regen Zuspruch. Gern stellte man sich für die ehrenamtlichen Posten zur Verfügung und investierte seine Kraft in den Wiederaufbau zerstörter Sportanlagen und Vereinsheime. Das gemeinsame Ziel und das gemeinsame Anpacken verschafften vielen „ein großartiges Zusammengehörigkeitsgefühl" und eine positive Lebenseinstellung in einer Zeit, in der im Privaten oft genug Sorgen und Nöte vorherrschten.

„Auch mit Sport wurde nach Kriegsende sofort wieder begonnen. In Gemeinschaftsarbeit wurde an den zerstörten Übungsplätzen gearbeitet und aufgeräumt. Jeder packte mit an. Der Sport verband gleich wieder alle. Es wurde wieder gespielt und trainiert unter ganz bescheidenen Voraussetzungen, und es wurden auch wieder Feste gefeiert, die es in sich hatten mit Spaß, Freude, Lebenswille und auch Übermut. Dazu brauchten wir nicht viel Alkohol, und auch gab es bei Tanz und Unterhaltung keine Essereien."
(Frau D., Jg. 1922)

„Den größten Teil meiner Freizeit verbrachte ich im Tennisverein (BTV von 1896), welcher durch Bomben auf der Anlage fast völlig zerstört war. Wir schütteten die Bombentrichter zu und reparierten einen Platz nach dem anderen. Die Anlage wurde dann von den Amerikanern beschlagnahmt. Sofern die wenigen zur Verfügung stehenden Plätze von den Amerikanern nicht benutzt wurden, war es uns erlaubt, dort zu spielen ... Ab 1947 gab es dann auch wieder vereinzelt nette Zusammenkünfte im nicht zerstörten Sommerhaus der Anlage, u. a. Kartenabende und kleine Feiern. Als Getränke wurden im Sommer ‚Kaltgetränk' und im Herbst und Frühjahr ‚Heißgetränk' ausgeschenkt."
(Herr M., Jg. 1920)

Ebenso wie die Vereinssitzungen und Clubabende allmählich wiederaufgenommen werden konnten, wurden bald auch sportliche Wettkämpfe ausgetragen, die für die Teilnehmer offensichtlich mit einprägsamen zeitbedingten Erlebnissen verbunden waren.

„1947 fuhren wir mit einem Lastwagen zum Schwimmfest nach Hamburg. Ein Clubkamerad hatte den Wagen organisieren können. Es wurden Holzbänke auf den Wagen gestellt, auf denen wir dann dichtgedrängt saßen. Die Plane war über den Wagen gezogen, denn es war nicht erlaubt, so Personen zu befördern, für uns war es ein großer Spaß ... Aber wir mußten aus Bremen zum Aufheizen des Wassers alle ein Brikett mitbringen ..., sonst durften wir nicht starten. Und man frage nicht, welche Temperatur das Wasser hatte."
(Frau D., Jg. 1922)

„1947 trat ich in den Ruderverein von 1882 ein, um hier nach Feierabend zu trainieren und dann später auch auf Regatten zu fahren. Aus dieser Zeit eine Begebenheit: Das Bootshaus war zerstört, so traf man sich im Keller. Müde kamen wir eines Tages vom Training zurück. Wir trafen auf eine Oldenburger Achtermannschaft ... Sie hatten ihre Trainingsfahrt hinter sich und stärkten sich mit Brot und dicken Speckscheiben. Uns lief das Wasser im Munde zusammen, und der Slogan ‚Speck fährt gegen Marmelade' war kreiert. Die Regatta-Wochenenden brachten Abwechslung, aber auch Wanderfahrten, so z. B. nach Horstedt ... Geschlafen wurde im Heu oder Stroh, gewaschen wurde sich – in der Weser –!!! Bei diesen Fahrten brachte jeder etwas mit, das wurde dann geteilt."
(Frau K., Jg. 1924)

Zünftig bis beschwerlich scheinen auch die Ausflüge gewesen zu sein, die den Jugendlichen geboten wurden:

„Ich führte eine Jugendgruppe von Vierzehnjährigen. Am 1. Mai 48 wollten wir einen Ausflug machen, nach Sagehorn. Die Mädchen waren auch willig, aber das völlig unzureichende Schuhwerk, das für eine Fußwanderung nicht geeignet war, verursachte bald Blasen an den Füßen. Die Sohlen waren meist aus Holz oder aus Autoreifen gefertigt. In der einzig offenen Gaststätte am Bahnhof Sagehorn gab es nur ‚Heißgetränk', ein rosa gefärbtes heißes Wasser von süßlichem Geschmack. Dazu aßen wir mitgebrachte Brotschnitten. Als wir dann erfuhren, daß der sonst werktags verkehrende Zug wegen des Feiertages nicht fuhr, sank die Stimmung rapide trotz aller Durchhalteparolen. Ich war froh, als wir endlich die Domtürme wieder sahen."
(Frau J., Jg. 1928)

Für die erwachsenen Vereinsmitglieder war es auch die Geselligkeit, die sie anzog. Sie legten dafür zusammen, erstellten aus mühsam organisierten oder teuer erstandenen Lebensmitteln ein kaltes Büffet und tanzten zu amerikanischer Musik, die überall Einzug hielt. Hier im vertrauten Kreise konnten auch Frauen einmal mitfeiern, deren Männer noch nicht aus der Kriegsgefangenschaft zurückgekehrt waren.

In größeren Gruppen und mit der ganzen Familie traf man sich zu Ausflügen auf dem Wasser, entweder mit einem Weserdampfer vom Martini-Anleger aus oder mit Paddelbooten auf den Flußläufen der Umgebung Bremens. Besonders beliebt waren wie eh und je die Radtouren zu bekannten stadtnahen Ausflugszielen, aber auch zu weiter entfernt gelegenen wie dem Grundbergsee, zu dem man damals per Rad auf der Autobahn gelangen konnte, oder sogar nach Delmenhorst, Wildeshausen oder Oldenburg. Der Unternehmungslust waren keine Grenzen gesetzt. Oft wurde das Angenehme mit dem Nützlichen verbunden.

> „Spaziergänge oder Fahrten mit dem Rad waren grundsätzlich zweckgebunden. Man mußte nach guten Gelegenheiten Ausschau halten. Sind die Brombeeren oder Holunderbeeren schon reif? Wo sind Schafe auf der Weide, damit man die abgescheuerte Wolle vom Zaun zupfen konnte? Pilze, Beeren, Holz, Ähren sammeln hat bei allem Ernst der Lage auch Spaß gemacht, und wenn 10 km von zu Hause der arg strapazierte Handwagen oder das brüchige Fahrrad seinen Geist aufgaben, das regte niemanden auf, es waren noch mehr Leute zu Fuß unterwegs."
> (Frau Sch., Jg. 1927)

Ähnliche Bedürfnisse wie die Vereine sollten nach der Vorstellung ihrer Initiatoren auch die Clubs stillen, die in allen Stadtteilen für Jugendliche gegründet wurden. Die Amerikaner waren es, die diese Clubs aus der Taufe hoben bzw. ihre Gründung begünstigten, da ihnen daran gelegen war, die Jugendlichen aus der Misere ihrer privaten Umgebung herauszuholen und ihnen ein großzügig unterstütztes, abwechslungsreiches Freizeitprogramm anzubieten.

> „Die Clubs waren überwiegend in beschlagnahmten Wohnhäusern untergebracht, wurden von den Jugendlichen selbst verwaltet (ein Präsident wurde demokratisch gewählt – etwas ganz Neues), hatten aber einen amerikanischen Soldaten, meist deutscher Abstammung und deutsch sprechend, als Paten. Im Winter waren die Räume wunderbar geheizt, und jeder Jugendliche mußte sich in zwei Gruppen aktiv betätigen. Wie meine Freunde trat ich dem American Boys Club in der Slevogtstraße, Ecke Delbrückstraße, bei. Es gab dort diverse Sportgruppen, Zeichen-, Photo-, Theater- und Musikgruppen, und dazu gab es ab und zu Coca-Cola zu trinken, was inzwischen das absolut Höchste war. Die Musikgruppe spezialisierte sich natürlich auf Swing und Jazz, und ohne den Ohrwurm ‚In the Mood' kam nun keine Kapelle oder ‚Band', wie sie jetzt hießen, mehr aus. Einmal kamen wir auch in den Genuß einer amerikanischen Kleiderspende, was damals ja ein großer Vorteil war. Im Sommer 1947 organisierte der Club eine 14tägige Freizeit auf Juist. Wer daran teilnehmen wollte, mußte einen Sack Kartoffeln mitbringen. Wir wurden eines Morgens in der Slevogtstraße von zwei US-Trucks mit Negern abgeholt, die uns dann nach Norddeich brachten. Die Neger fuhren wie verrückt. Wir standen ja alle auf dem offenen Truck, und wenn es scharf in die Kurve ging, dann flogen wir alle an die Bordwand."
> (Herr E., Jg. 1932)

Zentral gelegen und immer gut besucht war der Club mit dem beziehungsreichen Namen „Oase", der seinen Raum in einer Baracke der Amerikaner auf der Bürgerweide hatte. Tanz, Wanderungen und – ganz im Sinne neuer demokratischer Erziehung – Diskussionen standen für die 20- bis 25jährigen Kriegsteilnehmer oder ehemaligen Führer nationalsozialistischer Jugendorganisationen auf dem Programm. Mit gleicher Zielsetzung war auch in Bremen-Grohn ein Kinder- und Jugendkreis ins Leben gerufen worden. Die Amerikaner stellten Spiel- und Sportgeräte und Versammlungsräume zur Verfügung. So konnten die Jugendlichen in der an sich besetzten „Strandlust" in Vegesack Aktivitäten aller Art entfalten wie Tischtennis spielen, Feste feiern, aber auch in Diskussionsgruppen „durch Für- und Wider-Argumentation demokratische Denk- und Handelsweisen kennenlernen".

> „Nach der Währungsreform, als die Hungersnot zu Ende ging und auch Coca-Cola und

Kaugummi auf dem freien Markt zur Verfügung standen, verloren die Clubs an Attraktivität und lösten sich allmählich auf."
(Herr E., Jg. 1932)

Gewissermaßen als Ausnahme ist hier ein deutsch-amerikanischer Jugendclub zu nennen, der dem Namen nach noch heute existiert: der „Hanseaten-Klub", in absichtlich nicht „amerikanisierter" Schreibweise. Damals widmeten sich seine jugendlichen Mitglieder dem Wassersport, heute betreiben sie ein Amateurtheater. Auch sie hatten sich in jener Zeit mit Unterstützung der Besatzungsmacht eine Baracke als Clubhaus aufbauen können.

14.4. Kinobesuch

Schon im Sommer/Herbst 1945 gingen die Lichter in einigen vom Kriege verschonten Kinos wieder an. Dazu gehörten die „Kammerlichtspiele" am Ostertorsteinweg, das „Central" in Oslebshausen und das „Decla" in Walle, das auch durch Konzert- und Varietéveranstaltungen eine bekannte Stätte der Unterhaltung wurde. Da die anderen Kinos, nach damaligem Sprachgebrauch Lichtspielhäuser, in der Innenstadt zerstört waren, nahm man die langen Wege zu den in den Außenbezirken gelegenen in Kauf. Sie erlebten einen regelrechten Ansturm. Als erstes hatte das „Rali" in Oberneuland geöffnet, die alten „Ratslichtspiele" an der Oberneulander Heerstraße, Ecke Apfelallee, die man von der Endstation der Straßenbahnlinie 4 in Horn aus in mindestens einstündigem Hin- und Rückmarsch erreichen konnte. Manch erster Kinobesuch, d. h. auch manch erster Kontakt mit einer heilen, von Musik und Schönheit geprägten Welt, hat hier nach dem Kriege stattgefunden.

„Von den wenigen Kinos, die nicht zerstört waren, war das Rali in Oberneuland bei uns sehr beliebt, doch man mußte erst mal eine Stunde Schlangestehen. Die ersten Filme waren aus England und hatten deutsche Untertitel."
(Frau T., Jg. 1928)

Erinnerungen gibt es auch an die dort gelaufenen Filme „Die Madonna der 7 Monde", „Altes Herz wird wieder jung" oder „Wir machen Musik". Seit Januar 1946 waren auch die „Weserlust" am Osterdeich, eine Vergnügungsstätte seit der Jahrhundertwende, mit einem Kinosaal im wiedererrichteten Seitenflügel, und das „Tivoli", eine Gaststätte mit Kinoraum, wieder zu besuchen, ebenfalls ein kleineres Kino am Buntentorsteinweg, wegen seiner Größe „Flohkiste" genannt. Mit der Zeit öffneten mehr und mehr Kinos ihre Pforten, denn für gute Geschäftsleute war es leicht auszumachen, welch ein Boom sich hier anbahnte. Dienstags und freitags wechselte das Programm, und Tag für Tag waren die Häuser ausverkauft. Gelassen oder murrend ertrug das Publikum das stundenlange Anstehen nach Karten, um sich dann nach womöglich strömendem Regen mit Wasser in den Schuhen und nasser Kleidung endlich hinsetzen zu können. Manch einer wünschte damals den Kinos „den Untergang wegen ihrer Großspurigkeit bei der Kartenausgabe", sieht den heutigen Schrumpfungsprozeß geradezu als ausgleichende Gerechtigkeit, manch ein anderer verzichtete damals bewußt auf das dauernde Anstehen. Wohl dem, der hier Beziehungen hatte oder dessen Betrieb stets für ein Kontingent an Karten sorgte. Das Kino übte auf jung und alt gleichermaßen einen unwiderstehlichen Reiz aus; ganz offensichtlich waren es vor allem das Bedürfnis nach Abwechslung, nach Ablenkung von den Alltagssorgen, die Suche nach einer rosigeren Welt,

„... in die man sich angesichts des Elends draußen gern hineinflüchtete".
(Herr E., Jg. 1932)

„Das Kino zog uns in seinen Bann: ‚Zwischen Gestern und Morgen' mit Hildegard Knef, ‚Film ohne Titel', ‚Nachtwache', ‚Die besten Jahres unseres Lebens' und was es so alles gab. Wir waren wie ausgehungert und sahen uns fast wahllos an, was uns die wenigen Kinos boten. War der Film beendet, hing ich mit meinen Gedanken dem Dargestellten nach und ging oft wie in Trance nach Hause."
(Frau St., Jg. 1929)

Bevorzugt wurden „schöne, alte Filme", mehr und mehr aber die englischer und amerikanischer Herkunft.

„Ich ging auch viel ins Kino und sah mir amerikanische Filme an, besonders Revuefilme mit Fred Astair, Ginger Rogers usw., und war von dieser Traumwelt sehr angetan."
(Frau H., Jg. 1933)

Auch Gene Kelly und Rita Hayworth werden in diesem Zusammenhang erwähnt. Gierig sog man die Musik ein, die Rhythmen, die so lange verboten waren und die nun das neue Lebensgefühl, den Wunsch nach Lebensgenuß verstärkten und symbolisierten. Schauspieler wie Stewart Granger und James Mason verkörperten die neuen Helden. So oft wie möglich – der Samstagnachmittag war besonders beliebt – ließen sich die Jugendlichen von der weiten Welt und Abenteuern bestricken, was nicht immer die Zustimmung der Eltern fand. Man mußte sich schon etwas einfallen lassen, wenn sie kein Einsehen hatten.

> „Unsere Eltern fanden es ziemlich schlimm, daß wir unsere ganze freie Zeit in dunklen Filmvorführungen oder Theatervorstellungen verbrachten. Die ‚Madonna der 7 Monde' war im Decla angekündigt – und wir sollten im Bürgerpark spielen. Natürlich gingen Ursel und ich zur Nachmittagsvorstellung und sahen uns den Film an. Danach latschten wir extrem langsam über sämtliche ungemähten Wiesen im Bürgerpark, damit auch ja viele Spelzen an unseren Zuckersackstrümpfen hängenblieben. Ziemlich spät kamen wir zu Hause an. ‚Kinder, wo bleibt ihr bloß? Papi hat Karten für Aida!' Schnell wurden wir in Schale geschmissen und eilten zur Glocke, wo die Vorstellung schon begonnen hatte. Die Einlasserin erlaubte uns nicht, noch hineinzugehen; so standen wir den 1. Akt der Aida vor der Tür. Danach hatten wir nicht mehr so recht die Möglichkeit, uns mit der ersten Oper unseres Lebens anzufreunden. Einige Tage später lud Ursels Mutter uns ins Kino ein, weil wir doch so brav einen Nachmittag im Bürgerpark verbracht und uns anschließend in Aida gemopst hatten: Die ‚Madonna der 7 Monde' war auch beim zweiten Zusehen herrlich."
> (Frau J., Jg. 1933)

Zweifellos war ein Kinobesuch die Form der Unterhaltung, das Maß an Vergnügen, das sich nach den vielen Aussagen auch diejenigen gönnten, die ihre Freizeit sonst nur mit Arbeit in Haus und Garten ausfüllten und sich dann nicht mehr in der Lage fühlten, einem Theaterstück oder Konzert zu folgen oder sich anderweitig aktiv zu betätigen.

14.5. Hobbys

„Viel gelesen" – in dieser Form umschreiben viele unserer Berichterstatter ihre liebste Beschäftigung in freier Zeit.

> „Ich empfand einen großen Nachholbedarf für klassische Literatur. Abends war ich meist zu müde. Haupt-Lesezeiten waren die langen Straßenbahnfahrten von Hastedt nach Walle oder später nach Huckelriede. Man übte sich zu konzentrieren. Novellen von Gottfried Keller, Eichendorff, Mörike, Storm – Wilhelm Meister, Wahlverwandtschaften – aber auch Reinhold Schneider, R. A. Schröder u.v.a."
> (Frau K., Jg. 1917)

> „Gelesen haben wir enorm viel, neben Klassikern stürzten wir uns auf die amerikanische Literatur. Steinbeck, Hemingway und Woolfe waren Renner."
> (Frau S., Jg. 1927)

Der eine las zur Erbauung, der andere, um seinen Wissensdurst zu befriedigen. Der richtete sich in jenen Tagen vor allem bei jungen Leuten auf das Land, das neue Lebensart und einen neuen Start in die Zukunft zu versprechen schien: auf Amerika. Die Besatzungsmacht hatte sehr schnell mit ihrem „Amerika-Haus" ein Informations- und Kulturzentrum eingerichtet, um Kenntnisse über das Land zu vermitteln und auf diesem Wege zur Verbreitung demokratischer Lebensformen beizutragen. Jedermann konnte sich dort mit aller Art gewünschter Literatur versorgen.

> „Amerika war inzwischen für viele von uns zum Paradies geworden, in dem es alles gab und – in unserer Vorstellung – keinerlei Not herrschte. Das Amerika-Haus ... fand daher regen Zuspruch. Amerikanische Zeitschriften lagen hier aus und wurden ‚verschlungen', eine gute und umfangreiche Bibliothek stand kostenlos zur Verfügung, und neben interessanten Vorträgen konnten auch Schallplatten gehört werden. Ich habe das Amerika-Haus regelmäßig und gern besucht."
> (Herr E., Jg. 1932)

> „Ich war ständiger Gast im Amerika-Haus und habe viele Bücher über Amerika gelesen. Ich habe mich sehr für alles interessiert, es war

für mich damals ein Traumland, weil es dort alles gab, was man in Deutschland nicht hatte."
(Frau H., Jg. 1933)

„Zum Bücherlesen kam ich damals nicht, dafür hatte ich regelmäßig die englische Ausgabe von ‚Readers Digest', das Einblick in eine uns bis dahin unbekannte Welt bot."
(Frau I., Jg. 1920)

„Wir haben damals auch viel gelesen; vor allem englische Bücher aus dem Amerika-Haus, aber auch deutsche Bücher ... Werfel, Hesse, Wiechert ..."
(Frau E., Jg. 1922)

Da Bücher wegen der Kriegsverluste Mangelware waren und aus verschiedenen Gründen neue noch nicht gedruckt werden konnten, wurde das große Lesebedürfnis durch Tausch und Ausleihe befriedigt. Zunächst halfen sich Verwandte und Bekannte gegenseitig aus, dann war schnell auch diese Marktlücke entdeckt, und es entstanden aus privater Initiative heraus Leihbüchereien, in denen ein reges Kommen und Gehen herrschte.

„Am Steintor gab es eine ‚Bücherei'. Dort holten wir uns Reisebeschreibungen, Biographien. Wir lasen auch viel amerikanische Schriftsteller."
(Frau B., Jg. 1908)

„Ich las alles, dessen ich habhaft werden konnte, außer den Schriftstellern, die im ‚Dritten Reich' Vorrang hatten. Es war so eine besondere Freundschaftsgeste, wenn man ein Buch geschenkt bekam, in dem noch der Name des ehemaligen Besitzers stand und das dieser aus seinem eigenen Bücherschrank genommen hatte."
(Frau Sch., Jg. 1928)

Nicht zuletzt aus diesem Buchmangel heraus hatten bald die sogenannten Buchgemeinschaften Erfolg, in denen man Mitglied wurde, „da man ja selbst alle Bücher verloren hatte".
Selbstverständlich wurde auch Zeitung gelesen. Anfangs, d. h. seit Juni 1945, gab es nur den „Weser Boten", der von der amerikanischen Militärregierung herausgegeben wurde und auf wenigen Seiten vornehmlich Informationen enthielt, die zur allmählichen Normalisierung des aus den Fugen geratenen Alltagslebens der Bremer beitragen sollten. Ab September 1945 erschien der „Weser-Kurier" erstmals, allerdings konnte er wegen der Lizenzierung durch die Amerikaner und wegen des Papiermangels nur unregelmäßig bzw. einige Male in der Woche herausgegeben werden.

„Viel gelesen" haben wohl auch jene, die zum frühestmöglichen Zeitpunkt an Fortbildung dachten und Volkshochschulkurse besuchten, die bereits im Winter 1945/46 im alten Lyzeum an der Langen Reihe in Walle angeboten wurden. In Bremen-Nord konnte man in der Gerhard-Rohlfs-Schule Sprachkurse belegen. Interessanterweise war nicht nur Englisch gefragt; einem Bildungshungrigen nach „gehörte es zur größten Freude, im Garten für den Volkshochschulkurs Russisch zu lernen". Er wollte sich damit den Besuch bei seinen Eltern in der damaligen Ostzone erleichtern. Neben Literatur- und Malkursen fanden aber berufsorientierte Angebote wie Buchhaltung besonderen Anklang.

Auch „Radio hören" wird – für uns heute so kaum nachvollziehbar – als eine geschätzte regelrechte Beschäftigung angegeben. Man muß sich dazu die Rolle dieses Mediums während des nationalsozialistischen Regimes vergegenwärtigen, um zu verstehen, warum die Menschen nun aufmerksam und zu ihrem persönlichen Vergnügen lauschten. Das war der neue „Sound", der vom amerikanischen Sender und seit Ende Dezember 1945 auch vom neugegründeten Radio Bremen ausgestrahlt wurde.

„Außerdem hörte ich regelmäßig den Sender AFN und war begeistert von Jazzmusik."
(Frau H., Jg. 1933)

Radio Bremen bot seinen Hörern neben Glenn Miller und vielen anderen Stars der amerikanischen Swing- und Jazzmusik auch hiesige Gruppen wie Cornelis op ten Zieken und die Gebrüder Last, deren z. T. bis heute andauernde Musikerkarriere in dieser Zeit ihren Anfang nahm. Sie sind ihren begeisterten Zuhörern von damals bis heute unvergessen.
Andere griffen selbst zum Instrument und musizierten nach eigenem Geschmack. Hausmusik konnte wieder gepflegt werden, soweit die empfindlichen Musikinstrumente Bombenangriffe und Umzüge überstanden hatten oder von Fachkundigen repariert werden konnten. Gute Kla-

Rundfunkempfänger
aus Wehrmachtsbeständen

vierspieler mit Sinn für die gewünschte schmissige Musik waren gefragt und konnten sich allein oder in einer „Band" auf den vielen Vereinsfesten leicht ihre Verpflegung erspielen. Und viele spielten offensichtlich nur aus „Spaß an der Freude".

„Wenn nicht gehamstert wurde, machten wir bei Harry auf dem Dachboden Musik. Zwei Handharmonikas, eine Laute als Schlagbaß umfunktioniert, ein Heringsfaß mit darübergespannter Schweinsblase als Trommel sowie ein Kamm mit Butterbrotspapier waren unsere Instrumente. Wir spielten ‚In the mood' und ‚Es war einmal ein Räuber'. Viele Jungen und Mädchen kamen, um nach unserer Musik zu tanzen. In den Pausen gab es Heißgetränk oder Apfelsinchen zu trinken, denn das Molkebier mochten wir nicht. Trotzdem wir alle nichts hatten, war es eine schöne Zeit. Wir wollten leben und alles Schreckliche vergessen."
(Herr H., Jg. 1926)

Zu den auf musikalischem Gebiete Aktiven können wir auch alle diejenigen rechnen, die aus ihrem Engagement für kirchliche Arbeit heraus in Kirchenchören sangen und damit die Gestaltung der Gottesdienste für die große Zahl der Trost- und Erbauungsuchenden erheblich unterstützten, aber auch anderen feierlichen Anlässen den stimmungsvollen Rahmen gaben. Bei aller Freiwilligkeit waren die Chormitglieder sehr in die Pflicht genommen; Proben und Singen in den ungeheizten Kirchen war in den strengen Wintern kein reines Vergnügen. Andererseits gab es gemeinsame unbeschwerte Ausflüge, Freizeiten außerhalb Bremens und Feste – für die Mitglieder des im Herbst 1945 gegründeten Chores der Hohentorskirche ebenso wie z.B. für die des Chores der Rablinghauser Kirche:

„Sehr bald wurde der Rablinghauser Kirchenchor gegründet. Im Winter durften wir bei Bäcker Krämer ... in der großen Backstube unsere Chorproben abhalten. Da war es schön warm und duftete niederregend nach Brot. Schöne Feste haben wir bei Heißgetränk und Keksen ... gefeiert. Es wurde getanzt, gesungen, Theater gespielt. Wir fanden das herrlich."
(Frau G., Jg. 1920)

Zeichnen und Malen werden selten als regelrechtes Hobby herausgehoben. Der Umgang mit Farben und Papier taucht mehr im Zusammenhang mit Geschenkherstellung und Bastelarbeiten auf, wird auch bisweilen von Menschen erwähnt, die aus Trauer und Hoffnungslosigkeit den Rückzug ganz ins Private antraten: „Mir war nicht nach

Feiern zumute, da habe ich lieber gemalt." Einer aber spricht sogar von seinen künstlerischen Produkten:

> „Da ich vor meiner Einberufung, während des Krieges, Gelegenheit hatte, die hiesige Kunstschule in Abendkursen zu besuchen, wollte ich dieses erlernte Können auch umsetzen. So entstanden gemalte und gezeichnete Bilder des zerstörten Bremen."
> (Herr H., Jg. 1926)

15. Kulturelle Veranstaltungen

Der Mensch lebt nicht von Brot allein – der Hunger nach geistiger Nahrung, nach geistigem Genuß und kulturellen Aktivitäten war verständlich in einer Umwelt, die so wenig Erbauliches bot. Die jahrelange Unterdrückung eines freien Kulturlebens hatte ein zusätzliches Nachholbedürfnis geschaffen.

Die Menschen suchten zumindest in der Zeit, die ihnen neben Beruf und Sicherstellung der Versorgung blieb, Zerstreuung und Unterhaltung. Während sich die einen bei Kinofilmen, Geselligkeit und Tanz lieber spontan amüsierten oder sich in Vereinen sportlich betätigten, zog es andere mehr zu den kulturellen Möglichkeiten der Besinnung, geistigen Auseinandersetzung und Bildung.

Hier kamen ihnen die Kulturschaffenden selbst entgegen. Auch sie saßen seit Jahren gewissermaßen in den Startlöchern, um endlich zum Ausdruck bringen zu können, was sie bewegte, was sich an darstellerischem Potential angesammelt hatte. Jetzt fanden sie sich zusammen, suchten nach Räumen und ein bißchen Ausstattung, brachten ihr großes Engagement ein, und schon entstand wenige Wochen nach Kriegsende in Bremen wieder ein Theater- und Konzertleben. Dankbar von einem großen Teil der Bevölkerung angenommen und sich entsprechend weiterentwickelnd, begleitete es die ersten schweren Nachkriegsjahre; die Beschäftigung mit zeitlos gültigen Werten im menschlichen Miteinander, die unveränderte Meisterschaft klassischer Theater- und Musikwerke konnten das Einerlei der täglichen Sorgen für einige Stunden vergessen machen.

Die Eindrücke, die das damalige Publikum nach Hause trug, haben sich so nachhaltig eingeprägt, daß wir noch heute für unsere Untersuchung Nutzen daraus ziehen können.

Nicht nur, daß Theaterzettel, Programmhefte und Fotos von Aufführungen und Schauspielern oder Sängern sorgsam aufgehoben, genaue Daten notiert wurden, auch die Empfindungen anläßlich bestimmter Theater- oder Konzertstücke sind uns vielfach überliefert. Und manch einer der erwähnten Persönlichkeiten der damaligen „Kulturszene" müßte es warm ums Herz werden, wenn sie liest, wieviel sie dem aufgeschlossenen Zuschauer oder Zuhörer gab, wie gern diese sich ihrer bis heute erinnern. Vielleicht täte heute alten Künstlern das Wissen darum gut, jetzt, wo sie nach über vierzigjährigem wechselvollem Berufsleben allmählich ihrer Ausstrahlungs- und Wirkungsmöglichkeit beraubt sind.
Sehen wir uns an, was die Bremer schreiben.

15.1. Theater

> „Man hatte damals einen gewissen Heißhunger auf kulturelle Erlebnisse, z. T. vielleicht als Ausgleich für die materielle Not ... Und was nahm man damals dafür in Kauf! Um überhaupt Karten zu bekommen, mußte man – zumindest für manche Vorstellungen – stundenlang Schlange stehen. Ganz früh morgens machte ich den Anfang, zur Halbzeit löste mein Bruder mich ab."
> (Herr B., Jg. 1929)

Dieses Schlangestehen, weite Wege bei schlechten Verkehrsverbindungen und ungenügender Straßenbeleuchtung, kaum beheizte Räume und unzureichende Kleidung waren nur äußere Umstände, die es zu ignorieren galt, wenn man in den Genuß einer Aufführung kommen wollte; denn dort gaben die Akteure ihr Bestes und zogen die Zuschauer trotz dürftiger Ausstattung von Bühne und Kostümen in ihren Bann.

> „Ich erinnere mich an den ersten Theaterbesuch in der Schule an der Delmestraße. Wir haben dort die Oper ‚Martha' von Flotow gesehen ... Wir mußten pro Platzkarte ein Brikett abgeben. Wir haben die beiden Briketts schweren Herzens geopfert, aber der Hunger nach einem Theaterabend war groß ..."
> (Frau W., Jg. 1908)

> „Ich erinnere mich an Theaterbesuche in der Concordia und Schule Delmestraße. Wir saßen in Pelzmänteln ... und mußten Briketts

Theaterzettel, Theaterprogramme

mitbringen ... Die Schauspieler froren in den dünnen Gewändern ..."
(Frau St., Jg. 1916)

„Man mußte kalt sitzen, aber die Begeisterung wärmte einen."
(Frau L., Jg. 1908)

„Festlich kleiden konnten wir uns noch nicht wieder, aber wir haben das langentbehrte Theater doch sehr genossen ..."
(Frau St., Jg. 1920)

Die Theater- und Opernabende fanden an verschiedenen Stellen Bremens statt. Es handelte sich zum einen um Ausweichquartiere für das alte Staatstheater, zum anderen um Neugründungen dieser Zeit. Wir wollen uns beschränken auf die Orte und Veranstaltungen, die uns die Mehrzahl aus ihrer Sicht wieder und wieder dargestellt hat. Die sich herauskristallisierenden Schwerpunkte werden dadurch besonders facettenreich und faßbar.
An erster Stelle sind somit die beiden Häuser „Concordia" in Schwachhausen und „Schule an der Delmestraße" in der Neustadt zu nennen.

Beginnen wir mit dem „Concordia":

„Übrigens gingen wir sehr häufig ins Theater, und ich habe nie wieder so viele gute Aufführungen gesehen wie in den ersten Nachkriegsjahren. Als eine der ersten Bühnen war das Concordia-Theater hergerichtet worden. Ich weiß nicht mehr, um welches Stück es sich handelte, nur noch, daß es sehr kalt war. Wir

hatten uns warm angezogen und Decken mitgebracht. Die Schauspieler froren natürlich nicht minder als wir und zogen sich denn auch von Szene zu Szene wärmer an, ohne aber in der Qualität des Spiels nachzulassen. Wir waren ja alle nach Schöngeistigem ausgehungert."
(Frau S., Jg. 1927)

„Die Theater waren ungenügend oder auch gar nicht geheizt. Ich erinnere mich einer Vorstellung von Ibsens ‚Gespenster' in der ‚Concordia', wo man Wolldecken mitbrachte oder in dicken Mänteln saß ... Überhaupt die Themen: Humanismus war gefragt, menschliche, ethische Größe: Lessings ‚Nathan' – der junge Hans-Joachim Kulenkampff als Tempelherr! Toleranz, Menschlichkeit – das war Balsam für unser im Hitler-Regime strapaziertes ethisches Bewußtsein."
(Herr B., Jg. 1929)

„Mein erster Theaterbesuch war im Juni 1947. Im Künstlertheater im heutigen Concordia sah und erlebte ich Goethes ‚Iphigenie' mit Hans-Joachim Kulenkampff als Orest und Aljoscha Sebald als Pylades."
(Herr W., Jg. 1934)

„Sehr eindrücklich ist mir auch noch die Aufführung des Theaterstücks ‚Draußen vor der Tür' von Wolfgang Borchert im gerade notdürftig hergerichteten Concordia-Theater ..."
(Frau N., Jg. 1929)

„Ohne große Dekorationen und ohne jede Technik wurde sehr gut und mit vollem Einsatz der Schauspieler gespielt (Concordia)."
(Herr W., Jg. 1897)

Und von dem langjährigen Provisorium in der Neustadt hören wir noch mehr:

„Ab November 1945 gab es eine Oper in der Schule an der Delmestraße; meine Mutter und ich machten trotz der Kälte den weiten Weg vom Dobben in die Neustadt, um eine sehr bescheidene Mozartaufführung zu hören."
(Frau von R., Jg. 1911)

„Dann wurde das Theater in der Schule an der Delmestraße eröffnet. Die damalige Turnhalle wurde zum Theater umgebaut. Hier erlebten

---

Bremer Kammerspiele

KÜNSTLERISCHE DIREKTION: ERICH ⸱ FRITZ BRÜCKLMEIER

DAS LIED DER TAUBE
(Voice of the Turtle)

Komödie in sechs Bildern von JOHN VAN DRUTEN
Deutsche Fassung von Alfred Polgar
Inszenierung: Paul Mundorf
Bühnenbild: Heinz Hoffmann
Kostüme: Ellen Carola Carstens

PERSONEN:

Sally Middleton . . . . Elfriede Kuzmany
Olive Lashbrooke . . . . Margot Teichmann
Bill Page . . . . Victor Tacik

Schauplatz in allen drei Akten:
Eine Wohnung in einem der äußeren Stadtteile New Yorks.
Zeit 1943 ⸱ Während eines Weekends, Anfang April.

Techn. Leitung: Wolfgang Koschmieder
Beleuchtung: Werner Rybarsch
Inspektion: Peter Fedden ⸱ Souffleuse: Helga Hartung

Die Uniform des Herrn Tacik wurde uns freundlicherweise von der Militär-Regierung zur Verfügung gestellt.
Die Hüte der Damen Kuzmany und Teichmann stammen aus dem Modesalon Bernard Brand, Bremen, Am Wall 175/177.

Pause nach dem 4. Bild   Spieldauer etwa 2 ¼ Std.

BREMER OPER

Intendant Erich Kronen

SPIELZEIT 1947-48

* * * * * * * * * * * * * * * * * * *

Carmen

Oper in 4 Akten, Dichtung nach P. Mérimées Novelle v. H. Meilhac und L. Halévy
Musik von Georges Bizet
Musikalische Leitung: Hellmuth Schnackenburg
Inszenierung: Erwin Bugge / Chordirektion: Rudolf Esser
Choreographie und Tänze: Werner Beer / Bühnenbild: Hans Tilke
Es spielt das Philharmonische Staatsorchester

wir hervorragende Opern-, Operetten- und Schauspielaufführungen. Ich erinnere mich noch sehr gut an einige russische Offiziere, die offenbar die Demontage der AG ‚Weser' zu überwachen hatten. Sie ließen sich keine Theateraufführung entgehen und saßen in ihren Uniformen stets in der ersten Reihe."
(Herr E., Jg. 1932)

„Wir gingen ... gerne ins Theater, wenn auch der Weg zur Delmestraße beschwerlich war; die Straßenbahn fuhr nicht über die Notbrücke, drüben konnten wir dann wieder einsteigen. Selbstverständlich saßen wir in Mänteln im Theater. Wir bewunderten die Schauspieler, vor allem die Sänger und das Ballett, bei der Kälte solche Leistungen zu zeigen!"
(Frau T., Jg. 1927)

„Nach all den Mühen und der Sorge um das tägliche Leben sehnte man sich doch ab und zu nach ein wenig Abwechslung. Da ich aus einem musikalischen Hause komme, entbehrte ich besonders die Musik, denn Radio war ja auch noch nicht vorhanden. So pilgerte ich dann in die Neustadt zur Delmeschule, in der nun Opern gegeben wurden. Mein erstes Werk nach dem Kriege war ‚Fidelio' mit der unvergessenen L. Thomamüller. Man vergaß wirklich alle Sorgen!! Leider wurden diese Genüsse durch die Auswirkungen der strengen Winter unterbrochen."
(Frau K., Jg. 1924)

„Unvergeßlich sind mir ... Opernabende in dem Theater der Schule an der Delmestraße. Humperdincks Oper ‚Hänsel und Gretel' ging mir mit seinem Abendsegen besonders zu Herzen."
(Frau St., Jg. 1929)

Ein spektakuläres, für die Stadt katastrophales Ereignis verbindet sich für etliche Bremer mit einer Aufführung im März 1947:

„Das Theater, im Kriege ausgebrannt, war in der Schule an der Delmestraße untergebracht. Man hatte mir eine Theaterkarte geschenkt. Trotz aller Ereignisse, die das Hochwasser mit sich brachte, freute ich mich auf die Vorstellung. Es gab die Operette ‚Der fidele Bauer'. Just wie das Heinerle-Lied gesungen wurde, ging ein Raunen durch die Menge, und die Vorstellung wurde unterbrochen. Man gab bekannt, daß die Weserbrücken nicht mehr passierbar seien – das Hochwasser hatte sie zum Teil weggerissen. Diese Nachricht wirkte für die Besucher aus der Altstadt schockierend. Sie konnten nicht nach Hause kommen und mußten die Nacht im Theater bleiben. Spontan erklärten sich die Schauspieler bereit, für Unterhaltung zu sorgen ... Nach Beendigung der Operette richteten sich die Betroffenen ein provisorisches Nachtlager. Die Mäntel wurden aus der Garderobe geholt und die Schuhe ausgezogen. Die Schauspieler aber spielten Sketche, sangen Arien und unterhielten das Publikum bis in den frühen Morgen – eine aufopfernde Leistung, die mit viel Beifall bedacht wurde."
(Herr H., Jg. 1926)

„Wir mußten die Nacht in der Schule verbringen und wurden mit einem Sonderkonzert der Künstler unterhalten. Trotz Hunger und Müdigkeit war es herrlich. Am nächsten Morgen wurden wir mit der Weser-Fähre wieder in die Altstadt gefahren ..."
(Frau A., Jg. 1926)

„Nun die nächste Schwierigkeit. Das Theater war in der Delmestraße – auf der anderen Seite der Weser, die Brücken waren zerstört. Es gab aber eine Ruderbootfähre, mit der konnte man auf die andere Seite übersetzen. Abends lauter Fahrgäste in schwarzen Anzügen und Abendkleidern (selbstgemacht), welch ein Anblick muß das gewesen sein. Man legte gerade in jener Zeit zu solchen Anlässen Wert auf korrekte Kleidung! So wurde also selbst ein Theaterbesuch zum Abenteuer."
(Herr Sch., Jg. 1927)

15.2. Konzerte

So wie die einen sich zum Theater hingezogen fühlten, warteten andere nach den aufreibenden und wenig mußevollen Jahren des Krieges auf den Hörgenuß von Konzert und Gesang.
Solange die passenden Räumlichkeiten fehlten – der größte Konzertsaal Bremens, die „Glocke", war von den Amerikanern als Kantine und „US-Shop" beschlagnahmt – boten einige Künstler ihren Anhängern private Ausweichmöglichkeiten an.

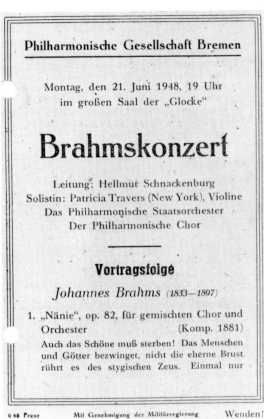

Konzertprogramme

„Zu ersten Hauskonzerten bei Familie von Rohden und bei Frau Thomamüller nahm man zum Eintritt ein Brikett mit ..."
(Frau K., Jg. 1917)

„Gern besuchten wir auch ... Konzerte bzw. Gesangsabende, die Lieselotte Thomamüller bald wieder in ihrem Hause veranstaltete ..."
(Frau St., Jg. 1929)

Man saß in der Privatwohnung der bekannten Sängerin auf zusammengesuchten Stühlen und gab sich ganz dem Kunstgenuß hin.

„Die einzige kulturelle Freude waren damals ... Konzerte am Dobben im Wohnhaus von Frau Thomamüller."
(Frau Sch., Jg. 1919)

Doch auch für ein breiteres Publikum war schon bald wieder ein Konzertbesuch möglich. Ab September 1945 wurden die beliebten Philharmonischen Konzerte unter der Leitung des bekannten Dirigenten Hellmut Schnackenburg wiederaufgenommen – in den für verschiedene kulturelle Zwecke genutzten „Decla-Lichtspielen" im westlichen Stadtteil Walle. So froh man über das wiederentstehende Musikleben war, der Weg dorthin, durch das 1944 fast dem Erdboden gleichgemachte Wohnviertel, war für die Bewohner weniger betroffener Stadtviertel offensichtlich von nachhaltigem Eindruck:

„Meine Eltern fuhren mit mir mit der Eisenbahn nach Walle, von dort ging es zu Fuß zum Decla. Ich erinnere mich noch gut an die mir ungewohnte Silhouette der Stadt vom Westen her, mit den Türmen und Ruinen, an das Konzert habe ich fast keine Erinnerung mehr. Schnackenburg dirigierte Haydn, Brahms und Mozart."
(Herr W., Jg. 1934)

Das „Decla" diente auch der leichten Muse. Varieté- und Kabarettvorstellungen und sogenannte Bunte Abende sind in Erinnerung geblieben:

„Ich erinnere mich noch genau an Auftritte von Friedel Hensch und den Cypris sowie Evelyn Künnecke, deren regenbogenfarbener Tellerrock damals auf mich einen wahnsinnigen Eindruck machte!"
(Frau S., Jg. 1926)

Leichtere Unterhaltung in der Art von Operetten wie „Maske in Blau" oder „Der Vetter aus Dingsda" gab es übrigens zeitweise auch noch an anderer Stelle:

„Es gab noch das Operettentheater von Otto Daue in einem stehengebliebenen Flügel des alten Parkhauses am Hollersee."
(Herr E., Jg. 1932)

„Die schönsten Theatererlebnisse hatte ich im Parkhaus. Dort war in hergerichteten Räumen das Theater untergebracht. Wir saßen auf Gartenstühlen, und als Vorhang dienten praktisch große Stoffstücke, aber alle waren glücklich."
(Frau K., Jg. 1925)

„Einzige Straßenbahn Richtung Westen war die ‚3' durch die Nordstraße. Ein Strom von sonntäglichen Besuchern zog also durch die Elisabethstraße Richtung Waller Heerstraße. Die Anwohner der Elisabethstraße saßen im Sonnenschein auf den Treppenstufen ihrer zerbombten Häuser, deren Keller oder Erdgeschosse sie notdürftig bewohnbar gemacht hatten, und wunderten sich. Dieser Weg durch die erst notdürftig geräumte Ruinenstraße ist mir besonders in Erinnerung."
(Frau K., Jg. 1917)

„Es war windig, kalt, der Raum eisig, aber alle vergaßen die Kälte und waren glücklich, wieder Beethoven und Mozart zu hören ..."
(Frau von R., Jg. 1911)

„Die ersten Konzerte des Philharmonischen Orchesters waren am Sonntagvormittag im Decla in Walle. Wie habe ich diese ersten Veranstaltungen genossen!"
(Frau D., Jg. 1919)

Wer welche Form des Theater- und Konzertangebots bevorzugte, war damals wie heute nicht eindeutig voneinander abzugrenzen. Im allgemeinen war es wohl so wie heute: Wer sich für das eine überhaupt interessiert, ist auch für das andere meist aufgeschlossen. Es ist daher für uns eher von Belang, wo und wie sich die Bevölkerung mit „Nahrung" für Geist und Gemüt versorgte.

Außerhalb der erwähnten Veranstaltungen und doch zu diesem Komplex gehörend steht das besondere Konzertwesen, das traditionellerweise seinen Platz im Bremer Dom hat.

Wie sehr die Bremer die Wiederaufnahme dieser Sitte begrüßten, was sie ihnen bedeutete, geht aus folgendem hervor:

„Unvergeßlich ist für mich die erste Motette im Dom nach Kriegsende! Meine Schwester und ich gingen von Habenhausen bis zum Dom zu Fuß ... Schon lange vor Beginn der Motette strömten die Menschen in den Dom, dessen Kirchenschiff sicher nur zur Hälfte

Programm der Motette im Dom, 7. Juni 1945

überdacht und dessen Fenster noch alle kaputt waren. Wen kümmerte das schon, die Hauptsache war, man fand irgendwo einen Platz, auf den man sich setzen konnte. Und sie saßen überall! Welche Vielfalt von Menschentypen, ausgemergelt zum Teil, in abenteuerlicher Garderobe, sehr viele Heimkehrer unter ihnen – und alle hungrig nach Musik, nach etwas Schönem. Es haben sehr, sehr viele Menschen während dieser Aufführung geweint. Der Rückweg erschien uns überhaupt nicht lang, wir waren so erfüllt von dem, was wir gehört hatten, und wir hatten auch das Gefühl, so, wie sich im Dom die Menschen ohne Ansehen der Person gefunden und eine Gemeinschaft gebildet hatten, so würde es vielleicht bleiben – weil alle guten Willens sind."
(Frau Sch., Jg. 1928)

Zu diesem frühen Zeitpunkt, es war der 7. Juni 1945, konnte die beschädigte große Domorgel noch nicht gespielt werden, doch unter der bewährten Leitung von Richard Liesche sang der Bremer Domchor.

„Besonders beeindruckt hat mich die erste Motette im sehr angeschlagenen Dom am Tage meiner Rückkkehr nach Bremen ... Es war brechend voll, der Efeu wehte durch die offenen Fensteröffnungen, und zum Schluß sang die ganze Gemeinde ‚Nun danket alle Gott'. Da blieb kaum ein Auge trocken."
(Frau J., Jg. 1924)

„Jeden Donnerstag besuchte ich die Motette im Dom. Der Dom hatte nur noch wenige heile Fenster. Während Käte van Tricht die Orgel spielte, flogen Vögel fröhlich kreuz und quer."
(Frau W., Jg. 1922)

mitgesungen

Bremer Domchor.

Mittwoch, den 17. April 1946, 17.30 Uhr
Donnerstag, den 18. April 1946, 14.30 Uhr
Karfreitag, den 19. April 1946, 17.30 Uhr
im Bremer Dom

Johann Sebastian Bach

Matthäus-Passion

Solisten:

Evangelist . . . . Hans Höfflin
Christusworte . . . . Karl Wolfram
Ingeborg Kratz-Zuschneid . . . . (Sopran)
Kammersängerin Gusta Hammer . (Alt)
Hans Ottenstreuer . . . . (Baß)

Instrumental-Solisten:

Carl Berla . . . . Violine
Ingo Ehmer . . . . Violine
Eduard Wißmann . . . . . . Flöte
Berthold Schmidt . . . . . . Flöte
Heinrich Wendt . . . . Oboe
Theodor Schwark . . . . . . Oboe d'amore
Kurt Barfuß . . . . Oboe d'amore
Knabenchor: Schüler des Alten Gymnasiums
Wilhelm Evers: Orgel
Käte van Tricht: Cembalo
Das Bremer Staatsorchester
Leitung: Richard Liesche

Anzeige:
Wiederbeginn der Motette im Dom Donnerstag, den 9. Mai

„Sehr früh schon fingen die Donnerstagsmotetten im Dom und die musikalisch umrahmten Vespergottesdienste am Sonnabend in der Ostkrypta an, die ich regelmäßig besuchte. Das Nordschiff des Domes versperrte ein hoher Trümmerhaufen, im Dach klaffte ein großes Loch, durch das es hereinregnete und der Wind blies. Für Karten für eine Aufführung der Matthäuspassion im Dom stand ich früh morgens Am Wall vor dem Geschäft Praeger & Meier in der Schlange und wartete viele Stunden. Es wurde heller, die Sonne ging auf und … die Schlange wurde immer länger, bis endlich die Ladentür geöffnet wurde." (Herr S., Jg. 1926)

„Es war ein großes Erlebnis, als am 22. September 1945 im Dom und aus dem Dom Brahms' Requiem zu hören war. Die Kirche war auf allen verfügbaren Plätzen besetzt,

aber durch das zerstörte Dach des Seitenschiffs strömte die Musik nach draußen zu den Menschen auf dem Domshof, die stundenlang still standen, um zu hören ‚Ich will Euch trösten'."
(Frau von R., Jg. 1911)

„Das stärkste Erlebnis war das Weihnachtsliedersingen in der Domkrypta Weihnachten 1945. Ich werde es bis an das Ende meines Lebens nicht vergessen in seiner Tröstlichkeit."
(Herr S., Jg. 1923)

15.3. Künstler

Zum Schluß seien hier noch einmal die Namen der Personen aus dem Theater- und Musikleben jener Jahre zusammengestellt, die uns wiederholt genannt wurden. Diese Künstler haben nicht unwesentlich dazu beigetragen, der Bevölkerung neuen Lebensmut zu geben.

Schauspieler: Hans-Joachim Kulenkampff
Elfriede Kuzmany
Ruth Leeuwerick
Aljoscha Sebald
Gert Westphal
Sänger: Caspar Bröcheler
Lieselotte Thomamüller
Konzert: Rudolf Liesche
von Rohden, als Familie
Hellmut Schnackenburg
Käte van Tricht

„An einige Akteure erinnere ich mich so deutlich, daß ich mir nicht vorstellen kann, daß es schon über 40 Jahre her ist, sie gesehen zu haben."
(Frau M., Jg. 1928)

Ein Schauspieler darf für sich in Anspruch nehmen, wohl von keinem ehemaligen Zuschauer vergessen worden zu sein: Hans-Joachim Kulenkampff. Als gebürtiger Bremer hat er sich offensichtlich im Verlauf seiner großen anschließenden Theater- und Fernsehkarriere immer wieder bei seinen hiesigen Anhängern in Erinnerung gebracht. Aufgrund der vielen Erwähnungen muß er, als Bremer darf er hier eine Sonderrolle bekommen.

„Es wurde gutes Schauspiel gespielt (‚Concordia'), und unser Liebling war ‚Kuli', der damals noch Kulenkampff hieß ..."
(Frau B., Jg. 1908)

„Ich sah z. B. H.-J. Kulenkampff in vielen Rollen."
(Frau B., Jg. 1928)

„Damals sah ich auch zum ersten Mal den Bremer Schauspieler Hans-Joachim Kulenkampff im ‚Concordia'-Theater in dem Schauspiel ‚Der Geisterzug'. Wir jungen Mädchen waren von Kuli nur so hingerissen ..."
(Frau D., Jg. 1922)

„Das Theater spielte im ‚Concordia'. Sommer 1946 trat dort Hans-Joachim Kulenkampff als Orest in Goethes ‚Iphigenie' auf. Auch im ‚Hauptmann von Köpenick' sah ich ihn."
(Herr St., Jg. 1916)

„Ich erinnere viele gute Stücke – auch den Jungschauspieler H.-J. Kulenkampff (‚Kuli') z. B. als Tempelritter im ‚Nathan' – ach du meine Güte!"
(Frau G., Jg. 1927)

16. Währungsreform

„Und dann kam 1948 die Währungsreform, und alles änderte sich: RM-Guthaben wurden über Nacht im Verhältnis 1:10 abgewertet, aber jeder erhielt nur 40 Mark der neuen Währung, nach vier Wochen nochmals 20 Mark, alles andere kam auf ein Sperrkonto, über das man erst nach vielen Monaten verfügen konnte. So ergab sich die wohl einmalige Situation, daß alle Menschen an einem Tag gleich reich oder gleich arm waren! In den Geschäften, die ihre Waren gehortet hatten, gab es plötzlich wieder alles, auch ohne Bezugsscheine, zu kaufen: Kochtöpfe, elektrische Bügeleisen, frisches Obst und Eier und viele andere, kaum noch bekannte Kostbarkeiten. – Und es wurde immer besser! Allmählich schlossen die Bezugsscheinämter, und am 1. 5. 50 bereits wurde die Lebensmittelrationierung aufgehoben."
(Herr B., Jg. 1908)

Die „Kopfquote" im Sparbuch

Viele Menschen hatten in jenen Tagen um den 20. Juni 1948 herum das Gefühl, an einer Wende zu stehen, wohl auch schon die Ahnung, daß die durch das „Kopfgeld" scheinbar gleiche finanzielle Ausgangsbasis für die Zukunft nicht lange bestehen würde. In den Aussagen unserer Gewährsleute kommt das ungläubige, aber kritische Erstaunen darüber zum Ausdruck, daß so lange Entbehrtes quasi über Nacht vorrätig war, bislang leere Schaufenster von heute auf morgen voll waren, aber auch die Erkenntnis, daß dieses als „Schlaraffenland" erscheinende Angebot für viele unerschwinglich bleiben würde.

> „An die Währungsreform kann ich mich insofern gut erinnern, als wir staunend vor den Schaufenstern standen, die gefüllt waren mit all den Dingen, die jahrelang nur in unserer Phantasie existiert hatten."
> (Frau St., Jg. 1929)

> „Meine Familie konnte nicht fassen, was es plötzlich wieder alles gab..."
> (Frau S., Jg. 1902)

> „Die Währungsreform war ein Wunder. Man konnte es kaum fassen, daß es alles wieder gab. Nach und nach wurden ja auch die Marken abgeschafft."
> (Frau St., Jg. 1920)

> „Die Läden waren plötzlich wieder voll, der Schwarzhandel war vorbei."
> (Herr W., Jg. 1897)

> „Auch die bis dahin funktionierende Ami-Zigarettenwährung war plötzlich außer Kraft gesetzt worden..."
> (Frau M., Jg. ohne Angabe)

> „In den folgenden Jahren hatten wir eine Notzeit anderer Form. Es war Ware vorhanden zu überhöhten Preisen, doch das Volk hatte nicht genügend Geld, die so dringend benötigte Ware zu kaufen."
> (Herr W., Jg. 1906)

> „Natürlich hat mich erregt und verbittert, was alles uns vorenthalten worden war, als wir es noch mit unserem Geld hätten bezahlen können. Es setzte sich die Zeit fort, die wir gerade überstanden hatten. Auch jetzt gab es schon wieder zwei Gruppen, die eine, die nur das Kopfgeld besaß, und die andere, die die Waren gesammelt und sie jetzt für gutes Geld verkaufte. Ich selber jedoch war inzwischen so sehr ausgefüllt von meiner politischen Tätigkeit – ich war 1947 in die Bremische Bürgerschaft gewählt worden und wir rangen um die Schulreform –, daß mir diese Fragen wichtiger waren als der Ärger über die wirtschaftliche

Ungerechtigkeit. Wir hatten inzwischen die Zeit des Hungers und der Kälte überstanden und hofften auf eine bessere Zukunft, zu deren Erfüllung wir beitragen und alle Kräfte einsetzen wollten."
(Frau M., Jg. 1914)

Während sich nun einige – „komischerweise", wie sie selbst sagen – nicht mehr erinnern können an das, was sie vom ersten neuen Geld gekauft haben, ist dies bei den meisten offensichtlich sehr gegenwärtig. Sie haben wohl in den Jahren des „deutschen Wirtschaftswunders" immer wieder einmal an diese ersten DM-Käufe gedacht. Oft können sie auch auf eine zuverlässige Quelle ihrer genauen Angaben zurückgreifen: „Mein Kalender verrät mir ..."
Wie nach den Erlebnissen des Mangels nicht anders zu erwarten, drehten sich die ersten Besorgungen vornehmlich um Lebensmittel, Bekleidung, Schuhwerk.

„Zuerst gab es ein ‚gutes Essen', das trotz der Bescheidenheit ein ‚Festmahl' war. Wir gingen sparsam mit dem Geld um ..."
(Frau K., Jg. 1925)

„Ich habe es für Lebensmittel und für Schuhe und Bekleidung für den heranwachsenden Sohn ausgegeben."
(Frau T., Jg. 1915)

Spürbar wird regelrecht die Gier nach einem Sattessen, aber auch der Appetit auf etwas besonders Leckeres. Ein bißchen Leichtsinn und Luxusbedürfnis klingen hier und dort durch, die Lust, auch einmal wieder etwas Überflüssiges zu kaufen, sich persönlich eine Freude zu machen. Schauen wir uns zunächst an, wie man sich auf das Essen freute:

„Wir hatten alle Heißhunger."
(Frau W., Jg. 1911)

„Das Schönste war das Sattessen."
(Frau F., Jg. 1912)

„Mit dem ersten neuen Geld haben wir viel und gut gegessen!"
(Herr R., Jg. 1910)

„Wir haben als erstes einen großen, vernünftigen Kochtopf gekauft ... und dann viel Geld zum Sattessen ausgegeben."
(Herr Sch., Jg. 1922)

„Haben aber auch viel zu fett gegessen, als es alles wieder gab, z. B. richtige Bratkartoffeln mit Speck – jedenfalls haben wir schnell zugenommen ..."
(Frau Sch., Jg. 1919)

„Am Tage nach der Währungsreform, als ich mit harter DM im Gemüsegeschäft stand, in dem wir seit vielen Jahren gekauft hatten, hat mich das Angebot dort erschlagen. Die Gemüsehändlerin, die mich seit Kindesbeinen kannte, antwortete auf meine verzweifelte Frage, was ich denn bloß kaufen sollte: ‚Och Mechthild, nimm man 'nen Blumenkohl, Pappi verdient ja!'"
(Frau A., Jg. 1926)

Als besondere Delikatesse werden die Erdbeeren erwähnt, die in den Junitagen gerade heranreiften und nun auch zum Verkauf standen. „Erdbeeren satt" – und das auch noch mit Schlagsahne –, ein lange entbehrter Genuß!
Auch auf anderes mußte man nicht mehr unbedingt verzichten:

„Unser Vater sagte in der größten Hungerzeit, wenn es mal wieder Schokolade gibt, kaufen wir uns als erstes die. Und so war es auch, mein Vater holte das Kopfgeld ab und brachte eine Tafel Schokolade mit. Ich weiß noch, wie wir alle am Tisch saßen, der feierliche Moment kam und wir alle das erste Stück auf der Zunge zergehen ließen."
(Frau M., Jg. 1928)

„Mein ‚Kopfgeld' habe ich ... zuerst in Schokolade, Kaffee bzw. Zigaretten angelegt."
(Herr M., Jg. 1920)

Schauen wir uns nun an, welche Wünsche bei der Bekleidung erfüllt wurden:

„Ich kaufte den Kindern Schuhe, das war sehr dringend."
(Frau H., Jg. 1912)

„Mit dem ersten Geld nach der Währungsreform kaufte ich mir ein Paar Schuhe von Salamander, die hielt meine Mutter für das Wichtigste, denn die konnte man nicht selbermachen."
(Frau B., Jg. 1931)

„Gekauft habe ich mir als erstes ohne Bezugsschein ein wunderschönes Paar Schuhe. Bis dahin hatten meine während des Krieges in Norwegen gekauften gehalten."
(Frau V., Jg. 1915)

„Wir legten zusammen, denn mein kleiner Bruder brauchte Schuhe."
(Frau K., Jg. 1924)

„Ich kaufte mir ein Paar Halbschuhe mit diesen scheußlichen dicken Sohlen, die wir damals schick zu finden hatten. Auf denen trat ich die DM-Existenz an."
(Herr W., Jg. 1920)

„Da ich 15 Jahre alt war, als der Krieg ausbrach, und 21, als der Krieg zu Ende ging, hatte meine Mutter uns im Rahmen ihrer Möglichkeiten aus ihren Beständen Kleidungsstücke gegeben. Von meinem ersten Geld nach der Währungsreform kaufte ich ihr zum Dank Stoff für ein Kleid."
(Frau K., Jg. 1925)

„Von dem Kopfgeld habe ich mir einen Kleiderstoff, schwarz-weiß Pepita, gekauft. Ich wußte genau, daß ich bei diesem Kauf sehr leichtsinnig war. Aber es war wie ein Zwang ... Ich wollte einfach mal in einem neuen Kleid schick aussehen."
(Frau D., Jg. 1919)

„Ich habe von meinem Kopfgeld Stoff gekauft und mir daraus einen – meiner Meinung nach – todschicken Morgenrock genäht – direkt luxuriös, nicht?"
(Frau D., Jg. 1921)

Mancher erlebte angesichts des neuen Angebots die „Qual der Wahl":
„Es war ja für alle überwältigend, man überlegte tagelang: Schöne Taschentücher, elegante Schuhe, Stoff für ein neues Kleid, fürs Kleinkind endlich eigenes Zeug, keine geerbten Sachen."

Andere entschieden sich für zweckmäßige Anschaffungen: Bettwäsche und Handtücher, Kochtöpfe und Bestecke, Leselampen und Gasherde; und für Kleinigkeiten, die ihnen aber endlich ein neues Lebensgefühl vermittelten:

„Zuallererst ein Paar Schnürbänder für 40 Pf, damit ich ... auf Bindfaden, der auch nur schwer zu bekommen war, verzichten konnte."
(Frau F., Jg. 1908)

„Es ist fast lächerlich; mein erster Einkauf waren einige Docken Stickgarn ... Einmal eine Handarbeit mit neuem Garn und nicht mit Resten beginnen, das war schön."
(Frau D., Jg. 1922)

Neben Lebensmitteln und Bekleidung nahm offensichtlich das Fahrrad einen Platz ganz oben auf der Wunschliste ein. Dieses in jenen Jahren nahezu unersetzliche Fortbewegungsmittel hatte strapaziöse Zeiten auch als „Packesel" hinter sich und war am Ende der weiten Wege und Hamstertouren entsprechend abgewirtschaftet, wenn nicht ganz zusammengebrochen oder durch Diebstahl auf Nimmerwiedersehen verschwunden. So gönnte man sich jetzt Reparatur oder Neuanschaffung.

„Nach der Währungsreform wurden als erstes Fahrradmäntel und Schläuche gekauft."
(Herr Sch., Jg. 1902)

„Die erste Anschaffung war Bereifung für das Fahrrad."
(Herr Sch., Jg. 1932)

„Vom Kopfgeld bekam meine Mutter ein Fahrrad ..."
(Frau H., Jg. 1937)

Neben denen, die sich vom neuen Geld spontan ihre Wünsche erfüllten, gab es viele, die äußerst sparsam mit dem Geld umgingen. Sie besonders waren über das Verhalten von Handwerkern verärgert, die sich plötzlich mit längst fälligen Reparaturen beeilten oder noch vor der Währungsreform erbrachte Leistungen nun mit neuer barer Münze bezahlen ließen.

17. Rückblick auf die Nachkriegszeit

Unter der Fragestellung „Und wie sehen Sie heute die ersten Nachkriegsjahre?" wollten wir die rückblickende Sicht der Betroffenen in Erfahrung bringen. Etwa 100 Bremer haben direkt dazu Stellung genommen, viele mehr haben ihre Meinung dazu in die Beantwortung anderer Fragen einfließen lassen.
Es ist sehr interessant zu lesen, wie diejenigen nach 40 Jahren des Abstands eine Zeitspanne beurteilen, die uns in ihren Berichten Mangel und Not schilderten. Wenn der Leser auch einzelne Sichtweisen kennenlernen soll, so mag doch hier hervorgehoben sein: Es kommen differenzierte Wertungen ans Tageslicht, die – wohlgemerkt nach überstandenem Elend – Tugenden aus dem menschlichen Zusammenleben in den Vordergrund stellen.
Zunächst wollen wir jene Meinungen hören, die uns in Kenntnis der damaligen Verhältnisse nicht überraschen, dann jene, die dem „Schlimm" ein „Aber" entgegenzusetzen vermögen, und zuletzt jene, die die Nachkriegszeit als positive Lebenserfahrung für sich verbuchen. Dennoch ist eine Generalisierung nicht zulässig, da gerade diese späte Einschätzung von zu vielen individuellen Faktoren beeinflußt wird. Im Grunde antwortete jede Person vor ihrem eigenen lebensgeschichtlichen Hintergrund. Wir fühlen uns durch die Fülle des Materials berechtigt, die Tendenzen aufzuzeigen.

„Heute sehen wir die ersten Nachkriegsjahre doch mehr oder weniger in einem versöhnlichen Licht. Aber es waren harte Jahre."
(Frau St., Jg. 1920)

Die Nachkriegszeit
- wurde als sehr deprimierend empfunden, besonders wenn man die Situation der eigenen Kinder bedachte,
- sollte nicht noch einmal erlebt werden, da man als Kind nichts Richtiges zum Essen, Anziehen und Spielen hatte,
- wird in der Erinnerung als schlecht gesehen, da „man nichts hatte",
- wurde als schlecht empfunden, da das enge Zusammenleben mit fremden Menschen sehr belastend war,
- war nur „Arbeiten, arbeiten und nochmals arbeiten",
- ließ keine Hoffnung und Aussicht auf Wohlstand aufkommen,
- war peinlich, weil man viele Menschen erleben mußte, die angeblich nie etwas mit dem Nationalsozialismus zu tun gehabt hatten,
- war, wie der Spruch der letzten beiden Kriegsjahre voraussagte: „Genießt den Krieg, der Frieden wird fürchterlich,"
- das „waren Jahre der Entbehrung", „sehr schwere Jahre",
- war eine harte Schule, die anderen erspart bleiben möge,
- hat man ungern in Erinnerung, weil der ständige Streit der Erwachsenen, die Angst der Mutter vor Verschwenden, Zerbrechen, Beschmutzen vor Augen stehen und man selbst groß genug war, die Not zu erleben, aber zu klein, „um nur ein bißchen daran zu ändern".

Wer sich im folgenden äußert, verklärt nichts, beschönigt nichts und versucht dennoch, der Nachkriegszeit auch gute Seiten abzugewinnen. Und er sieht hier und da die Grundlagen für späteren persönlichen Erfolg. Auch wird die Zeit mit der heutigen verglichen.

„Die ersten Nachkriegsjahre waren arbeitsreiche Hungerjahre, die dennoch in relativ guter Erinnerung geblieben sind, weil man lebte und sich langsam wieder einrichtete, diese Zeit schuf eine Generation, von der die heutige vieles lernen könnte, z.B. Zufriedenheit."
(Herr R., Jg. 1910)

„Der Krieg und die Bombennächte waren vorüber. Das war die Hauptsache. Die Menschen waren viel netter als heute, und man hielt viel mehr zusammen!"
(Frau Z., Jg. ohne Angabe)

„Es waren sehr schwere Jahre. Trotzdem möchte ich sie nicht vergessen, auch wenn ich sie gerne nicht erlebt hätte. Heute sehe ich die ersten Nachkriegsjahre als humaner an als unsere heutige Zeit. Die Not hat uns mehr verbunden als unser derzeitiger Wohlstand. Wir haben damals viel mehr alles miteinander geteilt. Die Menschen wußten mehr um Zusammengehörigkeit und Hilfsbereitschaft ..."
(Frau K., Jg. 1925)

„Es war eine sehr harte, magere Zeit mit vielen Schwierigkeiten, die uns Zähigkeit, Ausdauer, Durchhalten, viel Geduld, Erfindungsreichtum und Sparsamkeit lehrte und darin bis heute nachwirkt. Aber auch die Ängste vor Feuer oder bestimmtem Flugmotorenlärm blieben."
(Frau J., Jg. 1933)

„Die Nachkriegszeit war Notzeit und verdient keine Idealisierung. In meiner Erinnerung ist es aber auch die Zeit, in der wir Leben und Überleben gelernt haben und in der ich als Jugendlicher früh Verantwortung und viele Fertigkeiten entwickeln mußte."
(Herr R., Jg. 1931)

Eine schlechte Zeit, meinen viele, aber eine, die viel lehrte, z. B. aus Wenigem etwas zu machen, nichts wegzuwerfen, das Leben zu schätzen; eine entbehrungsreiche Zeit, meinen andere, aber eine glückliche, optimistische Zeit, weil sie den Impuls gab, anzupacken und die Not selbst zu bewältigen.

„Alles in allem waren es wohl schwierige, aber keinesfalls unglückliche Jahre, zumal nicht für jene, die gesund waren. Die Menschen waren hilfsbereit, und langsam ging es bergauf. Man freute sich über Kleinigkeiten, die Ansprüche waren gering. Stunden um Stunden stand man in einer Menschenschlange nach Milch, Gemüse, Brot oder Fisch an. Familienmitglieder lösten einander ab, aber die Menschen waren fast immer geduldig. Beim ‚Enttrümmern' von Bremen hatten wir mit meiner Klasse von der Kunstschule viel Spaß, es wurde gelacht und gesungen, und keiner hatte Angst, sich die Finger schmutzig zu machen. In dieser eigentlich trostlosen Trümmerwelt waren wir so vergnügt, wie es nur junge Menschen sein können, und voller Hoffnungen und Träume. So setzte uns die Währungsreform nicht in Staunen, als es wieder Lebensmittel und viele Dinge gab, denn mit ihr begann ein neuer Lebensabschnitt."
(Frau S., Jg. 1927)

„Im Nachhinein gesehen möchte ich die Zeit von 1945–1948 nicht missen, denn sie trug zu unserer ganzen Entwicklung bei. Wir waren trotz materieller Not glücklich und zufrieden, haben zusammengehalten und uns untereinander gut verstanden und gegenseitig geholfen. Auch haben wir gelernt, mit Wenigem auszukommen und nichts zu vergeuden."
(Frau P., Jg. 1922)

„Trotz aller widrigen Umstände sehe ich die ersten Nachkriegsjahre als positiv an, weil der Zusammenhalt in der Familie sehr groß war und jeder für den anderen da war und alles geteilt wurde."
(Frau L., Jg. 1934)

„Das Leben war schwer, die damaligen trüben Stunden, die Sorgen und die Not hat man zwar nicht vergessen, aber ins Unterbewußtsein verdrängt. Was in der Erinnerung geblieben ist, sind das Zusammengehörigkeitsgefühl, die Hilfsbereitschaft, das Füreinander-Dasein und das Vermögen, sich über die kleinsten Dinge zu freuen. Was für eine Seligkeit, wenn man zum Geburtstag eine Flasche Lebertran, in der Kindheit gehaßt, bekam."
(Frau K., Jg. 1924)

„Trotz aller Entbehrungen lag in den Nachkriegsjahren ein hoffnungsvoller Neubeginn, getragen auch von einem intensiven menschlichen Miteinander."
(Frau M., Jg. 1924)

„Rückschauend möchte ich die Nachkriegszeit nicht missen. Es wurde nicht wie heute gejammert..., sondern angepackt und aufgebaut... Der Zusammenhalt war größer, der Egoismus geringer..."
(Herr H., Jg. 1921)

„Es gab viel gegenseitige Hilfsbereitschaft in der Not, eine große Zusammengehörigkeit. Man lebte auf kleinstem Raum glücklich und froh, dem Krieg entronnen zu sein."
(Frau M., Jg. 1929)

„Wenn ich heute an die erste Nachkriegszeit zurückdenke, empfinde ich als herausragendes Merkmal dieser Jahre die trotz aller Not große Hilfsbereitschaft der Menschen untereinander und ihr Füreinandereinstehen. Es ging allen nicht gut, doch das Wenige, das wir besaßen, teilten wir gern mit anderen, denen es noch schlechter ging."
(Frau St., Jg. 1929)

„Wenn ich heute über die Nachkriegsjahre nachdenke, fällt mir auf, daß die Zeit von viel Verzicht geprägt war, von harter Arbeit und Not, von Hunger und Kälte, aber diese Zeit war auch reich an Hoffnung, reich an menschlichem Vertrauen und Hilfsbereitschaft. Wir teilten die gleiche Not und mußten zusammenarbeiten, um sie zu bestehen und zu überwinden. Für mich bleibt diese Zeit vor allem im Vergleich zu den vorangegangenen zwölf nationalsozialistischen Terrorjahren von großer Bedeutung, und von daher erhält sie ihren besonderen Glanz. Außerdem hatte ich mein Kind! Was sollte mich die Härte der Zeit schwer belasten?"
(Frau M., Jg. 1914)

„Trotz Hunger und sehr vieler Erschwernisse habe ich die ersten Jahre nach Kriegsende nicht in schlechter Erinnerung. Der Zusammenhalt der Menschen und die Hilfsbereitschaft waren sehr viel größer als heute."
(Frau F., Jg. 1921)

Zum Schluß sollen nun jene zu Wort kommen, die im Rückblick für sich persönlich ein bemerkenswert positives Fazit ziehen.

„Aus heutiger Sicht sehe ich die ersten Nachkriegsjahre als ungeheuer wichtige Zeit für mein Leben. Die Erinnerungen an diese Jahre möchte ich nicht missen, zumal sie überwiegend positiv sind."
(Frau B., Jg. 1928)

„So schlimm die Nachkriegsjahre in vielerlei Hinsicht waren, ich glaube, sie schärften unsere Sinne für den Mitmenschen, für Kummer und Not der anderen, und sie schenkten uns trotz aller Misere auch freundliche und gute Stunden. Ich möchte die Erfahrungen dieser Jahre nicht missen. Das Ende des Krieges empfand ich ... selbst im Hinblick auf die Niederlage als eine Erleichterung. Es wurde nicht mehr geschossen, das sinnlose Sterben hatte ein Ende, und in unserer näheren Verwandtschaft war kein Gefallener zu beklagen. Unser Haus stand noch, und die Heimat war uns erhalten geblieben – trotz des Hungers und aller Molesten hofften wir auf einen Neuanfang. Die Gedanken kreisen nicht mehr um Krieg und Untergang, sondern befaßten sich über den hungrigen Magen hinaus in starkem Maße mit schöngeistigen Dingen. Wir hatten wieder Zeit, uns um Bücher und Theater zu kümmern, und wir haben es genossen."
(Frau St., Jg. 1929)

„Nach fast fünf Jahren Kriegsdienst in sechs Ländern Europas war das erste vorherrschende Gefühl das der Befreiung von dem Zwang und der ständigen Bedrohung sowie von der Ungewißheit, wie das Kriegsende sein würde und wie es wohl zu Hause aussah. Man konnte seine Kräfte jetzt für sich und die eigene Familie einsetzen. Die Not war zwar groß, und Lebensmittel und manches andere wurden nach 1945 noch knapper als vorher. Aber gerade deshalb empfand ich jede noch so kleine Verbesserung als Fortschritt: Das Wasser aus der Leitung statt dem Eimer auf der Straße, eine Sonderzuteilung, das erste Gas, die Zentralheizung statt der Öfen, das neue Fahrrad, von dem ich heute überzeugt bin, daß es aus Teilen gestohlener Räder zusammengebaut war – damals war ich nur glücklich darüber."
(Herr K., Jg. 1922)

„Ich erinnere mich gern daran. Es waren ja auch die Jahre, die mein Mann und ich gemeinsam meisterten, sie haben uns viel gelehrt. Alles selbst in die Hand zu nehmen, sich nicht unterkriegen zu lassen, war eine gute Schule für unser weiteres Leben. So viele Fähigkeiten haben wir entwickelt. Nein, diese Jahre und die Erinnerung daran möchte ich nicht missen!"
(Frau B., Jg. 1920)

„Die ersten Nachkriegsjahre sehe ich heute als beglückend an, denn es ging uns allen ja gleich mies, man hatte viele Tage, auf die man mit großer Befriedigung zurückblicken konnte, denn es ging ganz langsam bergauf. Man war viel fröhlicher als heute."
(Frau F., Jg. 1911)

„Für die Menschen ist es heute unvorstellbar, daß wir uns damals über Sachen freuen konnten, die heute einfach funktionieren müssen. Wir freuten uns über die erste Glasscheibe, das erste warme Bad, das erste Licht und Gas, die erste Straßenbahn, das erste Fischbrötchen usw. ..."
(Herr W., Jg. 1932)

„Die Nachkriegszeit sehe ich heute als eine gute Schulung fürs Leben an und frage mich heute oft, womit ich den ‚Luxus' der Gegenwart verdient habe. Ab und an mache ich mir klar, daß Waschmaschine, Kühlschrank, Tiefkühlfach, Zentralheizung und stets warmes Wasser eben keine Selbstverständlichkeiten sind und genieße sie dann doppelt."
(Frau Z., Jg. 1923)

„Die ersten Nachkriegsjahre ... haben mich geprägt und sind mir bis heute unvergeßlich; sie beeinflussen auch bis heute mein Verhalten in mancher Beziehung, z. B. bringe ich es nicht fertig, Eßbares wegzuwerfen, und es fällt mir schwer, Kleidungsstücke auszurangieren, bevor sie nicht wirklich hinüber sind. Über allem steht die Erfahrung, daß derart schwierige Zeiten ein selbstverständliches Miteinander der Generationen mit sich brachten, ein jeder gab sein Bestes, um das Durchkommen für alle zu ermöglichen. Die Älteren und Alten haben dabei Übermenschliches geleistet, und wir damals Jungen lernten uns und unsere Grenzen kennen; Grenzen in dem Sinne, daß sie sehr weiträumig waren und uns zeigten, welches Ausmaß an physischen und psychischen Belastungen verkraftet werden konnte, wenn das harte Muß dahinterstand."
(Frau I., Jg. 1920)

„Daß es für alle Deutschen eine äußerst schwierige Zeit war, versteht sich von selber. Ich habe aber diese Jahre in durchaus positiver Erinnerung. Jeder half, so gut er konnte, jedem. Die Überlebenden waren glücklich über das Geschaffte, war es auch noch so wenig. Es gab keinen Neid und keine Mißgunst – ganz im Gegensatz zur Gegenwart. Besonders unter den jungen Menschen war mehr Zufriedenheit anzutreffen als in der heutigen Zeit mit ihren überzogenen Ansprüchen, in der viel von den Rechten und wenig von den Pflichten gesprochen wird."
(Herr Sch., Jg. 1908)

„Die Nachkriegsjahre fand ich persönlich sehr lebenswert, denn sie gaben uns mehr an Stärke, Freudegefühl und Menschlichkeit, als es heute unsere Wohlstandsgesellschaft vermag, wo jeder nur an sich und seinen Vorteil denkt und wo alles nur noch gegen Bezahlung zu haben oder zu machen ist. Wir hielten damals zusammen, wir waren eine Schicksalsgemeinschaft. Jeder hatte zwar seine eigenen mehr oder weniger schweren Erlebnisse, aber das gemeinsame Zupacken nach Kriegsschluß und der gemeinsame Wiederaufbau Stück für Stück hat uns Charakter gegeben. In den ersten Nachkriegsjahren ist unendlich viel Arbeit geleistet worden. Trotz Hunger und Not setzte sich der Lebenswille durch. Alle schafften und räumten und reparierten und bauten. Es wurden ungeahnte Kräfte wach. Wie wir alles meisterten: Arbeit im Beruf, Wiederaufbau, Beschaffung von Lebensnotwendigem und auch noch einmal ein Vergnügen am Abend, das ist mir einfach rätselhaft, denn wir hatten ja ganz andere Arbeitszeiten als heute! Jeder half auch jedem, jeder gab Rat und stand auch mit Taten zur Seite. Es ging ja wieder bergauf, das spürte wohl jeder, und jeder wußte auch wohl, daß es nicht allein geht."
(Frau D., Jg. 1922)

„Die Nachkriegsjahre waren rein menschlich die schönsten. Es half jeder dem anderen, alles krempelte die Ärmel auf, plante, gestaltete, es gab einen neuen Anfang. Gewiß wurden unterschiedliche Erfahrungen gemacht. Ich bin der Typ, der nur das Gute behält."
(Frau R., Jg. 1898)

Der Leser mag sich nach dieser Bandbreite von Einschätzungen und Sichtweisen nun selbst ein Bild machen davon, wie die zur Aussage bereiten Bremer Bürger heute mit der Nachkriegszeit „umgehen". Es würde zu weit führen, im Rahmen dieser Abhandlung alle Beurteilungen zu hinterfragen. Um sie richtig einordnen zu können, müßte man viele grundsätzliche Fragen z. B. an Persönlichkeitsstruktur, Herkunft und Erziehungsprägung stellen, aber auch an Erinnerungsvermögen, Verdrängungsmechanismen und Harmoniebedürfnis. Vielleicht aber locken diese positiven Einschätzungen jene aus ihrer Reserve, die andere Erfahrungen machten und sie nicht kundtaten.

QUELLENNACHWEIS:

400 schriftliche Berichte von Bremer Bürgern
der Geburtsjahrgänge zwischen 1891 und 1948
und Niederschriften nach mündlicher Befragung,
gesammelt im Archiv für Volkskunde,
Focke-Museum Bremen, 1988/89.

Bruss, Regina/Goldenbogen, Eckhardt,
Bremen nach dem Kriege, 1945–1949.
Eine Dokumentation der Landesbildstelle Bremen,
Bremen 1988.

Peters, Fritz, Zwölf Jahre Bremen 1945–1956,
Eine Chronik, Bremen 1976.

FOTONACHWEIS:

Joachim Fliegner, Bremen

Umschlagfotos:
Walter Cüppers, Bremen
Magnus Iken, Bremen
Hans Saebens, Worpswede (und S. 215)
Georg Schmidt, Bremen